沈德康◎著

中国藏缅语民族文化起源神话研究

中国社会科学出版社

图书在版编目（CIP）数据

中国藏缅语民族文化起源神话研究/沈德康著. —北京：
中国社会科学出版社，2017.8
　ISBN 978 - 7 - 5203 - 0316 - 3

　Ⅰ.①中⋯　Ⅱ.①沈⋯　Ⅲ.①藏缅语族—神话—研究—中国
Ⅳ.①B932.2

　中国版本图书馆 CIP 数据核字（2017）第 099954 号

出 版 人　赵剑英
责任编辑　郭晓鸿
特约编辑　席建海
责任校对　闫　莘
责任印制　戴　宽

出　　　版　中国社会科学出版社
社　　　址　北京鼓楼西大街甲 158 号
邮　　　编　100720
网　　　址　http://www.csspw.cn
发 行 部　010 - 84083685
门 市 部　010 - 84029450
经　　　销　新华书店及其他书店

印刷装订　北京君升印刷有限公司
版　　　次　2017 年 8 月第 1 版
印　　　次　2017 年 8 月第 1 次印刷

开　　　本　710×1000　1/16
印　　　张　24.75
插　　　页　2
字　　　数　319 千字
定　　　价　108.00 元

序

《中国藏缅语民族文化起源神话研究》一书是笔者在 2013 年到 2014 年撰写的博士学位论文。在正式动笔之前，笔者首先阅读、整理了三个月的少数民族文献，然后到民族地区进行了一年多的田野考察，最后在 2013 年的上半年写了两篇论文：《羌族"毒药猫"故事的文本与情境》《中国藏缅语民族洪水后人类再生神话的结构与实质》。这两篇"试手"之作完成后，笔者正式开始撰写学位论文。到 2014 年 5 月底，笔者完成并提交了论文，进入双向匿名评审程序。对于这篇学位论文，五位评审专家给出了各自的意见。

第一位专家的评阅意见是：

第一，此书选题有重要的学术价值。一部中国神话史，应是整个中华民族即包括汉族及五十余个少数民族所创造的神话史。但在相当长的时间里，包括藏缅语民族神话在内的少数民族神话资源，并未引起学界的普遍重视。《中国藏缅语民族文化起源神话研究》系首次对中国藏缅语民族的文化起源神话进行全面、系统的探讨，力图对其进行深度诠释。此选题及其成果对于拓展中国少数民族神话的研究范围、打开新的研究视野、探索新的研究方法，具有重要的学术意义。

第二，作者学风踏实、扎实；文献综述周详、有序、有见解；论文引用文献资料翔实、可信。论文作者在撰写毕业论文过程中，在阅读文献、调查研究（包括搜集学界研究动态与田野实地考察）等方面，做了大量扎扎实实的工作。比如，为撰写论文，作者编写了两种资料集：（一）《神话研究理论资料汇编》，计61万多字，分"神话理论""宗教与仪式""思想史""文化史""社会学""方法论""民族志"七个部分，是作者精读75部经典著作后的读书笔记。其中既有对原文献的摘录（每一条文献都注明了出处，包括文献名、作者、出版社、页码等），又有作者对原文献的理解、思考。（二）《中国藏缅语民族神话资料汇编》，计34万多字，分为"世界起源神话""人类起源神话""图腾神话""共祖神话""死亡起源神话""洪水后人类再生神话""羌族毒药猫故事""火起源神话""谷种起源神话"九个部分。所收内容包括两个部分：一是神话文本，二是学者们对这些神话发表的各种观点。这是两部已经成型、比较成熟、有重要参考价值的文献资料汇编，可修改加工后，单独出版。由于此项工作做得相当出色，使论文所引文献资料，具有可信度；使论文言之有理的论证，都持之有故。

第三，论文有新意，作者采用新的方法，进行了新的发掘，提出新的见解。作者综合利用神话研究方法，将"历史""结构""情境"这三者结合起来，使他的研究具有了一种历史性和现实性，并表现出深刻性。比如，对羌族"毒药猫"信仰的研究就分别从文本结构和社会情境进行论述，作者选择了三个有代表性的故事，详加解读，细致剖析，从理论与实际的结合上，作了具有说服力的阐释。作者采用新的研究方法，表现出一种新的视角，从而能进行新的发掘，有新的发现。比如"猎物禁忌"的一个重要作用是对动物进行有效而必要的保护，作者对此作了十分详细、明晰、有力的论证，很有新意。比如，作者通过对结构精巧和寓意深刻的羌族神话《燃比娃取火》细致、深入的解读，得出它展示了人类用火历史中"四个阶段"的新认识。再比如，"精卫填海"这一神话，学界一般认为这个神话表现了精卫不屈不挠的抗争精神，作者却指出"精卫是火的象征"，并从四个方面，通过结构主义分析，申说了这种新的见解。

第四，论文的论述深入细致，有思辨色彩，有理论深度。作者对于前贤时修的某些"定论"，能够大胆地提出质疑，经过深思熟虑后提出不同见解，表现了一种学术探索的勇气和精神。比如，在"图腾的实质"的诠释中，作者列举了两百多年来学者们对图腾文化研究的 12 种观点后，明确指出"上述观点侧重从宗教的层面去看待图腾文化，有的甚至直接否认了它与社会制度层面的联系，这种研究倾向在一定程度上忽略了图腾与社会存在的关系。"作者从宗教信仰、思维形式和社会制度三个方面，作了思路清晰、层次清楚、逻辑严密的细致剖析，有一定理论深度。又如，作者关于谷种起源神话中"射鸟取谷"这一经典结构乃象征人类从狩猎时代向农业时代过渡的论述，以及认为人类对死亡的看法是经历了"生而不死""生而有死""向生而死""生而必死"和"向死而生"五个阶段的观点，都表现出内容充实、文献丰富、论证充分的特色。作者还善于用图表的方式，以直观的形式，对有关内容作简明的总结，这也展现了自己的理论思考和基本观点，使论文更为明晰。

第二位专家的评阅意见是：

这篇博士论文的选题很精致。它选择中国境内的藏缅语神话系统作为研究重点，涉及 17 个不同的民族，考察的重点在文化起源神话传说，纵论了图腾、生死观念、火和谷种起源四大核心神话内容，涉及少数民族文化起源观念中一系列重要问题，发现了不少新资料，对一些关键性问题作了新诠释，得出不少有价值的新结论。此论文推动了关于藏缅语神话的研究。论文采用结构主义分析、母题分析和仪式学派分析诸方法，运用也比较得当，不生搬硬套，均能落到实处。此文为一重要学术研究成果，具有重要学术价值，是一篇有创见性的博士论文。论文所述资料丰富而可靠，表述也不错。

第三位专家的评阅意见是：

论文分四个部分，分述图腾、生死、用火、谷种四个主题，并围绕主题搜集了丰富的资料，作了深入的分析。论文结构完整，条理清楚。尤其值得肯定的是，作者能利用许多人类学、民族学、神话学和哲学的理论，并将之与所搜集的材料结合起来进行分析，反映出作者有一定的学术素养，有良好的学术训练。论文选题有创意，对材料的处理有创新性。中国过去一向对华夏神话的研究较多，对少数民族神话研究较薄弱。作者的这一成果令人欣喜。

第四位专家的评阅意见是：

该论文对我们认识中国藏缅语民族的世界观，理解各民族的共同文化，以及我们在今天如何保护远古文化、中国传统和解决好继承与创新的理论认识，均具有启示意义。该论文入题路径清晰，方法选择妥当，抓住了藏缅语民族神话的归纳要点，将研究题材分为图腾神话、生死起源神话、火起源神话、谷种起源神话展开讨论，足见作者对研究对象调查的深入，宏观把握和学术认识的准确度。论文语言控制恰当，逻辑性强，给人一种环环相扣的引导力。论文涉及的资料很丰富，能够看出田野调查、资料搜集之难度，这些资料与上述的方法和语言能力结合起来，构成了一篇看起来很结实的博士论文。

第五位专家的评阅意见是：

这篇博士论文，首次综合运用结构主义神话学、仪式学派、文化人类学、诠释学、叙事学等多种理论、方法，对中国藏缅语民族的文化起源神话进行了系统梳理和深度诠释。神话是原始先民生存状态、思想观念和思维方式的反映与遗迹，也是后世文化发展的母体与根基；研究少数民族神话除了能破解其文化基因外，还能增进民族理解与民族团结，有利于社会的安定与和谐。从这个角度看，本论文选题既有很高的学术价值，也有很强的现实意义。从研究结果看，本论文研究对象明确，证据、材料确切、翔实而丰富，理论和方法选择得当，运用娴熟，分析准确、深刻，论证清晰、严密、有力，得出了许多颇有价值的新颖创见与发现，提供了许多真实、鲜活的新资料。综合起来看，本论文体现了作者高度自觉的问题意识、创新意识、文献材料意识和学术规范意识，体现了作者独到的学术眼光、开阔的学术视野、广博的专业知识、扎实的理论功底、严谨的治学态度、良好的思辨能力和语言文字功底。总而言之，这是一篇高质量的优秀博士学位论文，建议参加优秀博士论文的评选。

　　以上五位专家对论文进行了多方面的点评，并一致推荐评优，最终获评四川师范大学 2014 年度"优秀博士论文"。尽管在写作过程中笔者已竭尽全力，但深知自己才疏学浅，此论文的写作是一个痛苦的"学步"过程，是笔者学术之路的起点。因此，此书所论，纰漏在所难免，笔者衷心希望得到读者的指教。

　　　　　　　　　　　　　　　　　　　沈德康

　　　　　　　　　　　　2016 年 6 月 20 日永州零陵西山

目　　录

表格简目

插图简目

绪　　论

第一节　选题的由来及研究意义

一　神话

神话（Myth）① 是一类反映早期人类生存境况的口头叙事。作为人类文化的原始载体，神话可谓是人类文明的源头。谢林（F. W. J. Schelling）说："一个民族，唯有当它能从自己的神话上判断自身为民族时，才能成其为民族。"② 尼采（F. W. Nietzsche）说："没有神话，一切文化都会丧失其健康的天然创造力。唯有一种用神话调整

---

① "神话"一词在希腊语中作 μύθος，英语作 Myth，法语作 Mythe，德语为 Mythos。在希腊语中，μύθος 本义是寓言、故事、谈话、演说等，后来逐渐形成了与 λογοσ（理性）、Ιστορία（历史）相对的意义，即"关于非现实的神圣世界的描述"。汉语"神话"一词是近代中国学者从日本引入的。

② ［德］谢林：《神话哲学引论》，转引自耿龙明等主编《中国文化与世界》（第4辑），上海外语教育出版社 1996 年版，第 124 页。

的视野，才把全部文化运动规束为统一体。"① 列维－布留尔（L. Lévy－Bruhl）说："无论是过去还是现在，神话是一种象征，象征着社会集体与它周围的一切结为一体，同时，神话又是保持和唤醒这种一体感的手段。"②

从上述论断我们不难看出，一个民族的创造力集中体现在民族文化的创造力上，而要保持民族文化固有的那种"天然创造力"，则需要通过神话唤起并保持住整个民族对自身的意识。因此，神话作为民族文化的母体与源头，它为民族文化的演进提供了永不衰竭的动力。也许正是在此意义上，海德格尔（M. Heidegger）才说："一切'源出'都是降格，因而，时代的贫困在于重返思想的伟大之源。"③ 神话恐怕正是这样一种蕴含着无限力量的"伟大之源"。

在神话时代，在仪式上、生活中反复唱诵和讲述神话对初民而言是一项极其重要的传统。这种仪式性的唱诵与讲述使初民重返那些由神话开启的神圣时空。在那里，创造出丰功伟绩的诸神与英雄成为人们崇拜、仿效的楷模。神话中蕴含的观念也潜移默化地成为人们的行为准则。对此，涂尔干（E. Durkheim）指出：

> 一个群体的神话，就是这个群体全部的共同信仰。这种神话使人们不断地回忆起群体的传统；而群体传统要表现的，正是社会体现人和世界的那种方式，这是一种道德，一种宇宙观，同时也是一段历史。因此，宗教礼仪只用于，而且也只能用于保持这种信仰所

---

① ［德］尼采：《悲剧的诞生》，周国平译，生活·读书·新知三联书店1987年版，第100页。

② ［法］列维－布留尔：《原始思维》，丁由译，商务印书馆2004年版，第438页。

③ ［德］马丁·海德格尔：《存在与时间》，陈嘉映、王庆节合译，生活·读书·新知三联书店2006年版，第381页。

具有的活力，防止信仰从人的记忆中消失。①

由此可见，神话的力量来源于神话蕴含的观念，这些观念对人类行为具有强大而普遍的引导作用和规范作用。

从人类文化演进的维度来看，神话反映的内容多涉及早期人类思想观念、物质技术等重大文化事项的起源。因此，几乎所有的神话都具有"追根溯源"的性质。对此，神话学者凯伦伊（K. Kerényi）持类似的看法，他说："神话是关于事物的最初起源或者至少是关于起源的故事。"② 日本学者祖父江孝南也认为：

> 讲述事物起源是神话最根本的特征，尽管存在程度的差异。所谓"起源"，站在逻辑关系的基点看，是非时间的开始，说到底也就是"原理"；站在历史顺序的基点看，是时间的开始，说到底也就是"源头"。所以，它是具有双重意义的根源。神话的主要任务就是给出所有事物和现象早于它们而存在的根据。③

与神话所具有的其他属性相比，不管是逻辑的维度还是历史的维度，神话探究和追溯事物根源的性质都尤为显著。在此意义上，几乎所有神话其实都可称为"起源神话"。

二　文化起源神话

"文化起源神话"（Culture Origin Myths）是一类反映早期人类诸文化事项之起源的神话。"文化起源神话"中的"文化"是相对于"自

---

① ［法］爱弥尔·涂尔干：《宗教生活的初级形式》，林宗锦、彭守义译，中央民族大学出版社 1999 年版，第 417 页。
② ［日］祖父江孝南等：《文化人类学事典》，乔继堂等译，陕西人民出版社 1992 年版，第 258 页。
③ 同上书，第 258—259 页。

然"的概念而言的。因此，所谓"早期人类诸文化事项"指的是对早期人类的生产生活具有决定意义的社会制度、风俗习惯以及技术发明。"文化起源神话"与"世界起源神话""人类起源神话""自然释原神话"等神话类型不同，它的着眼点是"人类社会"，探讨的重点是个别化的"文化事项"，而"世界起源神话"和"人类起源神话"多是以"整体性"的视角来探讨天地日月、山川湖海、自然现象以及全人类的起源，"自然释原神话"又是以"个别化"的视角来解释自然事物、自然现象的来源和原理。①

在对早期人类文化的研究中，意大利学者维柯（G. B. Vico）② 和美国学者摩尔根（L. H. Morgan）③ 都曾从不同的角度对早期人类文化的起源、演进作出了极为出色的分析。维柯在《新科学》一书中指出："新科学的原则：一是天神意旨，二是婚姻制和它带来的情欲的节制，三是埋葬和有关人类灵魂不朽的观念。"④ 在此，维柯认为奠定人类文化根基的三项制度分别是天神崇拜、婚礼和葬礼。此外，摩尔根在《古代社会》一书中指出：人类在从蒙昧、野蛮的状态向文明时代的演进中，语言、火、弓箭、制陶、种植与饲养、冶金以及文字这 8 项发明具有极为

---

① 对神话进行合理分类是一个复杂的问题。神话题材、形态的多样性以及研究者各各不一的出发点决定了我们不可能找到一个绝对严格且全面的神话分类系统。笔者认为：首先，从人与世界关系的角度我们可将神话分为自然神话（人与物的交道）与社会神话（人与人的交道）；其次，从整体与个别的角度出发，我们又可将自然神话分为世界起源神话（整体性）和自然释原神话（个别性），相应地，我们也可将社会神话分为人类起源神话（整体性）和文化起源神话（个别性）。文化起源神话的个别性尤以诸文化英雄为表征。

② 维柯（Giovanni Battista Vico，1668—1744），意大利伟大的哲学家、语文学家、美学家和法学家，在《新科学》一书中，他对早期人类文化的起源以及演进作出了系统、深刻的阐述。

③ 摩尔根（Lewis Henny Mongan，1818—1881），美国人类学家，通过《古代社会》一书，他在早期人类社会制度、亲属关系、生产方式的演进等研究中做出了贡献。恩格斯评价他"重新发现了马克思的唯物主义史观""在原始历史的研究方面开辟了一个新时代"。

④ ［意］维柯：《新科学》，朱光潜译，商务印书馆 2012 年版，第 172 页。

重要的意义。①

　　大体而言，维柯侧重于宗教与制度，而摩尔根则偏重于物质技术。他们关于早期人类文化的观点都十分深刻，因为各民族的"文化起源神话"的确大多是围绕宗教（天神崇拜）、婚礼（生育制度）、葬礼（生命意识）、火的使用（人工取火）以及种植—饲养业的发明等文化事项展开的。结合维柯与摩尔根的观点，我们可从人类早期文化演进史的角度将文化起源神话涉及的文化事项按大致的时间顺序②整理，详见表0-1。

表0-1　　　　　　　人类早期文化演历过程中诸文化事项

时间	旧石器时代：距今260万至1.5万年		中石器时代：距今1.5万至1万年	新石器时代：距今1万至5千年		
	蒙昧阶段			野蛮阶段		
	低级阶段	中级阶段	高级阶段	低级阶段	中级阶段	高级阶段
	语言	火	弓箭	制陶	种植与饲养	冶金
文化	泛灵观念自然崇拜	熟食	弓箭、采集与狩猎、外婚制、图腾崇拜、葬礼、母系制与父系制	制陶、祖先崇拜	种植与饲养、天神崇拜	冶金

　　毋庸讳言，表0-1勾勒的早期人类文化进程是不够精确的，但它可为我们探究"文化起源神话"提供一个粗略的框架。这个框架可使我们以文化史的视野来看待神话。

---

　　①　[美]摩尔根：《古代社会》，杨东莼、马雍、马巨译，商务印书馆1983年版，第9—40页。
　　②　这个"大致的时间顺序"，毫无疑问是极为粗略的，但我们可通过诸文化事项形成的序列来把握其相对时间。

这样，"文化起源神话"就为我们提供了一个了解、研究早期人类文化的渠道。这个渠道能使我们对人类文化的起源及其根基获得较深入的理解。弗雷泽（J. G. Frazer）曾说："就算是神话，它们也值得研究，这是因为神话虽说没有正确反映它们想要解释的事情，却无意间透露出那些创作神话及对其信以为真的人们有着怎样的心智境界。"①

总之，人类的特质是由文化所赋予的，文化性是人类的根本属性。通过对"文化起源神话"的研究，我们不仅能更深入地把握初民的宗教信仰、生命意识，也能对他们在物质技术方面的情况有一个详尽的了解。因此，研究"文化起源神话"，就是对人类及其文化之实质的探索。

三　中国藏缅语民族文化起源神话

对于语言与族群（民族）的关系，格里姆（J. Grimm）曾说："有一种比骸骨、武器和墓穴更为生动的东西可以证明民族的历史，那就是他们的语言。"② 洪堡特（W. Humboldt）也说："语言仿佛是民族精神的外在表现；民族的语言即民族的精神，民族的精神即民族的语言，二者的同一程度超过了人们的任何想象。"③ 之所以从语言的层面来指称这个族群系统，这主要是因为语言分类是认识民族关系最具突破性的层面。在进行民族分类的过程中，语言也是最容易把握的客观标准。"藏缅语民族"（Tibeto – Burman Ethnic Groups）在本书中指的是在中国境

---

① ［英］ J. G. 弗雷泽：《火起源的神话》，夏希原译，北京大学出版社2013年版，第1页。

② ［德］ J. 格里姆：《德语语法》，转引自李艳《超级语系：历史比较语言学的新理论》，中国社会科学出版社2012年版，第6页。

③ ［德］威廉·冯·洪堡特：《论人类语言结构的差异及其对人类精神发展的影响》，姚小平译，商务印书馆1999年版，第52页。

内讲藏缅语的少数民族。① 这是一个从语言层面划分出的族群系统。藏缅语族分羌、彝缅、藏、白、景颇、土家六个语支，包括藏、门巴、珞巴、景颇、独龙、怒、羌、普米、彝、哈尼、阿昌、拉祜、基诺、傈僳、纳西、白、土家17 个少数民族。②

对于语言与神话之间的关系，马克斯·缪勒（F. M. Müller）曾指出：

> 如果我们承认语言是思维的外在形式和显现的话，那么，神话就是自然而然的了，它是语言固有的必然产物；实际上，神话是语言投射在思维上的阴影。最高意义的神话，是语言在心理活动的一切可能范围内施加在思维上的势能。③

以上所述强调了语言与神话的亲密关系。按照马克斯·缪勒的观

---

① 按语言学界通行的观点，藏缅语族与苗瑶语族、壮侗语族同属于汉藏语系（除这三个语族外，还要加上汉语）。藏缅语族是汉藏语系中语种最多、分布最广、内部差异最大的一个语族。在中国，操藏缅语的民族主要分布在西南、西北及中南地区的西藏、青海、甘肃、云南、四川、重庆、贵州、广西、湖南、湖北等地。藏缅语民族分布的地区多为山地、高原，森林覆盖率高，动植物十分丰富。19 世纪 50 年代，国内外学者开始认识到藏语与缅语有同源关系。英国学者 Konow Sten、李方桂、罗常培、戴庆厦、本尼迪克特、马提索夫、孙宏开等人都分别提出过各自的藏缅语分类系统。目前，国内比较通行的分类主要是孙宏开等人的版本。2009 年，邓晓华、王士元出版了《中国的语言及方言的分类》一书，以计算语言学为原则，利用计算机手段以及分子人类学和词源统计法对汉藏语系的语言及方言的发生学关系进行测定和分类，运用距离法和特征法来描述语言之间亲缘的程度，全面系统地评价了汉藏语系的语言及方言的亲缘关系，从而做出了科学的分类。本书采用邓、王的分类系统。

② 藏缅语族分 6 个语支。羌语支民族包括羌族和普米族；彝缅语支民族包括彝族、纳西族、拉祜族、怒族、傈僳族、哈尼族、阿昌族、独龙族、基诺族；藏语支民族包括藏族、门巴族；景颇语支民族包括景颇族、珞巴族；白语支民族包括白族；土家语支民族包括土家族。这样的分类并不是唯一的。藏缅语族内部支系的分类目前在学术界仍存在一些争议。相关内容可参见邓晓华、王士元《中国的语言及方言的分类》，中华书局 2009 年版，第53—74 页；戴庆厦《藏缅语族语言研究（一—四）》，云南民族出版社 1990 年版、中央民族大学 2006 年版；孙宏开等主编《中国的语言》，商务印书馆 2007 年版，第145—1061 页。

③ 参见［德］马克斯·缪勒《神学哲学》一文，此文附于其著作《宗教学导论》（伦敦，1873 年）第353—355 页，转引自［德］E. 卡西尔《语言与神话》，于晓等译，生活·读书·新知三联书店 1988 年版，第32—33 页。

点，神话可谓早期人类不太成熟的语言形式。但在初民社会中，正是因为神话的存在，文化的保存与传承才成为可能。因此，藏缅语民族在语言上的同源性意味着它们在文化上也具有类似的亲缘关系。总之，用"藏缅语民族"来指称这 17 个少数民族，这意味着它们在地缘、血缘以及文化（神话）上都存在较多的相同之处。

除了从语言的层面来区分和指称"藏缅语民族"外，在民族史研究领域，学术界也普遍承认它们之间的亲缘关系。在任乃强①、马长寿②、尤中③、万永林④、何光岳⑤以及段丽波⑥等民族史研究者的著述中，"藏缅语民族"通常用"氐羌系统民族"来指代。学者们指出，藏缅语诸族在历史上不仅存在文化上的交流，更重要的是它们在族源上本就存在同源异流或异源同流的关系。

总而言之，无论是在语言的层面还是在族源的层面，藏缅语诸族间都存在较多的关联。因此，在一定程度上，我们可以把"藏缅语民族"视为一文化共同体。由此可见，笔者之所以选择把"藏缅语民族文化起源神话"作为本书的研究对象，既考虑到文化（神话）的民族性与研究对象的系统性，也考虑到"藏缅语民族"的"文化起源神话"在资料上的丰富性与多样性。

---

① 参见任乃强《羌族源流探索》，重庆出版社 1984 年版。
② 参见马长寿《氐与羌》，上海人民出版社 1984 年版。
③ 参见尤中《中国西南的古代民族》，《尤中文集》（第 3 卷），云南大学出版社 2009 年版。
④ 参见万永林《中国古代藏缅语民族源流研究》，云南大学出版社 1997 年版。
⑤ 参见何光岳《氐羌源流史》，江西教育出版社 2000 年版。
⑥ 参见段丽波《中国西南氐羌民族源流史》，人民出版社 2011 年版。

第二节　国内外研究概况

一　神话资料的搜集与整理

在前一节中，笔者阐明了论题的由来及研究意义，指明了本论题的研究对象是中国藏缅语民族的文化起源神话。

本书在资料方面主要有两个来源：一是笔者通过田野调查搜集整理的口传神话以及相关民俗资料；但由于受各方面条件所限，采集的田野资料多集中在羌语支民族，因而在种类上不够丰富。① 二是采用其他学者搜集、整理的神话文本和相关民族志。近代以来，有大量学者参与到了搜集、整理少数民族口传文学和相关民俗资料的工作中，因而这方面的资料也不少。②

在很长的时间里，包括藏缅语民族的神话在内，中国少数民族的神话资源并未引起学者们的普遍重视。例如，学者袁珂就曾这样说过：

---

① 笔者出生于川西北羌族村寨，因此在藏缅语诸族中，尤对羌族的口头文学、民风民俗有较多了解。事实证明，这些有利条件皆有助于神话资料的采集、整理以及对资料的理解。但由于时间有限和经济问题，未能开展更为系统的田野工作，因此田野调查中所得的资料主要来源于羌族地区。

② 下述几种丛书对本论题的写作具有极其重要的资料价值，它们分别是：第一，由上海文艺出版社出版的《中国少数民族民间文学丛书·故事大系》。此套丛书虽不是专门的神话集，但其中包含有 17 个藏缅语民族的神话故事。第二，由中国文联出版公司出版的《中国民间故事集成》。第三，由云南民族出版社出版的《云南省少数民族古籍译丛》。第四，由云南人民出版社出版的《云南民族民间文学典藏丛书》。第五，由不同出版社出版的《中国少数民族文学史丛书》。第六，由民族出版社出版的《民族问题五种丛书》中关于 17 个藏缅语民族的《社会历史调查资料丛刊》《中国少数民族简史丛书》。第七，由中国社会科学出版社出版的《中国各民族原始宗教资料集成》。

"中国神话是由中国古典神话、道家神话、佛教神话与近世民间神话这四个神话体系组成的集合体。"① 袁珂在此并没有明确将少数民族神话纳入这个体系。② 但事实上，与汉语神话相比，少数民族神话不仅在数量上极为丰富，在形制上十分完备，甚至仍以"活态神话"的形态在社会上发挥着功能。另外，少数民族神话与汉语神话也并非隔绝的。如果从语言、文化等层面追根溯源，我们会发现它们其实是同一语言系统、文化系统之下的不同分支。因而，如学者李子贤所言："中国神话应是由整个中华民族所创造，即包括汉族及五十余个少数民族以各种方式、各种文字所保存的全部神话这样一个概念。"③

20 世纪 80 年代以来，新一代学者在茅盾④、闻一多⑤、丁山⑥、顾颉刚⑦、钟敬文⑧、袁珂⑨等老一辈学者的研究基础上，不断引介和采用新的神话研究方法，同时拓展了中国神话研究的范围。这样，我国少数民族神话亦得到了应有的重视。陶阳、钟秀在《中国创世神话》⑩ 一书中将大量少数民族的神话纳入"中国创世神话"的整体架构，"资料丰富，分类有方"。何星亮在《中国少数民族图腾崇拜》⑪ 一书中对少数

---

① 袁珂：《关于神话界限的讨论》，《民间文学论坛》1984 年第 4 期。
② 袁珂提出的广义论的神话概念将神话的外延扩展至文明时代的民间故事。外延的无限扩大在一定程度上消解了"神话"这一概念的内涵。从严格意义上来说，"神话"指代的是在文字尚未发明的时代人们通过口头叙事保存、传播文化的语言艺术；神话中蕴含的观念对人类社会具有极其重要的意义。因此"神话"是与"前文明时代"这一特殊的历史情境紧密关联在一起的。文本（Text）只能存在在与之相适应的情境（Context）中，如果不考虑神话的历史情境，而作泛化的理解，那么，脱离特定情境的神话就不再是原初意义的神话了。
③ 李子贤：《探寻一个尚未崩溃的神话王国》，云南人民出版社 1991 年版，第 96 页。
④ 参见茅盾《中国神话研究初探》，上海古籍出版社 2011 年版。
⑤ 参见闻一多《神话与诗》，武汉大学出版社 2009 年版。
⑥ 参见丁山《古代神话与民族》，商务印书馆 2015 年版。
⑦ 参见顾颉刚《古史辨》（第 1 册），上海古籍出版社 1982 年版。
⑧ 参见钟敬文《钟敬文民间文学论集》，上海文艺出版社 1982 年版。
⑨ 参见袁珂《袁珂神话论集》，四川大学出版社 1996 年版。
⑩ 参见陶阳、钟秀《中国创世神话》，上海人民出版社 1989 年版。
⑪ 参见何星亮《中国少数民族图腾崇拜》，五洲传播出版社 2007 年版。

民族的图腾神话及其相关习俗进行了系统性的阐述。刘亚虎在《神话与诗的"演述"：南方民族叙事艺术》① 一书中对南方少数民族的神话按主题进行了讨论。孟慧英在《活态神话：中国少数民族神话研究》② 一书中从仪式和情境的角度对少数民族神话的存在状况进行了分析。王宪昭在《中国少数民族人类起源神话研究》一书中用母题分析法对少数民族的人类起源神话进行了细致的分类与解读。王孝廉在《中国的神话世界（上编）——东北、西南族群及其创世神话》③ 一书中按族群对少数民族的创世神话进行了分类与阐述。除了这里列举的之外，涉及少数民族神话的著述还有不少。

　　总的来说，上述研究的主要贡献在于资料的搜集、分类与整理，尤其是通过"母题分析"（Motif Analysis）或"故事形态学"（Morphology of the Folktale），学者们对包括藏缅语民族神话在内的少数民族神话从情节、主题等角度进行了系统、细致的分类。这一工作具有极其重要的意义，因为任何研究都必须建立在严格、系统的分类的基础上。"故事形态学"的创始人普罗普（V. Propp）就曾说过："正确的分类是科学描述的初阶之一。"④ 但是，对神话及其情节的分类是受研究者的研究旨趣决定的。研究旨趣不同，人们就会得出不同的分类系统。因此"母题分析"或"故事形态学"的研究方法只能应用在神话研究的初级阶段。要深入地揭示神话所蕴含的观念，就必须在此基础上结合特定的社会情境及与之相适应的思想，对其进行深度分析。至于为何要将"文本"（Text）与"情境"（Context）结合起来，笔者将在下文中详细阐述。

---

　　① 参见刘亚虎《神话与诗的"演述"：南方民族叙事艺术》，北京大学出版社 2006 年版。

　　② 参见孟慧英《活态神话：中国少数民族神话研究》，南开大学出版社 1990 年版。

　　③ 参见王孝廉《中国的神话世界（上编）——东北、西南族群及其创世神话》，时报文化出版企业有限公司 1992 年版。

　　④ ［俄］普罗普：《故事形态学》，贾放译，中华书局 2006 年版，第 3 页。

二 神话理论的选择与运用

(一) 文学诠释学

根据"诠释学"(Hermeneutics) 的基本观点,文本(神话)、情境(世界) 以及研究者(人) 这三者之间形成了双向的循环结构。[①] 所谓"双向的循环结构"指的是:此三者之中,研究者站在任何一者的立场上去分析第二者,都只有通过第三者才能完成对第二者的分析。换言之,神话研究之所以可能,是因为处于神话与研究者之间的中介提供了这种可能性。而这个中介就是世界,它是文本与研究者共处的情境。少了这个作为中介的情境,一切都将变得无法理解。

我们知道,研究者置身其中的世界是一个历史性的存在,这就意味着任何时代的观念都是"时代性"(当下) 与"历史性"(过去) 并存的。因此,尽管任何一个特定的研究者做出的任何诠释都受到了特定"情境"(观念) 的限制,但观念的历史性仍为他的研究提供了这样一种可能,亦即他可以通过文本去建构一个兼具历史性与时代性的世界。马丁·海德格尔说:"话语中我们首先理解的并不是另一个人,而是一个筹划(世界),也即一个新的在世存在的轮廓。"[②] 保罗·利科(P. Ricoeur) 说:"世界是一个由文本打开的指称整体。"[③] 这些说法具有相同的含义,即文本分析的最终目的就是通过"视域融合"(the Fu-

---

① 笔者认为,"诠释学"中文本(Text)、世界(World) 以及人(People) 这三者之间的关系与海德格尔"基础存在论"(Basic Ontology) 中存在者(das Seiende)、存在(Sein) 以及此在(Dasein) 这三者的关系具有同构性。换句话说,文本、世界以及人构成的"诠释学循环"是"基础存在论"在文本分析层面的自然延伸。"基础存在论"从关系的角度对人类存在的基本状况进行了深刻的揭示,为我们的分析提供了一种具有普遍意义的"关系模式"。

② 转引自 [法] 保罗·利科:《诠释学与人文科学》,孔明安等译,中国人民大学出版社 2012 年版,第 164 页。

③ 同上。

sion of Horizons）建构一个观念世界。这个观念世界是一个历史性与当代性兼具（时间）、个体性与集体性共存（空间）的世界。故而在本论题的研究中，"历史"主要指纵向的文化史、思想史进程，它为神话研究提供了一个宏观的时间框架。这个框架使神话在上古（古）与现代（今）、研究对象（客）与研究者（主）之间形成张力。总之，神话是早期人类社会的一种历史演述，与文明时代的历史书写相比，它更多的是从种群、集体的层面反映早期人类的信仰、文化与思想。

通过上面的分析，我们也不难发现，文本（神话）与情境（世界）的关系十分紧密，没有任何人能抛开情境去解释文本。与之相应，一个人对情境的认识越深刻，那么对文本的诠释也就越合乎情理。而对于"情境"，我们可将其区分出两个层次：一个是观念（意识）的层次；另一个是实践（行为）的层次。因此，在分析"文本"的过程中，由于"文本"与"情境"相辅相成的关系，研究者也多是从这两个层次去进行分析的——这也是"结构主义神话学"与"仪式学派"的方法论根据。

（二）结构主义神话学

"结构主义神话学"（Structuralistic Mythology）是与法国学者列维 - 斯特劳斯（C. Lévi – Strauss）关联在一起的。尽管列维 - 斯特劳斯对普罗普的"故事形态学"提出了异议，但"结构主义神话学"的分析方法在一定程度上受到了"故事形态学"的启发。[①]

所谓"故事形态学"，指的是一种从情节角度把纷繁的民间故事归纳成"功能项组合"（情节链）的研究方法。普罗普根据故事中人物的

---

① ［法］列维 - 斯特劳斯：《结构人类学（2）》，张祖建译，中国人民大学出版社2006 年版，第 595—606 页。［俄］普罗普：《故事形态学》，贾放译，中华书局 2006 年版，第 185—198 页。

行为功能之意义将民间故事概括成"功能项"的组合。①"故事形态学"与"母题分析法"（Motif Analysis）十分相近，它们都是从情节角度对故事进行分类，它们之间最大的差异在于"故事形态学"比"母题分析"选取的情节单元要小一些。所谓"母题"，苏联学者维谢洛夫斯基（A. Veselovsk）就将其定义为"最原初的不能再分解的叙事单位"②。

　　无论是"故事形态学"还是"母题分析法"，它们都是从情节的层面来分析神话。但神话（Myth）与民间故事（Folklore）有着本质的差异。普罗普就曾指出："神话与民间故事建立在迥异的形态系统上。"③由此可见，仅仅从情节的层面来分析神话是远远不够的。神话与民间故事的根本差异体现在它们在迥异的情境中以不同的方式发挥各自的功能：第一，神话与严肃的仪式情境关联，旨在唤起神圣的情感，目的是通过其蕴含的观念影响人的实践；民间故事多与轻松的娱乐情境关联，其世俗性更多地源自它对情节娱乐性的关注。第二，神话特有的表层叙事（显性）与深层观念（隐性）的二重结构的结构性远比民间故事的结构性显著。第三，神话的产生及其蕴含观念之功能的发挥更多地发生在（作用在）初民的无意识层面，而民间故事寓意的目的性、意图非常明确、明显。这两者的差异决定了我们不可能仅仅通过"形态学"或"母题分析"就深入、系统地揭示出神话的实质。④

　　列维－斯特劳斯在借鉴结构主义语言学与故事形态学方法的基础上开创了结构主义的神话研究法。他说："神话的特征是结构依附于意

---

① ［俄］普罗普：《故事形态学》，贾放译，中华书局2006年版，第17—20页。
② 同上书，第11页。
③ 同上书，第196页。
④ 神话的故事形态学分析最常见的做法是对神话的情节与细节进行繁复、无谓的分类、罗列，这使研究工作长期围绕神话表层（情节）的字面意义打转而未能系统揭示神话的深层结构（观念）。

义。"① 这就是说神话的实质是体现某种意义，而意义则需要由"神话素"（Mythemes）② 形成各种结构来显现。他在阐述其方法论时指出："讲述神话"是从左到右、从上到下地逐行阅读，而"理解神话"则是从左至右逐栏进行，把每个纵栏当作一个整体。③ 这意味着，结构主义神话学首先要打破以听故事的方式来理解神话的思路，它要抽掉贯穿在神话叙事中的历时性的时间轴，然后由具有结构功能的"神话素"构成共时性的观念系统。对此，保罗·利科评论道："结构主义将情节降低到表层结构的水平，这就完全剥夺了情节在叙事中的主导地位。"④但在列维－斯特劳斯看来，要理解神话的深层含义就必须把用时间串联而成的"叙事单元链"（情节链）转换成由对比（相异）、类比（相似）、重复（强调）⑤ 等关系形成的"观念体系"。

由此可见，"故事形态学"或"母题分析法"与"结构主义神话学"的区别在于：前者只是将故事归纳成了情节链，而后者又在情节链的基础上将其重组为各种观念结构。正是在这个意义上，普罗普才说："列维－斯特劳斯教授是在对我的抽象概念再加以抽象。"⑥ 换言之，普罗普的"情节单元"被列维－斯特劳斯转换成了由"神话素"构成的

---

① ［法］列维－斯特劳斯：《神话学：裸人》，周昌忠译，中国人民大学出版社 2007年版，第 700 页。

② "神话素"即某个为表达某种意义而在神话中具有结构功能的结构单元。列维－斯特劳斯认为：神话素之于神话就如同言语之于语言。参见汪民安《福柯的界限》，南京大学出版社 2008 年版，第 58 页。

③ ［法］列维－斯特劳斯：《结构人类学（1）》，张祖建译，中国人民大学出版社2006 年版，第 229 页。

④ ［法］保罗·利科：《诠释学与人文科学》，孔明安、张剑、李西祥译，中国人民大学出版社 2012 年版，第 244 页。

⑤ 参见第二章第一节中笔者对 J. G. 弗雷泽、马塞尔·莫斯、C. 列维－斯特劳斯相关思想的分析、讨论。

⑥ ［俄］普罗普：《故事形态学》，贾放译，中华书局 2006 年版，第 191 页。

观念结构。所谓"神话素",用列维－斯特劳斯的话来说即"关系束"①,这意味着"神话素"是从结构关系的层面被定义的,因此,"神话素不是一个神话句子,而是一个由其他独特句子分享的对立价值"②。在列维－斯特劳斯看来,神话的实质是表达观念,因此以叙事(情节)的形式呈现出来的神话仅仅是神话的表层结构(字面意义)。而要揭示神话的深层结构(象征意义),就必须把贯穿在"情节链"中的时间轴抽掉以摧毁情节的线性结构③。在打破情节的线性结构后,情节单元将根据自身的属性以及相互之间的逻辑关系(对比、类比、重复的关系)重组为观念体系。这个重组的过程也是结构意义逐渐显露的过程。④ 因此,"神话素"不是孤立的情节单元,它是在结构化过程中使神话蕴含的观念凸显出来的结构单元。

总之,"故事形态学""母题分析法"与"结构主义神话学"的差异十分显著:(1)前者保留了情节,后者摧毁了情节;(2)前者提炼出的是"情节链",后者分析出的是"观念体系";(3)前者有时间性,后者没有时间性。

就神话在初民社会中发挥的巨大功能及其表意方式来看,"结构主义神话学"的研究方法值得借鉴。神话绝不是无关紧要的东西,神话中

---

① 参见保罗·利科《诠释学与人文科学》,孔明安等译,中国人民大学出版社 2012 年版,第 116 页。

② 同上。

③ 普罗普认为:"他(列维－斯特劳斯)取消了产生于时间的功能。但是功能(行为、行动、动作)如同它在书中被确定的那样,是在时间中完成的,不可能将它从时间中取消。"参见普罗普《故事形态学》,贾放译,中华书局 2006 年版,第 191 页。

④ 在此,"重组"(人为的)与"显露"(非人为的)二词可表达列维－斯特劳斯将"神话素"视为具有构造倾向(Structuring)之结构单元(Structured)的意图。列维－斯特劳斯在做一种努力,他想超越主客二分的思维模式。如果否认"神话素"本身具有结构化的倾向,那么,"神话素"乃至整个结构系统就会被人看作纯粹主观的臆造。承认"神话素"是神话中既成的结构单元,承认它具有结构化的倾向,这其实是在强调结构主义分析的客观性。

蕴含着对初民而言极其重要的观念。毫不夸张地说，在神话时代，神话关系到一个种群的存亡、兴衰，影响到初民社会的方方面面。如马林诺夫斯基（B. Malinowski）所言：

> 神话在原始文化中具有不可或缺的功能：它表达、增强并理顺了信仰；它捍卫并加强了道德观念；它保证了仪式的效用并且提供引导人的实践准则。因此，神话是人类文明很重要的组成部分，它不是聊以消遣的故事，而是积极努力的力量；它不是理性解释或艺术幻想，而是原始信仰与道德智慧的实用宪章。①

今天，人们常以"百年大计，教育为本"来强调教育的重要性。实际上，以神话为核心的口头传统正是初民社会最核心最重要的教育内容。因此，如果仅仅是从字面意义去理解神话，也就是说如果把神话仅仅当成故事来读，那么，我们看到的只会是匪夷所思、古怪离奇的情节，至于其中包含的对初民而言生死攸关的观念是不可能显现出来的。

列维－斯特劳斯将线性的情节重组为逻辑性的观念体系，以此使神话蕴含的观念凸显出来，这是十分可取的做法。神话以具象的叙事来表达抽象的观念，这是初民的思维习惯以及语言表达能力决定的。因此，只有透过神话的表层结构（字面意义），我们才能揭示神话的深层含义（观念体系）。对此，列维－斯特劳斯说："我主张不是去表明人如何用神话进行思维，而是去表明神话如何用人进行思维却不为人所知……人类心智不管其偶然的信使的身份如何，总是显示出越来越可以理解的结构。"②

---

① ［美］阿兰·邓迪斯编：《西方神话学读本》，朝戈金等译，广西师范大学出版社2006年版，第244页。

② ［法］列维－斯特劳斯：《神话学：生食和熟食》，周昌忠译，中国人民大学出版社2007年版，第20—22页。

就对神话文本的分析而言，"结构主义神话学"无疑是目前最具效力的研究方法之一。它的不足之处在于：在把神话文本转化成观念体系后它没有将这些观念放回仪式、习俗等社会情境中进行分析。马林诺夫斯基曾说：

> 神话的研究只限在章句上面，是很不利于神话的了解的。① 文本固然是十分重要的，但是离开了情境，故事也就没有了生命。因此，这些故事根植于土著的生活中，而不是在纸上。②

这说明神话的存在与特定的社会情境是紧密相关的。"结构主义神话学"的不足之处就在于它仅仅在"文本"与"观念"之间打转而没有将神话所蕴含的"观念"再放回"情境"中进行说明。正因为这样，保罗·利科曾批评列维－斯特劳斯的神话分析是"无果的游戏和诸成分的滑稽结合。"③ 利科的批评可能代表了多数读者的心声，但我们不能就此否定"结构主义神话学"的全部价值。对于这个缺陷，我们可用"仪式学派"和"表演学派"的研究方法加以补救。

（三）仪式学派

从"仪式"（Rituals）这一"情境"出发来分析神话是另一重要的研究方法。20 世纪上半叶以英国学者 J. G. 弗雷泽、哈里森（J. E. Harrison）等为代表的"神话—仪式"学派（Myth and Ritual School）以及 20 世纪 60 年代以来以美国学者理查德·鲍曼（R. Bauman）等为代表的"表演学派"（Performance School）都注重从

---

① ［英］马林诺夫斯基：《巫术、科学、宗教与神话》，李安宅编译，上海文艺出版社 1987 年版，第 122 页。

② ［美］阿兰·邓迪斯编：《西方神话学读本》，朝戈金等译，广西师范大学出版社 2006 年版，第 247 页。

③ ［法］保罗·利科：《诠释学与人文科学》，孔明安等译，中国人民大学出版社 2012 年版，第 122 页。

社会情境的角度来分析文本。对神话而言，"宗教仪式场"这一情境是理解神话的基本框架。

如果说社会是初民生产生活的舞台、情境，那么，仪式场则绝对是在初民生产生活中占据主导地位的核心情境。理查德·鲍曼说：

> 社会关系是无形的、抽象的，但是当人们通过仪式聚合在一起，他们采用一系列象征符号和一系列象征性行动时，那么通过这一戏剧化的形式，人们就可能达到对社会关系的理解。所以这些事件（尤其是仪式）就变成了社会力量的象征性威力的象征性展现。所以，按照涂尔干的理解，如果要想了解一个社会中什么是重要的，它是如何结构的，那么最好的办法就是去了解它的仪式。①

对初民而言，宗教仪式是一切社会活动的"轴心"。所有社会活动都要围绕仪式而转；仪式也为社会的运行提供了不竭的动力。仪式具有的轴心地位决定了仪式过程中的语言与行为蕴含的观念对整个社会都具有极其强大的示范作用。而这种示范作用的真正目的是强化社会的秩序，维持生产生活的正常运作。

在现代社会，仪式具有的典范性已经被制度化的常规教育削弱了。而在神话时代，人们参加仪式性的活动与现代人完成义务教育有相似之处。从大量民族志中我们可以看到，在初民社会，举行宗教仪式的场合非常多，这些仪式涉及生产生活的每个方面：祭天、祭祖仪式上要模仿和讲述天神或始祖的创造性行为；在进行狩猎、播种等生产活动前需要举行促殖仪式；诞生礼、成人礼、婚礼、葬礼都需要举行相应的过渡仪式。总之，仪式为一切社会活动确立了极具典范意义的活动模式。对

---

① ［美］理查德·鲍曼：《作为表演的口头艺术》，杨利慧、安德明译，广西师范大学出版社2008年版，第203页。

此，哈里森指出：

> 仪式旨在重构一种情境，仪式确实是一种模式化的活动，它是实践活动的再现或预期，因此希腊人将仪式称为 dromenon，即"所为之事"。①

> 仪式是一种再现或预现，是一种重演或预演，是生活的复本或模拟，而且尤其重要的是仪式总有一定的实际目的，这些目的指向现实，是为了召唤丰衣足食的季节的轮回。②

仪式中表现的不只是"所为之事"，这些"所为之事"其实都是"应为之事"。在仪式上，人们不仅要模仿诸神的创造行为，还要歌颂祖辈的丰功伟绩，这些也都是神话的主要内容。因此，"神话"需要放到"仪式场"这一情境中去，才能对之获得恰当的理解。③

总的来说，社会的秩序与稳定有赖于外在的社会制度身体化为每个社会成员内在的行为准则。在初民社会中，神话是原始族群保存其观念、价值的主要文化形式。因此，初民社会要确保社会活动的有序进行都必须树立一种典范性的实践模式，而这种具有典范意义的实践往往是通过宗教仪式向整个社会人群辐射的。因此，在仪式中唱诵和表演神话，其实就是用凝结在神话中的观念来规范人们的行为。毫无疑问，这样的神话内容具有展演和垂范的社会价值。

正因为神话能提供这样的价值，所以在神话时代，人们在各种仪式

---

① ［英］简·艾伦·哈里森：《古代艺术与仪式》，刘宗迪译，生活·读书·新知三联书店 2008 年版，第 13 页。
② 同上书，第 87 页。
③ 问神话是仪式的源头或问仪式是神话的源头？这种问题是没有意义的。有的学者认为神话是从仪式中发展出来的；有的学者认为仪式是从神话中发展出来的。在笔者看来，这种非此即彼的提问和回答皆使此二者之关系简单化、表面化。神话与仪式相辅相成，你中有我，我中有你，是同一社会本相不同的表象，犹如硬币的两个面。没有神话的仪式不成其为仪式，完全脱离仪式的神话亦难以称为神话。

上一次又一次地重述神话。每重述一次，就意味着人们重返诸神创造、发明那些伟大事物的神圣时刻，他们由此再一次回到了时间的源头。神话为他们打开的是一个具有典范意义的原初世界。在这个原初世界（神话世界）中，一切神圣的典范与楷模都值得模仿，因为它们蕴含着无限的力量（现实意义）。对此，米尔恰·伊利亚德（M. Eliade）指出：

> 大多数原始人的行为在他们自己看来，都只是在重复神灵或者神话人物在时间开始之际所做的最初行为。一种行为有意义仅仅是因为它重复了一种超越模式或一种范型。此种重复的目的也是为了确保这个行为的正常，通过赋予其本体论地位而使之得以合法化；行为只有在重复一种范型的时候才是真实的。原始人的每个行为都假定具有一种超越的模式——他的行为是灵验的，只是因为它们是真实的，因为它们模仿了那个范型。一个行为既是一种庆典，也是一种对现实的切入。①

神话中的观念所具有的约束力量十分强大，除了神话本身的典范性，也与初民对神灵以及神话的崇信态度有关。比如，在彝族地区，毕摩（彝族神职人员）在讲唱创世神话时十分严肃、神圣，不能随意出错②；在婚礼等场合毕摩要唱诵经典来比赛，记忆的祭歌、神话或史诗越多越清晰就越受人们尊崇③。在彝族的一则洪水神话中，马樱花树挽救了彝族始祖的生命，于是，彝族人用马缨花树为新生儿做吃饭用的碗

---

① ［美］米尔恰·伊利亚德：《神圣的存在》，晏可佳等译，广西师范大学出版社2008年版，第27页。

② 《彝族创世史——阿赫希尼摩》中提道："希尼的故事，若有谁知道，知者可以讲，若是不全知，最好就莫言。若是胡乱讲，讲错成笑话，让人当笑柄。吟诵古老歌，不能差分毫，就像小酒碗，碗边不能缺。"参见罗希吾戈等整理《彝族创世史——阿赫希尼摩》，云南民族出版社1990年版，第2—3页。

③ 刘尧汉整理：《我在鬼神之间：一个彝族祭司的自述》，云南人民出版社1986年版，第153—154页。

和洗澡用的盆①。怒族和傈僳族曾争夺一块猎场，相持不下，最终是通过背诵祖先谱系决出胜负的②。云南省西盟县佤族举行祭天、祭祖仪式，仪式中由最大的巫师为氏族成员讲述创世史诗《司岗里》。新几内亚特罗布里恩德群岛的土著人相信讲述神话会对田野里新种的庄稼有益③。澳大利亚卡拉杰利人的神话中，两个文化英雄在小便时采取一种特殊的姿势，直到今天，卡拉杰利人仍然模仿采用这种小便的姿势④。由此可见，在初民社会中，神话的确具有极其强大的影响力，它往往通过影响人们的观念来规范人们的行为。因此，要想对神话有一个清晰的了解，我们不仅要揭示文本中的深层结构，还要结合历史进程、社会情境来诠释深层结构所表达的社会观念。

综上所述，神话的研究方法是从历时性研究过渡到对横向结构的分析，从字面意义的形态学分类转向对深层结构的揭示，从囿于神话文本转向对社会情境的重视。就目前而言，国内学者在西方神话理论的引介与运用上已做了一些工作，但是对神话的研究仍多采用故事形态学和母题分析法。因此，将"历史""结构"与"情境"这三者结合起来是19世纪以来神话研究的方法论传统向我们提出的新任务。只有将"历史""情境""结构"这三者结合起来，才能使我们的神话研究更具历史性、现实性和深刻性。

---

① 杨春华：《彝族创世史诗中的历史观》，《楚雄师范学院学报》2004年第2期。

② 《活态神话：中国少数民族神话研究》中提道："解放前的一年半，在怒江西岸，怒族人和傈僳族人争夺一块猎场，发生了长久的械斗。械斗未决出胜负，双方都称自己的祖先是最早来到这块地方的。争论持续了三天三夜，后来氏族头人兼巫师的括留讲述了怒族的始祖神话，并按照怒族父子联名制背出了从始祖到当代的64代宗谱，证明怒族的根谱比傈僳族的长，傈僳族人由此诚服认输，离开了那块土地。"参见孟慧英《活态神话：中国少数民族神话研究》，南开大学出版社1990年版，第232页。

③ ［美］阿兰·邓迪斯：《西方神话学读本》，朝戈金等译，广西师范大学出版社2006年版，第245页。

④ ［美］米尔恰·伊利亚德：《神圣与世俗》，王建光译，华夏出版社2002年版，第97页。

第三节　研究思路与篇章结构

在前文中笔者已对本论题的研究对象、资料来源以及拟采用的理论与方法进行了简要的说明。在本节，笔者打算谈一下研究思路与全书的篇章结构。结合维柯与摩尔根对早期人类文化的基本观点，笔者打算从四个方面去分析藏缅语民族的文化起源神话。这四个方面分别代表藏缅语民族文化起源神话的四种类型。

其一，图腾神话。就严格意义而言，图腾神话主要指的是"氏族起源神话"。由于图腾是代表氏族的标记，因此，解释图腾的来源也就是解释氏族的来源。氏族是人类最原始的社群组织，探讨氏族的起源，其实就是对人的社会性、集体性的追溯。图腾神话的重要性在于它涉及初民的"生育问题"与"吃饭问题"，尤其是"氏族外婚制"和"猎物禁忌"的起源，不仅与早期人类的婚姻制度、生产方式相关，还与自然崇拜、祖先崇拜以及天神崇拜的起源有着极为密切的关系。

其二，生死起源神话。所谓生死起源神话指的是表达初民生命意识的神话类型，它包括"洪水后人类再生神话""死亡起源神话"以及"精灵神话"。藏缅语民族的"洪水后人类再生神话"主要表达了初民的"生殖观念"，而"生殖观念"的演进与早期人类的婚姻形式、生育制度都密不可分。"死亡起源神话"包含着初民对死亡这一现象的认识，反映了初民的死亡观。"精灵故事"除了反映初民的灵魂观念，还对母系氏族制度向父系氏族制度的过渡以及社群关系都有所反映。总体而言，生死起源神话是对人的出生与死亡、此世与来世的探讨。

其三，火起源神话。火起源神话对早期人类发现火、利用火并发明人工取火的用火历程进行了反映。人类对火的利用对人类文化的演进具有极其重要的促进作用。火为人类带来了熟食、温暖、光明，火不仅可以用来御敌、开荒、制陶、冶金，也可以用来辟邪、祛病、促殖。因此，火起源神话不仅与早期人类的物质技术相关，也与早期人类的宗教信仰相关。

其四，谷种起源神话。谷种起源神话反映了早期人类从以采集、渔猎为主的生产方式向以种植、饲养为主的生产方式的转变。换句话说，谷种起源神话反映的是原始农业以及饲养业的起源。

综上所述，本书的篇章结构，详见表0－2。

表0－2　　　　　　　　本书章目及其所涉文化事项

章　次	章　目	文化事项
第一章	图腾神话	氏族外婚制、猎物禁忌、自然崇拜/祖先崇拜/天神崇拜
第二章	生死起源神话	生殖观念、死亡观念、灵魂观念、母系制/父系制
第三章	火起源神话	熟食、制陶、冶金、促殖、辟邪
第四章	谷种起源神话	采集与渔猎、弓箭的发明、种植与饲养

第一章 图腾神话

第一节 图腾的实质

一 何谓"图腾"

在分析藏缅语民族的"图腾神话"之前，对"图腾"及其相关理论梳理一番是十分必要的。在与"图腾"相关的研究中，当下学术界有两种研究倾向：一是对"图腾"这一概念的内涵没有进行必要的界定，导致其外延无限扩大，一些与"图腾"无直接关联的事物也被误称为"图腾"，由此形成一种处处皆言"图腾"但终不知"图腾"为何物的"泛图腾论"；二是将"图腾"这一概念仅仅局限在北美印第安文化中使用，否认"图腾"（崇拜）在人类早期文化中普遍存在，这种倾向可称为"反图腾论"。在一定程度上，这两种倾向的产生都与"图腾"及其相关理论的复杂性有关。

自 18 世纪下半叶以来，人们陆续在大洋洲、非洲、印度尼西亚、美拉尼西亚以及亚欧大陆的古代民族中发现了图腾崇拜的遗迹，于是越来越多的研究者认为"图腾崇拜是人类发展过程中普遍经历过的一个必然阶段"。[①] 1791 年英国学者朗（J. Long）[②] 首次向世人介绍了北美印第安人的图腾文化。之后，约翰·麦克伦南[③]、爱德华·泰勒[④]、安德鲁·兰[⑤]、弗雷泽[⑥]、爱弥尔·涂尔干[⑦]、西格蒙德·弗洛伊德[⑧]、列维 – 斯特劳斯[⑨]等众多学者都从不同角度对图腾崇拜（制度）进行了深入的研究。毫无疑问，这些研究深化了人们对"图腾"的认识。但是，问题本身的复杂性以及视角、观点的多样化都不利于形成系统的图腾理论，这导致人们很难全面、准确地把握"图腾"理论的要旨，由此造成"泛图腾论"或"反图腾论"的泛滥。

　　"图腾"（Totem）[⑩] 一词源于分布在北美的奥杰布韦（Ojibways）[⑪] 人，其大意为——"他是我的一个亲戚"[⑫]；"那是我一族之物"[⑬]；"彼之血族、种族或家庭"[⑭]。由此可见，"图腾"通常被看作与氏族成员有着亲属（血缘）关系的象征物，它表征着氏族的血亲属性。中文"图

---

　　① ［奥］S. 弗洛伊德：《图腾与禁忌》，赵立玮译，上海人民出版社 2005 年版，第 9 页。

　　② 参见 J. Long. Voyages and Travel sofan Indian Interpreter and Trader，1791。

　　③ 参见 John Ferguson McLennan. The Worship of Animal sand plants，1876。

　　④ 参见 Edward Burnett Tylor. Reviews on the Worship of Totems，1889。

　　⑤ 参见 Andrew Lang. The Secret of the Totem，1905。

　　⑥ 参见 J. G. Frazer. Totemism and Exogamy，1910。

　　⑦ 参见 ［法］爱弥尔·涂尔干《宗教生活的初级形式》，林宗锦、彭守义译，中央民族大学出版社 1999 年版；［法］爱弥尔·涂尔干、马塞尔·莫斯《原始分类》，汲喆译，商务印书馆 2012 年版。

　　⑧ 参见 ［奥］弗洛伊德《图腾与禁忌》，赵立玮译，上海人民出版社 2005 年版。

　　⑨ 参见 ［法］列维 – 斯特劳斯《图腾制度》，渠敬东译，商务印书馆 2012 年版。

　　⑩ 由于是音译，除 Totem 这一常用拼法外，"图腾"也曾被拼为 Totam、Dodaim。除北美印第安人外，澳大利亚土著也有与之类似的概念，他们称之为"科旁"（Kabang）。

　　⑪ 北美五大湖北部地区印第安人的一支。

　　⑫ ［法］列维 – 斯特劳斯：《图腾制度》，渠敬东译，商务印书馆 2012 年版，第 23 页。

　　⑬ ［德］马克斯·韦伯：《宗教社会学：宗教与世界》，康乐、简惠美译，广西师范大学出版社 2010 年版，第 50 页。

　　⑭ 岑家梧：《图腾艺术史》，学林出版社 1986 年版，第 1 页。

腾"一词最早由严复在 1903 年翻译爱德华·甄克思（Edward Jenks）的
A History of Politics（《社会通诠》）时译出。严复认为"图腾"是原始
部族用以区分彼此的符号（徽帜）。严复在书中说："图腾者，蛮夷之
徽帜，用以自别其众于余众者也。"① 严复之后，岑家梧②、闻一多③、
李玄伯④以及众多的当代学者如王小盾⑤、赵国华⑥、叶舒宪⑦、杨和
森⑧、何星亮⑨、龚维英⑩、张岩⑪、吴晓东⑫、刘毓庆⑬等对中国古代以
及中国少数民族中存在的图腾现象进行了多方面的研究。

　　仅从"图腾"一词的字面意义来看，我们不难看出——"图腾"
其实是以血亲关系为准则的社群区分（认同）系统。⑭ 由此可见，"图
腾"与"社会存在"是紧密相关的。我们知道，特定的"社会意识"
是与特定的"社会存在"相适应的。"图腾崇拜"作为一种原始宗教形
式，它代表着氏族时代的"社会意识"，因此它是由氏族社会的"社会

---

　　① 参见胡晓靖《从图腾崇拜到英雄崇拜——论图腾崇拜的起源、发展与衰落》，《天中学刊》2002 年第 4 期。

　　② 参见岑家梧《图腾艺术史》，学林出版社 1986 年版。

　　③ 闻一多：《神话与诗》，武汉大学出版社 2009 年版，第 1—73 页。

　　④ 参见李玄伯《中国古代社会新研》，开明书店 1949 年版，第 180—187 页。

　　⑤ 参见王小盾《原始信仰和中国古神》，上海古籍出版社 1989 年版；王小盾《中国早期思想与符号研究：关于四神的起源及其体系形成》，上海人民出版社 2008 年版，第 206—370 页。

　　⑥ 参见赵国华《图腾起源略论》，《中国社会科学》1988 年第 1 期。

　　⑦ 参见叶舒宪《熊图腾：中华祖先神话探源》，上海锦绣文章出版社 2007 年版。

　　⑧ 参见杨和森《图腾层次论》，云南人民出版社 1987 年版。

　　⑨ 参见何星亮《中国图腾文化》，中国社会科学出版社 1992 年版；何星亮《中国少数民族图腾崇拜》，五洲出版社 2006 年版；何星亮《图腾文化与人类诸文化的起源》，中国文联出版公司 1991 年版。

　　⑩ 参见龚维英《原始崇拜纲要——中华图腾文化与生殖文化》，中国民间文艺出版社 1989 年版。

　　⑪ 参见张岩《图腾制与原始文明》，上海文艺出版社 1995 年版。

　　⑫ 参见吴晓东《苗族图腾与神话》，社会科学文献出版社 2002 年版。

　　⑬ 参见刘毓庆《图腾神话与中国传统人生》，人民出版社 2002 年版。

　　⑭ "区分"与"认同"是相辅相成的关系。区分之下必形成新的认同或强化已有的认同；个体对自己所属集团的认同越强，集团与集团之间的差异就越发显著。

存在"——氏族制度下的两种生产方式①——决定的。从社会意识（精神）的层面来看，我们看到的是作为原始宗教形式的"图腾崇拜"；从社会存在（物质）的层面来看，我们看到的则是作为社群组织形式的"图腾制度"。然而，归根结底，"图腾崇拜"应是由"图腾制度"决定的。

多数研究者认为，图腾文化产生于旧石器时代晚期，时间为距今3万年左右②。之后，图腾制度在中石器时代达到鼎盛③，在新石器时代逐渐衰落。众所周知，在旧石器时代晚期和中石器时代，人们通常用木石工具④来从事采集和渔猎。这样的生产方式要求人们采取与之相适应的社群组织形式。因此，从根本上来说，"图腾制度"以血亲关系为集群原则组成的"氏族"正是"采集—渔猎型"经济的生产主体。因为对于生产力水平极其低下的氏族成员而言，他们只有结成"氏族"并集体出猎才能猎获大型猎物，只有这样他们才能维持生存。对此，马林诺夫斯基持相同的看法，他说："图腾制度乃是原始人在'生存竞争'上得到的赏赐，是宗教给他的赏赐，以便他能更有效地应付四周的有用品类。"⑤ 此外，弗洛伊德也认为："图腾崇拜不是产生于人们的宗教需求，而是产生于其实践的、日常生活的需要。"⑥ 笔者认为，在宗教层面，图腾制度的确立确实离不开人们对"图腾"的"崇拜"与"禁忌"；但我们也必须意识到，作为社会意识的"崇拜"与"禁忌"都只

---

① "两种生产方式"指的是"人的生产"与"物的生产"。在氏族社会，占主导地位的生育制度或婚姻制度是氏族外婚制，占主导地位的物质资料生产方式是采集与渔猎。

② 岑家梧：《图腾艺术史》，学林出版社1986年版，第143页。

③ 参见何星亮《中国图腾文化概述》，《云南社会科学》1990年第2期。

④ 旧石器时代的标志性工具是打制石器；中石器时代是旧石器时代向新石器时代的过渡阶段，兼用打制、磨制石器。一般认为，在旧石器时代中晚期人们已经学会用火。

⑤ ［英］马林诺夫斯基：《巫术科学宗教与神话》，李安宅译，上海文艺出版社1987年版，第40页。

⑥ ［奥］弗洛伊德：《图腾与禁忌》，赵立玮译，上海人民出版社2005年版，第134页。

是解决社会现实问题的手段，对社会的根本问题——生存与繁衍的解决才是其真正目的。毫无疑问，"图腾制度"正是氏族时代的人们解决这两个根本问题的有力工具。

　　生产方式等经济因素是形成图腾制度的物质根源，与之相应，"万物有灵"① 的观念则为图腾制度的起源提供了思想基础。灵魂观念是人类意识发展到一定阶段的产物。人直觉到自身的二元性②，这就为灵魂观念的产生提供了契机。如果人缺少对身体物质性的认识，人就难以形成那种可独立于身体之外而存在的灵魂观念。肉身与灵魂、物质与意识、自然与社会的二元性是一切民族文化的元结构。因此，灵魂信仰是人类最根本的信仰。③

　　对于图腾崇拜来说，在纯粹的动植物与人之间，除了利用"泛灵"的观念将此二者勾连起来以形成象征"祖灵"的"图腾"，人类确实找不到其他更好的方式去建构原初形式的"祖先崇拜"。因此，"泛灵"的观念是人们建构"祖先崇拜"的精神桥梁；而动植物则成为体现"祖灵"的物质载体。对此，W. 冯特曾指出："最常见的一些图腾都是动物，最古老的图腾动物与灵魂（寄居的）动物（Soul Animals）是同

————————

　　① 万物有灵论（Animism）：源自拉丁语 amima（气息、灵魂），指对寄寓于肉体或事物同时又可独立生存的非物质的灵魂存在的信仰。爱德华·泰勒以此来说明宗教的起源和本质。这种"非物质的灵魂存在"附着于所有生物和无生物，在这些生物和无生物灭亡后，它仍可继续生存。它包括亡灵、精灵、妖怪等。灵魂存在左右人的生命和思维，具有与所有者同等的意义，也能游离于附着体飞行、飘移。这种观念不只存在于原始宗教，它也是现存各种宗教的重要组成部分。各种宗教形态——从灵魂、死灵、祖先崇拜、动植物崇拜、图腾崇拜、自然崇拜，到萨满教、物神崇拜——都以万物有灵观念为其基础。参见祖父江孝男等编《文化人类学事典》，陕西人民出版社 1992 年版，第 252 页。

　　② 身体与意识、存在与思维、物质与精神的二元结构。"身心二元性"的领悟需要人将自身（社会）与外物（自然）进行比较。人与物相同的部分即人的物性（身体），人比物多出的部分即人的灵性（灵魂）。

　　③ 与其说灵魂信仰是人对个体生命不朽的理想性展望，不如说灵魂信仰是人对人类未来的希冀。这种展望与希冀赋予人的生存以意义。

一的，图腾崇拜与灵魂信仰或泛灵论有着直接的关系。"① 涂尔干则直接说道："灵魂不是别的什么，而就是体现在每个人身上的图腾本原。"② 由此可见，灵魂信仰的确为图腾崇拜的产生提供了条件。

图腾崇拜是作为原初形式的祖先崇拜来发挥其效能的。在与"祖灵"的关联中，"图腾"从时间和空间两个维度使氏族成员结成一体，并与其他氏族形成"质"（血缘）的差异。图腾崇拜的实质是祖先崇拜，祖先崇拜的核心是生殖崇拜。因此，图腾崇拜为"氏族外婚制"（族外婚）的施行提供了信仰基础。

综上所述，图腾制度的产生是与旧石器时代晚期人类生存的现实困境紧密相关的。图腾制度在血亲关系的基础上建构出的社群结构（氏族系统）为"猎物禁忌""族外婚"等社会制度的运行提供了必要条件，这不仅促进了物的生产（采集与狩猎），也有利于人的生产（生殖）。

二 图腾的三个层面

200 多年来，学者们对图腾文化进行了大量的研究，表达了各种观点。罗伯逊·史密斯认为图腾崇拜是一切宗教的起源③。约翰·麦克伦南指出图腾崇拜具有原始宗教的性质④，他说："图腾制度等于物神崇拜加上外婚制和母系继嗣。"⑤ 弗洛伊德认为："图腾崇拜是在一些原始

---

① ［奥］弗洛伊德：《图腾与禁忌》，赵立玮译，上海人民出版社 2005 年版，第144 页。

② ［法］爱弥尔·涂尔干：《宗教生活的初级形式》，林宗锦、彭守义译，中央民族大学出版社 1999 年版，第 274 页。

③ ［德］W. 施密特：《比较宗教史》，肖师毅、陈祥春译，辅仁书局 1948 年版，第134 页。

④ ［英］E. J. 夏普：《比较宗教学史》，吕大吉等译，上海人民出版社 1988 年版，第97—100 页。

⑤ ［法］列维－斯特劳斯：《图腾制度》，渠敬东译，商务印书馆 2012 年版，第 17 页。

群落中取代了宗教地位的信仰体系。"① 涂尔干认为："图腾就是相关民族中社会宗教的明显代表，它是共同体的体现，而共同体才是人们崇拜的真正对象。"② C. A. 托卡列夫认为："图腾崇拜是早期氏族社会的宗教。"③ 阿尼西莫夫认为宗教的第一阶段就是图腾崇拜④。E. 海通认为："存在一种特殊的图腾社会制度的观点是站不住脚的……图腾崇拜仅仅是一种宗教形式。"⑤ A. M. 佐洛塔廖夫认为："图腾崇拜是一种宗教形式，是与氏族发展初期的社会结构相符的意识形态"。⑥ C. П. 托尔斯托夫认为图腾意识是"群体联系和内部统一的意识形态。"⑦ 威廉·冯特认为："'图腾'是一个群体的名字，它也是一个标志着祖先的名字。"⑧ 列维－斯特劳斯指出："图腾关系意味着物种的每个成员与图腾群体的每个成员之间都有图腾意义上的关系。一般而言，图腾群体的成员不能相互通婚。"⑨

上述观点侧重从宗教的层面去看待图腾文化，有的甚至直接否认了它与社会制度层面的联系，这种研究倾向在一定程度上忽略了"图腾"与"社会存在"的关系。总体而言，上述观点是从宗教信仰、思维形式以及社会制度三方面来谈的，我们可将其概括为三句话：

（1）图腾崇拜是原初形式的宗教；

（2）图腾系统是一种具有普遍意义的意识形态或世界观；

---

① ［奥］弗洛伊德：《图腾与禁忌》，赵立玮译，上海人民出版社 2005 年版，第 124 页。

② 同上书，第 138 页。

③ 参见何星亮《图腾与人类文明形成》，《中南民族大学学报》2007 年第 6 期。

④ 参见何星亮《图腾与神的起源》，《民族研究》1989 年第 4 期。

⑤ ［苏］海通：《图腾崇拜》，何星亮译，广西师大出版社 2004 年版，第 224 页。

⑥ ［苏］佐洛塔廖夫：《西伯利亚各民族的图腾崇拜残余》，列宁格勒 1934 年版，第 3、9 页。

⑦ 参见何星亮《图腾与人类文明形成》，《中南民族大学学报》2007 年第 6 期。

⑧ ［奥］弗洛伊德：《图腾与禁忌》，赵立玮译，上海人民出版社 2005 年版，第 130 页。

⑨ ［法］列维－斯特劳斯：《图腾制度》，渠敬东译，商务印书馆 2012 年版，第 12 页。

（3）图腾制度是保障内婚禁忌、猎物禁忌等社会规范发挥效力的社会宪章。

这三句话代表了图腾研究的三个面向，这不仅体现了不同学科的学者有着不同的研究旨趣，也显示出图腾研究重心的转移。在图腾研究的初创阶段，无论是从宗教史还是思想史角度，研究者多采用"历时性"的研究方法，将图腾现象视为人类文化（宗教、思维）演历过程中一个普遍、必然的阶段。20 世纪以来，研究者则对作为社群结构的氏族（图腾）系统给予了更多的关注，越来越多的学者意识到图腾制度之于猎物禁忌、内婚禁忌等社会规范的重大意义。

（一）作为原初宗教的图腾崇拜

在宗教层面，"图腾崇拜"一词本身就蕴含着"崇拜者"与"崇拜对象"这样一组二元关系。这组关系的二元性也体现在"图腾"这一概念上。

一方面，图腾主要是由动植物来充任的①。动植物来自自然，是早期人类非常熟悉的事物，是他们最重要的食物之源。根本而言，围绕图腾动植物展开的各种禁忌的目的之一就是保障食物的持续供应。

另一方面，图腾象征着"祖灵"。而"祖灵"的观念是人类把具有

---

① 弗雷泽认为："图腾一般是某一类动物或植物，比较少见的是某类无生命自然物。"参见［奥］弗洛伊德《图腾与禁忌》，赵立玮译，上海人民出版社 2005 年版，第 125 页。W. 里弗斯认为："尊崇某种动物、植物或无生物。这种尊崇图腾的典型形式表现在禁止食用某种动物或植物，而无生物则完全禁止使用，或可能有某种限制。"参见里弗斯《美拉尼西亚人社会史》，坎布里奇 1914 年版，第 75 页。岑家梧认为："以某种动植物为集团的名称，此种动植物，即为该集团的图腾。"参见岑家梧《图腾艺术史》，学林出版社 1986 年版，第 143 页。

普遍意义的"灵魂"的观念附加到作为符号的动植物之上才建立起来的①。

概而言之，"图腾"必需的一个"要素"是具有普遍意义的灵魂观念（实质），另一个"要素"是具有区分意义的动植物（形式）。将此二者集于一体，就能形成"祖灵"（实质＋形式）的概念。所谓的"祖灵"毫无疑问应该是某一个特定群体的祖先的灵魂。如果缺少符号系统的区分，那么，具有普遍意义的灵魂观念就无论如何都上升不到特殊的、个别的"祖灵"的层次，它的存在是盲目的。如果缺少那种具有普遍意义的灵魂观念，那么，单纯的符号系统（动植物系统）定然就是空洞的，因为它没有实质。这样的话，动植物所构成的永远只是自然意义的"事物系统"而不能上升到"图腾系统"的层次。因为，"图腾"的实质就是"祖先"；与之相应，"图腾系统"就是"祖先系统"；人群分别崇拜各自的祖先，这种崇拜包含的对祖先的"主观认同"将在客观上"区分"出不同的人群系统，而这个区分出的人群系统就是"氏族系统"。因此，正是因为某种特定的动植物象征着特定氏族的"祖灵"，那个氏族的成员才承认他们与作为图腾的动植物具有相同的血缘，他们之间是亲属关系；由此而见，图腾崇拜是原初形式的祖先崇拜，它为一种更为优越的生育制度——氏族外婚制——创造了条件。

总之，围绕着"图腾"展开的所有"崇拜"或"禁忌"都根植于

---

① 赖纳赫认为："图腾氏族的成员常常相信他们与图腾动物因共享共同祖先而联结在一起。"参见［奥］弗洛伊德《图腾与禁忌》，赵立玮译，上海人民出版社 2005 年版，第 124 页。W. 里弗斯认为："相信每一个社会群体成员都与某种动物、植物或无生物有血缘亲属关系。这种信仰往往表现在相信自己起源于某种动物、植物或无生物。"参见里弗斯《美拉尼西亚人社会史》，坎布里奇 1914 年版，第 75 页。岑家梧认为："原始民族的社会集团，采取某种动植物为名称，又相信其为集团之祖先，或与之有血缘关系。"参见岑家梧《图腾艺术史》，学林出版社 1986 年版，第 1 页。

人类的根本需要，"图腾"作为"动植物"与"灵魂"的统一体，"图腾"（祖灵）一词意味着充沛的食物①与充足的人口②。

（二）作为世界观的图腾系统

在思维、心理层面，"崇拜"这一行为本身就蕴含着一种"认同"③，而对本氏族图腾的"崇拜"（认同）必然在客观上造成氏族与氏族之间的多重"区分"④。崇拜的图腾不同，这就意味着崇拜者的祖灵（血缘）有所差异。祖灵（血缘）的差异则奠定了氏族间的异质性。正是在这种诸多氏族异质的基础上才形成了既有所不同又相互联系的氏族系统。

或许，我们还可对凝聚在"图腾"之上的二元性理解得再深入一些。

首先，图腾既不是纯粹的动植物，也不是纯粹的一般意义的灵魂。选用某些动植物作为图腾这不仅是因为它们是初民十分熟悉的事物，更重要的是它们在形象上差异显著，它们是初民表达社群关系最便捷且最

---

① 图腾制度有促成食物的持续供应这一功能，很多学者对此缺乏认识。笔者认为，"禁止猎杀图腾动物"的目的之一是保障图腾动物的繁衍生息，这样才能为别的氏族提供食物。由于相邻氏族的图腾不同，故而对同一地区的氏族集团来说，每一种动物都得到了平等地保护；如果没有这种"禁忌"，那么，每一种动物都会被没有控制的猎杀行为消灭殆尽，最终使所有氏族陷入饥荒之中。

② 在人类发展的早期阶段，人口数量一直很少，其中的一个重要原因是他们的生育制度（族内婚或血亲婚）有着致命的缺陷，新生儿的死亡率极高，也不利于遗传变异向好的方向发展。因此，促进人口的增长一直是早期人类最强烈的冲动，这一冲动以"生殖崇拜"的形式渗透到原始文化的方方面面。在这个意义上，图腾崇拜也是一种促殖手段。

③ 氏族成员往往通过文身、佩戴图腾符号、举行共餐仪式、严禁杀伤图腾动物、为死去的图腾动物行葬礼等方式来表达这种"认同"。每一个氏族成员都自觉地产生这种"认同"，而这在客观上则将同一氏族的所有成员凝聚成了一个整体。与之相应，当每个氏族都自成一体，那么，在氏族之间也会自然形成质（血缘）的差异。而所谓"氏族系统"或"图腾系统"，正是在这样的主观认同与客观区分中形成的。

④ 有的图腾系统会分出三级。也就是说，某个氏族最初只有一个图腾，但是随着人口的增加氏族裂变为多个，那么，这些分裂出的氏族除了共享原有的图腾之外，它们各自会确立新的图腾，如果氏族再次发生分裂，裂变后产生的氏族同样会确立新图腾。随着图腾系统的复杂化，氏族之间的关系也相应地发生改变。

有效的符号①。如果缺少这样具象的符号，抽象且具有普遍性的灵魂观念就无所依凭；如果缺少灵魂观念，动植物就只具有自然属性，而无法形成分殊化的"祖灵"的观念。

其次，只有将"动植物系统"的"符号性"与"灵魂观念"的"人文性"结合到一起，才能构成原初形式的祖灵观念——图腾。图腾通常以动植物的面貌示人，但这并不意味着图腾就是动植物，它不过是以具有"自然"属性的符号系统来表达氏族之间的"社会"关系。

最后，"图腾"将动植物系统与灵魂观念集于一体，这种二元性也在社会层面得到了体现：具有自然属性的事物系统以具有社会属性的氏族系统为中心形成同构关系，这种同心圆式的嵌套结构在时间和空间两个维度延展开来，各种事物就在初民的意识中呈现出特定的秩序。因此，图腾崇拜不仅仅是一种原初意义的宗教信仰或社会制度，它还提供了一种世界观。通过这样的世界观，各种事物才具有了特定的秩序。

（三）作为社会宪章的图腾制度

在社会层面，氏族系统（社会）与动植物系统（自然）形成同构关系，社会的根本问题则通过自然提供的符号系统得到了解决。

首先，从现实的角度来看，图腾系统（符号系统）与氏族系统（社群系统）是同步发展的，根本就不存在那种先形成图腾系统然后再形成氏族系统的情况。对此，有学者持同样的看法："在形态学的意义上，图腾只是对现成的氏族的命名，然而，在发生学的意义上，毋宁说，氏族这个所指恰恰是图腾这个能指缔造的，离开图腾这个能指，氏族这个所指就无从存在，后结构主义的能指—所指关系在这里得以典型

---

① 赖纳赫认为："许多氏族使用动物（图案）来代表其旗帜和武器，人们将动物图案绘在或纹在他们的身体上。"参见［奥］弗洛伊德《图腾与禁忌》，赵立玮译，上海人民出版社2005年版，第124页。

地体现。"① 在此我们不得不强调这样一个事实：能指（图腾）的产生固然离不开所指（氏族），但是，所指（氏族）也未必就离得开能指（图腾）。如果人群（所指）不用图腾（能指）来进行区分，那么，我们也就无法理解何为"氏族"。因此从根本上来说，氏族的概念是通过图腾系统来进行表达的。

其次，图腾系统的一个关键作用是促成了初民的自我认知。换句话说，人们可以对自己置身其中的氏族及其邻近的氏族乃至整个世界实现一种整体性的把握，并在这种把握中形成一种对他们的生活极其重要的群体意识、世界意识。毫无疑问，这种对自身的把握使用的"工具"是从自然中借来并作为符号的动植物，采取的"思维方式"是类比，采用的"强化模式"是宗教崇拜，而最终要达到的"目的"则是通过"猎物禁忌"与"内婚禁忌"② 实现食物的持续供应与人口的不断增加。

综上所述，"图腾"不仅仅是一种宗教，也不仅仅是一种世界观，它的产生是与特定历史阶段人类的"生存境遇"联系在一起的。这就是说，在根本意义上，图腾崇拜、图腾制度是为了解决人类的吃饭问题和生育问题。因为，包括宗教、哲学等在内的一切"社会意识"，不管它们显得多么形而上，都无不建立在形而下的"社会存在"的基础上。脱离这个基础，一切形而上的东西都是空中楼阁。正是基于这样的认识，笔者认为——对初民"生存境遇"的持续关注是我们理解图腾制度（崇拜）的关键。

---

① 刘宗迪：《图腾、族群和神话——涂尔干图腾理论述评》，《民族文学研究》2006年第4期。

② 对宗教而言，"禁忌"以否定之否定的方式强化着人们的"崇拜"。因此，每一项"禁忌"背后都存在着一项在目的上与之相同的"崇拜"。比如，"氏族内婚禁忌"与对"氏族外婚"的崇拜其目的是一样的；"禁止猎杀图腾动物"与"崇拜图腾动物"在目的上也是相同的。在神话、巫术以及宗教禁忌中，以积极、消极两种方式达到同一目的的例子非常多。

第二节　藏缅语民族的图腾神话

既然图腾崇拜是人类文化演历过程中一个普遍、必然的阶段，那么每个民族自然都会留下一些与图腾相关的文化遗存，而"图腾神话"就是其中最为典型的遗存形式。具体而言，藏缅语民族的"图腾神话"就是"氏族起源神话"①。"氏族起源神话"对各个氏族及其始祖的来源、分化进行了解释，这不仅对图腾崇拜的起源问题提供了神话学层面的支持，也展现了氏族（图腾）系统的结构形态。这对我们理解氏族社会的"社群关系""图腾禁忌"以及"氏族外婚制"等社会制度与社会习俗都具有重要意义。

与"氏族起源神话"相近的是"宗族（姓氏）起源神话"和"民族起源神话"。"宗族（姓氏）起源神话"是解释一个或多个宗族（姓氏）之来源的神话。"民族起源神话"则是解释各个民族及其始祖之来源的神话。这两类神话与"氏族起源神话"有其相同之处：它们都是围绕"祖先的起源"和"社群关系"展开的神话叙事。在此意义上，"宗族起源神话"和"民族起源神话"都可视为"氏族起源神话"的自然延伸，我们可将此三者统称为"族源神话"。

根本而言，人类社会有自然的结群倾向，而维系这种自然倾向的一个关键因素就是以"祖先"为象征的血缘纽带。换言之，对"祖先"

---

① 根据摩尔根、马克思的定义，"氏族"是出自一个共同的祖先，具有同一氏族名称并以血缘关系结合的血缘亲族的总和。因此，"氏族起源神话"即解释氏族及氏族集团之祖先的来源并对氏族（祖先）之间的关系予以说明的神话类型。

的崇拜（认同）表达了人类社会最初的集体意识。对此，有学者持同样的看法："人类社会共同的意识形态，首先是意识到本群体成员具有共同性，具有共同的来源，具有共同的血缘关系，这种意识的形成，对于维护群体成员内部的团结和稳定具有极其重要的意义。"① 在人类文化演进的不同阶段，人类都需要这种集体意识。因此，"氏族起源神话""宗族起源神话"以及"民族起源神话"，此三者的不同之处仅仅在于它们反映的历史实情在时间上有早晚之别，而它们共同的核心都与"祖先崇拜"相关。但是，在不同的历史阶段，"祖先"（始祖）的内涵是有所不同的。

在本节，笔者将首先对藏缅语民族的"图腾神话"进行一个直观、精练的概述。然后，笔者将在第三节结合具体的神话、习俗从"空间"的维度对图腾系统（氏族系统）的横向结构进行详尽的分析，以阐明图腾制度的实质。在第四节，笔者将从"时间"（纵向）的维度对图腾制度（崇拜）的历史演变进行阐述，阐明图腾崇拜、祖先崇拜、自然崇拜、天神崇拜以及共祖崇拜之间的关系。在第五节，笔者将重点对图腾制度的社会功能进行阐述。

在藏缅语族下属的 17 个民族中存在大量的图腾神话。其中，有的神话只残留着图腾崇拜的痕迹，神话中仅对某一种图腾的起源进行了说明；有的神话则包含着较为完整的图腾系统（氏族系统）。

如前文所言，我们必须把图腾看作处于结构关系中的图腾。因为根本就不存在与周围的图腾没有联系的、孤立存在的图腾。只有内部氏族相互关联的图腾系统才具备"区分"的功能，这是图腾制度最关键的地方。比如，彝族崇拜的主要图腾就包括虎、獐、羊、牛、蜂、鸟、葫芦、松、柏；白族崇拜的图腾有虎、鸡、鱼、海螺、龙；纳西族崇拜的

---

① 何星亮：《图腾与人类文明形成》，《中南民族大学学报》2007 年第 6 期。

图腾多为虎、豹、猴、蛇、猪、羊、猫头鹰①。由此可见，图腾的数量与结构层次是与该民族诸支系的分化程度相关的。

下面，我们以语支为单位，对藏缅语民族的图腾神话进行初步的了解。

一 羌语支民族的图腾神话

羌语支民族包括羌族和普米族。在羌语支民族的图腾神话中，具有完整图腾系统的例子比较少见。《后汉书·西羌传》中的这段话具有一定的代表性：

> 其后，子孙分别，各自为种，任随所之。或为牦牛种，越嶲羌是也；或为白马种，广汉羌是也；或为参狼种，武都羌是也。②

这则引文对战国时代河湟羌诸部的分化情况进行了交代。自秦献公始，河湟诸羌不堪强秦步步进逼，分三路远徙越嶲、广汉、武都等地，分别以牦牛、白马、参狼为号。在此，所谓牦牛、白马、参狼，可能正是越嶲、广汉、武都羌人三部的图腾。

羌人素以牧羊为业，"羌"字之本义即"西戎牧羊人"③。在葬礼中，羌族有"验尸"之俗，"老人死后，家人为其宰羊一只，并在羊的内腔中找出疑是伤势的地方，以决定老人病伤之所在，然后请别人吃此羊之肉，死者家属不忍吃。"④ 在此，羊被羌人看作他们死去亲属的替身。这种观念也许根植于羌人的图腾意识，亦即他们认为在羌人和羊之

---

① 何星亮：《中国图腾文化概述》，《云南社会科学》1990 年第 2 期。
② （南朝宋）范晔：《后汉书》卷 87，中华书局 1965 年标点本，第 2875—2876 页。
③ （汉）许慎：《说文解字》，中华书局 1963 年标点本，第 78 页。
④ 《羌族社会历史调查》编委会：《羌族社会历史调查》，民族出版社 2009 年版，第 88 页。

间具有亲缘关系。除了对羊的崇拜之外，羌族具有代表性的图腾还有狗、马和猴，详见表1-1。

表1-1 　　　　　　　　　羌族重要图腾举例

图 腾	地 区	概 况
羊	四川茂县	颈上拴羊毛线的仪式程式；自称"尔玛"可能是模拟羊的叫声；冠礼中给羊围羊毛线，不准杀食；在验尸之俗中羊等同于死者，并由羊引路至祖灵处①
狗	四川茂县土门乡	唐代时此地羌人称"白狗羌"，白狗可能是其图腾②
狗	四川北川县	寺门、寨门多雕刻石狗，小孩帽上亦绘狗形，谓之"神狗"。大年初一早晨有首先喂狗之俗③
马	四川茂县、黑水县	羌族图腾崇拜遗迹之一为马图腾。茂县北部和黑水一带，还崇拜白马，不吃马肉④
马	四川北川县	北川青片、白草河一带信仰白马老爷，有不少白马庙，此地羌人习俗多与平武及甘肃文县白马氐人相同⑤
猴	川、甘、青、宁一带	《北史》："党项羌者，三苗之后也。其中有宕昌、白狼，皆自称猕猴种"⑥

---

① 胡鉴民：《羌族的信仰与习为》，转引自《中国各民族原始宗教资料集成·羌族卷》，中国社会科学出版社2000年版，第485—486页。

② 钱安靖主编：《中国各民族原始宗教资料集成·羌族卷》，中国社会科学出版社2000年版，第486页。

③ 参见钱安靖《绵阳市北川县羌族宗教习俗调查》，《中国原始宗教资料集成：纳西族卷·羌族卷·独龙族卷·傈僳族卷·怒族卷》，上海人民出版社1993年版。

④ 钱安靖主编：《中国各民族原始宗教资料集·羌族卷》，中国社会科学出版社2000年版，第486页。

⑤ 参见钱安靖《绵阳市北川县羌族宗教习俗调查》，《中国原始宗教资料集成：纳西族卷·羌族卷·独龙族卷·傈僳族卷·怒族卷》，上海人民出版社1993年版。

⑥ （唐）李延寿：《北史》卷96，中华书局1974年标点本，第3192页。

系于羌语支下的另一个民族是普米族。普米族最初的四个部族分别为"萨雅崩巴贡"（美丽的花瓶山）、"布尼岁母贡"（威武的豹子山）、"俄聂勒格贡"（叉舌的红虎山）和"扎喃党书贡"（展翅翱翔的雄鹰山）①。因此，普米人的四个支系分别以花瓶、豹子、红虎、雄鹰为名，这有图腾崇拜的痕迹。普米族具有代表性的图腾为蛙、虎、熊和草，其概况详见表 1 – 2。

表 1 – 2　　　　　　　　　　　普米族重要图腾举例

图　腾	地　区	概况
蛙	四川盐源县	蛙进屋表示吉祥，普米人称其为"舅祖"；严禁捕蛙；劳动中遇见蛙则说"蛙舅舅，请居上位"；盐源县左所区等地普米族用"波底"（蛙）作氏族、家庭及个人之名，或称蛙即其祖先，左所区布尔角村全部 12 户人家都姓"波底"②
虎	云南宁蒗县	宁蒗县永宁、托甸、喇跨等乡普米族称其氏族祖先名为"乌娘孜戛咪"，意为"黑虎骨头的人"，亦即"黑虎氏族的人"；尊崇虎，严禁伤害虎，在有虎出没的山林不惊扰虎，若误伤、误杀虎，众人则在氏族头人的率领下向虎磕头示罪，猎手要受到鞭笞；虎日生子则吉，虎日出征则威③
熊	云南宁蒗县、四川木里县、盐源县	称氏族最初的祖先是"棍娘却拍"，意为"黑熊祖先"④
草	云南宁蒗县永宁乡	有一支普米族称氏族祖先是"脏"，意为草⑤

总体而言，羌语支民族的图腾神话不够完整，也不够典型，这可能

---

① 《普米族简史》编写组：《普米族简史》，民族出版社 2009 年版，第 16 页。
② 杨照辉主编：《中国各民族原始宗教资料集成·普米族卷》，中国社会科学出版社 1999 年版，第 651 页。
③ 同上。
④ 同上书，第 652 页。
⑤ 同上。

意味着这两个民族脱离氏族社会的时间较早。但就其崇拜物的情况来看，普米族崇拜的蛙、虎、熊、草等图腾是"采集—狩猎"时代人们常见的事物，而羌族的羊、狗、马等图腾则意味着当时的社会已进入了"种植—饲养型"经济占主导地位的时代。由于图腾制度主要是氏族社会即"采集—狩猎"时代的文化现象，因此，普米族的图腾崇拜相对来说要原始一些。

二　彝缅语支民族的图腾神话

彝缅语支民族包括彝、纳西、拉祜、哈尼、傈僳、阿昌、怒、基诺、独龙9个民族。整体而言，彝缅语支民族的图腾文化遗存不仅数量众多，而且包含的图腾系统（氏族）也十分完整。

彝族最具代表性的图腾首先是虎图腾（见图1-1），其次是竹图腾。

图1-1　彝族的虎图腾壁挂

采自《彝族图腾艺术作品选》，云南民族出版社1991年版

彝族奉虎为祖，认为其族人与虎有血缘（亲缘）关系，族人活着时

受虎护佑，死后则化虎返祖。比如，明代陈继儒撰《虎荟》卷三云："罗罗，云南蛮人，呼虎为罗罗，后代是虎子虎孙"①。为了得到虎祖的庇荫，"楚雄彝族幼儿穿虎头鞋、戴虎头帽"，认为虎有辟邪之效；而在一些宗教仪式上，彝族首领常以虎皮为礼服主持仪式；除了在生活中与"虎祖"保持着密切的关联，彝族人还相信人死后会化为老虎，其俗谚云："人死一只虎，虎死一枝花。"乾隆《云南通志》卷一一九云："黑罗罗火葬前，贵者裹以皋比（虎皮）。"② 此外，彝族地区的族名、地名、人名亦多用"虎"字③。由此可见，对虎的崇拜即对祖先的崇拜渗透到了彝族生活的方方面面。

竹是彝族另一具有代表性的图腾。《楠竹筒的传说》《竹的儿子》等"竹图腾神话"这样讲道：

> 太古时代，在一个河水面上浮着一个兰竹筒。竹筒漂到岸爆裂后走出了一个人来，他叫作阿槎，生出来就会说话。……他住在地穴里，过着采集和狩猎的生活。有一天，他去打猎，看见梨树脚下睡着一个女子。……不久，两人情欲冲动，心意相合，就在那郊野丛草间配成夫妻。他们的子孙，便是罗罗。④

> 洪水，有女抱竹得生。上岸后，在小鸟的启示下，女了破竹而

① 何耀华编：《中国各民族原始宗教资料集成·彝族卷》，中国社会科学出版社1996年版，第45页。
② 唐楚臣：《彝族民间文学中的虎图腾》，《民族文学研究》1988年第3期。
③ 第一，"乐尼伯"即虎居山之意；"罗甸"意为虎族居住的坝子；"厄罗"即大虎，"峨碌城"意为大虎城；"涅罗摩"意即母虎祖灵；"啦哈咱"意为吃虎肉处；"腊八煮"意为打老虎处；"龙目路"意为老虎菁；"腊拔尼"意为神虎处。参见吴恒等整理《巍山县少数民族地名的调查》，《云南彝族社会历史调查》，民族出版社2009年版，第157—170页。第二，哀牢山意为大虎山；罗摩山意为母虎山；老应奔意为虎啸山。上乐秋意为上虎街村；下乐秋意为下虎街村；澜沧江的彝语意为虎跌入之江；乐秋河意为虎街河。峨罗意为大虎；敖罗白意为虎祖山；罗其嘎意为挂虎皮之地；罗矣桃意为老虎饮水之地。参见杨和森《图腾层次论》，云南人民出版社1987年版，第10—13页。
④ 左玉堂主编：《彝族文学史》，云南民族出版社2006年版，第100—101页。

得五个儿子祖摩、哪苏、兔苏、纳苏、沟哉苏，此五子繁衍了彝族的五个支系。①

太古时代，汉水有一节兰竹筒，流到岸边爆裂了。从竹筒里出了一个人，生来就会说话，后来与女猕猴婚配，繁衍了彝族。②

远古时，有一株金竹突然爆开，飞出一对有手有脚有眼睛的人来。后来，这一对人生下四兄弟，其中之一便是彝族的祖先。③

这些神话都说彝族的始祖是从竹中诞生出的，这样的情节与《后汉书》《华阳国志》中所载的"竹王神话"④ 十分相似。由此可见，以竹为祖的信仰在彝缅语支民族中非常久远。除了神话之外，对竹祖的崇拜也体现在葬礼上。比如，《宣威州志》载："黑罗罗死则覆以裙毡，罩以锦缎，不用棺木……三五七日举而焚之于山，以竹叶草根用'毕磨'因裹以锦，缠以彩绒，置竹筒中，摇篾篮内，供于屋深暗处。"⑤ 彝文古歌唱道："古昔牛失牛群寻，马失马群寻，人失竹丛寻。……祖变类亦变，祖变为山竹，妣变为山竹。"⑥ 无论是把死者的

---

① 李力主编：《彝族文学史》，四川民族出版社1994年版，第54页。
② 雷金流：《云南省澄江倮倮的祖先崇拜》，《边政公论》1944年第3卷第9期。
③ 广西壮族自治区编辑组：《广西彝族、仡佬族、水族社会历史调查》，广西民族出版社1987年版，第61页。
④ 《后汉书·南蛮西南夷列传》云："夜郎者，初有女子浣于遯水，有三节大竹流入足间，闻其中有号声，剖竹视之，得一男儿，归而养之。及长，有才武，自立为夜郎侯，以竹为姓。"参见（南朝宋）范晔《后汉书》卷86，中华书局标点本1965年版，第2844页。《华阳国志·南中志》："有竹王者，兴于遯水。有一女子，浣于水滨，有三节大竹流入女子足间，推之不肯去。闻有儿声，取持归，破之，得一男儿。养之，有才武，遂雄夷濮，氏以竹为姓。捐所破竹于野，成竹林，今竹王祠竹林是也。"参见（晋）常璩撰，任乃强校注《华阳国志校补图注》卷4，上海古籍出版社1983年版，第230页。
⑤ 何耀华：《中国各民族原始宗教资料集成·彝族卷》，中国社会科学出版社1996年版，第40页。
⑥ 马学良：《宣威倮族白夷的丧葬制度》，《西南边疆》1942年第16期。

骨殖放入竹筒来供奉，还是人死化竹的观念，都说明彝族把竹视为祖先。

此外，彝族还认为图腾动物所具有的秉性也会影响氏族的气质。比如，彝文经典《十大名将》云："尔其为飞燕？尔若为飞燕，天空云际，与鸿雁颉颃，飞燕尔前进；尔若为狐狸，深菁老林，与虎豹驰骋，狐狸尔前进。"学者马学良认为其中的飞燕、狐狸皆为氏族图腾名号，鸿雁、虎豹是敌方氏族图腾，因此，"以相类的图腾敌对，可证初民对其图腾性能信赖的心理"①。

彝族地区具有代表性的图腾详见表 1－3。

表 1－3　　　　　　　　彝族重要图腾举例

图　腾	地　区	概　况
虎	哀牢山	哀牢山彝族以"虎族"自命。男人称"罗罗颇"，女人称"罗罗摩"，不分性别则称"罗罗"。人们称虎为"罗"或"罗罗"，公虎为"罗颇"，母虎为"罗摩"。人们供奉的祖灵神像由巫师绘制，称为"涅罗摩"（"涅"即神灵或祖先之意；"罗摩"即母虎之意），"涅罗摩"亦代表山神。人们还要举行"送虎灵归山"的仪式，在门楣悬以绘有虎头的葫芦以示其为虎裔，并将其三代以上的祖灵送入山林②
	云南大理白族自治州南涧县	每年农历二月十三日或十六日，南涧彝族在嘎步路村祭献老虎，称自己的始祖为虎，后代则是虎子虎孙

① 马学良：《云南彝族礼俗研究文集》，四川民族出版社 1983 年版，第 6—7 页。
② 刘尧汉：《彝族社会历史调查研究文集》，民族出版社 1980 年版，第 88—89 页。

续　表

图　腾	地　区	概　况
兰竹	广西隆林、那坡县，云南富宁县	村中一空地种一丛兰竹，称"的卡"（种的场）；每年行"祭竹大典"。人们认为族人与竹有血缘关系，竹关系着族人的兴衰，有将新生儿的胎衣装入竹筒吊在兰竹上的习俗①
金竹	云南澄江县	人们视金竹为祖神，取死者骨灰放入金竹代表灵位，认为彝族源于竹，死后将变成竹。②不孕的妇女往往祭拜金竹以求子，认为"竹是人种的来源"，"人是由竹所生"，他们相信其祖先与竹有血缘关系③
松树	云南澄江县海口镇松子元村	每年三月三，人们到被称作"民址"的山林祭祀几棵大松树和梨树，禁止砍伐，对之保持一种神圣和禁忌的意味④
树	云南富民县	哨上村朱、张、李、毕4姓人分成7个群体，每个群体包含的户数从3户到18户不等。人们每年按期祭族树，数的种类包括青冈栗树、杉罗树、白牛筋树以及大黄果树等。人们视族树为家族的象征与保护神，族树粗壮挺拔、枝繁叶茂象征家族兴旺，反之则预示着衰颓。选用的族树都四季常青。人们认为同一株族树即同姓同宗，算同胞兄妹，禁止通婚。一个家族分支，族树也分支⑤
葫芦	云南哀牢山区	奉葫芦为祖灵。在彝语中，葫芦和祖先都称"阿普"。当地有"人畜平安求葫芦，五谷丰登祈土主"的俗谚⑥

---

① 雷金流：《滇桂之交白罗罗一瞥》，《旅行杂志》1944年第18卷第6期。

② 何耀华：《中国西南历史民族学论集》，云南人民出版社1988年版，第433—440页。

③ 雷金流：《云南省澄江倮倮的祖先崇拜》，《边政公论》1944年第3卷第9期。

④ 同上。

⑤ 高立士：《彝族密且人的原始宗教》，《思想战线》1989年第1期。

⑥ 刘尧汉：《彝族社会历史调查研究文集》，民族出版社1980年版，第224—225页。

续 表

图 腾	地 区	概 况
绿斑鸠	云南新平鲁魁山	一位绿斑鸠张姓人因为没看清楚,从树上误射下一只绿斑鸠,于是在万分恐惧中叩头谢罪①
绵羊	四川安宁河流域	安宁河流域自称为"咪西苏"的"水田"彝族崇拜绵羊。凉山彝族自治州喜德县冕山镇杨家彝姓"余母",意为"母绵羊",其初汉姓为"羊",后改为"杨"。此外,其他家支分别以羊、獐、狼、熊、雉、鼠等作为自己家支的象征②

从表1-3中我们可发现,除了单一型图腾崇拜之外,彝族一些地方仍保留着较为完整的图腾系统。比如云南富民县哨上村的"族树"崇拜(参见图1-2)就在"树"与"人"之间形成了一个相互对应的同构系统,详见表1-4。

表1-4　　　云南富民县双龙乡哨上村"族树"崇拜

树 种	青冈栗	青冈栗	麻 栗	桫 椤	白牛筋	青冈栗	大黄栗
姓氏	朱	张	李一	李二	李三	毕一	毕一
户数	10	10	18	15	3	5	8

与之相似的情况也出现在云南南华县兔街乡的摩哈苴彝村。新中国成立前此村有鲁、李、罗、何、张、杞六种汉姓彝族,每一个姓按照他

① 陶云逵:《大寨黑夷之宗族与图腾制》,《边疆人文》1943年第1期。
② 何耀华:《中国西南历史民族学论集》,云南人民出版社1988年版,第435页。

们制作祖先灵位的质料分成不同的宗。例如，鲁姓分为竹根和棠梨树两宗，分别叫"竹根鲁""棠梨鲁"；两者的汉姓虽同（鲁），因祖灵质料不同，可以通婚。李姓分为青松、棠梨树、葫芦三宗，分别叫"青松李""棠梨李""葫芦李"，三者间可以通婚。由此可见，其是否同宗，不在于汉姓是否相同，而在于他们供奉的祖灵灵位的质料是否相同。所以，本村的"葫芦李"和邻村的"葫芦罗"，其汉姓虽不同（李、罗），但因其祖灵质料同是葫芦，所以禁止通婚。① 由是观之，尽管人们已经借用了"汉姓"这一新的人群区分标准，但是旧的区分系统（图腾系统）仍然发挥着作用，它为各"宗"（血缘群体）间的婚姻规则奠定了基础。所谓"灵位的质料"指的正是作为图腾的植物种类。在此我们也可看出，祖先（宗）的观念本身就蕴含着一种"区分"意识。

图 1-2　巴西皮奥伊州崖壁画中的树崇拜

采自陈兆复等著《世界岩画Ⅱ》，文物出版社 2011 年版。图片来源于 N. Gguidon

---

① 刘尧汉：《彝族社会历史调查研究文集》，民族出版社 1980 年版，第 224 页。

在云南禄劝、武定地区彝文经典所记的家支谱系中，其第一代祖先的名字都冠以动物、植物或自然现象之名，其子系则取父系名字的末一字（或末两个音节），以实现联名递传。① 如埃部族谱中的一些氏族谱系，每一支第一代祖先的名字分别为彻克卢恋、眷乌基、模阿奇、福以库、地是彻、黑阿土②。这六个名字的首字在彝语中有特定意义："彻"为谷，"眷"为竹，"模"为马，"福"为鸡，"地"为凤凰，"黑"为河川③。禄劝县彝文经典中所说的氏族分化情况详见表1－5。

表1－5　　　　　　　云南禄劝县彝文经典所涉氏族系统

甲、埃部族谱						乙、峨眉山经中所载氏族谱系	
彻	耄	模	福	地	黑	琐	包
谷	竹	马	鸡	凤凰	河川	树木	水鸭

在这里，家谱的第一代祖先之名以谷、竹、马、鸡、凤凰、河川、树木、水鸭来代替，这意味着这些家族最早是以谷、竹、马、鸡等为图腾的氏族。武定彝文经典中所记的氏族系统则更为繁复，这些氏族分别以蜂、鸟、虎、鹿、黑、歧路、梨、鼠等为图腾，多达25个④。人们不仅把动植物作为图腾，还把昆虫（蜂）、颜色（黑、白）、地形（山、地、歧路）以及文化事物（侍臣、酒壶）等作为图腾。除了每一氏族的图腾名外，彝文经典中还介绍了这些氏族后来采用的汉姓。为了更直

---

① 这是彝族古代较为常见的命名制度，叫"父子联名制"，即父名最后一字成为子名最前一字。

② 何耀华主编：《中国各民族原始宗教资料集成·彝族卷》，中国社会科学出版社1996年版，第38—39页。

③ 何耀华：《彝族的图腾与宗教的起源》，《思想战线》1981年第6期。

④ 何耀华主编：《中国各民族原始宗教资料集成·彝族卷》，中国社会科学出版社1996年版，第39页。

观，武定县彝族氏族系统详见表1-6。

表1-6　　　　　　　云南武定县彝文经典所涉氏族系统

都卑普	对素普	薄以鲁普	阿鲁普	那普	周卑普	斥普	地哈勺普	趣巢普	都普	阿奴普	毒普	普除普	察普	女馒普	阿基普	以塔卑竹普	地阿勺普	不勒以支普	卢丝普	包模普	德普	白木普	丝古普	阿古柏普
蜂族	鸟族	虎族	鹿族	黑族	歧路族	梨族	鼠族	侍臣族	蜂族	猴族	毒族	布族	草名族	黄牛族	白族	水族	凤族	蛇族	龙族	光明族	地族	山族	神名族	酒壶族
张						李			王钱	朱	申普	杨		黄	未详				龙	山	李	山沙	李余	壶

　　除了哨上村和摩哈苴村的图腾崇拜以及禄劝、武定地区的家谱，在彝族史诗《勒俄特依》中有"雪子十二支"的神话传说：一棵梧桐树升起三股轻雾，凝成三股红雪，最后衍生出雪族十二支子孙，它们分别是蛙、蛇、鹰、熊、猴、人六种有血动物和青蒿、白杨、杉、枫树、水筋草、勒合藤等六种植物。① 对此我们不难发现，十二种动植物应是雪族十二支子孙形成氏族的图腾，详见表1-7。

表1-7　　　　　　彝族史诗《勒俄特依》所涉图腾系统

植物（无血）						动物（有血）											
						蛙			蛇			鹰					
黑头草	宽叶树	针叶树	水筋草	铁灯草	藤蔓	癫蛤蟆	红田鸡	绿青蛙	龙蛇	长蛇	红嘴蛇	鹰	孔雀	雁	熊	猴	人

---

① 冯元蔚译：《勒俄特依·雪子十二支》，四川民族出版社1986年版，第31—40页。

　　这是十分典型的图腾系统。除了十二个一级氏族，蛙氏族、蛇氏族和鹰氏族这三个一级氏族还各自分裂出三个二级氏族。图腾系统的层级化是与社群的分化状况紧密联系在一起的。这印证了前文的观点，即图腾最根本的作用就是实现对社群的区分。除了为诸氏族提供一定的秩序、结构，图腾的分化情况也间接地显示了彝族先民对事物的分类观念。正是由于这样的分类意识，对初民而言，世界才成为充满秩序与意义的事物系统。在此意义上，我们可以说图腾制度是一种世界观，因为它为氏族时代的人们提供了一种把握世界、解释世界的思维模式。

　　纳西族具有代表性的图腾是虎与猴。

　　纳西族虎图腾神话《拉统贝》（虎的来历）中说："一块斑斓之虎皮，赐给英雄高来秋，高来秋呀生四子，成为纳西祖先四大支。"[①] 这说明纳西族的四大支系将虎视为共同的祖先（图腾）。纳西族对虎的崇拜也体现在社会生活中。纳西族的纳日人以虎为图腾，四川省盐源县的左所土司"尊虎为祖先，规定只有土司才能垫虎皮。并散播说，曾有一个属民进土司衙门晋谒末代土司刺宝成，俯伏跪拜后仰首观看，只见土司椅上坐着一只虎，待刺宝成说了话，才现人身"[②]。

　　上面的故事显然有些夸张，其目的是借用纳日人对虎的崇拜来强化土司本人的权威性。但如果纳日人并不崇拜虎，这种狐假虎威的把戏也就难以上演。这个故事从侧面证实了纳西族对虎的高度尊崇。和彝族一样，纳西族也习惯用"虎"字作为地名；在纳西族居住的地方，包含

---

　　① 和志武主编：《中国各民族原始宗教资料集成·纳西族卷》，中国社会科学出版社2000年版，第336页。

　　② 纳西族社会历史调查编委会：《四川省纳西族社会历史调查》，民族出版社2009年版，第228页。

"虎"字的地名不胜枚举①。

除了以虎为图腾,和操藏缅语的其他民族一样,猴也是纳西族具有代表性的图腾。有一则纳西族神话这样讲道:

> 远古之时,洪水灭世,幸存者曹德曹若与天神的小女儿柴红吉吉美成婚。曹德曹若却不幸被嫉妒的木默甲子所害,昏迷不醒。木默甲子唆使一只公猴与妹妹柴红吉吉美生下两对半人半猴的男女。曹德曹若被菩萨救醒,回家杀了公猴,不忍杀其子女,遂以烫水烫其猴毛,唯有头上和腋下之毛没烫落。二男二女相互婚配,繁衍了纳西族。故永宁纳西族称汗毛为"余夫",意为"猴毛"。②

这则神话与《拉统贝》一样,都强调了猴是纳西族人的始祖,但是它们对纳西族诸支系的分化以及诸氏族之间的关系并没有做出说明。

除了神话外,纳西族象形文字也对纳西族的猴图腾意识有所反映。在东巴经中,象形文字 读作 yiuq、Seebbvyiuq 或 epvzzee,意为祖先,从神主 yiuq(猴)声③;象形文字 读作 yiuq-mul-ddee-see,

---

① 第一,东巴经中有许多与"虎"相关的古地名,比如"姐久老来堆"(人类生活和虎啸之地)、"老美老皂波"(众虎过路山)、"老来波"(虎啸山)、"老趣阁"(虎牲山)、"老拓"(名虎)、"老白"(出虎)、"老汝"(虎儿)、"老普"(虎窝)、"老什"(新虎)、"老洛开"(虎跳沟)、"老若筰"(虎儿桥)、"老取瓦"(虎牲寨)。参见和志武主编《中国各民族原始宗教资料集成·纳西族卷》,中国社会科学出版社 2000 年版,第 35—36 页。第二,泸沽湖古称"刺踏海"或"刺踏湖",意为"虎湖";干木山古称"刺踏寨山",意为"虎山";"拉瓦村"意为"虎村","拉垮村"义为"虎爪子村";"喇克"意为"虎肘"。参见严汝娴、宋兆麟《永宁纳西族的母系制》,云南人民出版社 1983 年版,第 19 页。第三,纳西族摩梭人居住的"喇他丁",意为"虎王的地方";菠萝州原名"泸沽司沛","泸沽"应为"喇沽",意为"猛虎";"喇巴基"意为"虎河";"喇住窝"意为"群虎村";"喇夺"意为"见虎山";"喇丁古"意为"猛虎山","喇包鲁"意为"母虎分居之山"。参见杨学政《摩梭人和普米族》,《世界宗教研究》1982 年第 2 期。

② 詹承绪等:《永宁纳西族的阿注婚姻和母系家庭》,上海人民出版社 1980 年版,第 254—255 页。

③ 方国瑜编:《纳西象形文字谱》,云南人民出版社 1981 年版,第 202 页。

这是对已进行了"西嗯"（超度）仪式的死者（祖先）的称呼，他已成为祖灵并已到了祖灵所在之地①；象形文字 🐒 读作 yiuq ngv，这是对已举行了超度仪式的死者的称谓，yiuq 是猴子的意思，这里指祖先②。由此可见，纳西族不仅尊猴为祖，他们还认为人死后要返回祖灵汇聚之处，并以猴的面貌存在。这与彝族"人死化虎"的观念是相似的。

纳西族虎图腾与猴图腾的相关情况详见表1-8。

表1-8　　　　　　　　　　纳西族虎图腾与猴图腾举例

图　腾	地　区	概况
虎	云南香格里拉县	东巴经和《木氏宦谱》中，人类的谱系为：海失海羡（大海之子）、海羡剌羡（海之虎子）、剌羡美羡（虎子天子），认为人类起源于虎。香格里拉县三坝乡白地东巴大师的第一代祖先为"叶本叶老"，意为"源出于虎的叶氏族"。东巴教第一位大神"萨英威登"的尊号为"美苟巨从老之"，意为"天下最早的虎爪"。史诗《崇般统》中开天辟地的匠师，就是"天神九弟兄，虎女七姐妹"③
	云南	过去，在土司衙门当过俾子的人都异口同声地说："土司对老虎是很虔敬的，像老祖宗一样供奉。"土司认为虎骨是其根根，所以禁止捕杀虎，如谁打死了虎，要向抬死人一样抬进土司府，土司家如丧考妣，向老虎磕头，打死老虎者受到鞭笞，甚至要关进牢房。土司把虎皮在正月初一到初三供奉在土司椅上，供人瞻仰膜拜④

---

① ［意］J. F. 洛克：《纳西—英语百科词典》（上卷），罗马，1963年，第497页。

② 同上。

③ 和志武主编：《中国各民族原始宗教资料集成·纳西族卷》，中国社会科学出版社2000年版，第35页。

④ 同上书，第36页。

图　腾	地　区	概况
虎	云南宁蒗县永宁乡	禁忌打虎，奉虎为祖先；摩梭人以虎年为吉年，虎日为吉日；结婚仪式上要在正屋里悬挂虎、花、盆和海螺四幅图，以护佑新婚夫妇；过去若要出征，以虎头为战旗，择虎日出战。氏族有"剌木瓦"（母虎氏族）、"啦咕瓦"（虎头氏族）以及"剌垮瓦"（虎爪氏族）之分，部落有"剌踢窝"（黑虎族）、"剌底窝"（母虎族）以及"鲁咕窝"（十支虎人）之分。摩梭语称首领为"窝咪"（虎王首领）、"剌美"（母虎王），当地俗云"一山一老虎，一村一剌美"。摩梭人多以"虎"为名，女性有超过三分之一名为"剌木"（母虎）。摩梭土司多以"剌"（虎）为姓；摩梭地区山、川、地、村多以虎为名①
猴	云南丽江地区	丽江纳西族称祖先为"余"，意为猴，称岳父、公公为"余胚"，意为公猴；称岳母、婆婆为"余美"，意为母猴。人们在婴儿帽上缝一猴尾以辟邪，称身上汗毛为"余夫"，意为猴毛②
	云南香格里拉县	在葬礼中，棺材头部画一白猴，意为让猴把死者领回祖先故地③

拉祜族具有代表性的图腾是虎和狗。

《拉祜族简史》载："拉祜语的'拉'是虎的意思，'祜'是没有语义的语尾词。从语义上来看，拉祜是用虎来命名的族称。与古代拉祜族有密切关系的傈僳族有虎氏族，称'拉扒'，意为虎人。云南东部及小凉山地区彝族亦有虎氏族，称为罗波，其意亦为虎人。"④ 由此可见，

①　和志武主编：《中国各民族原始宗教资料集成·纳西族卷》，中国社会科学出版社2000年版，第37—38页。

②　同上书，第41页。

③　同上。

④　《拉祜族简史》编写组：《拉祜族简史》，民族出版社2008年版，第7页。

和彝族人的旧称"罗罗"一样,"拉祜"之"拉"也是由于奉虎为图腾才得其族名。

拉祜族还以狗为图腾,"相传拉祜族的祖先是吃狗奶长大的,因此忌杀狗,吃狗肉者不得进家门"①。对狗的崇拜在藏缅语民族中也具有普遍性,尤其是在"尝新节"(新米节)上,人们总是把采回的新米煮熟后拌上肉让狗来吃,因为他们相信当初是狗为人类取来谷种的。此外,在狩猎过程中,狗具有举足轻重的作用。这些都是人们尊奉狗为图腾的原因(参见图1-3)。

图1-3 云南耿马崖画中的狗

采自陈兆复《中国岩画发现史》,上海人民出版社2009年版

拉祜族的图腾崇拜存在一些变形模式。一般而言,图腾系统能反映人群的分化情况,因而人群系统(氏族系统)与图腾系统往往是同构关系。但是图腾除了作为氏族的象征符号,它还对性别群体、年龄群体的形成具有特殊意义,由此形成一些非常规的图腾系统。比如,拉祜族的"屋吉物卡"组织就是一种按照性别来分的人群团体。"男性组成男物吉,他的男性子孙及其兄弟之男性子孙组成为同一男物吉。女性同样

————————

① 《拉祜族社会历史调查》编委会:《拉祜族社会历史调查(1)》,民族出版社2009年版,第99页。

组成女物吉。"① 男女分化为不同的群体，这可能与氏族社会的生产方式有关。由于男女分别从事不同性质的生产活动②，男女就需要不同的技能与知识，并遵守不同的生产禁忌。因此，男女分群很可能是劳动生产专门化的产物。

除了性别群体，还会形成一系列的年龄群体。所谓"年龄群体"指的是同一年出生的人信奉同一种图腾，由此形成的人群系统。比如，拉祜族神话中说：

> 拉祜族始祖扎迪、娜迪生下的十三个节子成了十三对孩子。厄莎叫来虎、兔、龙、蛇、马、羊、猴、鸡、狗、猪、鼠、牛十二个动物，叫它们各自领去抚养一对。厄莎又说："你们谁养大的谁取名。"虎养大的男孩取名扎拉，女孩取名娜拉；兔养大的男孩取名扎妥，女孩取名娜妥；龙养大的男孩取名扎俣，女孩取名娜俣；蛇养大的男孩叫扎斯，女孩叫娜斯；马养大的男孩叫扎母，女孩叫娜母；羊养大的男孩叫扎约，女孩叫娜约；猪养大的男孩叫扎袜，女孩叫娜袜；鼠养大的男孩叫扎发，女孩叫娜发；牛养大的男孩叫扎努，女孩叫娜努，最后一对是扎迪、娜迪亲自养大的，男孩取名扎哩，女孩取名娜哩。此后，拉祜族就以出生时的属相取名。③

这则神话在一定程度上解释了"属相"的来源，这说明"属相"可能是原初形态的"人名"。换句话说，最初作为个体的人是没有名字的，后来人们用孩子出生那一年的"属相"为之命名，以致同一年出生

---

① 《拉祜族社会历史调查》编委会：《拉祜族社会历史调查（2）》，民族出版社2009年版，第63页。

② 一般而言，在氏族社会中，男性主要承担打猎的任务，女性主要承担采集的任务。

③ 拉祜族民间文学编委会：《拉祜族民间文学集成》，中国民间文艺出版社1988年版，第96页。

的人分享同一个名字。这就意味着：不同的人拥有同一个属相则意味着他们有相同的年龄、相同的名字，他们同属一个年龄群体。由此可见，"属相"与图腾崇拜关系紧密。图腾与氏族关联，而属相则与年龄群体关联。另外，男女分群可能是劳动分工所致，那么，通过属相划分出年龄群体的根源又是什么呢？笔者认为，这很可能与群婚制度相关。

"群婚"是一种极为原始的血缘婚形式，如果说它与动物般的杂交有什么区别的话，唯一的不同之处是它规定只能在同一辈分的人之间进行交配。当然，"同一辈分"存在两种前后相继的情况：首先是氏族内的群婚（血缘婚），然后是氏族之间的群婚（族外婚）。总之，要让这样的规则执行下去，人群必须按其辈分分出不同的"辈分群体"。因此，"属相"——也就是"年龄群体"的图腾——很可能是从最初的"辈分群体"演化来的，它可能是"辈分群体"进一步演化形成的。

哈尼族具有代表性的图腾也是虎。"哈尼族先民认为，虎与人曾经混居，因此，把虎的形象用石塑刻，立于村口……哈尼族的神话中说虎与人都是一母所生，故有真虎不咬人的说法。"[1] 此外，哈尼族有一则神话说：

> 很久以前世上只有妇女没有男子。有一妇女喝了怀胎水后生下龙、鹰、鹊雀、蛇、虎、豹、牛、马、绵羊等二十四种动物，这些动物就是哈尼族各姓氏的祖先。凡是同一种动物祖先的后裔严禁婚配。[2]

在这则神话中，人们还没意识到男性之于生殖的作用，这样的观念可能产生于母系氏族阶段。神话说由同一女始祖所生的"二十四种动

---

① 李国文主编：《中国各民族原始宗教资料集成·纳西族卷》，中国社会科学出版社1999年版，第247页。

② 《哈尼族简史》编委会：《哈尼族简史》，民族出版社1985年版，第21页。

物"是哈尼族各姓氏的"祖先",并强调说同一祖先的后裔"严禁婚配"。由此可见,这些动物应该是诸氏族崇拜的图腾。

傈僳族的氏族图腾有虎、熊、猴、羊、蛇、鸟、鱼、鸡、蜜蜂、麻、茶、竹、柚木、霜、火、犁、船等20多种①。傈僳语称家族(氏族)为"体俄",有的沿袭早期以动植物命名的氏族名称作为家族的称号。傈僳族的图腾遗存不仅数量多且比较完整,有的地方还存在三级图腾。

在云南泸水县六初罗、称夏、四排拉底三个村,共有虎、熊、鱼、蜂、羊、紫柚木、菌子、竹子、麻、犁、船11个氏族②;怒江地区的傈僳族有虎、熊、猴、蛇、羊、鸡、鸟、鱼、鼠、蜂、荞、竹、菜、麻、柚木、梨、霜、火18个氏族③。在这繁多的图腾中,傈僳族具有代表性的图腾是虎、熊、鱼、竹。其概况详见表1-9。

表1-9　　　　　　　　　　　傈僳族重要图腾举例

图腾	地区	概况
虎	云南泸水县	腊门(虎)氏族祖先阿色生黑共、黑散及双共、双散四人,分居四处④

---

① 《傈僳族简史》编委会:《傈僳族简史》,民族出版社2008年版,第100页。

② 《傈僳族社会历史调查》编委会:《傈僳族社会历史调查》,民族出版社2009年版,第114页;《傈僳族简史》编委会:《傈僳族简史》,民族出版社2008年版,第99页。

③ 《傈僳族社会历史调查》:"傈僳族在怒江地区内有十几个氏族,即腊饶息(虎)、阿吃息(羊)、吉饶息(蜂)、鹅饶息(鱼)、汗饶息(鼠)、明饶息(猴)、业饶息(雀)、乌饶息(熊)、麻打息(竹)、括饶息又称木必息(荞)等,其中以木必息氏族人数最多。这些姓氏可能是原始氏族的'图腾',据传说过去有些氏族还有图腾崇拜的习俗,碧罗雪山猴子岩雀家死人不烧香(附近其他氏族烧香),说是雀脚象香柱,烧香不吉;过去熊家的人也不打熊;虎姓的人自称老虎见了他们也不会伤害。秋收的时候,不能全部收割干净,要留少许粮食在地里,给鸟兽来吃,这可能也是一种图腾崇拜的表现。"《傈僳族社会历史调查》编委会:《傈僳族社会历史调查》,民族出版社2009年版,第7页;《傈僳族简史》编委会:《傈僳族简史》,民族出版社2008年版,第98页。

④ 《傈僳族社会历史调查》编委会:《傈僳族社会历史调查》,民族出版社2009年版,第156页。

续 表

图 腾	地 区	概 况
虎	云南碧江县色德乡德一登村	本村27户分属"括帕"（荞）、"拉帕"（虎）二氏族。相传古时一女子食荞麦而受孕诞下括帕氏族，一女子被迫与一化为男子的老虎成婚繁衍了拉帕氏族①
熊	云南泸水县	熊氏族有"窝杯里"（最大的熊）、"克窝"（狗熊）以及"唯窝"（猪熊）三个支系②
鱼	云南怒江	鱼氏族称"旺扒"或"旺渣扒"，以善于捕鱼得名③
竹	云南怒江	竹氏族称"马打扒"，传说其祖先是从竹筒中出来的④

在川滇交界处的傈僳族中还保留有二级或三级的图腾体系。比如，"傈僳族中有一支，其一级图腾为姜梓树和羊角树，分属余祖族和麦祖族：这是两个相互通婚的氏族。余祖和麦祖之下又分出二级图腾，比如余祖之下为鼠氏族，麦祖之下为李儿、谷儿、熊、羊等十来个氏族。二级图腾的氏族同时也信仰一级图腾：鼠氏族的人不焚姜梓树，熊氏族和羊氏族的人不焚羊角树。在这之下还有三级图腾，比如鼠图腾之中又分黑鼠、白鼠、田鼠等十二个亚图腾，熊图腾之下又分黑熊、白熊等亚图

① 《傈僳族社会历史调查》："云南碧江县色德村居住着亥帕（鼠）氏族和拉帕（虎）氏族。据说拉帕氏族之得名是因他们的祖先拾到一张虎皮给小孩子穿了，后来即以'虎'——拉帕作为他们氏族名称。另一说是虎生出来的第一个儿子后来变成了人，这个儿子长大后即以虎作为自己的名字。'拉'为虎之意，'帕'为人之意，直译'拉帕'即'虎人'。据说过去拉帕人不打虎，亥帕人不吃鼠。"《傈僳族社会历史调查》编委会：《傈僳族社会历史调查》，民族出版社2009年版，第66、153页。

② 《傈僳族社会历史调查》编委会：《傈僳族社会历史调查》，民族出版社2009年版，第157页。

③ 《傈僳族简史》编委会：《傈僳族简史》，云南人民出版社1983年版，第10—11页。

④ 同上。

腾。无论是二级图腾氏族还是三级图腾氏族，在婚姻上都遵守一级图腾的制度，即佘祖的子孙们都和麦祖的子孙们通婚"①。多级图腾系统详见表1－10。

表1－10   傈僳族多级图腾举例

一级	姜梓树（佘祖族）		羊角树（麦祖族）			
二级	鼠		李儿	谷儿	熊	羊
三级	黑鼠	白鼠	田鼠		黑熊	白熊

怒族具有代表性的图腾包括蜂、虎、蛇等。怒族的神话说：远古之时，女始祖"茂英充"从天而降，与黄蜂相配，所生后代就是"蜂氏族"（别阿起）；虎氏族也认为其始祖为"茂英充"，传说她与黑虎交配，所生后代即"拉云起"（虎氏族)②。此外，有神话说远古时一女子与蛇成婚相配繁衍了蛇氏族③，还有神话说始祖茂英其汝咪与一只母麂子结为夫妻生下儿子叫汝汪，繁衍了麂氏族④。怒族的代表性图腾详见表1－11。

表1－11   怒族重要图腾举例

图 腾	地 区	概 况
蜂	云南福贡、泸水县	女始祖"茂英充"与黄蜂相配，生"蜂氏族"（别阿起)⑤

---

① 王小盾：《原始信仰和中国古神》，上海古籍出版社1989年版，第78—79页。
② 《怒族简史》编委会：《怒族简史》，民族出版社2008年版，第106页。
③ 同上书，第106—107页。
④ 参见宝山屹《碧江县怒族虎、麂子、蜂、鸡氏族的族源传说》一文，此文见于碧江县政协文史编写组编《碧江县文史资料选辑》，1987年。
⑤ 《怒族简史》编委会：《怒族简史》，民族出版社2008年版，第106页。

续　表

图　腾	地　区	概　况
虎	云南福贡、泸水县	"达霍"人称其原为"拉起"（虎氏族），认为"虎不食虎族人"①
蛇	云南福贡、泸水县	远古时一女子与蛇成婚相配繁衍了"蛇氏族"②
马鹿 蜜蜂 猴子 熊 老鼠 蛇 鸟 麂子	云南福贡县匹河怒族乡老姆登村	相传老母登的六个家族——达华苏、斗华苏、亚家华、拉吾华、明黑华、纳着华是分别由蜜蜂、猴子、熊、老鼠、蛇、鸟六种动物变来的。"纳着苏"是由鸟变来的，"纳着扒"意思是"鸟变成的人"。③ 始祖茂英其汝咪与一只母麂子结为夫妻生下一个儿子叫汝汪，由此繁衍了麂氏族。④ 福贡县匹河怒族乡普乐、老姆登两个村的怒族有"米黑华"（马鹿）、"米伯华"（麂子）、"亚脚华"（蛇）、"拉伍华"（虎）等几个氏族⑤
图朗树	云南福贡县	上帕镇木古甲村有"图朗提起"（木桩氏族），人们崇拜一种称为"图朗"的树木，严禁砍伐，认为其祖先是由此种树所变而来⑥

　　在前文我们一直强调说图腾或氏族形成的是"**系统**"。在这里，必须指出的是，所谓的"**系统**"指的是两个或两个以上的氏族在相邻的

---

　　① 《怒族简史》编委会：《怒族简史》，民族出版社 2008 年版，第 106 页。
　　② 同上书，第 106—107 页。
　　③ 《怒族社会历史调查》编委会：《怒族社会历史调查》，民族出版社 2009 年版，第 95 页。
　　④ 参见宝山屹《碧江县怒族虎、麂子、蜂、鸡氏族的族源传说》一文，此文见于碧江县政协文史编写组《碧江县文史资料选辑》，1987 年。
　　⑤ 《怒族简史》编委会：《怒族简史》，民族出版社 2008 年版，第 105—106 页。
　　⑥ 杨建和：《怒族的宗教观念》，《中国少数民族宗教初编》，云南人民出版社 1985 年版，第 165 页。

地区形成的氏族集团。一般而言，我们把两个长期且稳定地相互通婚的氏族称为胞族。在组成胞族的两个半偶氏族内部一般会实行严格的内婚禁忌。因此，对于胞族而言，所有的婚姻关系都应发生在这两个半偶氏族之间。胞族是图腾系统中最为简单的结构形式。胞族一般由两个没有血缘关系且都比较弱小的氏族构成。正因为它们弱小，所以它们才更有必要与一个没有血缘关系的氏族联姻并发展壮大①。构成胞族的两个半偶氏族在怒语中被称为"霍"。比如，碧江县甲加、罗宜益等十个村落便是由蜂、虎氏族组成了"斗霍苏"和"达霍苏"两个胞族，他们共同占有耕地，相互通婚，共御外敌。又如，福贡县老姆登村的蜂、虎氏族同样分为"斗华苏"和"达华苏"两个胞族。②

在云南陇川县户撒乡，当地的阿昌族分属鹰、太阳、黑夜等七个氏族③。其概况详见表1－12。

表1－12　　　　　　云南陇川县户撒乡阿昌族氏族系统

氏　族	鹰氏族	太阳氏族	黑夜氏族	马氏族	葫芦氏族	篮子氏族	淡氏族
阿昌语	喇准	喇碑	喇纳	喇米扬	喇翁	喇降	喇尚
汉　姓	张	杨	王	马	曹	们	李

这些图腾既有动物（鹰）也有植物（葫芦），甚至包括不太常见的非生物（太阳）、人造物（篮子）以及一个用来描述的词语"淡"。这

① "弱小"在这里指人口少。要增加人口，改变"其生不蕃"的状况，就须严格实行氏族外婚制。

② 《怒族简史》编委会：《怒族简史》，民族出版社2008年版，第108页。

③ 桑耀华主编：《中国各民族原始宗教资料集成·阿昌族卷》，中国社会科学出版社1999年版，第946页。

说明对初民而言，对图腾的挑选并没有严格的限制，任何事物都可能成为图腾。动植物尤其是动物成为图腾的主流，这可能是因为在"狩猎—采集"时代，它们是人们最为熟悉也最为常见的事物。

除基诺族和独龙族两个民族之外，彝缅语支其他七个民族都存在比较典型的图腾系统。总体而言，彝缅语支民族的图腾神话和图腾遗存不仅数量丰富，遗留的图腾系统也较为完整，在藏缅语族六个语支民族中最具参考价值。

三 景颇语支民族的图腾神话

景颇语支民族包括景颇族和珞巴族。在笔者所见资料中，反映景颇族图腾文化的例子比较少见。在景颇族聚居的一些地方，"若干相近的姓氏，组成一个系统，共同供奉一个鬼。据说这种系统都是由同一祖先繁衍而来的，系统内的成员称兄道弟，不能通婚，他们所供奉的也就是他们共同的祖先。如剌期支斯降丁崩谈：剌期支中供'昆崩'鬼的一系，包括曼尚、绍浪、劈历、露生、谷木、槎浪、斯降等七姓；供'早仲'鬼的一系包括格宗、哦朗、木丁等姓；供'早为'的一系，包括曼蚌、曼约、曼露、曼汤、勒贵等姓。"① 从这些"姓"具有的系统性以及从同一祖先的"系统"内不得通婚的禁忌来看，这应是图腾制度的遗存。

珞巴族拥有十分典型的图腾神话和极完整的图腾系统。最为典型的神话流传在苏龙部落之中，据传：

> 远古之时，由于"得白"（亦叫"叶白"，指一群具有血缘关

---

① 宋蜀华等：《景颇族五个点（寨）调查综合报告》，《中国少数民族社会历史调查资料丛刊》修订编辑委员会编：《景颇族社会历史调查（2）》，云南人民出版社1985年版，第89页。

系的人）内兄弟姐妹通婚，人口怎么也发展不起来①。于是，某个"得白"分裂出1对"纽布"（氏族），有的一个"得白"分裂出3对"纽布"。每个"纽布"都不同，但是每一对"纽布"的图腾物应是同类的。这一个"得白"分裂出5对"纽布"，其来源如下：（1）苏龙部落珞巴族人的神话《垛与斯罗外出寻妻》说：叔（垛）、侄（斯罗）二人为了繁荣人口，分别与青蛙、鸡蛋、竹屑、哈意树花萼变化成的姑娘结婚，其后裔形成了布耶（青蛙）与布更（鸡蛋）、石脚（竹屑）与石鲫（哈意树花萼）2对氏族。（2）叔叔（垛）死后，侄子（斯罗）回家，老家大变样，他问其姐姐那些孩子的情况。姐姐告诉他说发展出了新的"纽布"（氏族），它们分别是嘎恨（灶炭）与嘎得（灶灰）、英垛（房前）与姑佑（房后）、庄锅（房前柱）与布劣（房后柱）3对氏族。在这5对10个氏族之间可以通婚，但氏族内严禁通婚。②

"纽布"之"纽"意为地域广大，"纽布"之"布"意为人口众多，二者合一即表示"地广人众"。因此，从"纽布"这一名称就可看出其真正目的是增殖更多人口和占有更多资源。这样的目的是对氏族内婚制的反动，对种群的发展具有极其关键的作用。从"纽布"由两个通婚的氏族构成来看，"纽布"即"胞族"。对于氏族内的分支，苏龙语一般称之为"尼隆"（有血缘关系的人群）。③

---

① 氏族内婚制（血缘婚）导致人口不藩的情况，可参见《基诺族简史》编写组编《基诺族简史》，民族出版社 2008 年版，第 7—21 页；《民族问题五种丛书》云南省编辑委员会，《中国少数民族社会历史调查资料丛刊》修订编辑委员会编：《基诺族普米族社会历史综合调查》，民族出版社 2009 年版，第 17—21 页。

② 《珞巴族社会历史调查》编委会：《珞巴族社会历史调查（2）》，民族出版社 2009 年版，第 384 页；《珞巴族简史》编写组：《珞巴族简史》，民族出版社 2009 年版，第 95 页。笔者在采用此神话过程中，除保留其原意外，对之进行了必要的删节和整理。

③ 《珞巴族社会历史调查》编委会：《珞巴族社会历史调查（2）》，民族出版社 2009 年版，第 385 页。

在苏龙部落的诸氏族中，人们的行为方式受到图腾制度的深刻影响，我们可通过以下五点来了解。

第一，由于外族入侵或寻找食物的需要，同一氏族的人居住得越来越分散，但氏族成员对氏族的认同感仍很强，同一氏族的成员联系密切，并相互帮助。[①]

第二，氏族之间在地域上通常以山谷、河流为界线，其他氏族不能侵入；特殊情况下需要迁入其他氏族地盘的氏族被称为"纽磅"，意为"借别人土地生活的人"。"纽磅"由于使用其资源，有时需交付一定数量的报酬，报酬为一棵可供食用的答谢树、几只鸡或几十斤猪肉。[②]

第三，氏族内实行氏族外婚制，婚姻限于同一部落的不同氏族。[③]

第四，狩猎是其主要生产方式。有时整个氏族一起行猎，称其为"汪"。行猎者包括男子和未婚女子，女子主要是运送酒、猎物和做饭。除贫困户等特殊情况可多分点肉外，基本上按户均分。猎物的心、胸、尾巴前端的肉以及虎、狮、豹、蛇、鸡的肉只允许本氏族男性吃，女性和其他氏族禁食。不同源的氏族送来的肉男性不能吃，这是原因它们之间不是兄弟，同一氏族裂变的氏族是同源的，可以吃送来的肉。[④]

第五，同一氏族的人有义务互助，共同参加宗教活动，帮助还不起债的人还债，协助处理丧事，组织血亲复仇行动以及参加各种集体仪式。[⑤]

从上述五项我们不难看出，图腾系统不仅将人群划分为相异的氏族，在一定程度上对氏族的势力范围也进行了划分；图腾制度不仅为

---

① 《珞巴族社会历史调查》编委会：《珞巴族社会历史调查（2）》，民族出版社 2009 年版，第 386 页。

② 同上书，第 389 页。

③ 同上。

④ 同上书，第 390 页。

⑤ 同上书，第 391 页。

"外婚制""猎物禁忌"提供了制度框架，也为每一氏族成员的行为提出了要求，因此图腾制度具有伦理的属性。苏龙部落的氏族结构详见表1-13。

表1-13　　　　　　珞巴族苏龙部落多级氏族

血缘群体	一级氏族	二级氏族	三级氏族
得白	布耶（青蛙氏族）	不详	
	布更（鸡蛋氏族）	不详	
	石脚（竹梢氏族）	石脚氏族	石脚氏族
			石脚哇氏族
		脚腊氏族	
		脚哇都氏族	
	石鲫（哈意树花萼氏族）	石鲫氏族	
		嘎都氏族	
		鲫都氏族	
		得炸哇爪氏族	
	嘎恨（灶炭氏族）	金德氏族	
		麦济氏族	
	嘎得（灶灰氏族）	不详	
	英垛（房前氏族）	瓦如氏族	
		德垒氏族	
		嘎布氏族	
		爪固佣氏族	
	姑佑（房后氏族）	略氏族	
	庄锅（房前柱氏族）	哈芒氏族	
		京都氏族	
		邦巴氏族	
	布劣（房后柱氏族）	不详	

就图腾种类来说，珞巴族崇拜的图腾比较多。比如，"崩尼、崩如、博嘎尔、米古巴和苏龙部落信仰的图腾就有虎、豹、野牛、熊、猴、水獭、猪、牛、羊、狗、老鹰、乌鸦、布谷鸟、鸽子、蛇、太阳、月亮、刀等30多种。"① 珞巴族比较突出的图腾是虎图腾和猪图腾。在崩尼部落流传着一则神话叫《尼英姐妹寻配偶》，神话中的姐姐尼英与老虎结了婚，繁衍了虎氏族，妹妹尼略与刀子结了婚，繁衍成刀氏族。② 珞巴族虎图腾的情况详见表1–14。

表1–14　　　　　　　　　珞巴族虎图腾举例

图　腾	地　区	概　况
虎	西藏隆子县斗玉乡斗玉村	崩尼部落尊称虎为"阿崩"（哥哥）、"阿巴"（叔伯）。凡无意中猎杀了老虎，都要举行"达目巴"仪式③
	西藏拉萨	苏龙人视虎为男性，忌直称虎，尊称"阿瓦波瓦"（叔伯或父亲之意）。若误杀老虎，则乞求老虎原谅自己，恳求它不要报复，并举行仪式和献祭④
	西藏米林县	博嘎尔部落尊称虎为"阿邦"，意为哥哥，猎杀到老虎则举行"索苗仁"（送虎）、"邦得荣得当德拉"（祭虎）、"荣角崩梭"诸仪式⑤

除虎图腾外，珞巴族对猪的崇拜也较显著。在珞巴族米古巴部落的神话中，氏族女始祖则是猪的形象。神话中说：

---

① 《珞巴族简史》编写组：《珞巴族简史》，民族出版社2009年版，第95—96页。
② 于乃昌：《珞巴族文学史》，江苏教育出版社2001年版，第157—158页。
③ 李坚尚等主编：《中国各民族原始宗教资料集成·珞巴族卷》，中国社会科学出版社1999年版，第748页。
④ 同上。
⑤ 《珞巴族社会历史调查》编委会：《珞巴族社会历史调查（2）》，民族出版社2009年版，第124页。

太阳的女儿冬尼海依把自己的孩子托付给一头老母猪抚养。母猪老了，临死前嘱咐孩子，待她死后，把她的肉切成一块一块的，用竹叶包起来，分放在东西南北四方。母猪终于死了，孩子按照母猪的话做了，从此，凡放猪肉的地方出现了村寨和人家，这就是米古巴部落各氏族的来源。①

米日村的一支珞巴族中则流传着这样一则神话：

有一天，猎人带着猎狗上山打猎，遇到一头野猪，就让狗去追猎，野猪钻进了洞穴。猎人等了很久却不见野猪出来，最后却从洞中找到一个婴儿。这婴儿长得特别快，最后成了米日人的土王，米日人都成了他的后裔。野猪因此也就成了珞巴族图腾崇拜之一。②

在上述两则神话中，猪与珞巴族的祖先都有关联，被视为珞巴族各支系共同的祖先。这说明猪在珞巴族中具有图腾的性质。

四　藏语支民族的图腾神话

藏语支民族包括藏族和门巴族。总体而言，藏语支民族的图腾文化遗存不够多也不够典型。值得一提的是藏族中普遍存在对"寄魂物"的信仰。所谓"寄魂物"指的是个体或群体认为此物附着了个体或群体的灵魂，并认为各种事物的成败兴衰都系于此物。"寄魂物"信仰可能与图腾崇拜有着较密切的关联。藏文典籍《常用星算宝瓶》一书中就记载了藏族远古时代"五大氏族"的"寄魂物"："董"氏属土，灵魂托于鹿；"祝"氏属水，灵魂托于牦牛；"扎"氏属金，灵魂托于野

---

① 于乃昌：《珞巴族文学史》，西藏人民出版社 2001 年版，第 28 页。
② 刘志群：《珞巴族原始文化（上）》，《民族艺术》1997 年第 1 期。

驴；"廓"氏属火，灵魂托于山羊；"噶"氏属木，灵魂托于绵羊。① 在此，藏族的这五大氏族分别与五种元素、五种动物形成了同构关系。其中的五种动物可能具有图腾的性质，因为它们将图腾所需的两个"要素"集于了一体②。藏族具有代表性的图腾有猕猴、牦牛和狗，详见表1－15。

表 1－15　　　　　　　　　藏族重要图腾举例

图　腾	地　区	概　况
猕猴	西藏	《西藏王统记》③、《新红史》④、《西藏风土记》⑤ 等书皆有罗刹女与一猕猴婚配后生六崽并由此繁衍了藏族的记载。西藏山南贡保山至今尚留猕猴洞，"泽当"即猕猴玩耍及种下第一片青稞之地⑥
牦牛	西藏	在维塔拉神话中有这样一则神话：一男子与一牦牛结合，生下叫"兰特王"的牛头人。在《格萨尔王》中一个叫色安布的男子与一位由野牦牛变来的女子结婚，生下的儿子成为"诺拉克祖宗"。《西藏王统记》中止贡赞普被杀后，雅拉香波山神化为白牦牛，与止贡赞普王妃结合生下茹吉列。第一代藏王聂赤赞普是"六牦牛部"首领。牦牛是保护神，牛角、牛头等具有辟邪之效，故一些寺院在经堂门口悬牦牛干尸。川西的嘉绒藏人有祭祀牦牛神的节日"额尔冬绒"，额尔冬是其英雄祖先，其原身即为牛首人身；一些用于仪式的牦牛是禁食的⑦

---

① 参见朗吉《从〈格萨尔王传〉中看远古藏族的图腾崇拜》，《西藏研究》1991 年第4 期。

② "图腾"的两个"要素"分别是：1. 作为形式的动物系统；2. 作为实质的灵魂信仰。

③ 索南坚赞：《西藏王统记》，刘立千译，民族出版社 2000 年版，第 30—32 页。

④ 班钦·索南查巴：《新红史》，黄颢译，西藏人民出版社 1984 年版，第 15 页。

⑤ 赤烈曲扎编：《西藏风土志》，西藏人民出版社 2006 年版，第 9—10 页。

⑥ 周锡银、望潮：《藏族原始宗教》，四川人民出版社 1999 年版，第 85、86 页。

⑦ 杨明：《试论藏族游牧部落的牦牛图腾》，《西南民族学院学报》1990 年第 5 期。

续　表

图　腾	地　区	概况
狗	西藏	《新唐书·突厥传》（卷二一五下）云："吐蕃，犬出也，唐与为婚"。不管是过去还是现在，吃狗肉在藏族是绝对禁止的①；狗与狗血在藏族生活中还有镇邪驱鬼的神奇作用②

门巴族具有代表性的图腾是猴，在神话③和仪式④中都有猴崇拜的痕迹。

五　土家语支民族的图腾神话

土家族具有代表性的图腾是白虎。土家族奉廪君为始祖，《后汉书·南蛮西南夷列传》云："因共立之（务相），是为廪君。……廪君死，魂魄世为白虎。巴氏以虎饮人血，遂以人祠焉。"⑤ 这说的是土家族的始祖务相具有种种神奇的禀赋，由此被众人拥立为君，称廪君；廪君死后化为白虎，后人以人血祀之⑥。唐人樊绰所撰《蛮书》亦云："巴人祭其祖，击鼓而祭，白虎之后也。"⑦ 由此可见，白虎实为土家族的图腾。

除史传外，在土家族中流传着许多虎祖神话、故事，比如，在故事《虎儿娃》中说：虎与人结合后生一子，此人半边脸为虎形，半边脸为

---

① 卢永林：《再论藏族犬图腾》，《湖南工业职业技术学院学报》2008 年第 6 期。

② 同上。

③ 神话《猴子变人》说：天神派猴子"江求深巴"与女神"扎深木"结婚繁衍了门巴族人。参见《门巴族简史》编写组《门巴族简史》，民族出版社 2008 年版，第 8—9 页。

④ 在门隅达巴八措的门巴族中，今天仍有戴猴头面具化妆跳"羌姆"舞的习俗。参见《门巴族简史》编写组《门巴族简史》，民族出版社 2008 年版，第 10 页。

⑤ （南朝宋）范晔：《后汉书》，中华书局 1965 年标点本，第 28—40 页。

⑥ （明）陈继儒《虎荟》中有"房胶间有白虎神，好饮人血，每岁其民杀人祭之"的记载。参见黄柏权《巴人图腾信仰——兼论土家族的族源》，《贵州民族研究》1998 年第 4 期。

⑦ （唐）樊绰：《蛮书》，向达校注，中华书局 1962 年版，第 260 页。

人形，他聪明、勇敢，人称"虎儿娃"；后来，"虎儿娃"救出皇帝的三公主，与之婚配，繁衍了土家族人①。总而言之，土家族人的白虎崇拜十分突出，这不仅体现在神话、故事中，也体现在他们的日常信仰②中。

六 白语支民族的图腾神话

白族具有代表性的图腾是虎、鸡与木。白族图腾神话中保存的图腾系统较为完整，比如，神话《氏族来源的传说》讲道：

> 四个氏族的始祖阿布贴和阿约贴两兄妹按天神的旨意躲过了洪水，成亲生下五个女儿。大女儿和熊结婚，成了熊氏族的祖先；二女儿和虎结婚，成了虎氏族的祖先；三女儿和蛇结婚，成了蛇氏族的祖先；四女儿和鼠结婚，成了鼠氏族的祖先；五女儿和毛虫结婚，但被毛虫吓死，所以没有后嗣。③

在这则神话中，四个氏族与其图腾一一对应，详见表1-16。

表1-16　　　白族《氏族来源的传说》所涉图腾系统

情　节	大女嫁熊	二女嫁虎	三女嫁蛇	四女嫁鼠	五女嫁毛虫
氏族	熊氏族	虎氏族	蛇氏族	鼠氏族	未形成
所在地	兰坪县	碧江县	不详	泸水县	无

---

① 《土家族文学史》编委会：《土家族文学史》，湖南文艺出版社1989年版，第66页。

② 土家族人认为虎有神灵，分两种：一种是坐堂白虎，是好神，每家都要敬奉；另一种为过堂白虎，是坏神，会压死小孩。参见《土家族简史》编写组《土家族简史》，民族出版社2009年版，第377页。

③ 云南民间文学集成办公室编：《白族神话传说集成》，民间文艺出版社1986年版，第35—42页。因篇幅所限，在保留原意的前提下对引文进行了删改。

　　白族对虎的崇拜也十分突出。神话中说：人类始祖阿卜弟妻阿仪弟，生七女；七姐妹中最小的一个与一只白花老虎成婚，虎之子孙就是今天勒墨人里面的虎氏族；虎氏族中有个叫腊修的有一件魔衣，穿起来就能显出其祖先——虎的原形①。在虎氏族内部，只要是虎子虎孙就亲如兄弟；虎家世代相传，禁吃虎肉，说吃了虎肉就等于吃了自己祖宗的肉；他们认为由于自己是虎的子孙，故在山中不会受到虎的伤害。

　　怒江白族虎氏族人在结婚时，会在宰杀后的猪嘴里放一块粑粑作为礼物，据说这象征老虎用嘴找食，以此表明自己是虎的后裔。②

　　云南祥云县白族认为自己是虎的后代，自称"劳之老奴"（虎儿虎女），把虎当作神灵和祖宗供奉；给小孩取名，人们也多用虎字；每年三月用碎布缝制小虎给孩子戴；结婚、盖房等重大事情都选虎日；选择如虎形之地安坟；不吃虎肉，有"吃了虎肉忘了本"之说；人在打猎过程中被虎吃了，称其为"成仙了"；过去，人死后有披虎皮之俗；位于大理的大溯村与上赤村的罗、骆二姓，自称其祖乃"一个奶头上吊大的两兄弟"，故不通婚。③

　　由此可见，白族人的确是把老虎视为其祖。所谓"与虎婚配繁衍了白族""虎子虎孙相互帮持""穿魔衣显虎形""禁食虎肉""受虎护佑""装扮成虎嘴来找食""取名多用虎字""办事首选虎日""用虎饰辟邪""人死披虎皮""寻虎形之地安葬"，等等。这些都说明白族人奉虎为祖，认为与虎血脉相连。其实，白族人这些行为和观念与彝族、土家族等对虎的崇拜是一致的，这说明以虎为图腾的现象在藏缅语民族中具有一定普遍性。

---

　　①　詹承绪主编：《中国各民族原始宗教资料集成·白族卷》，中国社会科学出版社1996年版，第527—529页。

　　②　同上书，第535页。

　　③　菡芳：《白族的虎崇拜》，《大理文化》1983年第6期。

白族人对鸡的崇拜也比较显著。在白族内部支系中，有六种都称以"鸡"为名，它们分别是阿盖、洛盖、盖候、盖特扒、腊盖、勒鸡。"盖"是白语鸡的音译，意即鸡人、鸡家。白族的地名①、人名也多带鸡字。对鸡的崇拜主要集中在云南福贡、泸水县金满村以及俅江沿岸一带的村寨。鸡氏族的人说他们的祖先是从金花鸡的蛋中孵化出来的，所以他们姓鸡②。从鸡具有祖先的含义以及以鸡为名分出人群诸支系的情况来看，鸡在白族人中的确是一种图腾。

白族还以"木"为图腾。泸水县有一支白族自称"色才"，意为"由木头变来的人"，他们被称为"木氏族"，其神话说："远古时，一个叫牙木亚的人从水中的木头上救下一个婴儿，婴儿长大后即木基司，他称为木氏族的祖先。"③白族是古代哀牢夷的后裔，而哀牢夷的族源神话中最著名的即"九隆神话"。《后汉书·南蛮西南夷列传》云：

> 哀牢夷者，其先有妇人名沙壹，居于牢山。尝捕鱼水中，触沉木若有感，因怀妊，十月，产子男十人……后牢山下有一夫一妇，复生十女子，九隆兄弟皆娶以为妻，后渐相滋长。种人皆刻画其身，像龙文，衣皆著尾。④

在这则神话中，白族女始祖沙壹触木而孕，产下九隆十兄弟；十兄

---

① 如大理的上鸡邑、下鸡邑，剑川的介特密，兰坪县的介特邑，滇西北著名产盐地拉鸡鸣井。其他以鸡村、鸡登、鸡邑、鸡坪、鸡鸣村、黑鸡村等为名的小村寨就更多了。以鸡命名的名胜古迹也不少，如宾川的鸡足山，祥云的两座金鸡庙，剑川的金鸡栖石、金鸡山，兰坪、云龙的金鸡石，邓川的鸡鸣寺，兰坪的金鸡寺，大理海东的鸡岩寺等。参见张旭《白族的原始图腾虎与鸡》，《大理文化》1979 年第 4 期。

② 张旭：《大理白族史探索》，云南人民出版社 1990 年版，第 59—71 页。

③ 詹承绪主编：《中国各民族原始宗教资料集成·白族卷》，中国社会科学出版社 1996 年版，第 532—533 页。

④ （南朝宋）范晔：《后汉书》，中华书局 1965 年标点本，第 2848 页。

弟与哀牢山下十位女子相配，由此繁衍了哀牢夷诸支系。这则神话是典型的感生神话，白族典籍中有不少与之相似的衍文①。白族以木为祖（图腾）的信仰与这则神话中"触木而孕"的情节是相通的。换句话说，白族先民认为"沉木"是致使女始祖怀孕的根源，因而这"沉木"也同样应享有祖先的地位。

白族具有代表性的图腾是虎、木与鸡。在云南怒江州泸水县洛本卓乡就存在这三种图腾②，其简况见表1－17。

表1－17　　　　　　云南怒江州泸水县洛本卓乡氏族系统

图　腾	氏　族	概　况
虎	罗遣	托拖、格甲、季加、色仲、俄戛
	阿若	
木	色才	西木当、伯德、决洼
鸡	盖豪	不详

---

① （明）倪辂《南诏野史会证》载："按：《哀牢夷传》，古有妇名沙壹。因捕鱼触一沉木，感而生十子。后木化为龙，九子惊走，一子背坐，名曰九隆。又云，哀牢有一妇，名奴波息，生十女，九隆兄弟各娶之，立为十姓：董、洪、段、施、何、王、张、杨、李、赵。九龙死，子孙繁衍，各据一方，而南诏出焉，故诸葛亮为其图也。"参见倪辂《南诏野史会证》，云南人民出版社1990年版，第18页。

另外：《僰古通记浅述》云："僰人之初，有骠苴低者，其子低牟苴，居永昌哀牢山麓。其妇沙壹，浣絮水中，触一沉木，若有感焉。因妊，生九男。后沉木化为龙，众子皆惊走，季子背龙而坐。龙舔其背，故号为九隆族。一曰牟苴罗，二曰牟苴兼，三曰牟苴诺，四曰牟苴将，五曰牟苴笃，六曰牟苴托，七曰牟苴林，八曰牟苴颂，九曰牟苴闪。当是时，邻有一夫妇生九女，九隆各娶之。于是种类滋长，支苗繁衍，各据土地，散居山谷，分为九十九部，其酋有六，号曰六诏焉。"参见尤中《僰古通纪浅述校注》，云南人民出版社1989年版，第1页。

② 詹承绪主编：《中国各民族原始宗教资料集成·白族卷》，中国社会科学出版社1996年版，第532—534页。

至此，我们已对藏缅语六个语支民族的图腾神话及其相关情况进行了比较翔实的介绍与分析。就图腾的种类而言，藏缅语 17 个民族的代表性图腾详见表 1-18。

表 1-18　　　　　　　　藏缅语 17 个民族的代表性图腾

语支	羌		彝缅								藏	土家	景颇		白
民族	羌	普米	彝	傈僳	哈尼	拉祜	纳西	基诺	怒	独龙	阿昌	藏	门巴	土家	景颇	珞巴	白
代表性图腾	羊、白石、猴	蛙、虎	虎、竹、葫芦、猴	虎、熊、竹	虎	虎、狗	虎、猴	不详	虎、蜂	不详	葫芦	猕猴、牦牛、狗	猴	白虎	鸟	虎、猪	虎、鸡、木

在表 1-18 中，虎图腾在藏缅语民族中最为显著，它至少是 10 个藏缅语民族的代表性图腾；其次是猴（猕猴）图腾，它至少是 5 个藏缅语民族的代表性图腾。值得注意的是：羌语支、藏语支民族多以猴为图腾；彝缅语支民族猴、虎图腾兼有；土家、景颇、白语支民族则以虎为图腾。从地域分布上看，藏缅语民族的分布犹如一个 "Z" 字。藏、羌语支民族大致处于 "Z" 字的上部；白、景颇、土家语支民族则大致处于 "Z" 字的下部；彝缅语支民族则主要分布于 "Z" 字的中间部分。由此我们可作进一步的推论：猴图腾可能发源于藏、羌语支民族；虎图腾可能发源于土家族；偏西北方向的猴图腾民族与偏东南的虎图腾民族相遇，因而居于二者之间的彝缅语支民族既以猴为图腾，也以虎为图腾。当然，这仅仅是一种推测。如要以图腾来代表整个藏缅语民族，那

么，虎图腾最为显著①，猴图腾次之②。

在下面的三个小节中，笔者将结合藏缅语民族的图腾神话，从横向结构、纵向的历史演化以及社会功能三个层面对图腾制度进行阐述。

第三节　图腾制度的二元性：观念的秩序与事物的秩序

一　图腾的二元性

（一）自然属性与社会属性

图腾的二元性指的是凝聚于图腾之中的自然属性与社会属性。

图腾的自然属性源自作为符号的动植物，它们为图腾概念提供了形式；图腾的社会属性源自灵魂不朽的观念，灵魂通过对时空限制的超越指向一种建立在血缘想象上的同一性（祖灵），而这种同一性为图腾概念提供了实质。图腾的观念或者说原初形式的祖先（祖灵）观念的形成正是源于动植物符号（形式）与灵魂观念（实质）的合一。

"图腾"的二元性通过它构成的"图腾系统"延伸到了社会存在的方方面面。雷蒙德·弗思就认为："图腾崇拜是关于自然界和社会之间的关系的一种理论和实践。它提出对于自然环境分类的一些原则和如何

---

① 王小盾认为："虎图腾的遗迹，至今尚存活在中国各民族当中。在藏缅语民族中有比较集中的表现。"参见王小盾《中国早期思想与符号研究》，上海人民出版社2008年版，第313页。

② 王小盾认为："具有原始信仰含义的猴祖神话，主要流传在藏缅语族各民族中。"参见王小盾《中国早期思想与符号研究》，上海人民出版社2008年版，第69页。

把环境中的这些原则用到人的生活上来的系统方法。"① 因此，在动植物与人群之间，在自然与社会之间，都存在着那种类似于图腾这一概念包含的那种二元性。正是这种二元性，图腾制度才成为一种有效的社群组织形式，这是图腾制度最核心的功能。对此，A. 拉德克里夫－布朗说："图腾体系唯一的共同之处是，通过每一社会分支与自然界某些动植物或自然界某些要素之间的关联来分立社会分支。"② M. 倍松说："图腾制度把各个'个人'都区分属类，造成一种'图腾的户籍制'，所以这种制度形成一种真正的社会组织，而以母亲的亲子关系的维持为其基础。"③ 不论是拉德克里夫－布朗所说的"分立社会分支"，还是倍松所说的"造成一种'图腾的户籍制'"，都指出图腾制度的主要目的是实现系统化的社会分群。从前文我们已了解到，藏缅语民族有大量的图腾系统④可对此予以佐证。在这些图腾系统中，一边是由来自自然界的动植物构成的符号系统；另一边则是由人群构成的氏族系统。

图腾系统对氏族系统结构状况在表达方式上主要是采用了"类比"，即用"自然物系统"类比"社群系统"。列维－斯特劳斯说："图腾系统之于氏族系统的图腾制度是由隐喻关系构成的，有关这种关系的分析应该属于'人种逻辑学'的领域，而不是'人种生物学'的领域：说氏族 A 是熊的'后代'，氏族 B 是鹰的'后代'，不过是以一种具体而又简明的方式说氏族 A 与 B 之间的关系可以比作物种之间的关系罢

---

① ［英］雷蒙德·弗思：《人文类型》，费孝通译，商务印书馆 2010 年版，第156 页。
② ［英］A. 拉德克里夫－布朗：《原始社会的结构与功能》，潘蛟等译，中央民族大学出版社 1999 年版，第135 页。
③ ［法］M. 倍松：《图腾主义》，胡愈之译，上海文艺出版社 1990 年版，第8 页。
④ 参见本章第二节中列出的相关图表。

了。"① 这说明图腾（祖灵）的观念只有在结构系统中才能见出②，因为一个特定的图腾只能存在于一个特定的图腾系统之中；如果脱离了这个系统，它就不再是图腾。换句话说，一群人崇拜的祖灵必须和另一群人崇拜的祖灵是"异质"的；如果大家崇拜的是"同质"的祖灵，那这个祖灵就不成其为祖灵，它只能算是一种具有普遍意义的灵魂观念。所以，列维－斯特劳斯的意思是：如果孤立地看氏族 A 与熊之间的关系，那么它们两者之间什么关系也没有；只有将氏族 A、氏族 B 和熊、鹰视为两个体系，并以这两个体系之间的同构性（相似性）为前提，那么，我们才能说熊是氏族 A 的图腾。在这两个体系中，"一个体系是以群体差别为基础的体系，另一个体系是以物种差别为基础的体系，而群体的多元性和物种的多元性既直接相关，又彼此对立。"③ 在此，这种"氏族 A：氏族 B"与"熊图腾：鹰图腾"④ 结构关系类似的性质我们可称之为"同构性"，而任何一个图腾系统都蕴含着这样的"同构性"。

图腾系统一旦确立，它就会向两个方向发展：一个方向是在微观的层面越来越精细地表达社群的分化，从氏族一直到氏族内各支系都会发展出相应的图腾系统；另一个方向是在宏观的层面将图腾系统的模式扩展至自然、宇宙的层面，最终建构起一个以部落为中心的世界；与此同时，事物在意识中也呈现出应有的秩序。

---

① ［法］列维－斯特劳斯：《图腾制度》，渠敬东译，商务印书馆 2012 年版，第 38 页。

② ［法］列维－斯特劳斯认为："它们（图腾制度）所表现出来的同态关系不存在于社会团体和自然物种之间，而是存在于显现于团体水平上的区别和显现于物种水平上的区别之间。因此，这类制度所根据的是两个区别系统之间同态关系的前提，一个出现于自然中，另一个出现于文化中。"参见［法］列维－斯特劳斯《野性的思维》，李幼蒸译，中国人民大学出版社 2006 年版，第 105 页。

③ ［法］列维－斯特劳斯：《图腾制度》，渠敬东译，商务印书馆 2012 年版，第 25 页。

④ 氏族 A：氏族 B：：熊：鹰。

在微观方向上，当一个氏族逐渐发展壮大，到了不得不建构一个图腾系统来表达氏族的内部结构关系时，有一种情况是——原有的图腾动物就会被"肢解"，"新发展出的各个群落都是通过图腾动物的各个部分（如头、后腿、皮下脂肪等）来指称的。"① 用图腾动物的各部分指称氏族下的不同群落，犹如"化生神话"中人或动物的身体各部化生为世界的各部分。这是氏族内诸支系分化的一种方式。

在宏观方向上，图腾系统固有的分类意识不仅将人群划分为图腾、氏族、胞族，也把这种分类意识"推广到一切被想象的实在上去，推广到动物、植物、无生物、星辰、空间中的方位上去。"② 最终，它构造出的不仅仅是一个社群系统，而且是一个充满秩序的宇宙系统。对此，涂尔干也说："图腾宗教的范围不是被限制在一两个生物范畴之内，而是延伸到已知宇宙的最大极限；图腾崇拜也有它自己的宇宙论；我们看到图腾崇拜是一个广阔的圣物系统。"③ 由此可见，如果把图腾制度只看作一种社会分群的模式，那未免太狭隘了。真正来说，图腾制度为初民提供了一种世界观，初民获得的是一个充满秩序的图腾世界。

（二）猎物禁忌与族内婚禁忌

图腾制度不仅分出"自然"和"社会"两个同构系统，更重要的是它由此衍生出两大制度——"猎物禁忌"与"内婚禁忌"。

首先，在"自然"方面主要发展出了动物系统及其相关崇拜与禁忌。一定程度上，这与"自然崇拜"④ 相关。在此，所谓崇拜指的是对图腾的崇拜，这种崇拜既表现在初民视图腾动物为祖灵而对之顶礼膜

---

① ［法］列维－斯特劳斯：《图腾制度》，渠敬东译，商务印书馆 2012 年版，第27页。
② ［法］列维－布留尔：《原始思维》，丁由译，商务印书馆 2010 年版，第218页。
③ ［法］爱弥尔·涂尔干：《宗教生活的初级形式》，林宗锦、彭守义译，中央民族大学出版社 1999 年版，第165、167、197页。
④ 自然崇拜根植于人与自然的关系，图腾的自然性（动物性）指向人对自然尤其是动物的崇拜。

拜，也表现在禁止猎杀、伤害图腾动物的禁忌中；既表现在"酌量取用"的猎物分配与共餐仪式中，也表现在禁止食用其他氏族送来的猎物的禁忌中。由此可见，图腾的自然属性意味着它们是"采集—狩猎"型经济的生产对象，尤其是动物，它们应该是氏族时代重要的食物来源。因此，围绕图腾动物的崇拜与禁忌就不仅仅是对祖灵的敬重与守护，而且是为了实现猎物的持续供应。因为，如果每个氏族都禁猎属于自己的图腾动物，那么，生活在一定范围内的各种动物都会得到一种结构性的保护，这在一定程度上能防止对（某一种）猎物的过度猎杀，也能防止食物链断裂导致的生态失衡。在这个意义上，图腾制度可谓最原始的生态平衡机制，其终极目的是实现肉食的持续供应。

其次，在"社会"方面则发展出氏族系统及其相关崇拜与禁忌。这与"祖先崇拜"① 相关。根本而言，氏族的形成根植于狩猎的需要与生育制度的演进。狩猎需要一个稳固的狩猎人群②。"生育制度的演进"指的是初民已经意识到血缘婚的危害并开始建构非血缘的生育制度。由是之故，按血缘谱系将人分成不同的群体就成了最紧迫的任务。因为，存在异质的血缘群体是非血缘婚的前提。这样，初民将灵魂观念与动植物系统结合起来形成"祖灵"（祖先）的概念，这种以动植物的形象示人的祖灵就是我们所说的图腾。每一群具有血缘关系的人都崇拜自己的图腾，在客观上就自然会形成图腾系统，而这个图腾系统正是对在血缘上异质的氏族系统的表达。因此，氏族与生俱来的一个功能是为"氏族外婚"（非血缘婚）提供制度支撑。总之，图腾崇拜的实质是祖先崇

① 祖先崇拜根植于人与人的（社会）关系，图腾的社会性根本上指向的是人对社会（的缔造者祖先）的崇拜。

② 谢苗诺夫认为："前人的狩猎不是单独进行的，而是共同进行的……只有在狩猎是由一些相当大的集团共同进行的情况下，才能成功。"参见［苏］谢苗诺夫《婚姻和家庭的起源》，蔡俊生译，中国社会科学出版社1983年版，第117页。

拜，对特定祖先的崇拜暗含着对族外婚（非血缘婚）的认同，对族内婚（血缘婚）的拒斥。

（三）物的生产与人的生产

图腾制度的关键是以"文化"（制度）的形式维护和强化"物的生产"（狩猎）与"人的生产"（生育）这两大永恒的主题。在意识层面，对这两方面的维护与强化靠的是充满宗教意味的"崇拜"与"禁忌"。"崇拜"与"禁忌"是围绕同一个目的而采取的不同方式——"崇拜"是直接的、积极的，而"禁忌"是间接的、消极的，但它们都是为了实现同一个目的。简言之，"禁忌"是以"否定之否定"的消极形式实现一种积极的目的。J. G. 弗雷泽所谓的"积极巫术"和"消极巫术"在本质上与之相通①。因此，一般而言，"崇拜"背后都有与之相应的"禁忌"，正如"图腾崇拜"的背后是"禁止猎杀图腾"的禁忌，"族外婚"的背后是"禁止行族内婚"的禁忌。"崇拜"与"禁忌"是连在一起的，我们不能把围绕在图腾之上的这些"崇拜"和"禁忌"分开来看。

图腾制度的主要功能是保障"猎物"（狩猎）与"人口"（生育）的持续供应，这关涉人类社会存在的根基。"物的生产"与"人的生产"之间是互为前提、相互制约的关系。这样的关系与人的社会性相关。具体而言，人有个体和集体两个存在维度。影响个人生存的重要因素是食物，因为每一个个体都是靠食物维持生存的；影响族群发展的重要因素是生育，因为人群无不是由于持续不断的繁衍才得以存续的。个体与集体的关系在根本上是由人对食物的需要和对生殖的需要共同奠定的。因此，正如集体与个人是互为前提、相互制约的关系，"物的生产"

①　［英］J. G. 弗雷泽：《金枝——巫术与宗教之研究》，汪培基等译，商务印书馆2012年版，第37—38页。

与"人的生产"之间也具有这样的关系。

"物的生产"亦即"狩猎"发生在人与自然之间；"人的生产"亦即"生育"发生在人（氏族）与人（氏族）之间。

在前一个"生产"中，动物从自然进入社会，动物的自然属性转化为文化属性，这种转化是这样发生的：首先，当动物还没有被赋予意义的时候它是纯粹的动物，它对所有人、所有氏族而言都只是纯粹的食物，此时所有的动物是同质的。其次，当动物不只是被当作食物吃掉，还被当作符号系统来区分不同的人群，这就意味着它们被赋予了意义，动物由此成了图腾（祖灵）；此时，不同种类的动物之间是异质的。现在，图腾具有的文化属性把它先前的自然属性排斥掉了，"禁食图腾动物"就是对这种"排斥"的标记。总之，从动物转化为图腾，从食物转化为祖灵，从同质转化为异质，这意味着动物由自然属性的动物转化为社会属性的动物；动物不再是纯粹的动物，它进入了人的观念世界，它现在是一种观念的存在，而不仅仅是自然的存在。

在后一个"生产"中，具有生殖力的人在氏族之间交换①。首先，在进入另一个氏族之前，人是属于氏族的人，他所在氏族的图腾（祖灵）决定了他与其他氏族的人是异质的；他必须进入一个异质的氏族，目的是实现一种非血缘性的婚配。其次，在进入另一个氏族之后，他面对两个不同的图腾，一个是原氏族的图腾，另一个是现居氏族的图腾；此时，图腾崇拜对他而言成为一个问题，他陷入一种两难的境地，这种模糊、暧昧的处境实际上已经使他"出离"了那种非此即彼的图腾认同，换句话说，他现在成为没有图腾的人了。我们知道，正是图腾决定着每一个氏族每一个人的性质，因此正是图腾赋予了不同氏族个体间的异质性。对此，我们可以认为：为了婚配而进入另一个氏族的个体是从

---

① 在母系氏族阶段，氏族间交换的是男人；在父系氏族阶段，氏族间交换的是女人。

社会属性的人转化成了自然属性的人，这与一个图腾被逆向转化成仅仅被视为食物的动物是相似的——他（她）失去了图腾的同时也失去了他的社会属性，失去了他的异质性。在一定程度上，他被转化成了只具有自然属性的同质的动物——这就如同仅仅被视作食物的猎物一样。正是在此意义上，列维－斯特劳斯才说："就自然而言是同质性的女人，从文化角度被宣称为异质性的；男人用文化手段交换女人，而女人用自然手段延续这同一类男人。"① 这说明人类的"生育"和"取食"在本质上与动物的"生育"和"取食"没有什么不同，唯一的差别是人类以文化（制度）为手段维护和强化了这两者，以此实现人口的持续增长和食物的持续供应。②

在"物的生产"中，动物从猎物变成图腾，然后又从图腾变成了猎物；在"人的生产"中，人像动物一样被生下来，接着便拥有了特定的祖灵（图腾），然后又被推入另一个氏族像动物一样去完成生殖的使命。在这两个过程中，无论是动物还是人，都经历了从"自然状态"转入"文化状态"再转入"自然状态"这三个阶段。而且恰恰是在进入"文化状态"这个中间环节时他们被赋予了社会属性，而正是这个环节强化了人在"取食"与"生育"实践中的效力。

要用制度的方式维护和强化"物"与"人"的生产，需在一个氏族系统中才能实现这个目的。因为，这需要在氏族之间分别对"物"与"人"进行交换：一方面，一个氏族猎获的所有猎物可能都是另一个氏族特意保护的图腾，如果说特定的图腾为特定的氏族所拥有，那么，我

---

① ［法］列维－斯特劳斯：《野性的思维》，李幼蒸译，中国人民大学出版社2006年版，第114页。

② 人类文化的根基和出发点依然是动物性的个体生存与种群繁衍，人与动物的区别仅在于人达到这一目的采用的手段更具优势。动物要生存；人不仅要生存，还要通过文化去实现更好的生存，仅此而已。如果说人类文化还有其他什么形而上的目的，笔者以为，那更可能仅仅是源于人类中心主义的自欺欺人。

们就可以说在这些氏族之间实际上进行着猎物交换；另一方面，人员只有在氏族间相互嫁娶才能实现非血缘性质的婚配。总而言之，不管是氏族社会还是时下的社会，在一个系统性的社群结构中，交换与协作是实现经济发展、提高人口素质的关键。反之，封闭的社会、固化的阶层则都意味着民族文化的衰亡与人种的退化。

二　观念的秩序：作为世界观的图腾系统

图腾制度对氏族社会"物"（狩猎）与"人"（生育）这两大生产具有十分重要的意义，但并不意味着这就是图腾制度的全部。根本而言，图腾制度为氏族时代的人们提供了一种世界观，使个体意识到自身的集体性，使个体通过对自己所属氏族及其周围氏族的把握形成了最初的世界观。这种最初的世界观并非源于任何形而上的先验假设，而是根植于人类的现实生活。哲学家 W. 狄尔泰就认为："任何世界观的最终根源都是生活本身。"① 对此，涂尔干将社会视为宗教起源之基础的观点也可予以佐证。分而言之，这最初的世界观有如下几个特点。

（一）整体性

在氏族时代，由于认识水平与活动范围都十分有限，人们头脑中的世界并不比他们置身其中的部落（氏族集团）在范围上大多少（参见图1-4）。涂尔干和莫斯就认为："（在氏族社会）事物首先是依据氏族和图腾来分类的……部落构成了全人类，创建部落的祖先就是人类的祖宗和缔造者，同样，营地的观念也完全等同于世界的观念……所以，部落就等同于人类的观念。"②

---

① ［德］W. 狄尔泰：《世界观的类型及其在形而上学体系内的展开》，林方主编《人的潜能和价值》，华夏出版社1987年版，第6页。

② ［法］爱弥尔·涂尔干、马塞尔·莫斯：《原始分类》，汲喆译，商务印书馆2012年版，第76页。

图 1 - 4 云南沧源崖画中所示原始村落

采自汪宁生《云南沧源崖画的发现与研究》，文物出版社 1985 年版

根据有限的经验想象出一个整全的世界，对于任何时代的人而言这都是十分必要的。这不仅能使人们在心理上获得一种安全感，也为一切社会活动提供了框架与背景。所谓"部落构成了全人类""营地等同于世界"，这些观念中包含的"人类"和"世界"都表达着一种整体性。对此，列维－斯特劳斯也持相同的看法，他说："原始社会把它们的部落集团的界限当成是人类的边界……图腾分类的基本功能之一就是打破集团的自我封闭，并促进一种整体性的人类观念的形成。"[①] 实际上，图腾崇拜的整个演化进程也包含着对这种"整体性"的表达。这种"整体性"最初是由"图腾"来表达的，最终则是由"至上神"和"共祖"来体现。涂尔干就曾指出："图腾崇拜产生于某个具有一定程度统一意识的部落的内部。因此，各氏族间的不同礼仪能相互结合，相互补充，并最终结合为一体。部落的这种统一意识也同样表现在整个部落所

---

① ［法］列维－斯特劳斯：《野性的思维》，李幼蒸译，中国人民大学出版社 2006 年版，第 152 页。

共有的至高神的概念中。"① 因此，这种整体性的观念根植于人们的"统一意识"，只有通过观念符号表达出这种整体性，人类、世界的观念才会清晰起来。

（二）互渗性

所谓"互渗"指的是在原始意识中，事物间相互交融、普遍联系的特殊状态。对于这种"原逻辑"的思维方式，列维－布留尔作出了精辟的分析。针对图腾崇拜，列维－布留尔说："对这种思维来说，构成图腾集团的个人、集团本身、图腾动物、植物或物体，这一切都是同一个东西。在这里，'同一个东西'不应当在同一律的意义上来理解，而应当在互渗律的意义上来理解。"② "同一律"（A = A）肯定了每一个事物都是一独特的存在，事物 A 不与其他任何事物等同，也不等同于事物 A 自身的某一项特性。"互渗律"则与之不同，它能在任何相异的事物之间通过类比等手段建立联系，并由此将完全相异的事物"等同"起来。因此，对初民而言，将某一种动物视为祖先或将其祖先等同于某一种动物，这之间的过渡是不存在任何困难的。正是由于这种以"互渗"为特征的思维方式的存在，"对原始意识来说，个体、祖先和图腾则合而为一，同时又不失其三重性"。③

在这种普遍的"互渗"状态中，人及其祖先、图腾动物是同质的。比如，藏族人以牦牛、狗为图腾，禁止食用仪式上的牦牛肉，也禁食狗肉；纳西族、彝族在仪式上和葬礼上披虎皮，族名、人名、地名多用虎字，衣饰多用虎形，做事首选虎日，安葬则选虎形之地；羌族将羊与人

---

① ［法］爱弥尔·涂尔干：《宗教生活的初级形式》，林宗锦、彭守义译，中央民族大学出版社 1999 年版，第 328 页。
② ［法］L. 列维－布留尔：《原始思维》，丁由译，商务印书馆 2010 年版，第 238—239 页。
③ 同上书，第 86 页。

视为一体，从羊身上寻找人的死因。诸如此类的例子，不胜枚举。这些行为都是表达人与图腾（祖灵）同质的手段。正如罗伯逊·史密斯所言："图腾崇拜是以人与动物（或植物）的先天或后天的同质性为前提的。"[①] 人与图腾（动植物）的同质化也表现在人格与动物秉性的互渗。

在氏族时代，根本就不存在个体性人格，只存在集体性人格。如涂尔干、莫斯所言："在那个时代，个体本身失去了他的人格；在他的外部灵魂以及他的图腾之间，根本没有区别。他和他的'动物伙伴'共同组成了一个单一的人格。"[②]

这种集体性的人格往往与各种动物的秉性互渗。在口头文学中，"动物故事"作为一种故事类型与原始社会中人与动物的普遍互渗有明显的关联。借用动物的秉性来表达人格是早期人类比较常见的一种手段。在彝族经典《十大名将》中，图腾动物的秉性是表达氏族军事特征的手段。所谓"尔若为飞燕，天空云际，与鸿雁颉颃，飞燕尔前进；尔若为狐狸，深菁老林，与虎豹驰骋，狐狸尔前进"[③]，就是对具有相同特性的图腾（氏族）捉对厮杀这一情况的反映。

（三）同步性

在现实层面，社会意识与社会存在的演进是同步的。关于这一点我们在前文中已有所阐发。在图腾世界中，"观念的秩序"与"事物的秩序"是同步形成的，并不存在一个先想出一套观念然后再使事物秩序化的过程。我们既要正视意识与存在、观念与事物的差异，也要将二者合起来看问题。学者 Madan Sarup 曾指出："语言不仅反映实在，而且还

---

① ［法］爱弥尔·涂尔干：《宗教生活的初级形式》，林宗锦、彭守义译，中央民族大学出版社1999年版，第94页。

② ［法］爱弥尔·涂尔干、马塞尔·莫斯：《原始分类》，汲喆译，商务印书馆2012年版，第5页。

③ 马学良：《云南彝族礼俗研究文集》，四川民族出版社1983年版，第6—7页。

建构实在。"① 这意味着语言不仅仅是"关于"世界的观念,更是"建构"世界的主要手段。对于图腾与氏族的关系,学者刘宗迪认为:"在形态学的意义上,图腾只是对现成的氏族的命名,然而,在发生学的意义上,毋宁说,氏族这个所指恰恰是图腾这个能指缔造的,离开图腾这个能指,氏族这个所指就无从存在。"② 这说的是氏族作为现实的社群单位离不开图腾这一观念,如果不用图腾(符号)来表达这个氏族(社群),所谓"氏族"完全就是不知所云的东西。另外,图腾也并非氏族的附庸,"并非先有了业已成立的氏族,然后这个氏族成员才约定选择一种事物作为自己的标志或曰图腾,图腾并非粘贴在现成的氏族的身上的附加物或标签。毋宁说,图腾的确立与氏族的建立是同时进行的,是一个过程的两个方面。"③ 总体而言,人拥有的世界既非纯粹的物质世界亦非纯粹的观念世界,图腾与氏族的相互关系说明了人置身其中的世界是意识与物质、观念与现实相互作用的结果。

(四)神圣性

图腾崇拜是原初形式的祖先崇拜,而对祖先的崇拜根源于生殖崇拜。换言之,人类社会存在的根基是由"人"与"物"这两大"生产"奠定的。祖先崇拜是初民意识到人类社会这两大支柱(生产)的重要性而产生的社会意识。这种意识维护和强化着初民业已取得的文化成果。因此,对这两大"支柱"(生产)的崇拜将整个图腾世界分出了神圣与世俗两个层面。简言之,具有神圣性的事物即最重要的事物,它关系到人类存在、人类文明的根基。

---

① 参见 Madan Sarup, An Introductory Guide to Post – structuralism and Postmodernism, Georgia: Harvester Wheatsheaf, 1993, p. 47。

② 刘宗迪:《图腾、族群和神话:涂尔干图腾理论述评》,《民族文学研究》2006 年第 4 期。

③ 同上。

如果说在初民社会人们是用宗教仪式（婚礼）强调着生殖的重要性，那么，在文明时代，人们是用以爱情为主题的艺术作品强调着生殖的重要性。宗教仪式是公开的集体活动，而爱情是个体性的私人活动，此二者的区别在于——文明时代强调生殖重要性的"意识"已经内化为人们的"潜意识"。哲学家 A. 叔本华曾对处于热恋中的男女心理进行过形而上的分析，他指出在爱情中人们在作出抉择时伴随的犹豫不决、举棋不定乃是因为这是对整个种群而言都极其重大的事件；尽管热恋中的男女难以洞察其结合的重大意义，但他们的行为已完全受制于潜意识。但是，不管这两个时代在表现形式上有多么不同，它们都强调着爱情或者说生殖的重要性——因为不管是氏族时代的图腾崇拜还是文明时代的爱情，人们都毫不吝惜地以"神圣"的名义来形容它们。

对于图腾的神圣性，涂尔干曾指出："图腾就是圣物的典型。"① 他分析道："图腾是氏族社会的象征，而社会是神性的本原所在，因此，图腾成了具有神性的圣物。"② 在这里，涂尔干认为图腾的神圣性是源自社会的神圣性。在宗教的本质（起源）问题上，涂尔干一直持"社会本体论"的观点，认为包括图腾崇拜在内的所有宗教都不过是对社会的反映，他指出："社会之于社会成员，就如同神之于它的崇拜者。"③在此，涂尔干基本上是把"神"与"社会"等同了起来。对于涂尔干的这些观点，笔者十分赞同，因为越是形而上的社会意识越是与形而下的社会存在关系密切，从来就不存在与现实生活没有关联的社会意识。

如果我们像涂尔干一样将社会视为"本体"，那么我们就不得不承认整个图腾世界其实是以社会为原型来建构的。恩斯特·卡西尔说：

---

① ［法］爱弥尔·涂尔干：《宗教生活的初级形式》，林宗锦、彭守义译，中央民族大学出版社 1999 年版，第 124 页。

② 参见刘宗迪《图腾、族群和神话》，《民族文学研究》2006 年第 4 期。

③ 同上。

"图腾制只是某些社会内在关系的外在投影"①，"对神话和宗教的感情来说，自然成了一个巨大的社会"②。列维－斯特劳斯也认为在图腾世界中"宇宙的结构再造了社会的结构"③，"动物世界是依照社会世界来构想的"④。如果社会——具体而言是氏族集团——是整个图腾世界的原型，那么"图腾崇拜"的真实含义就是"社会崇拜"，就是对人类社会、人类文明的根基的崇拜。由是之故，图腾的神圣性凸显的是与人类关系紧密的猎物禁忌和内婚禁忌等社会制度的极端重要性。

三 事物的秩序：作为生活场的图腾世界

在氏族社会，图腾是氏族的徽章。对于图腾的符号性，涂尔干说："图腾不仅仅是一个名字，它还是一个标志，一种真正的纹章。"⑤ 弗洛伊德认为："一个图腾就像一种很容易描绘的象形文字。"⑥ 摩尔根指出："图腾是一氏族的象征或徽章，即区别一个氏族与其他氏族的符号标志。"⑦ 从这些学者的论述中我们不难看出，图腾作为一种符号，对内它以具体可感的符号象征祖灵，并以此凝聚人群；对外它则起着区分氏族的作用。这两个方面的作用是相辅相成的，是同一过程的两个方面。因此，图腾的实质是由其符号性决定的；图腾制度发挥的社会功能正是建立在图腾系统的符号性之上。总之，如果说图腾是氏族的徽章，

---

① ［德］恩斯特·卡西尔：《神话思维》，黄龙保、周振选译，中国社会科学出版社1992年版，第212页。
② ［德］恩斯特·卡西尔：《人论》，甘阳译，上海译文出版社1985年版，第106页。
③ ［法］列维－斯特劳斯：《图腾制度》，渠敬东译，商务印书馆2012年版，第51页。
④ 同上书，第99页。
⑤ ［法］爱弥尔·涂尔干：《宗教生活的初级形式》，林宗锦、彭守义译，中央民族大学出版社1999年版，第118页。
⑥ ［奥］弗洛伊德：《图腾与禁忌》，赵立玮译，上海人民出版社2005年版，第134页。
⑦ ［美］摩尔根：《古代社会》（上），杨东莼等译，生活·读书·新知三联书店1957年版，第184页。

那么，图腾制度就是图腾时代的"社会宪章"。

在图腾制度中，人群系统与自然系统的对应与统一，已包含了初民对社会与自然的区分，这种区分同时意味着人类的凸显以及人类自我意识的形成。蚂蚁群是一个高度分化、组织化的群，但它意识不到自身的分群。相反，人在分群的过程中意识到了自身的群体性，而氏族、部落、部落联盟、民族、国家、人类、世界等观念正是在这种极其重要的区分中逐渐清晰起来的。

在前图腾时代，各种生物自成类属，人也不例外。图腾制度的意义之一就在于它能将"有意识的人群"变成"意识的对象"。人类意识的这一重大转折必须建立在与其他群体进行区分的基础上。正如人只有与自然（物）区别开，人才能意识到自我（人）。自从有了这种群属意识，人群就必然会将其作为工具来认识和理解周围的一切。涂尔干说："起初，事物是根据氏族和图腾来划分的。"[1]恩斯特·卡西尔说："每一事物，每一事件，都是通过赋予某种独特图腾'标志'而被理解的。"[2] 这种划分包括人群、动物群、植物群、天体群，最后扩展至整个世界。总之，身体、社群这些人类最先熟悉的部分成了建构世界、理解事物的原型。至于氏族内婚禁忌以及猎物禁忌等社会制度，它们都是在社会完成了这种整体性的结构化之后衍生出的社会功能。

总而言之，图腾制度为初民提供了一种世界观，它是秩序的来源。在现实层面，空间方位乃至地域的划分在一定程度上都是根据图腾系统延伸出来的。涂尔干说："只是通过氏族，它们才在各自的方位之间具

---

① ［法］爱弥尔·涂尔干、马塞尔·莫斯：《原始分类》，汲喆译，商务印书馆2012年版，第63页。

② ［德］恩斯特·卡西尔：《神话思维》，黄龙保、周振选译，中国社会科学出版社1992年版，第98页。

有了间接的关系……区域，以及归属区域的所有事物，实际上是处在对动物图腾的某种依赖之中，如果是方位分类在前，那么这一切就不会发生。"① 古代中国的"四神"信仰是比较典型的例子。尽管"四神"体系是经过漫长的演化才最终定型的，但它明显受到图腾制的影响。在"四神"体系中，四种动物（龙、雀、虎、龟—蛇）与四方（东南西北）、四色（青朱白黑）、四季（春夏秋冬）形成了同构关系。由此可见，图腾系统不仅支配着初民的空间观念，也支配着他们的时间观念。人们之所以选用动物来表达其时空观，这与他们的生产生活是分不开的。在氏族时代，狩猎是非常重要的生产方式，对动物的长期观察使人们积累了丰富的经验。因此，各种动物尤其是图腾动物是初民表达时空观念的工具，这就像在原始种植业兴起之后，人们通过各种"鸟的叫声"或"花的开放"来确定播种、收获的时间节点，由此形成了各种"物候历"。这说明人类的时空观是根源于人类生存的需要，也就是说，生产生活对秩序的需要是时间秩序化（历法）和空间秩序化（区划）的根源。

除了生产生活等现实需要之外，灵魂不朽的观念促使人们想象出一个冥世来安顿亡灵。在图腾世界中，不仅现实的人群需要划分为不同的氏族，想象中的冥世也需要图腾来表达这种区分。涂尔干曾指出："事物不仅仅是在活人的氏族中进行分配的，死者也分成氏族，也有他们自己的图腾，因而也有划归这些图腾的属于他们自己的事物。这些可以称之为冥世图腾。"② 冥世图腾的存在支持了我们先前的论断——图腾崇拜是原初形式的祖先崇拜。在前文中，我们已指出图腾是作为符号的动物与作为实质的灵魂的结合；又因为图腾对社群的区分是通过图腾崇拜

---

① ［法］爱弥尔·涂尔干、马塞尔·莫斯：《原始分类》，汲喆译，商务印书馆2012年版，第58、61页。

② 同上书，第26页。

来实现的，那么，氏族之间的异质性就必须通过祖灵或者说图腾的异质性表达出来。因此，在亡灵聚集处（冥世）区分出不同的祖灵，并用"冥世图腾"去表达这些祖灵的异质性，这是由现实世界的需要决定的，"冥世图腾"之间的异质性表达的正是祖灵之间的异质性。

综上所述，不论是在现实层面还是在信仰层面，无论是在生产生活中还是在宗教想象中，图腾制度都提供了一种具有普遍意义的思维模式（世界观）。正是由于图腾制度，世界才在时空中显示出它应有的秩序。对于图腾制度的这一重要作用，我们可以用列维－斯特劳斯的一句话来进行总结："图腾表达的是社会中普遍的区分的必要性。用动植物作为图腾在于用具象的事物来标记和表达这种区分观念蕴含的抽象性。而最大的区分是食物与血源的区分。文明，即生产与婚姻（生产）是在区分中建立起来的。"① 列维－斯特劳斯的断言是精辟的。在下文中，我们就从"食物"和"血缘"这两项对人类而言具有决定意义的"区分"中对图腾制度的历史演进进行简要的分析。

第四节　图腾制度的二维演进：从图腾崇拜到共祖崇拜与天神崇拜

将祖先崇拜看作从自然崇拜中发展出来的观点十分普遍。比如，有学者这样说道："从有关民族学和历史文献材料来看，原始宗教曾经经

---

① ［法］列维－斯特劳斯：《图腾制度》，渠敬东译，商务印书馆 2012 年版，第103 页。

历过自然、图腾、祖先三个相互关联又各具特征的重大崇拜阶段。"①对此，笔者有不同的看法。

世界是由人与物共同构成的，世界的二元性决定了人认知世界的思维方式包含着两个相互影响的层面：一是社会的层面，二是自然的层面②。在图腾制度中，对"动物"的崇拜以及对图腾象征的"祖灵"的崇拜分别是这两个层面的延伸。在图腾制度中，以动植物崇拜为特征的自然崇拜以及以祖先崇拜为特征的社会崇拜极其紧密地结合在了一起。因此，在人类早期文化的演进中，人与自然的关系形成了自然崇拜，崇拜的对象是以动植物和山川日月为代表的自然神（自然崇拜）；人与人发生关系，最终形成社会，而对社会的崇拜则是以祖先崇拜来体现的（祖先崇拜）。

随着人类思维水平的上升以及认识范围在"空间"上不断扩大，对诸自然神的崇拜最终发展成对唯一、至上的天神的崇拜（天神崇拜）；每一个氏族、家族在追溯其谱系的过程中，对社群的认识在"时间"上不断延展，因而形成对祖先的崇拜；祖先崇拜在"空间"上进一步扩展，最终发展出对整个民族共同始祖的崇拜（共祖崇拜）。在"量"的方面，图腾系统从与人密切相关的事物向外扩展，一直从动植物扩展到天地宇宙，从有限扩展到无限，从已知扩展到未知。在"质"的方面，社会（人）的因素逐渐凸显出来，祖灵逐渐人格化，从全兽形演变成半兽形，最后则以全人形的面貌出现。在自然层面，人的认知是从身边的动植物一直扩展到这些动植物安身立命的山与水，最后扩展到日月、天地。当人们对眼前的一切都有了直观的感受之后，他们就只能

---

① 蔡家麒：《自然·图腾·祖先——原始宗教初探》，《哲学研究》1982 年第 4 期。

② 列维－斯特劳斯认为："人是自然与文化之间关系的概念，是与他们自己社会关系改变的方式有关的。"参见［法］列维－斯特劳斯《野性的思维》，李幼蒸译，中国人民大学出版社 2006 年版，第 107 页。

以想象的方式去把握眼前这个有限
世界之外的无限，而对这种无限性
的领悟将使他们想象出具有人格的
唯一的至上神。对于绝大多数民族
而言，这样的至上神往往都由天
神①来充任。在社会层面，在追溯
社群来源的过程中，图腾被视为氏
族的祖先。当初民慢慢意识到生殖
是源于人自身的行为后祖先的形象
才从全兽形的图腾逐渐转化为全人
形的人祖。对于相邻诸氏族的关
系，正如将天地万物的起源归结于
天神，人们则为相邻诸氏族想象出
了一个共同的始祖（参见图 1 - 5）。
而这个共同的始祖一般被视为是伟
大的文化英雄，他（她）不仅生下
了诸氏族的先祖，而且发明了各种
意义重大的工具与制度。于是，这
些氏族、宗族或部落因为它们拥有
共同的祖先而认为它们之间具有兄
弟般的血缘关系。

综上所述，人类思维方式的二
元性决定了图腾崇拜的二元性，图
腾崇拜的演进包含着祖先崇拜与自

图 1 - 5　云南麻栗坡县大王崖岩画

　　岩画的中上部为一对配偶神，
配偶神名下为小人应由他们所生，
配偶神前面为蛇、牛等各种动物。
这些动物应是代表诸氏族的图腾，
而这对配偶神可能是这些氏族尊
奉的"共祖"。采自陈兆复著
《中国岩画发现史》，上海人民出
版社 2009 年版

---

① 除天神外，在有些民族中雷神、太阳神也具有至上神的性质。

然崇拜这两个齐头并进的方面，因此我们可以说，共祖崇拜与天神崇拜是从图腾崇拜中发展出来的。以上所述详见表 1 – 19。

表 1 – 19　　　　　　　图腾崇拜中的社会崇拜与自然崇拜

思　维		宗　教
世界	人—人与人—社会	社会崇拜：灵魂崇拜—祖先神—共祖
	物—人与物—自然	自然崇拜：动物崇拜—自然神—天神

一　从图腾崇拜到共祖崇拜

（一）从图腾崇拜到祖先崇拜

在前文中，我们已多次指出图腾崇拜是祖先崇拜的一种原初形式，指明了图腾在氏族中起到了祖先的作用。既然图腾崇拜是原初形式的祖先崇拜，那么，从图腾崇拜中我们才能认清祖先崇拜的实质。关于祖先崇拜，有学者是这样定义的：

> 以某集团现有成员的生活要受死去成员影响的信仰为基础的宗教体系。作为死者的子孙的生者，为了驱避灾厄，过上幸福的生活，要举行祈求祖先援助的礼仪。①

这个定义指出了两点：一是祖先崇拜是现世中的人群与冥世中的祖灵的一种关系；二是崇拜祖先（祖灵）能为现世中的人群带来好处。就

---

① ［日］祖父江孝男等：《文化人类学事典》，乔继堂等译，陕西人民出版社 1992 年版，第 257 页。

笔者的理解而言，这个定义只是对祖先崇拜进行了描述，并没有发掘出祖先崇拜的实质。祖先崇拜的确具有巨大的功用，可为现世的人群带来"幸福的生活"，但崇拜行为本身并不是获得这种"好处"的根本原因，而且这种"好处"也并非由人格化了的祖先神赐予的。

在藏缅语民族的图腾神话或图腾制度的遗存中，人们不断强调着种群分化所具有的重大意义。比如，按《后汉书·西羌传》所载，河湟诸羌除了分化为牦牛、白马、参狼三个种群之外，"（爱剑曾孙）忍生九子为九种，舞生十七子为十七种"，而种群的高度分化所带来的好处就是"羌之兴盛，从此起矣。"① 在云南富民县罗免镇哨上村，七个宗族崇拜着各自的族树，并禁止在崇拜同一株族树的人之间通婚（同宗不婚），以此维持种群之间的异质性。② 云南武定彝族经典中划分出的氏族多达 25 个。③ 珞巴族苏龙部落以"纽布"（胞族）和"尼隆"（有血缘关系的人群）来划分种群，并由此确定通婚规则。④

人们之所以将人群划分出不同的血缘群体，其根本目的是通过在异质的种群间通婚来促进人口的繁衍。因此，祖先是一个象征，它象征着不同种群在血缘上的异质性。祖先只是人们区分不同种群的手段，人们在崇拜祖先的过程中获得的好处并非由他们的祖先赐予的，而是由种群的异质性以及建立在这种异质性基础之上的"族外婚制度"（内婚禁忌）带来的。当然，对于抽象思维极不发达的初民而言，他们尚未形成像我们今天所理解的那种祖先观念，他们是通过动物在形象上的差异性去表达祖先具有的那种在血缘上的差异性。因此，我们说的"祖先"在

---

① （南朝宋）范晔：《后汉书》，中华书局 1965 年标点本，第 2875—2876 页。
② 高立士：《彝族密且人的原始宗教》，《思想战线》1989 年第 1 期。
③ 何耀华主编：《中国各民族原始宗教资料集成·彝族卷》，中国社会科学出版社 1996 年版，第 39 页。
④ 《珞巴族社会历史调查》编委会：《珞巴族社会历史调查（2）》，民族出版社 2009 年版，第 385 页。

他们那里则是以动物形象示人的"图腾"。对此，苏联学者海通指出："图腾崇拜的主要信仰是相信氏族起源于图腾。关于图腾——祖先观念中最古老的祖先不是人，而是幻想中的生物——半人半兽或与动物或植物同时出现的人。"① 总之，图腾崇拜是祖先崇拜的起点或最初形式，"把这些亦人亦兽的奇特形象当作氏族的祖先来崇拜，已是图腾崇拜发展到后期的产物，也是把人当作真正祖先来崇拜的前奏。"② 因此就功能而言，图腾崇拜可以算作一种原初形式的祖先崇拜。

　　总体而言，从图腾崇拜发展到一般意义的祖先崇拜，经历了一个从"全兽形"的祖先到"半兽形"的祖先再到"全人形"的祖先这样一个演变过程。对此，学者们持相同的看法。闻一多认为图腾的演变经历了"人的拟兽化""兽的拟人化"以及"全人型"三个阶段。③ 何星亮认为图腾标志的演变方式是由动物型到半人半兽型，再到人兽分立型。④这个演变的过程与早期人类认识范围的拓展和认识程度的深化是同步的。从全兽形演变为全人形的祖先形象，这也是一个将自然人化的过程。对此，涂尔干指出："由于神话的不断发展，随着最初与图腾动物混为一谈的祖先神逐渐区别于图腾动物，以及祖先日益人格化，模仿祖先的活动逐渐替代了模仿动物的活动。"⑤ 在全兽形的阶段，图腾动物只是对种群的象征，人们只有通过动物的形象才能表达集体意义的人的存在。在这种情况下，作为个体的人的形象还极其模糊。因此，"'全兽型'阶段的图腾，是人类最原始的图腾观念的反映。"⑥

———————

① ［苏］海通：《图腾崇拜》，何星亮译，广西师范大学出版社 2004 年版，第 214 页。
② 李明：《羌族神话〈燃比娃盗火〉的文化意蕴》，《文史杂志》1991 年第 1 期。
③ 闻一多：《神话与诗》中《伏羲考》一文，武汉大学出版社 2009 年版，第 24 页。
④ 何星亮：《中国图腾文化概述》，《云南社会科学》1990 年第 2 期。
⑤ ［法］爱弥尔·涂尔干：《宗教生活的初级形式》，林宗锦、彭守义译，中央民族大学出版社 1999 年版，第 431 页。
⑥ 李明主编：《羌族文学史》，四川民族出版社 1994 年版，第 58 页。

在经历了全兽形的阶段之后，人的自我意识逐渐形成，人的形象逐渐清晰，于是出现了半人半兽形的图腾形象，如图 1 - 6 所示。比如，在《山海经》①、古埃及神话②以及古希腊神话③中都可以看到不少半兽形的人物，这些半兽形的神灵象征着人的自我意识得到了一定程度的发展，包括动植物在内的各种自然物不仅在形象上人形化，在性质上也被人格化。总而言之，如岑家梧所言："转型期的图腾文化，最重要的特征是由纯粹的动植物信仰而转为动植物与氏族酋长连接起来，如图腾动物人格化，成为半人半兽的动物。"④

图 1 - 6　法国特洛亚·费莱尔洞岩画中半人半鹿形象

采自李淼、刘方编绘《世界岩画资料图集》，中国工人出版社 1992 年版

---

①　《山海经》中半兽形的神灵比较多，如《南次三经》："其神皆龙身而人面"；《西次二经》："其十神者，皆人面而马身，其七神皆人面牛身"；《西次三经》："其神状皆羊身人面"；《北山首经》："其神状皆人面蛇身"；《北次二经》："其神皆蛇身人面"；《北次三经》："其神状皆马身而人面"；《东山首经》："其神状皆人身而牛首"；《东次三经》："其神状皆人身而羊角"；《中次八经》："其神状皆鸟身而人面"；《中次十经》："其神状皆龙身而人面"。转引自何星亮《图腾与神的起源》，《民族研究》1989 年第 4 期。

②　在古埃及神话中，死神阿努比斯为狼首人身，战神莫鹰首人身，司生育之神盖布为鹅头人身，土地神赛特为豺首人身。

③　在古希腊神话中，牧神潘为羊首人身，森林之神萨提尔的形象也是公羊与人的合体，米诺斯则是牛首人身，内萨斯、仙托则是马首人身。

④　岑家梧：《图腾艺术史》，学林出版社 1986 年版，第 146 页。

人的出现是一个逐渐抛弃兽性（兽形）的过程。故而，早期人类文化的一个大框架必然是兽性（形）与人性（形）的对立与转化。在史前岩画中，描绘得最多的是动物，群栖的、奔跑的或受伤的动物。此时，人的贪婪、恐惧、嫉妒、崇敬都凝聚在动物身上。在这些岩石上，人的概念是通过动物的形象间接定义的。从那些主要以动物为主角的岩画到那西塞斯（Narcissus）化为水仙的神话，再到斯芬克斯提出的难解之谜。在从兽到人的漫长演进中，这些人兽杂糅的神话形象以最强烈的对比、最奇妙的隐喻向我们展露了曾作为动物的人蜕下兽皮的艰辛与不懈。当代表氏族的符号不再是图腾（动物）而是氏族酋长（人），当祖先不再以动物的形象示人，这说明人类已经从动物群中脱离了出来。

（二）从祖先崇拜到共祖崇拜

在藏缅语民族的图腾体系中，每个民族都分很多支系。从调查资料我们得知很多支系都有自己的图腾。此外，每个民族同时又都有自己代表性的图腾。这种代表性图腾的存在应是向全人形（格）化的"共祖"转变的一个前提。从表1－18中我们可以发现，虎图腾与猴图腾可谓整个藏缅语民族具有代表性的图腾，也就是它们共同的祖先。尽管在这里共祖仍以动物的形象示人，但它已足以代表整个藏缅语民族。在藏缅语民族内部，羌族的代表性图腾是羊，彝族的代表性图腾为虎，土家族则普遍崇拜白虎，等等。由此可见，图腾系统或者祖先系统的结构状况与社群的结构状况是相对应的，因此，社群的扩张、分化情况都会显示在图腾系统或祖先系统上。

除了"代表性图腾"之外，人们还用"复合型图腾"来代表氏族的联合。复合型图腾指的是把多个图腾糅合成一个图腾。如果说单一型图腾与氏族或部落对应，那么，复合型图腾就是多个氏族或多个部落联合之后形成的部落或部落联盟的图腾。对此，涂尔干曾指出："复合图腾是部落联盟的图腾，它是几个原生图腾的复合。复合动物图腾是由几种动物的部分拼合而成的，是自然界所没有的、想象出来的合体动物图形。"① 闻一多对复合型图腾进行了细分，将其分为"混合型"和"化合型"二型。② "混合型"指的是虽然两个以上的事物已经联结成一体，但二者的区别十分鲜明，二者在地位上是并列的，比如华夏"四神"（四象）体系中代表北方的神灵"玄武"（龟与蛇的结合）；"化合型"指的是多个图腾融为一体，其中一个图腾作为主体，其他图腾集中到这个主体之上，比如"龙"。因此，"化合型"与"混合型"的主要分别体现在它们的融合程度上。

　　代表性图腾和复合型图腾都与氏族社会的集群状况相关，它们在一定程度上反映了社群组织在空间上的扩展情况。随着个人意识的凸显，图腾逐渐人格化，以人的面貌出现的祖先形象与这种复合型、代表性的图腾形式相结合，最终产生出"共祖"的观念。除了氏族图腾、代表性图腾、复合型图腾之外，根据社群区分的需要，还会产生出个人图腾③、性别图腾④、年龄图腾⑤以及冥世图腾⑥。这些图腾的产生源于社群区分的精细化。

---

① 赵敦华：《图腾制是人类文明的起点》，《云南大学学报》（社会科学版）2003 年第 6 期。

② 参见闻一多《神话与诗》中《伏羲考》一文，武汉大学出版社 2009 年版，第 20 页。

③ 爱弥尔·涂尔干认为："个人图腾具有祖先守护神的全部主要特征，并且起着相同的作用。"参见［法］爱弥尔·涂尔干《宗教生活的初级形式》，林宗锦、彭守义译，中央民族大学出版社 1999 年版，第 310 页。

④ 性别图腾的产生可能与氏族时代的两性分工有关。拉祜族"'屋吉物卡'组织是一种按照性别来分的人群团体。男性组成男物吉，他的男性子孙及其兄弟之男性子孙组成为同一男物吉，女性同样组成女物吉。"参见《中国少数民族社会历史调查资料丛刊》修订编辑委员会编《拉祜族社会历史调查（2）》，民族出版社 2009 年版，第 63 页。

⑤ 年龄图腾将同一年出生的人划为一个群体，因此年龄图腾与生肖相似。生肖可代表同一年龄层的人群。

⑥ 现世中的氏族集团会形成用来表征自身的图腾系统，冥世图腾则是对亡灵在彼岸世界形成的集团的象征。

综上所述，就社群的组织原则来说，人群最初是按血缘的准则结群的，他们由此形成了氏族及氏族联盟。随着人类活动范围与社群规模的不断扩展，以血缘纽带为基础的结群原则逐渐让位于地缘原则。因此，在本来没有血缘关系的氏族、部落之间，为了实现社群的联合，人们建构出了一种以"共祖"为标志的拟血缘群体。所谓"共祖"指的是被多个部落或部落联盟共同承认的始祖。这些共同尊奉同一始祖的社群之间不一定具有血缘关系，但是它们在居域上十分接近，在语言、文化等方面有相通之处，它们之间有着可供分享的共同利益。其实，这样的社群集团已经相当于"民族"的概念。在此情况下，诸氏族的祖先也随着社群的扩展逐渐系统化、层级化，现在不仅有氏族祖先（图腾），还有部落祖先（共祖），它们之间层层统辖，与社群系统形成了同构关系。对此，涂尔干认为："神话中祖先的概念实际上已经涉及图腾崇拜所依据的本原，因为每个祖先都是一个图腾存在。如果说大神确实比祖先的权威高，那么在这两者之间也只存在等级上的差别。从祖先过渡到大神，中间并无间断。一个大神，他本身实际上是一个特别重要的祖先。"① 涂尔干说的"大神"即"共祖"。一般而言，能代表一个民族的共祖都是伟大的文化英雄。人们把各种重要的创造、发明都归功于这样的祖先，因此，"共祖"是集血缘、地缘、文化为一体的社群集团的象征。

二 从图腾崇拜到天神崇拜

（一）图腾崇拜与自然崇拜

对于自然崇拜与图腾崇拜之间的关系，目前有两种观点，一种观点认为图腾崇拜是从自然崇拜演化而来的。比如，列维－斯特劳斯认为：

---

① ［法］爱弥尔·涂尔干：《宗教生活的初级形式》，林宗锦、彭守义译，中央民族大学出版社1999年版，第321页。

"如果图腾制度选择自然物种作为各个社会分支的社会标志，这只是因为这种物种在图腾制度之前就已经成为仪式态度的对象了。"① 有学者也持类似的看法："与自然崇拜相关联的图腾崇拜是自然崇拜的发展和深化。"② 另一种观点则认为自然崇拜是从图腾崇拜演化来的。比如，有学者指出："图腾崇拜与自然崇拜仅一步之遥，作为自然崇拜的前提，图腾崇拜为自然崇拜准备了边缘话语。"③

上述两种观点可能都不够全面。笔者认为，对于自然崇拜和图腾崇拜之间的关系问题，我们不能非此即彼地说后者是前者的前提或者说是前者产生了后者。因为无论是在图腾崇拜产生之前还是在图腾崇拜衰亡之后，自然崇拜都一直存在并发展出了不同的形态。总体而言，图腾崇拜是自然崇拜与社会崇拜结合到一起的产物，因此图腾崇拜包含自然崇拜的因素；而自然崇拜则是一种在时间跨度上更为广阔的原始宗教崇拜形式，所以我们也不能简单地将图腾崇拜视为自然崇拜发展的结果。

在人类文化演进的早期阶段，人的弱小反衬出自然的强大。如恩格斯所言："在原始人看来，自然力是某种异己的、神秘的、超越一切的东西。"④ 因此，"宗教和神产生的原因在于人们对自然力的束手无策。"⑤ 总的来说，自然崇拜的产生与早期人类没有足够的能力认识、控制并利用自然的现实状况是相匹配的。那时，人类尚未形成独立的自我意识，更没有发展出需要去维持、保护的各种制度、各项文化。因此，最初的崇拜仅仅是自然崇拜，对社会的崇拜还无从谈起。

---

① ［法］列维－斯特劳斯：《图腾制度》，渠敬东译，商务印书馆 2012 年版，第 74 页。

② 李力主编：《彝族文学史》，四川民族出版社 1994 年版，第 57 页。

③ 张强：《从图腾崇拜到自然崇拜：人与自然对话的走势》，《南京师大学报》2001 年第 4 期。

④ ［德］恩格斯：《〈反杜林论〉材料》，《马克思恩格斯全集》第 20 卷，人民出版社 1971 年版，第 672 页。

⑤ 何星亮：《图腾与神的起源》，《民族研究》1989 年第 4 期。

在氏族社会，人们因为狩猎的需要结成了稳定的血缘群体，也为了避免血缘婚而发展出能够区分彼此的图腾系统。毫无疑问，图腾制度的产生离不开早已存在的自然崇拜。可以想见的是，在氏族社会中，由于生产力水平低下，要获得充足的食物生存下来并不是一件轻松的事情。因此，把作为食物的动植物作为崇拜对象，对于早期人类而言应该是自然而然的。正因为动植物是初民最主要的食物来源，或者说它们是初民最重要的生产对象，因此它们也是氏族成员最为熟悉的事物。就自然崇拜的范围而言，动植物应该是自然崇拜的最初对象。恩格斯也这样认为，他说："神圣的东西最初是我们从动物界取来的，就是动物。"① 因此，把自然崇拜的对象扩展至山川河流、日月星辰，那应该是相对较晚的时代才会出现的情况。

与自然崇拜相比，初民在图腾崇拜中加入了对社会的崇拜。如果自然崇拜是对人与自然之关系的表达，那么，社会崇拜则是对人与人关系的表达。在图腾崇拜中，对社会的崇拜集中体现在氏族成员对族外婚制度的践行与维护。因此，社会崇拜的实质是对业已发展起来的人类文化成果的珍视②。由是之故，我们不能简单地将图腾崇拜视为是自然崇拜的替代形式，更不能把图腾崇拜视为是自然崇拜的前提。此二者之间的差异在于：在自然崇拜中人们只是向外崇拜动植物，而在图腾崇拜中人们不仅要向外崇拜动植物，还要向内崇拜社会、人群自身。这种内向性的崇拜与人的自我意识的形成关系密切，其实质是对社会制度、人类文化的维护与巩固。

（二）自然崇拜与天神崇拜

图腾崇拜的一个重要意义在于它将人们对自然、社会这两个维度的

---

① 《马克思恩格斯全集》第35卷，人民出版社1971年版，第121页。

② 马林诺夫斯基认为："在原始状态之中，传统对于社会有无上的价值，所以再也没有社会分子遵守传统更为重要的了。"参见［英］马林诺夫斯基《巫术科学宗教与神话》，李安宅编译，上海文艺出版社1987年版，第31页。

崇拜集中到了一起。通过对图腾或图腾系统的分析，我们不难发现凝聚在此二者之中的二元性。因此，图腾崇拜是原始宗教演进过程中极为重要的一环。

至上神这一观念的产生与图腾崇拜有一定关系。涂尔干就认为："至上神的概念在很大程度上从属于图腾信仰，至今仍有标记。"① 至上神与图腾信仰的关联在于：图腾系统中位于顶端的"代表性图腾"或"复合型图腾"对至上神的产生具有促进作用。正如在社群系统的扩展过程中需要一个"共祖"或"文化英雄"去维系和表达社群的这种整体性，至上神——在多数民族中是天神②——则是对具有自然属性的山川河流、日月星辰等事物的整体性象征。概言之，人们对社会的崇拜最初是以诸氏族的图腾、祖先来表征的；随着社群的不断扩大，氏族联合成部落，部落联合成部落联盟，这时必然就会产生一个"共同的祖先"来表达社群的这种联盟关系。

从根本上而言，至上神是从以自然崇拜为基础的多神信仰演化而来的。从多神信仰发展到一神信仰，这意味着人们的思维能力有了极大的提高。随着人们对自然在认识范围上的不断扩展，在认识程度上的不断加深，起初零散、繁杂的自然神逐渐系统化，最终必然会形成一个能统摄自然万物的至上神。因此，至上神的出现标志着人们对自然界中诸事物的认识达到了相当的高度，事物由此不再是凌乱无序的存在，而是按照特定的秩序形成了一个严格的事物系统。

---

① ［法］爱弥尔·涂尔干：《宗教生活的初级形式》，林宗锦、彭守义译，中央民族大学出版社1999年版，第323页。

② 在很多民族，至上神往往由天神来充任，这是因为天空在位置上十分高远，在尺度上极其广袤。与任何有限的存在物相比，天空与人之间存在着无限的距离，天空在尺度上的无限性也是人的感官无法把握的。由此可见，神圣性来源于那种超出了人的经验范围以及认知能力的存在。至上神（天神）的人格化是因为天神的观念发展到后期它不仅表达着自然系统的秩序性，也表达着社会系统的秩序性。在与"共祖"或"部落联盟首领"的类比中，"天神"代表着社会公道与社会秩序。

事物的秩序表现在多个层面。比如，宗教秩序表达着神圣的等级，政治秩序则代表着权威的等级。在社会层面形成的社群集团根本而言是一种政治系统，位于这个系统顶端的部落联盟首领与位于自然系统顶端的天神之间存在相似性。维柯早就指出："人类的权是随着天神的权来的，就'权'这个词的全部哲学的意义来说，它指的是人类的特性，而这是连天神也无法从人身上拿掉而不致把人毁灭掉。"① 维柯还认为人的趋利行为必然需要社会公道来维持其秩序，而所谓"公道"指的就是人只能获得他应得的那一份利益，而这种"应然性"无论是过去还是现在人们都是用"天神意旨"来表达的。对此，维柯指出："调节一切人类公道的就是天神的公道，其目的就在维持住凭天神意旨来行使公道的人类社会。"② 维柯的理解无疑是十分深刻的。简言之，天神是对秩序的象征，无论是在宗教层面还是在政治层面，无论是在自然层面还是在社会层面，天神意味着人们对社会公道与社会秩序的追求与肯定。

第五节　图腾制度的社会功能：内婚禁忌与猎物禁忌

一　图腾制度与内婚禁忌

如马林诺夫斯基所言，文化存在的意义在于它要实现某种社会功能。"内婚禁忌"与"食物禁忌"则是图腾制度具有的社会功能中尤为重要的两项。"内婚禁忌"指的是一种禁止在同一血缘群体（氏族）内

---

① ［意］维柯：《新科学》，朱光潜译，商务印书馆 2012 年版，第 196 页。
② 同上书，第 195 页。

通婚的社会制度。当然，在氏族社会，人们不可能像我们今天这样去解释"血缘婚"的弊端，社会传统往往以宗教信仰的形式迫使人们遵从这些"禁忌"。因此，"这些禁忌在传到后来的一代代人中间时，可能已被'组织化'为一种遗传性的心理禀赋。"① 苏联学者谢苗诺夫指出："禁忌是由于存在危险而产生的，因此它总是与唯恐违反禁忌的恐惧感联系在一起的。所以，禁忌的本质在于制止和预防玄妙的但却是现实地存在的危险。"② 由此可见，禁忌并非那种理性化了且明文规定了的社会制度，而是一种建立在直觉与信仰基础上的心理反应，它能有效地杜绝个体之于集体的不利行为。

"禁忌"意味着禁止某一类行为的发生，因此，它是以消极的方式肯定着未禁止的行为。在这个意义上，"内婚禁忌"是对"氏族外婚制度"（族外婚）的肯定，换句话说，"内婚禁忌"与"氏族外婚"其实是同一社会事实的两个方面。

在过去很长一段时间里，学者们并没认识到图腾制与外婚制的关联。比如，弗雷泽就认为："图腾崇拜与族外婚制在起源、本质上都根本不同，相同之处也只是偶然的交汇。"③ 随着研究的深入，学者们普遍意识到外婚制是图腾制度的一个重要组成部分。涂尔干认为："族外婚制度是图腾崇拜之基本原则的一个必然结果的方法。"④ 弗洛伊德指出："几乎在所有存在着图腾现象的地方，也同时存在着这样一条定律：信仰同一图腾的氏族成员之间禁止发生性关系，并进而禁止通婚。这就

---

① ［奥］弗洛伊德：《图腾与禁忌》，赵立玮译，上海人民出版社2005年版，第43页。

② ［苏］谢苗诺夫：《婚姻和家庭的起源》，蔡俊生译，中国社会科学出版社1983年版，第71页。

③ ［奥］弗洛伊德：《图腾与禁忌》，赵立玮译，上海人民出版社2005年版，第146页。

④ 同上。

是‘族外婚’，一种与图腾崇拜相关联的（婚姻）制度。"①海通则说："在我们所知的世界上最原始的部落中，繁殖仪式是图腾崇拜的主要仪式。"②

在藏缅语民族的图腾神话及其制度的遗存中，我们能发现大量"内婚禁忌"的例子。在云南富民县罗免镇哨上村，朱、张、李、毕4姓人分成7个群体，每年按期祭族树，人们认为同一株族树同姓同宗，算同胞兄妹，禁止通婚。③云南南华县摩哈苴彝村，鲁、李、罗、何、张、杞六个汉姓彝族，按照他们制作祖先灵位的质料分成不同的宗。村里的"葫芦李"和邻村的"葫芦罗"，其汉姓虽不同（李、罗），但因其祖灵质料同是葫芦，禁止通婚。④哈尼族的图腾神话中说，一妇女喝了怀胎水后生下龙、鹰、鹊雀、蛇、虎、豹、牛、马、绵羊等二十四种动物，这些动物就是哈尼族各姓氏的祖先，凡是同一种动物祖先的后裔严禁婚配。⑤珞巴族苏龙部落的图腾神话则说："远古之时，由于‘得白’（亦叫‘叶白’，指一群具有血缘关系的人）内兄弟姐妹通婚，人口怎么也发展不起来。"⑥云南大理祥云县大�村与上赤村的罗、骆二姓，自称其祖乃"一个奶头上吊大的两兄弟"，故不通婚。⑦

从上述例子中我们不难发现，人们对外婚制的肯定是因为他们认识到了内婚制（血缘婚）的危害，认识到在具有血缘关系的封闭人群内通婚会导致"人口怎么也发展不起来"的恶果。由此可见，外婚制与图腾制度关系紧密，是图腾制度的重要组成部分，绝非如弗雷泽所言它们

① ［奥］弗洛伊德：《图腾与禁忌》，赵立玮译，上海人民出版社2005年版，第9页。
② ［苏］海通：《图腾崇拜》，何星亮译，广西师范大学出版社2004年版，第85页。
③ 高立士：《彝族密且人的原始宗教》，《思想战线》1989年第1期。
④ 刘尧汉：《彝族社会历史调查研究文集》，民族出版社1980年版，第224页。
⑤ 《哈尼族简史》编委会：《哈尼族简史》，民族出版社1985年版，第21页。
⑥ 《珞巴族社会历史调查》编委会：《珞巴族社会历史调查（2）》，民族出版社2009年版，第384页。
⑦ 菡芳：《白族的虎崇拜》，《大理文化》1983年第6期。

之间"在本质上根本不同，相同之处仅仅是偶然的交汇"。

在图腾制度中，存在一种极为简单的氏族系统，它由两个相互通婚的氏族构成，一般称其为"两合氏族""半偶氏族"或"胞族"①。从"两合氏族"的结构关系中我们能对"外婚制"（内婚禁忌）有一个比较清晰的了解。

在藏缅语民族中，珞巴族的苏龙部落由 5 对"纽布"（胞族）组成，它们分别是：青蛙氏族和鸡蛋氏族；竹梢氏族和哈意树花萼氏族；灶炭氏族和灶灰氏族；房前氏族和房后氏族；房前柱氏族和房后柱氏族。这 10 个氏族又分别分裂出数量不等的二级氏族和三级氏族（见表 1 - 13）。这 5 对"纽布"中的任何一对都是典型的"两合氏族"。珞巴族称氏族为"得白"，意为血缘相同的一群人，在同一"得白"内禁止婚配，所以所有的婚配都发生在结成了对子的"纽布"（两合氏族）之内。由此可见，氏族的"分化"既是氏族内人口增长的原因，又是人口增长后的必然结果。

如果一对胞族由于人口增加而分化，形成二级或三级氏族。那么，其中的一个半偶氏族分化出的二级或三级氏族就要分别与另一个半偶氏族的二级或三级氏族配对，以形成新的婚配系统。比如，在苏龙部落中，竹梢氏族分裂为石脚、脚腊、脚哇都三个氏族，那么，它们就要与哈意树花萼氏族分裂出的石鲫、嘎都、得炸哇爪等氏族形成一一对应的通婚关系。因此，胞族体现的是氏族之间的婚配关系。由于胞族是建立在氏族之上的婚姻集团，所以胞族对氏族具有统辖作用，于是"在胞族

---

① 弗洛伊德认为："一个部落首先分成两大部分，此即所谓的婚姻集团或胞族。每一个胞族都实行外婚制。"参见［奥］弗洛伊德《图腾与禁忌》，赵立玮译，上海人民出版社 2005 年版，第 14 页。

的图腾与氏族的图腾之间，存在着一种从属关系。"① 在珞巴族的苏龙部落中，竹梢氏族以"竹梢"为图腾，它发展出三个氏族，而这三个氏族也要用新的图腾来表达，因此，"胞族的图腾相当于类属，其氏族的图腾相当于这个类属中的各个种。"②

总而言之，图腾制的根本目的是通过人为的结群规则形成异质的血缘群体，并在此基础上依靠严格的内婚禁忌与外婚制度促进人口的增长、提高人口的质量。学者赵敦华指出："图腾制的族外婚的复杂规则，可以使人类彻底摆脱近亲繁殖的危害。人类学家发现，这些规则是四分制和八分制的级别；外婚的级别越多，配偶的血缘关系越是疏远。"③由此可见，外婚制强化了氏族之间在血缘上的异质性，因此，外婚制发挥着促殖的功能。众所周知，生殖崇拜是原始信仰中极为重要的部分，这与早期人类极其低下的生育率是相关的。而要改变人口不足的状况，就必须按血缘划分社群，强化社群之间的异质性，并用图腾、祖先等观念来表达这种异质性。在此基础上，通过氏族外婚制，才能有效促进人口的增长。

既然"内婚禁忌"（族外婚）是一项对氏族极其重要的制度，那么，如果触犯了这项禁忌，氏族成员定然会遭受重罚。谢苗诺夫指出："违反了非性关系禁规（内婚禁忌）的性交关系，那社会甚至不把它看成道德上的过失，而是看作一切可能犯的罪行中最严重的罪行，要予以严厉的惩处。对违反非性关系禁规的人，通常要处以死刑。"④ 现代社会

---

① ［法］爱弥尔·涂尔干：《宗教生活的初级形式》，林宗锦、彭守义译，中央民族大学出版社 1999 年版，第 113 页。

② 同上。

③ 赵敦华：《图腾制是人类文明的起点》，《云南大学学报》（社会科学版）2003 年第6 期。

④ ［苏］谢苗诺夫：《婚姻和家庭的起源》，蔡俊生译，中国社会科学出版社 1983 年版，第 66 页。

不会像氏族社会一样对违反"内婚禁忌"的个体施以重刑了，这是因为在这上万年的时间中，"内婚禁忌"已经从一种外在的社会规范变成了内在的、个体的心理禀赋和道德直觉。血缘通婚在今天看来已经不只是违反了社会规范（法律），它还是一种"乱伦"行为。这意味着道德是一种更为强大的内在的规范力量。这也再次印证了笔者先前的一个论断——文明的进程就是将集体意识中的社会规范渗透到个体潜意识的过程。

另外，值得一提的是，在前文中我们已多次指出：图腾崇拜是原初形式的祖先崇拜。这意味着祖先崇拜的实质即图腾崇拜的实质。因此，从根本上而言，祖先崇拜实乃生殖崇拜。对初民而言，人的出生并不像我们今天认为的那样仅仅是一个生理现象；同样，人的死亡在他们眼里也绝不仅仅是一个生理过程。如果我们将人的出生和死亡都仅仅视为纯粹的生理现象，那么，人的存在就仅仅是生理意义的存在，亦即单纯的肉体的存在。如果我们仅仅将人的存在视为是肉体的存在，那么我们就不得不承认人是"有朽"的，这样必然会得出人生是虚无的这样一个结论。与之相反，如果像初民一样不把人的生死视为纯粹生理性的、肉体性的，而是认为在肉体之外有一个不朽的灵魂，那么，灵魂的观念将赋予人的存在实质，这也是初民将婴儿的出生视为祖灵投胎重生的根本原因。因此，祖先崇拜除了像图腾一样有区分血缘群体的功能，它还反映了初民灵魂不朽的观念。而所谓灵魂不朽即意味着人们秉持着这样一种信念——相信人即使在肉体上不得不消亡，但仍能以灵魂的形式永存。对此，马林诺夫斯基指出："相信人可以不死，结果便相信了灵魂的存在。构成灵的实质的，乃是人以无限的热情欲求生的永恒，而不是渺渺茫茫在梦中或错觉中所见到的东西。"① 总的来说，祖先崇拜（图

---

① ［英］马林诺夫斯基：《巫术科学宗教与神话》，李安宅编译，上海文艺出版社1987年版，第47页。

腾崇拜）以两种方式对人的必死性作出了回应：一是通过族外婚促殖（参见图 1－7），用种群的绵延不绝（永恒）克服个体的必死性；二是通过灵魂不朽的观念将祖灵（亡灵）与新生儿（新人）关联起来，用理想之中的永恒性替代了现实之中个体的必死性。

图 1－7　新疆裕民县巴尔达湖岩画表现的生殖崇拜

采自陈兆复《中国岩画发现史》，上海人民出版社 2009 年版

二　图腾制度与猎物禁忌

"猎物禁忌"是图腾制度的另一项重要禁忌。所谓"猎物禁忌"指的是在氏族社会中，围绕猎物而产生的各种禁忌。在前文中我们已经指出，在每一项"禁忌"背后几乎都存在那种在目的上与之相同的"崇拜"。因此，围绕猎物而形成的各种禁忌与对图腾动物的崇拜是相辅相成的。

对图腾动物的崇拜是图腾制度很重要的一个方面。在藏缅语民族的图腾神话及图腾制度的遗存中，人们用很多方式来表达对图腾动物的崇拜①，其中比较突出的一项是禁止猎杀和食用本氏族的图腾动物。在四川茂县北部和黑水县一带，人们崇拜白马，不吃马肉；②云南宁蒗普米族若误杀老虎，众人则在氏族头人的率领下向虎磕头示罪，猎手要受到鞭笞③。云南新平鲁魁山一带的部分彝族人以绿斑鸠为图腾，一位张姓人因为没看清楚，从树上误射下一只绿斑鸠，于是在万分恐惧中向绿斑鸠叩头谢罪④。除老虎之外，拉祜族人还以狗为图腾，忌杀狗，吃狗肉者不得进家门⑤。云南碧江怒族中的"达霍"人称其原为"拉起"（虎氏族），认为"虎不食虎族人"⑥。珞巴族苏龙部落的人尊称虎为"阿瓦波瓦"（叔伯或父亲），若误杀老虎，则乞求老虎原谅自己，恳求它不要报复，并举行仪式和献祭⑦，等等。

对于禁止食用本氏族图腾动物这个问题，在前文中笔者已作了一些解释。在此，我们可以更为细致地探讨一下。

笔者认为，禁食图腾动物的一个主要原因是维持猎物（食物）的

---

① 比如，禁止猎食图腾动物，以图腾的形象作文身，把图腾形象作为衣饰，模仿图腾的姿态舞蹈，取用图腾的皮毛、角、头颅等作仪式之用，在葬礼上用图腾动物为亡灵引路，等等。

② 钱安靖主编：《中国各民族原始宗教资料集成·羌族卷》，中国社会科学出版社2000年版，第486页。

③ 杨照辉主编：《中国各民族原始宗教资料集成·普米族卷》，中国社会科学出版社1999年版，第651页。

④ 陶云逵：《大寨黑夷之宗族与图腾制》，《边疆人文》1943年第1期。

⑤ 《拉祜族社会历史调查》编委会：《拉祜族社会历史调查（1）》，民族出版社2009年版，第99页。

⑥ 《怒族简史》编委会：《怒族简史》，民族出版社2008年版，第106页。

⑦ 李坚尚等主编：《中国各民族原始宗教资料集成·珞巴族卷》，中国社会科学出版社1999年版，第748页。

持续供应①。既然人们要"禁止猎食图腾动物",何以又要"维持猎物的持续供应"呢?这之间不是矛盾的吗?在此必须指出的是,禁食图腾与维持猎物的持续供应并不矛盾。因为,图腾永远只是某一个特定氏族的图腾,对于其他氏族而言它就是用来食用的猎物。在一定区域内,倘若每个氏族都禁食本氏族的图腾动物,这种禁食在客观上则为每一种动物都提供了保护。倘若没有这种制度性的保护措施,那么,在一定区域内,人们很快就会把当地的动物一种一种地赶尽杀绝。简言之,禁食图腾动物的禁忌实际上为每一种动物提供了一个"保护区"。对此,岑家梧持相同的看法,他说:"图腾制是建立在狩猎生产的经济基础之上的。但各地区固有动物都有一定数量,久而久之,狩猎的对象物日渐贫乏,各生产集团间不得不依赖禁止杀害图腾动物来保存猎取对象物的繁殖。"② 我们知道,采集与狩猎是氏族社会获取食物的主要方式(参见图1-8)。为了实现猎物的持续供应,形成这样的制度是完全可能的。对此,马林诺夫斯基、拉德克利夫-布朗③以及列维-斯特劳斯也都持相近的看法。列维-斯特劳斯指出:

> 因为食物需求在原始人的意识中占有优先地位,能够唤起强烈和多变的情感。……从茫茫荒野到野蛮人的肚皮,再到他的心灵,这段路程并不长,对他来说,这个世界就是一片毫无差别的土地,在那里,有用的东西,特别是可吃的东西,各种各样的动物和植物

---

① 对于生产力极为低下的初民而言,要获得充足的食物并不是一件简单的事情。按照马林诺夫斯基的说法就是:"自然界是初民的食库。对于原始人来说,世界是马马虎虎的背景,站在背景以上而显然有地位的只是有用的东西——主要是可吃的动植物。"参见〔英〕马林诺夫斯基《巫术科学宗教与神话》,李安宅编译,上海文艺出版社1987年版,第37页。

② 岑家梧:《图腾艺术史》,学林出版社1986年版,第145页。

③ 列维-斯特劳斯认为:"根据拉德克里夫-布朗的第一理论,一种动物之所以会成为'图腾'动物,只因为这种动物首先'好吃',这也是马林诺夫斯基的说法。"参见〔法〕列维-斯特劳斯《图腾制度》,渠敬东译,商务印书馆2012年版,第74页。

都会醒目地突现出来。……动物占据着人与自然的中间位置，而且能够在人的心中唤起各种相互混杂的感受：敬慕与畏惧，对食物的贪欲，所有这些都是图腾制度的成分。①

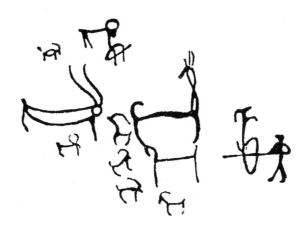

图1－8 宁夏贺兰山口门沟岩画所示猎人用弓箭猎鹿

采自陈兆复《中国岩画发现史》，上海人民出版社2009年版

如果从"保障食物的持续供应"这一角度去看待人们对图腾动物的崇拜，那么，这也能解释有些民族并不忌讳吃掉图腾动物这一看似矛盾的现象。比如，在羌族社会，人们尊奉羊为图腾，但是在宗教仪式或日常生活中，并不存在禁食羊肉的禁忌。"对于图腾物，严禁玷污和打杀，羊、牛、狗在羌族，显然不具备这种特点，以羊或牛而言，羌人不但不敬牛羊，且普遍作为祭祀神灵的牺牲品，杀牛羊祭神是羌族普遍的习俗。"②

笔者认为，图腾动物从被禁止食用到可以随意食用，这种观念的转变与社会情境的改变有一定关系。换句话说，禁食图腾动物的禁忌是与

① ［法］列维－斯特劳斯：《图腾制度》，渠敬东译，商务印书馆2012年版，第68页。
② 王康等：《神秘的白石崇拜：羌族的信仰和礼俗》，四川民族出版社1992年版，第38页。

以采集、狩猎为主要生产方式的氏族社会相适应的。到了新石器时代或之后的文明时代，人们已经学会种植与饲养，野兽变成了家畜，此时已没有必要再禁止食用图腾动物，因为经过培育，它已成为日常生活的必需品。由此可见，任何风俗、制度都将随着社会现实的改变而发生变化，这也提醒我们在研究图腾制度的过程中，必须把图腾制度放在与之相适应的时代情境中去分析。

除了对图腾动物的崇拜之外，在氏族社会中还普遍存在着对猎物的禁忌。比如，在珞巴族苏龙部落中，狩猎是其主要生产方式，有时整个氏族一起行猎，称其为"汪"；行猎者包括男子和未婚女子，女子主要是运送酒、猎物和做饭；除特殊情况可多分点肉外，基本上按户均分；不同源的氏族送来的肉男性不能吃，原因是它们之间不是兄弟，同一氏族裂变的氏族是同源的，可以吃送来的肉。[1] 在此值得注意的一点是，在异质的氏族之间，猎物是不可以共享的。这种只能在本氏族内享用猎物的禁忌，其产生的直接原因是通过猎物能提升氏族的凝聚力，其产生的根本原因是氏族社会中猎物的稀缺性。

在前文中我们已多次强调解决吃饭问题对于初民而言不是一件容易的事。在这种情况下，要猎获足够的猎物就必须提升狩猎集团的协作能力，让整个氏族凝聚成一个整体。这样的话，狩猎活动的集体性也为"酌量取用"的猎物分配原则奠定了基础。谢苗诺夫指出："前人的狩猎不是单独进行的，而是共同进行的……如若肉食总是归一小撮占优势的人所有，那么任何力量也不能迫使其余所有人参加狩猎。而没有其他人参加，狩猎就不可能成功。因此，在参加狩猎的所有成员之间分配猎

---

[1] 《珞巴族社会历史调查》编委会：《珞巴族社会历史调查（2）》，民族出版社 2009 年版，第 390 页。

物就成了集体性狩猎的必要条件。"① 这说明狩猎的集体性赋予了猎物集体所有制的性质②。既然猎物为集体所有，那么，氏族内每一个成员都应分得应得的一份猎物，这就是谢苗诺夫所谓的"酌量取用"原则。

"酌量取用"的分配原则也与食物资源的稀缺性紧密相关。这种稀缺性也是形成"猎物禁忌"的现实基础。因此，所谓的"猎物禁忌"指的是那种只能在本氏族内分享猎物而禁止本氏族的猎物外流或其他氏族的猎物流入的社会禁忌。对此，谢苗诺夫指出："实现酌量取用分配关系的客观的经济必然性，当它成了群体意志的内容之后，就以一定的规范形态——普遍的食物禁忌——在其中巩固下来。这种禁忌要求群体的任何成员都不准带走自己的一份去自由支配。"③ 由此可见，初民采用了两种方式去维持和促进猎物的供应：一是通过对图腾动物的崇拜间接地保护所有动物，促进动物的繁衍；二是通过猎物禁忌直接将猎获物限制在本氏族内享用，尽可能地满足本氏族对食物的需要。"崇拜"方式是积极的"开源"的方式；"禁忌"的方式则是消极的"节流"的方式。这两种方式联合在一起，定然能更有效地保障初民的食物供应，更好地解决其吃饭问题。

需要补充的一点是，不管是"生殖活动"还是"取食活动"，初民对之的理解与现代人有着很大的差异。在前文中我们已经指出，在初民头脑中，无论是人的出生还是人的死亡都不仅仅是一个生理现象，而且

---

① ［苏］谢苗诺夫：《婚姻和家庭的起源》，蔡俊生译，中国社会科学出版社1983年版，第117—118页。

② 谢苗诺夫认为："食品完全是群的财产。群的一切成员都对这种财产享有平等的权利，每一个成员都可以拿到一份，但以不剥夺其他成员也能得到应得的一份为原则。每个成员拿到一份之后，并不能占有它，只能吃掉它。拿到的那一份最终还是群的财产。在那个发展阶段上，除了集体财产以外，不存在任何别的财产形式。个人财产是完全没有的。"参见 ［苏］谢苗诺夫《婚姻和家庭的起源》，蔡俊生译，中国社会科学出版社1983年版，第126页。

③ ［苏］谢苗诺夫：《婚姻和家庭的起源》，蔡俊生译，中国社会科学出版社1983年版，第127页。

将其看作祖灵（灵魂）复返、再生的一个过程。与之类似，初民也将一些观念赋予猎物（肉）之上，以此来强化氏族之间的异质性，提高本氏族的凝聚力。比如，在没有血缘关系的氏族之间禁止分享猎物，这一禁忌实际上将氏族之间的异质性转移到了猎物上。换句话说，假如异质的氏族成员分享同一个猎物，这就会扰乱氏族之间以及猎物之间的异质性。对于这种将猎物的性质与氏族的性质相等同的观念，列维－斯特劳斯指出："人们通常说，属于同一氏族的成员都是'一块肉'，在南澳洲东部的语言中，'肉'这个词也有图腾的意思。"[1]

正是因为人们将观念赋予到了猎物之上，所以，对初民而言，"一块肉"除了能填饱肚子，它还将其所具有的性质转移到了人身上，这就如同披上虎皮就能代表一个人的勇武，而如果吞下一只兔子，那么兔子胆小怯懦的品性就会转移到人身上。因此，在具有血缘关系的氏族成员中分享猎物，这一行为具有另一层特殊含义：人们吃下的不仅仅是肉，重要的是通过吃肉，所有氏族成员分享了猎肉蕴含的那种性质。这种共餐行为其实是一种仪式，它确认和强调着氏族的同质性。对此，马塞尔·莫斯曾指出："正是在进餐当中，皈依者通过吃下图腾并将之同化到自己体内，也将自己同化于图腾，并且在自己中间相互结盟或与图腾结盟。"[2] 通过分享食物而促成一种对集体的认同，这种信仰普遍存在于人类生活之中。比如，在古代的崇拜仪式中，特别是古代犹太人那里，共餐者意味着是在神的桌前共食的兄弟。另外，"对阿拉伯人而言，共同进餐甚至能够化敌为友。进餐活动变成了化解矛盾的中枢系统，在这样一次活动中，人们认为，自己可以通过共同进食，达到血肉相连的

---

[1] ［法］列维－斯特劳斯：《图腾制度》，渠敬东译，商务印书馆2012年版，第51页。

[2] ［法］马塞尔·莫斯、昂利·于贝尔：《巫术的一般理论 献祭的性质与功能》，杨渝东等译，广西师范大学出版社2007年版，第174页。

关系。"① 总而言之，"猎物禁忌"强调着氏族成员之间的同质性，将食物限制在同一氏族范围内食用，这种行为意味着人们不仅仅是在分享食物，更重要的是他们分享了同一种观念，彰显了共同的信仰。

总的来说，"猎物"和"图腾"是完全不同的概念，猎物是作为食物的动物，它保持着它的自然属性，而图腾则是象征祖灵的动物，它已经被赋予了社会属性；猎物的功能是填饱人的肚子，图腾的功能则是区分各个氏族；填饱肚子最终是为了维持个体的生存，而将各个氏族区分为异质的血缘群体是为了更好地维系种群的繁衍。因此，猎物和图腾尽管都指的是一类动物，但是此二者的意义有着显著的差别，在功能上它们之间则是相辅相成的。

除了"内婚禁忌"与"猎物禁忌"外，同一氏族内的成员还有相互帮扶的义务。在特殊情况下，氏族成员还要为本氏族成员还债、复仇。比如，白族人崇拜虎，"虎氏族成员认为同图腾者皆为亲属，如出门在外，虽素不相识，但只要是以虎为图腾的，便亲如兄弟，生死与共。"② 在珞巴族人中，同一氏族的人有义务相互帮助，共同参加宗教活动，帮助还不起债的人还债，协助处理丧事，组织血亲复仇行动以及参加各种仪式。③ 澳大利亚土著见到外人时，首先问对方的图腾是什么，如图腾相同，不管他属于哪一个部落，都像亲属一样对待。④ 总之，如涂尔干所言："图腾是氏族道德生活的源泉。所有与同一图腾本原相通的存在都因此而在道德上也有联系。他们彼此间都有互助、血族复仇等确定的义务，而且就是这些义务构成了他们的亲属关系。因此图腾本

---

① 薛晶：《社会学视角下共餐行为浅析》，《辽宁行政学院学报》2013 年第 10 期。
② 张旭：《白族的原始图腾虎与鸡》，《大理文化》1979 年第 3 期。
③ 《珞巴族社会历史调查》编委会：《珞巴族社会历史调查（2）》，民族出版社 2009 年版，第 391 页。
④ 何星亮：《图腾与人类文明形成》，《中南民族大学学报》2007 年第 6 期。

原同时既是物质力量，又是道德力量，所以我们将看到它极易变成真正意义上的神。"①

　　在本章，我们从思维、历史以及社会层面对图腾制度作出了分析。对图腾制度的分析，可以让人比较深入地了解早期人类文化的演进以及人类文化的根源。

　　① ［法］爱弥尔·涂尔干：《宗教生活的初级形式》，林宗锦、彭守义译，中央民族大学出版社1999年版，第207页。

第二章　生死起源神话

"生死起源神话"是表达初民生命意识的神话类型。在本书中指的是"洪水后人类再生神话""死亡起源神话"以及"精灵神话"。

"洪水后人类再生神话"主要表达了初民的"生殖观念"，而"生殖观念"的演进与早期人类的婚姻形式、生育制度都密不可分。

"死亡起源神话"包含着初民对死亡这一现象的认识，反映了初民的死亡观。

"精灵神话"除了反映初民的灵魂观念，还对母系氏族制度向父系氏族制度的过渡以及社群关系都有涉及。

总体而言，"生死起源神话"是对人的出生、死亡、婚礼、葬礼及其相关观念的探讨。

第一节　洪水后人类再生神话的结构与实质

洪水后人类再生神话（以下简称"再生神话"）是复合型的神话类型，它融合了原型洪水神话和水生人、葫芦生人、兄妹生人等多种神话类型。再生神话流传久远、分布广泛，早在 5000 年前，苏美尔人就用楔形文字把乌特那庇什提牟（Utanapishtim）从洪水中幸存的故事刻入了泥板史诗《吉尔伽美什》①；据马克·埃萨克（M. Isaak）《世界各地洪水故事》一书所载，全世界超过 181 个国家和民族发现有此类故事②。洪水后人类再生神话是世界上最古老也是最具普遍性的神话类型之一。

再生神话在我国的分布也十分广泛，在汉藏语系、阿尔泰语系、南岛语系和南亚语系诸民族中都流传着此类神话③。通过对文本的统计，陈建宪在我国 41 个民族中搜集到此类神话 568 篇④，王宪昭在我国 44 个民族中搜集到此类神话 559 篇⑤。洪水后人类再生神话在我国分布广、数量多，而且其分布具有南多北少的特点⑥，在我国西南少数民族中尤为密集⑦。

在我国西南地区，诸少数民族毗邻而居，共同的生活区域"为人们提供了一个系物桩，拴住了这个地区的人与时间连续体之间所共有的经历"⑧。地缘因素使这些民族在语言、文化上呈现出一定的亲缘性，因而在西南地区的 17 个藏缅语民族中都流传着此类神话，不仅数量众多，结构模式也极为一致。

---

① 《吉尔伽美什：巴比伦史诗与神话》，赵乐甡译，译林出版社 1999 年版，第 104—109 页。

② 陈建宪：《多维视野中的西方洪水神话研究》，《华中师范大学学报》2006 年第 2 期。

③ 曹柯平：《中国洪水后人类再生神话类型学研究》，博士学位论文，扬州大学，2004 年，第 40—75 页。

④ 陈建宪：《洪水神话：神话学皇冠上的明珠——全球洪水神话的发现及其研究价值》，《长江大学学报》2006 年第 2 期。

⑤ 参见王宪昭《中国各民族人类起源神话母题概览》，民族出版社 2009 年版。

⑥ 王宪昭对南北方少数民族洪水神话中 120 篇数量相等篇目进行了对比分析，发现涉及洪水后人类再生母题的神话在南方约占 75%，而在北方只占 29%。参见工宪昭《试析我国南方少数民族洪水神话的叙事艺术》，《湖北民族学院学报》2007 年第 1 期。

⑦ 章立明认为："洪水神话在西南民族神话中有很高的发生比例，历来论者多持洪水神话的西南民族论，在 28 例洪水神话中，就有 20 例是发生在西南地区的，占 71.1%。"参见章立明《兄妹婚型洪水神话的误读与再解读》，《中南民族大学学报》2004 年第 2 期。类似观点亦可参见王宪昭《中国多民族兄妹婚神话母题探析》，《理论学刊》2010 年第 9 期。

⑧ ［英］迈克·克朗：《文化地理学》，杨淑华、宋慧敏译，南京大学出版社 2005 年版，第 96 页。

藏缅语民族的洪水后人类再生神话既具备此类神话的一般特征，也有其独特之处。一般而言，再生神话通过洪水前后人类存在状态的对比来体现早期文化演进中的重大转折，强调了人类文化演历过程中一次质变性质的巨大进步。洪水、大火、旱灾等毁灭性的灾难作为一个转折在早期人类文化发展史上划出了一道分界线，使灾难之前和灾难之后的人类存在状况形成强烈的对比。这种普遍性的"转折"模式也是藏缅语民族洪水后人类再生神话的基本结构。

但是，与苏美尔《吉尔伽美什》[①]、希伯来《圣经·创世纪》[②]、古阿拉伯《古兰经·呼德》[③]、古希腊《皮拉和丢卡利翁》[④] 以及古印度《摩诃婆罗多·森林篇》[⑤] 等文献中包含的同类神话相比，藏缅语民族的洪水后人类再生神话的独特之处在于：通过对兄妹婚、姐弟婚等"血缘婚"情节的设置，凸显出早期人类对两性生殖原理的认识以及对婚姻制度的重视。正如维柯在他那本研究文化起源的名著中所言：洪水象征的"混沌"指的是"人类在可耻的男女杂交情况下的混乱"[⑥]，继"混沌"而来的则是"由婚礼、葬礼和天神崇拜尤其是婚礼发展出来的社会制度综合体"，因而"各民族都怀着宗教的虔诚来庆祝婚礼这种人类习俗，凭此就决定了不结婚而交媾是一种野兽的罪孽行为"[⑦]。因此，两性生殖观念的产生和婚姻制度的建立使人类从动物状态脱离出来，使动物的（自然的）人类蜕变为文化的（自由的）人类——这正是中国

①　《吉尔伽美什：巴比伦史诗与神话》，赵乐甡译，译林出版社 1999 年版，第 104—109 页。

②　《新旧约全书·创世纪》，圣经公会 1992 年版，第 6—9 页。

③　《古兰经·呼德》，马坚译，中国社会科学出版社 1996 年版，第 161—171 页。

④　[德] 斯威布：《希腊的神话和传说》，楚图南译，人民文学出版社 1984 年版，第 23—26 页。

⑤　[印] 毗耶娑：《摩诃婆罗多（二）》，黄宝生等译，中国社会科学出版社 2005 年版，第 361—364 页。

⑥　[意] 维柯：《新科学（上）》，朱光潜译，商务印书馆 2012 年版，第 394 页。

⑦　同上书，第 161 页。

藏缅语民族洪水后人类再生神话的主旨。

在正式分析洪水后人类再生神话之前，我们需要对已有的研究情况进行简要的分析、总结。总体而言，对洪水后人类再生神话的研究主要有文化取向、历史取向、故事形态学取向以及哲学取向这四种研究取向。

第一种取向是文化取向。文化取向的研究着眼于神话在不同文化圈之间的传播。有一种观点认为全世界的洪水神话可能都与起源于古代美索不达米亚的洪水神话有关[①]。此论倾向于将洪水神话的普遍存在视为文化传播的结果，但考虑到洪水神话分布的广度，文化传播论对此很难给予满意的解释。另外，它也不能解释为何独有苏美尔人能创制洪水神话而其他民族就不能。

第二种取向是历史学的实证取向。这种取向经常把神话中的"洪水"当作历史上真实发生过的事件。马克思曾说："过去的现实往往反映在荒诞的神话形式中"[②]。神话的确反映现实，但这些现实因素在神话中绝非孤立地直接表达其字面意义，而是在类比与对比的法则下使各种现实的、想象的因素在对立统一的结构关系中象征性地显露其意义。在再生神话中，"洪水"并非唯一的灾难形式，与"洪水"相当的灾难形式还有"多日（月）并出"[③]"天降冰雪"[④] 以及"地火燃烧"[⑤] 之类。但是，这些代表毁灭性灾难的情节并非都适合从实证的角度来考察。神话中诡怪离奇的事物触目皆是，实证论很难对之进行恰当的解释。对此，托兰德

[①] 叶舒宪、王海龙：《从中印洪水神话的源流看文化的传播与异变》，《学习与探索》1990 年第 5 期。

[②] ［德］马克思：《摩尔根〈古代社会〉一书摘要》，中国科学院历史研究所翻译组译，人民出版社 1978 年版，第 173 页。

[③] 云南省民族民间文学楚雄调查队：《梅葛》，云南人民出版社 2009 年版，第 21—22 页。

[④] 杨利慧：《民间叙事的表演——以兄妹婚神话的口头表演为例》，《民间叙事的多样性——民间文化青年论坛》，中国民俗学会 2004 年版，第 245 页。

[⑤] 李明：《羌族文学史》，四川民族出版社 1994 年版，第 62 页。

(J. Toland) 认为："洪水灭世和大火灾的鼓吹者们不应抱怨人们不赞同他们……实际上大地的任何部分都曾在这时或那时被海覆没，海的任何部分也都终究会被大地占有。"① 弗雷泽也认为："洪水传说所代表的大约不是当时亲见者的记录，而是更晚的思想家的揣测之辞。"②

早在19世纪20年代，塞奈威克（A. Sedgwick）和巴克兰（W. Buckland）领导英国地质学家检验冰河时期的淤积物以判断它们是否是由单一的某次大洪水所产生。他们最终都明确宣布不存在世界性的大洪水③。如果把神话文本当作历史学或考古学的辅助手段这是无可厚非的，但用实证主义、经验主义的方式解释神话，这实在是方法上的误用。因为，把神话历史化是后神话时代的史学家建构人类早期历史的惯用手法，而实证取向的神话研究不过是在神话历史化传统的框架中原地踏步。因此，神话研究的首要工作是剔除附着在神话之上的历史化因素。因为"在神话与历史的关系中，神话是初始的因素，历史是派生的因素。一个民族的神话不是由它的历史确定的，相反，它的历史是由它的神话决定的"④。

第三种取向是故事形态学与母题分析法。神话研究的此类方法是从民间故事的形态学研究与母题分析法中移用来的。维谢洛夫斯基将"母题"定义为最小的叙事单位；普罗普则根据故事中人物的行为功能之意义将民间故事归纳为"情节链"。他们的工作更新了民间故事的研究方法。总的来说，神话的故事形态学或母题分析法只是从情节的维度将神话转化成"功能项"组合或"母题"组合。换言之，此种研究取向只

---

① ［英］托兰德：《泛神论要义》，陈启伟译，商务印书馆1997年版，第23页。

② J. G. Frazer, The Great Flood, London: Macmillan and Co. Limited, 1923, pp. 135 – 143.

③ 参见陈建宪《多维视野中的西方洪水神话研究》，《华中师范大学学报》2006年第2期。原文出自 Stephen Jay Gould. Creationism: Genesis Vs, Geology, Atlantic, 1982, p. 9.

④ 那些从实证（完全忽视神话的想象特质，用自然科学的态度对待神话）的角度或从历史的角度（完全从历史时代即文明时代的思维去看待神话，而没有考虑神话的历史化因素）去看待神话的方法都值得商榷。

是把神话当作民间故事来分析。但是，神话与民间故事不论在形态上还是在实质上都有很大的差异。因此，我们不可能通过故事形态学或母题分析法就深入、系统地揭示出神话的实质。①

第四种取向是哲学性质的，具体而言即原型分析法和结构主义神话学。荣格（G. Jung）提出的"原型"（Archetype）指的是一种先天地以集体无意识为内容的心理形式。就原型与神话母题的关联而言，原型是长期的经验印迹在人类心理上形成的原始意象②。因此原型论者认为："洪水神话的产生与是否真实存在毁灭世界的大洪水无直接关系，而只是集体无意识的一种现实折射。"③ 至于结构主义神话学，我们在"绪论"中已经讨论过了，此不赘述。结构主义神话学和原型分析都诉诸某种先验的普遍形式或深层结构，亦即结构主义所称的"人类的普遍心智"或原型分析所称的"集体无意识""原型"④。

一　洪水后人类再生神话的结构

我们知道，神话首先是一个故事，其表层结构是按故事发展顺序组织起来的情节链。但是，仅在情节的层次进行形态学的分类、整理难以系统地揭示文本的深层含义。因此，必须打破神话表层的线性的叙事结构，才能根据叙事单元之间潜在的逻辑关系重新将其组织成一个旨在表达观念的意义系统。在意义凸显出来的同时，叙事单元也随之成为具有结构功能与表意功能的"神话素"，作为故事的神话也由之变成充满意义的观念体系。当然，要揭示神话的深层结构，我们必须从神话的表层

---

① 参见本书绪论第二节相关内容。

② ［瑞士］卡尔·古斯塔夫·荣格：《心理学与文学》，冯川、苏克译，译林出版社2011年版，第4—84页。

③ Steven F. , Walker. Jung and Jungianson Myth, New Yorkand London, 1995, p. 23.

④ 结构主义神话学与原型分析也有差别，在笔者看来，前者偏于理念主义与客观主义，后者偏于经验主义与主观主义。

结构入手。

在洪水后人类再生神话的已有研究中，闻一多①、钟敬文②、伊藤清司③、叶舒宪④、王宪昭⑤、杨利慧⑥、向柏松⑦等许多学者都已归纳出此类神话的情节链。这些情节链或繁复或疏略，但都大同小异。在此基础上，笔者对属于藏缅语族的 17 个少数民族的再生神话进行了细读与比较，归纳出了一个更为细致的情节链：

A. 洪水的起因。首先，绝大多数故事都用"很久以前""从前"之类的套语将洪水发生的时间放在极遥远的过去。这个"极遥远的混乱的过去"（1）与"洪水后有秩序的文明时代"是通过"洪水"分成了前后对照的两部分。它们成为再生神话最基本的时间框架。其次，"洪水前的人类社会充斥着与动物世界相仿的混乱"（2），此时的人类"不知男女之别，不分长幼尊卑，不知昼夜季节，打架吵嘴起纠纷"⑧、"乱伦杂交，搞得人间秽气熏天"⑨。人类社会的无序致使神灵在盛怒之下决定发水灭世，更换人种。

B. 神的选择。神考验并选择"良心好的人"⑩（3），授其避水之

---

① 参见闻一多《神话与诗》中《伏羲考》一文，武汉大学出版社 2009 年版，第 35 页。

② 参见钟敬文《洪水后兄妹再殖人类神话——对这类神话中二三问题的考察，并以之就商于伊藤清司、大林太良两教授，钟敬文学术论自选集》，首都师范大学出版社 1994 年版，第 232 页。

③ 参见［日］伊藤清司《人类的两次起源——中国西南少数民族的创世神话》，《中国古代文化与日本》，张正军译，云南大学出版社 1997 年版，第 305 页。

④ 参见叶舒宪、王海龙《从中印洪水神话的源流看文化的传播与异变》，《学习与探索》1990 年第 5 期。

⑤ 参见工宪昭《中国少数民族人类再生型洪水神话探析》，《民族文学研究》2007 年第 3 期。

⑥ 参见杨利慧《民间叙事的表演——以兄妹婚配神话的口头表演为例，兼谈中国民间叙事研究的方法问题》（上，下），《励耘学刊》2005 年第 1、2 期。

⑦ 参见向柏松《洪水神话的原型与建构》，《中南民族大学学报》2006 年第 3 期。

⑧ 郭思九、陶学良：《查姆》，云南人民出版社 2009 年版，第 25—28 页。

⑨ 中共丽江地委宣传部编：《纳西族民间故事选》，上海文艺出版社 1981 年版，第 42 页。

⑩ 云南省民族民间文学楚雄调查队：《梅葛》，云南人民出版社 2009 年版，第 31 页。

法，赠其避水工具。避水工具多为葫芦、冬瓜、木桶、皮鼓、皮袋等
"有空腔的物体"（4）。

C. 洪水的发生与消退。洪水一般由"电闪雷鸣中的持续暴雨"①
（5）引发，形成"洪水滔天"（6）的局面。洪水退后"人类的存续成
为一个紧迫的问题"（7）。

D. 幸存者。幸存者在繁衍人类的需要与血亲婚配的禁忌中无所适
从。持续不断的繁衍是人类社会的常态，这个"常态"（8）掩盖了人
类繁衍的生殖原理。因此只有通过设置一个"绝境"——"世上只剩
下一对男女"（9）——才能说明两性生殖对于人类繁衍的意义。血亲
婚配作为禁忌，以道德和情感的方式规范人类行为，兄妹婚配中的兄妹
俩表现出"害羞"②（10）的举动即为明证。

E. 婚配。通过占卜征求神意、通过仪式结成婚姻关系是婚配的必
要步骤。神话中常通过滚石磨③、滚筛子和簸箕④、穿针引线⑤、烟火相
缭⑥、射箭穿靶⑦等方式来"征求神意"（11）。在"天女婚"类型的神话
中，幸存的男性则通过神灵的各种"考验"⑧（12）后娶回天女。兄妹与姐
弟以"血亲婚"（13）的形式结合；天女婚则具有"族外婚"（14）的特点。

F. 婚配的结果。婚配后或生下肉坨坨⑨之类"畸形的后代"（15）

---

① 祝发清：《傈僳族民间故事选》，上海文艺出版社1985年版，第4页。
② 杨利先主编：《云南民族民间故事》，云南人民出版社2009年版，第520页。
③ 云南拉祜族民间文学编委会：《拉祜族民间文学集成》，中国民间文艺出版社1988
年版，第101页。
④ 郭思九、陶学良：《查姆》，云南人民出版社2009年版，第76—77页。
⑤ 云南省民间文学集成办公室编：《白族神话传说集成》，中国民间文艺出版社1986
年版，第33页。
⑥ 同上。
⑦ 《民族问题五种丛书》云南省编辑委员会：《怒族社会历史调查》，民族出版社
2009年版，第96页。
⑧ 杨照辉：《普米族文学简史》，云南民族出版社1996年版，第14—15页。
⑨ 冯骥才主编：《羌族口头遗产集成·民间故事卷》，中国文联出版社2009年版，第
55页。

或生下正常的后代。在经过切碎、抛撒等措施后，终于化生出正常的"成双成对的男女"①（16）。

G. 人类的再生。新生的男女"根据事物（如树）的种类"（17）成为诸民族②、宗族（姓氏）③的"祖先"（18）。人类拥有了语言④，并懂得火的用处⑤，知道"种子的价值"⑥（19）。人类由此成为"有文化有秩序的人类"（20）。

在上面的情节链中，"A 到 G"与"（1）到（20）"各项都按照故事发展的时间顺序进行了排列。但是要揭示神话的深层意义，我们就必须打破故事的这种线性时间结构。

我们知道，弗雷泽和莫斯都对巫术作了深刻的分析。弗雷泽在《金枝——巫术与宗教之研究》一书中提出"接触律"与"相似律"，从而将巫术分为"接触巫术"和"模拟巫术"⑦。莫斯在《巫术的一般理论》一书中用"对立法则"对之进行了补充，他说："相互接触的事物则相同，并会一直相同；相似生成相似；对立作用于对立……接触、相似和对立分别等同于共时性、同一性和对抗性。"⑧ 而列维－斯特劳斯则在《结构人类学》一书中认为："重复有一种凸显神话结构的功能。"⑨

---

① 云南省少数民族古籍整理出版规划办公室：《云南民族口传非物质文化遗产总目提要·神话传说卷》（下卷），云南教育出版社 2008 年版，第 31 页。

② 攸延春：《怒族文学简史》，云南民族出版社 2003 年版，第 22 页。

③ 归秀文：《土家族民间故事选》，上海文艺出版社 1989 年版，第 28 页。

④ 史纯武：《创世纪》，云南人民出版社 2009 年版，第 92—93 页。

⑤ 中国作家协会云南分会编：《云南民族民间故事选》，云南人民出版社 1960 年版，第 589 页。

⑥ 杨照辉：《普米族文学简史》，云南民族出版社 1996 年版，第 15 页。

⑦ ［英］J. G. 弗雷泽：《金枝——巫术与宗教之研究》，汪培基等译，商务印书馆 2012 年版，第 25 页。

⑧ ［法］马塞尔·莫斯：《巫术的一般理论》，杨渝东等译，广西师范大学出版社 2007 年版，第 79 页。

⑨ ［法］列维－斯特劳斯：《结构人类学（1）》，张祖建译，中国人民大学出版社 2006 年版，第 246 页。

由于巫术是神话时代的主要事项，所以神话与巫术分享着同一套思维模式。因而，弗雷泽所说的"相似律"其实就是神话中最常见的"类比法"。莫斯所说的"对立法则"即神话中的"反衬法"（对比法）。恩斯特·卡西尔亦说："在神话思维和想象中，总是存在着一种肯定的作用和否定的作用"①。这正说的是"类比"与"反衬"（对比）这两种在性质上相反的表意法：类比是用类似的事物"直接"来表达、烘托要表达的事物包含的意义；反衬是"曲折"地用"否定之否定"（对立作用于对立）的方式来肯定某种意义。此外，在同一个神话中，结构类似（意义相同）的情节单元总是反复出现（比如"三重化"），这是通过重复去凸显和强调所要表达的意义。

总之，在神话中，"神话素"主要是通过"类比""反衬"和"重复"这三种方式形成结构来表达"意义"。将神话的三种表意方式和诸情节单元在性质上的相似性、相关性结合到一起来考虑，我们就能将上文归纳的"（1）到（20）"的线性情节链重组为列维－斯特劳斯所说的"纵栏"，详见表2－1。

表2－1　　藏缅语民族洪水后人类再生神话的结构主义分析

序　号	I	II	III	IV	V	VI	VII
神话素	(5) (6) (11) (12) (13) (14)	(7) (8) (9)	(14) (16)	(10) (13) (15)	(4) (9)	(17) (18)	(1) (2) (3) (19) (20)

① ［德］恩斯特·卡西尔：《符号·神话·文化》，李小兵译，东方出版社1988年版，第186页。

在上面七个纵栏中，第Ⅰ栏和第Ⅱ栏从正反两个方面凸显"两性生殖"的原理。前者使用"类比"和"重复"的方法；后者使用"反衬"。第Ⅲ栏和第Ⅳ栏从正反两个方面凸显"族外婚"的意义。前者使用"类比"；后者使用"反衬"。第Ⅴ栏用"类比"显示了初民的"空腔崇拜"①。在再生神话中，大量的"空腔体"是对富有生殖力的母体的象征。第Ⅵ栏与图腾制度有关，它以"类比"的方式显示了自然系统与人文系统的相互对照，这是图腾制最根本的思维模式。第Ⅶ栏以"反衬"的方式将"洪水之前与之后""社会的有序与无序""自然的人与文化的人""良心的好与坏"进行对比，凸显出文化（人）的起源过程以及初民对此的看法——对洪水之前的"混乱"的否定表达了对洪水之后有文化、有秩序的社会的肯定。从更宏观的层面来看，再生神话的深层结构包括内外两层：内部结构旨在表达初民的"生殖观念"，它包括初民从"两性生殖"到"族外婚"的认知进程；外部结构以"生殖观念"为借力点，旨在表达初民对人类（文化）演进历程的基本观点，详见表2-2。

表2-2　　　　　藏缅语民族洪水后人类再生神话的结构意义

说明＼纵栏	Ⅰ	Ⅱ	Ⅲ	Ⅳ	Ⅴ	Ⅵ	Ⅶ
构成方式	类比	反衬	类比	反衬	类比	类比	反衬
逻辑性质	正	反	正	反	正	正	反
结构意义	两性生殖		族外婚		空腔崇拜	图腾制	文化演进

① 王小盾：《中国早期思想与符号研究——关于四神的起源及其体系形成》，上海人民出版社2008年版，第737—790页。

二　洪水后人类再生神话的实质

　　如果对再生神话进行细读我们不难发现，神话中"多日（月）并出""地火蔓延""天降异常冰雪"等情节也能起到与"洪水"一样毁灭人类的作用①。据王宪昭统计，再生神话中的洪水型人类再生占80%②，他认为："洪水神话在有的民族中并不可能与真实的水患相联系，而是一整套人类生殖繁衍的意识和礼仪的文化符号系统。"③ 闻一多也曾说"造人才是此类神话的主题"④。因此，洪水后人类再生神话的重点不是"洪水"而是人类的"再生"，将其视为"再生神话"远比视为"洪水神话"更准确。"洪水"在神话中和其他灾难形式一样，旨在设置一个绝境。在此绝境中，人类遭遇了严重的繁衍危机。

　　我们知道，人类不间断地持续繁衍是历史的常态。如前文所述，神话中"洪水灭世"这一绝境固然不可能是历史事实。因此，毁灭性的灾难只是制造人类繁衍危机的符号，其目的就是与人类持续繁衍的常态形成一个对比。在第Ⅱ栏的（7）（8）之间，"繁衍人类的强烈愿望"与"灾难造成的繁衍危机"之间的对比让"人类繁衍其原理何在"这样一个问题凸显了出来。在神话中，解决这个危机（问题）的手段往往是依靠那仅存的"一对男女"（9）通过"两性婚配"（不管是兄妹婚还是天女婚）来繁衍人类。对早期人类而言，他们并非一开始就能把两性交媾

---

　　① 伊藤清司认为："作为再创造新人类的手段，自然灾害也不必局限于洪水吧。按理说，为了消灭第一次的人类，未尝不可以是大火灾、疫病或其他灾祸。事实上，也确有由于洪水以外的灾害而导致人类灭亡的神话。"参见［日］伊藤清司《人类的两次起源——中国西南少数民族的创世神话》，《中国古代文化与日本》，张正军译，云南大学出版社1997年版，第87页。

　　② 参见王宪昭《中国多民族兄妹婚神话母题探析》，《理论学刊》2010年第9期。

　　③ 参见王宪昭《试析我国南方少数民族洪水神话的叙事艺术》，《湖北民族学院学报》2007年第1期。

　　④ 参见闻一多《神话与诗》中《伏羲考》一文，武汉大学出版社2009年版，第44页。

与生殖繁衍联系起来。在把生殖的根源溯及人类自身之前，人们用"造人"①、"化生"②、"感生"③等神话来解释"人的出生"。此类神话在回答了普遍的、终极的人类起源的同时误将每一个人的出生归因于人之外的物（神）的因素，亦即将人的出生看作神灵、外物（动植物或无生命的石头之类）向人身上施加影响的结果。再生神话重提人的来源问题意味着之前的解释已不足以令人信服。因此，洪水灭世的绝境不仅引出了问题，更为血亲婚、天女婚等提供了一个必要的情境。总之，在"绝境"（洪水灭世）之下设置血亲婚与天女婚的情节旨在摆明人类的繁衍靠的是"两性交媾"这样一个事实。相对于把生殖的原因归结为外物和神灵，"两性交媾"的认识无疑是初民在此观念上的巨大进步。而人在自身上找原因也是人与外物分离的一个重要契机；人与外物的分离或者人与自然的区分是人自我意识形成的关键。

　　以"类比"的方式从正面来凸显意义的地方就更多了。在表 2－1 第Ⅰ栏中，（5）（6）（11）代表的结构都在反复对"两性交媾"进行类比。在神话中，"洪水"一般在电闪雷鸣的持续暴雨中形成，而无论是雷电、暴雨还是洪水，都不是实指，而是以自然现象来象征人类的性活动。高罗佩（R. H. Gulik）曾说："有一种经久不变的古老象征保存下来，即天地在暴风雨中交媾。'云雨'直到今天仍然是性交的标准文言表达。"④《太平经》中有"天若守贞则雨不降，地若守贞则万物不生"⑤的说法。将天地间的电闪雷鸣、狂风暴雨看作天地交媾并以此类

---

① 参见左玉堂《傈僳族文学简史》，云南民族出版社 1999 年版，第 94 页。
② 参见攸延春《怒族文学简史》，云南民族出版社 2003 年版，第 102 页。
③ 参见李德君等《英雄支格阿龙的传说》，李德君、陶学良编《彝族民间故事选》，上海文艺出版社 1981 年版，第 1 页。
④ ［荷兰］高罗佩：《中国古代房内考》，李零等译，上海人民出版社 1990 年版，第 54 页。
⑤ 王明：《太平经合校》，中华书局 1960 年版，第 38 页。

比两性关系，这恐怕是人类在神话时代普遍存在的思维模式。① 在再生神话中，用天公地母打雷下雨来类比男女之事，将太阳与月亮看作姐弟②、夫妻③，这些都是常见的类比。此外，水与生殖力的关联在不少民族的神话中都有所表现。彝族《六祖史诗》记载："人祖来自水，我祖水中生。"④ 哈尼族《哈尼阿培聪坡坡》中说："大水里有七十七种动物生长……先祖的人种种在大水里。"⑤ 基诺族《阿嫫尧白造天地》则说最早的宇宙被茫茫大水所充斥，大水中的巨兽生出人类始祖阿嫫尧白⑥。米尔恰·伊利亚德认为："每一种与水的联系都意味着再生，因为解体之后便继之以'新生'，而且还因为没入水中就意味着生产，所以水能增加生命和创造的潜能。在入会仪式中，水赋予一种'新生'，在巫术仪式里面它能治病，在葬礼上它确保死后的再生。因为将自身与各种潜在性结合在一起，水就变成了一种生命的象征。"⑦因而神话中"洪水滔天"的景象不过是以极度夸张的水的形态去表达天地蕴含的生殖力。在第 I 栏的（11）所代表的情节中，兄妹为了结合而通过滚石磨、滚筛子和簸箕、穿针引线、烟火相缭、射箭穿靶等方式征求神的意见。首先，这些行为明显是对男女交媾的隐喻。其次，这些行为具有宗

---

① "近取诸身，远取诸物"是早期人类基本的思维方式。列维－斯特劳斯说："他（初民）的工具世界是封闭的，他的操作规则总是就手边现有之物来进行的。"在神话时代，人们由男女两性推演出一切事物都分雌雄。天地分公母，日月为兄妹，就是这种思维的形象体现。在彝族史诗《阿细的先基》中，草木山石都分雌雄。以上所述请分别参见［法］列维－斯特劳斯《野性的思维》，李幼蒸译，中国人民大学出版社 2006 年版；云南省民族民间文学红河调查队《阿细的先基》，云南人民出版社 1959 年版，第 40—42 页。

② 李明：《羌族文学史》，四川民族出版社 1994 年版，第 59 页。

③ 左玉堂：《怒族独龙族民间故事选》，上海文艺出版社 1994 年版，第 5 页。

④ 刘尧汉：《中国文明源头初探》，云南人民出版社 1985 年版，第 373 页。

⑤ 向柏松：《洪水神话的原型与建构》，《中南民族大学学报》2006 年第 3 期。

⑥ 中华民族故事大系编委会：《中华民族故事大系》（16 卷），上海文艺出版社 1995 年版，第 794 页。

⑦ ［美］米尔恰·伊利亚德：《神圣的存在》，晏可佳等译，广西师范大学出版社 2008 年版，第 179 页。

教性，它们实际上是原始婚礼中的仪式行为①。对此，马林诺夫斯基
（B. Malinowski）认为："结婚须有一种礼仪认可的特殊形式……婚姻关
系保有一种势力，并不源于本能而是源于社会的压力。"② 这乃是说婚
礼的本质在于以仪式的方式赋予婚姻社会合法性。

第Ⅳ栏的（13）（15）主要讲述绝境中的兄妹或姐弟以"血亲婚"
的形式结合而产下畸形的后代。以"兄妹婚""姐弟婚"等血亲婚配的
方式繁衍人类的情节在再生神话中比较普遍。根据王宪昭的统计，西南
地区的兄妹婚神话在全国搜集到的此类神话中占 36%③。芮逸夫甚至认
为："兄妹配偶型的洪水故事或即起源于中国的西南，由此而传播到四
方。"④ 在神话中，兄妹结婚后总是产下畸形的后代，这意味着人们在
很早之前已意识到"血亲婚"的危害，再生神话"强化了血亲不婚的
氏族外婚制观念"⑤。因此，第Ⅳ栏是以"反衬"手法来凸显意义：对
"血亲婚"的恐惧与排斥即对"血亲婚"的否定；对"血亲婚"的否定
则必然是对"族外婚"的肯定。摩尔根将"血亲婚"看作人类婚姻形
制度的初始阶段，他说："凡是亲兄弟姊妹和从兄弟姊妹之前相互集体
通婚的地方，其家族就是血婚制。"⑥ 因此，人类最初的婚配形式与动
物性的杂交相差无几。现代遗传学研究表明，血亲婚产下的胎儿患遗传
性疾病的概率比非血亲婚的发病率高 125 倍。杜绝血亲婚配才能繁衍出

---

① "神话里出现的大量的占卜内容，其实就是指通婚的两个氏族，在结婚时候举行的
原始的宗教活动和结婚仪式，占卜是主要手段，而滚石磨、滚筛于、穿针引线、赛马射箭
以及男女追逐等，可能就是占卜的象征性的内容。"参见张福三《简论我国南方民族的兄妹
婚神话》，《思想战线》1983 年第 3 期。

② ［英］马林诺夫斯基：《两性社会学》，李安宅译，上海人民出版社 2003 年版，第
198 页。

③ 王宪昭：《中国多民族兄妹婚神话母题探析》，《理论学刊》2010 年第 9 期。

④ 芮逸夫：《中国民族及其文化论稿》（上册），艺文出版社 1972 年版，第 1059 页。

⑤ 章立明：《兄妹婚型洪水神话的误读与再解读》，《中南民族大学学报》2004 年第
2 期。

⑥ ［美］L. H. 摩尔根：《古代社会》，杨东莼等译，商务印书馆 1983 年版，第390 页。

正常的人类，这是早期人类用血的代价换来的认识，它最终凝结成神圣的禁忌，并内化为初民的道德信念，并影响其情感。因此，第Ⅳ栏中的（10）代表初民对"血亲婚"在情感上的拒斥。在神话中，兄妹因不得不婚配而感到羞耻，这与当时的道德相关，而道德又取决于特定历史阶段的婚姻形式。马克思说："在原始时代，姊妹曾经是妻子，而这是合乎道德的。"① 这说明兄妹婚型再生神话反映出人类已经摒弃或正在摒弃血亲婚观念，因而人们会认为"血亲婚"是不道德的，是令人羞耻和需要拒斥的。

与"血亲婚"总是产下畸形儿相比，表2-1第Ⅲ栏代表的"天女婚"多产下正常的人类。在这里，"天女婚"具有明显的"族外婚"特征。首先，"天女婚"将婚配的两性置于天（神灵）、地（凡人）两个集团之中，这两个集团实际上代表两个相互通婚的人群。弗洛伊德在分析图腾制时认为："一个部落首先分成两大部分，此即所谓的婚姻集团或胞族。每一个胞族都实行外婚制。"② 图腾制度是早期人类文化的一个重要部分，就其普遍性与对后世文化发展的深远影响而言，它以人文与自然的二元模式奠定了文化发展的基本框架。图腾制最重要的功能之一是为"外婚制"提供了一种关于族群的区分框架。因此，第Ⅲ栏是以"类比"的方式凸显非血亲婚配的意义，它从正面的角度表达了对"族外婚"的肯定。

在表2-1第Ⅴ栏包括（4）和（9）两个情节单元，它们以类比的方式表达了初民对"空腔体"或"母体"的崇拜。第Ⅴ栏所包含的情节显示，兄妹俩的逃生工具多为葫芦、冬瓜、木柜、木箱、木桶、木船、篾框、皮鼓、皮袋、树洞、岩洞、坛子等含有空腔的物体，其中葫

---

① ［德］恩格斯：《家庭、私有制和国家的起源》，人民出版社1999年版，第36页。
② ［奥］弗洛伊德：《图腾与禁忌》，赵立玮译，上海人民出版社2005年版，第14页。

芦在神话中出现的频率最高。葫芦在藏缅语民族的人类起源神话中十分常见，一般被看作对富有生殖力的母体或子宫的象征。① 葫芦的形状也很特别，其两头滚圆中间细的形状与育龄女性的体形较为相似。闻一多说葫芦既是大多数故事中兄妹避水的工具，也是造人的素材。② 其实，在神话中，"避水"的葫芦与"造人"的葫芦之间是类比的关系，旨在隐喻毁灭与创造的一体两面，旨在显示母体的生殖力。在云南哀牢山一带的彝族地区，人们常把葫芦放在壁龛或供桌上当作祖灵来供奉③（参见图2-1）；澜沧县的拉祜族则在每年欢度"阿朋阿龙尼"即"葫芦节"，纪念拉祜族祖先从葫芦中诞生④；哈尼族在节庆上让童男头戴面具，下挂葫芦代表生殖器，边跳边甩⑤。从这些例子中我们都能发现，葫芦等空腔体在神话和现实中的普遍存在旨在凸显人类的生殖力。再生神话中的洪水制了一个人烟断绝的世界，但正是这个空荡荡的世界蕴含着使人类再度繁衍的蓬勃力量，"洪水既是灭绝人烟之水，也是孕育生命之水。洪水神话中那泛滥成灾的洪水，也具有了孕育生命的意义"⑥。与之类似，葫芦、皮口袋、山洞等空腔体使兄妹俩从洪水中幸免于难，也为洪水后人类的繁衍与再生创造了条件。因此，"洪水之后的世界"与"葫芦"具有同构性，它们以类比的形式强调着空腔体与生殖力的关联，强调着毁灭（死亡）与创造（再生）之间的转换。

---

① 刘尧汉：《论中华葫芦文化》，《民间文学论坛》1987年第3期。

② 参见闻一多《神话与诗》中《伏羲考》一文，武汉大学出版社2009年版，第44页。

③ 刘尧汉：《彝族社会历史调查研究文集》，民族出版社1980年版，第225页。

④ 王正华、和少英：《拉祜族文化史》，云南民族出版社1999年版，第244页。

⑤ 刘亚虎：《伏羲女娲、楚帛书与南方民族洪水神话》，《百色学院学报》2010年第6期。

⑥ 向柏松：《洪水神话的原型与建构》，《中南民族大学学报》2006年第3期。

图 2 - 1　云南楚雄彝族的葫芦吞口

采自刘锡诚、王文宝主编《中国象征辞典》，天津教育出版社 1991 年版

在表 2 - 1 第 Ⅵ 栏的（17）（18）解释了各个民族、宗族的来源。在再生神话中，完成了血亲婚配的男女把生下的畸形物切碎后撒向四方，这些碎块随后化为正常的人类，并根据其所在位置、所操语言的不同而自然分化成不同的宗族或民族。比如，在羌族神话《造人类》中，弟弟将姐姐生出的肉坨坨割成许多块分别挂在梨树、桃树、核桃树、白杨树、李树上，最后桃树下的人家姓陶，李树下的姓李，核桃树下的姓郝，白杨树下的姓白①。在纳西族神话《创世纪》中，天女生下的三个儿子说三种语言，他们分别成为藏族人、白族人、纳西族人的先祖②；在怒族神话《腊普和亚妞》中，兄妹俩生的孩子分别与蛇、蜂、鱼、虎相配，最后繁衍出相应的氏族③。在此，梨树、李树、核桃树以及白杨树等组成的树木系统与陶、李、郝、白等姓氏系统形成同构关系；蛇、蜂、鱼、虎等动物系统与人群系统也形成同构关系。我们知道，自然体系与人文体系形成同构关系并相互对照以实现区分的目的，这是图腾制度的重要功能之一。因此，这些情节在一定程度上都见证了图腾制的广

---

　　①　《中国各民族宗教与神话大词典》编审委员会：《中国各民族宗教与神话大词典》，学苑出版社 1993 年版，第 528 页。

　　②　史纯武：《创世纪》，云南人民出版社 2009 年版，第 16—94 页。

　　③　陶阳、钟秀编：《中国神话》（上册），商务印书馆 2008 年版，第 526—528 页。

泛影响，也显示了人类文化演进的最初状况。

总之，上述的六个纵栏中，第Ⅰ、Ⅱ、Ⅲ、Ⅳ栏都围绕初民对生殖的认识展开，这是再生神话的核心部分。关于生殖，再生神话表达了两个观念：一是用"两性交媾"或"两性生殖"回答了人的来源问题；二是用"族外婚"回答了两性婚配的"应然状态"。这两个观念产生于人类文化演历的不同阶段，在再生神话中都以"类比"和"反衬"（对比）的方式从正反两个方面得到了充分的表达。在表2–1第Ⅴ栏和第Ⅵ栏显示的生殖崇拜、图腾制度都不过是对前四个纵栏所显示意义的强化。但是第Ⅶ个纵栏则以更宏观的结构表达了初民对人类文化演历的基本观点。

第Ⅶ个纵栏包括（1）（2）（3）（19）（20）五个情节单元，它们是再生神话的开头与结尾。在前文中我们已指出，"洪水"以分界线的形式将人类文化的演历分成两段异质的历史[1]。这两个阶段的社会状态、人性以及道德状况等方面都形成了鲜明对照。因而，再生神话"描述的也许不仅仅是人的物质生活史而是精神生活史，暗示着一个大变革，即大洪水把人的原始生活一分为二"[2]。事实上，神话中的"洪水"代表初民心中一个极其重要的时间节点，它犹如一堵墙，遮住了前洪水时代的蒙昧与混乱，又以"神罚论"的神圣口吻强调着文化与秩序的价值。洪水前的人类是不仁、懒惰、浪费的人类，他们好争斗、不敬神、乱伦。总之，前洪水时代是一个混乱、无序的时代，此时人类尚未具备真正的人性，其所作所为与动物无异。洪水之后，人类关于生殖的认识发生了根本性的转变，"以往统治初民头脑的图腾直接生人或女子与

---

[1] "洪水的发生意味着原初秩序的结束，原初世界的彻底终结；又意味着现实秩序的开始，现实世界的新开端。"参见史阳《蜕变与再生——菲律宾洪水神话的宏观结构》，《长江大学学报》2006年第6期。

[2] 谢选骏：《中国神话》，浙江教育出版社1989年版，第85页。

图腾相感致孕生人的观念就发生危机进而宣告破产"①，生殖观念的转变直接导致婚姻制度的改进。最终，随着姻亲谱系的扩展，一个有秩序、有文化的社会就这样形成了。因而，"大洪水带来的最为重要的再生，就是性的起源和生育制度的创立"②。在《新科学》中，维柯也认为婚礼在形成社会制度综合体过程中所起的作用是最重要的③。

在笔者看来，各种造人、生人、化生、感生神话代表着人类的第一次起源，即自然的人（动物性的人）的诞生；而在再生神话中，人对生殖原理的认知以及"族外婚"观念的产生标志着人的第二次诞生，即社会的人（文化性的人）的诞生。伊藤清司也表达了类似的观点，他说："洪水以前的人类与以后的人类是异质的存在。在这个意义上，人类的起源就不止一次了。"④ 人类第一层次的存在是动物性的。在这个阶段，人类像其他一切生命体一样，第一次从大自然的母体"分娩"出来。人类第二层次的存在是文化性的。在此阶段，人类在与自然的区分与对照中形成自我意识⑤；自我意识反过来又促进了人类文化的建构。而对生殖原理的认知是早期人类文化最核心、最关键的部分。与个体在其人生历程中的性觉醒⑥类似，再生神话表现了人类在其文化历程中的"性意识"。这种集体性的"性意识"表现在文化层面就是人类根据生

---

① 朱炳祥：《略论洪水造人神话在初民思想史上的意义》，《中州学刊》1993 年第 3 期。

② 史阳：《菲律宾阿拉安－芒扬人洪水神话的象征内涵》，《东方丛刊》2009 年第 2 期。

③ ［意］维柯：《新科学》（上），朱光潜译，商务印书馆 2012 年版，第 161 页。

④ ［日］伊藤清司：《人类的两次起源——中国西南少数民族的创世神话》，《中国古代文化与日本》，张正军译，云南大学出版社 1997 年版，第 87 页。

⑤ "对于一个他物、一个对象的意识无疑地本身必然地是自我意识，是意识返回到自身，是在它的对方中意识到它自身。"参见 ［德］黑格尔《精神现象学》（上卷），贺麟、王玖兴译，商务印书馆 1979 年版，第 113 页。

⑥ 个体人生历程与民族文化演进历程具有相似性，个体的思想发展有一个从自在到自觉的过程，同样，群体的精神演历也有这样一个过程。现代心理学研究表明：个体自我意识的形成有两个关键期（飞跃期），一是婴儿阶段，二是青春期，前者以镜像反应为典型，后者以性心理的成熟为典型。总之，人将自然作为对象，是人类自我意识形成的第一个关键期；人将人作为对象，是人类自我意识形成的第二个关键期。

殖观念的转换建构对社会有益的风俗与制度。因而，正是生殖观念的进步促进了"族外婚"等习俗的形成，生殖对于社会的价值由此得到"强化"。因此我们可以说：对生殖的认知使人类从动物性的"混沌"中脱颖而出，人类由此不再只靠无意识的本能来保存和发展自身，而是通过有意识地文化建构来推进社会的有序演进①。

从混沌到秩序，从动物性到人性，从自然状态到文化状态，人类从此才成为真正意义上的人类，这不啻人类的新生。米尔恰·伊利亚德说："生命的出现是世界的主要神话"②，这似乎只是针对人类第一层次（动物性）的存在而言。再生神话则象征着生命的一次伟大转折与飞跃——生命意识到自身并开始能动地创建文化。因此我们可以说：文化的出现是人类世界的主要神话。因为正是通过这个"神话"，人类才成其为人类。因此，文化性是人类的根本属性；文化性就是人性。

三　文化意义上的集体洗礼

我们在上文已经指出，中国藏缅语民族的洪水后人类再生神话之重点是"人类的再生"。在神话中，"人类的再生"与"洪水"对人类的毁灭是分不开的。但是，这里的"洪水"绝非真正的洪水，笔者承认各种自然灾难在人类社会的普遍存在，但是足以毁灭整个人类的大洪水或大灾难从来就没有发生过。神话中的"洪水"只能从象征的意义来解释，它象征着人类文化演进过程中的一个巨大转折。因此，神话中"人类的再生"也就不是自然意义上的生命的再生，而是"文化意义上的

---

① "动物的行为完全受自然的支配，而人却不然；人是一个自由的主体，他可以把受自然支配的行为与自己主动的行为结合起来。"参见卢梭《论人与人之间不平等的起因和基础》，李平沤译，商务印书馆2011年版，第57页。

② ［美］米尔恰·伊利亚德：《神圣与世俗》，王建光译，华夏出版社2002年版，第83页。

人"的诞生。也就是说，这个"转折"包含着初民对两性生殖以及族外婚等原理的认知，这些观念在人类文化演进过程中极其重要，它们使人类从消极地适应环境转为积极地建构文化，从对本能的过度依赖转为对文化、制度、习俗的重视，人类也由之从动物性的人类转为文化性的人类。总之，通过这个关键性的"转折"，人类的存在性发生了质变。

因此，再生神话在更宏观的层面上表达了初民对人类社会演历过程的基本观点，而人类社会的演进从根本上来说也就是文化的演历。所以，再生神话的实质是生殖观念的演进为早期人类文化的产生与进步提供了一个关键性的契机，因此正是对生殖的认知以及婚姻制度的形成才真正使人类从动物性的"混乱"中分离出来，最终形成有谱系、有秩序、有文化的人类社会。

尽管我们不能从字面意义去解释"洪水"，但是"洪水"在神话中是一个极其重要的结构框架。与人生历程中如出生、成年、结婚、死亡等环节包含的"过渡礼仪"相比，"洪水"在人类演进（文化演历）过程中具有类似的结构意义。"洪水"包含的那种过渡与转折的性质使人类文化演历的进程呈现出性质相异的两个阶段。

我们知道，自然与人文的对立统一是神话中普遍存在的结构模式，这是与神话时代的思维方式相一致的。因此，用洪水、旱灾等自然界的灾变来表达社会领域的文化变革，在神话中比较常见。恩斯特·卡西尔说："从人类意识最初萌发之时起，我们就发现一种对生活的内向观察伴随着并补充着那种外向观察。"① 恩斯特·卡西尔所说的"内向观察"和"外向观察"及其由此获得的关于人文与自然的知识是互为条件、相互促进的，因为"人在天上所真正寻找的乃是他自己的倒影和他那人

————————

① ［德］恩斯特·卡西尔：《人论》，甘阳译，上海译文出版社1985年版，第5页。

的世界的秩序"①，因为"宇宙的秩序和个人的秩序这两者只不过是一个共同的根本原则的不同表现和不同形式而已"②。因此我们可以说，再生神话表达的文化演历的观念与初民关于人生历程、宇宙演历等观念具有同构性。再生神话绝不是以洪水为重点的自然神话，而是旨在表达人类文化演历的社会神话。此外，再生神话也不是孤立的，因为它与个体生命的再生以及宇宙的轮回等观念密切相关。对此，米尔恰·伊利亚德说："洗礼代表着死亡和埋葬，代表着生命和复活"③，因此，"在形式上，'大洪水'可以和'洗礼'相提并论"④。

总之，针对个体的死亡与再生，人们用"洗礼"来实现这种生命的转换。与之类似，再生神话则是人类在文化意义上的一场"集体洗礼"，它强调了一个事实：文化性是人类的根本特性。

第二节　死亡起源神话的类型与实质

在前文中，我们对"洪水后人类再生神话"作了深入分析，在本节，我们将对藏缅语民族的"死亡起源神话"进行深入的讨论。

死亡的问题与生存的意义问题是紧密联系在一起的。古罗马学者塞涅卡（L. A. Seneca）就说过，一个人没有死的意志就没有生的意志。换句话说，谈论死亡就是谈论生存，因为关于死亡的任何"谈论"都是立

---

① [德] 恩斯特·卡西尔：《人论》，甘阳译，上海译文出版社1985年版，第62页。
② 同上书，第11页。
③ [美] 米尔恰·伊利亚德：《神圣与世俗》，王建光译，华夏出版社2002年版，第73页。
④ [美] 米尔恰·伊利亚德：《神圣的存在》，晏可佳等译，广西师范大学出版社2008年版，第199页。

足于经验意义的"现世"来谈的。我们根本无法从超验的立场来谈那种跟"现世"毫无关联的死亡。孔子有言:"未知生,焉知死?"[①] 其实,这不是回避死亡问题的遁词,而是摆明了人们只有用现世的、经验意义的伦理实践才能领悟死亡的本质。基于这样的认识,我们可以认为,死亡问题说到底是人的生存问题,死亡观即人的生命观或生存观。

追问和探求生命的意义与价值从来就是人的一个根本特性。即使在邈远的神话时代,人们对自身存在状况的体察与反思也极为普遍。叔本华说死亡问题是所有哲学的开端。恩斯特·卡西尔也认为,"探寻死亡的原因,是人类首要的最紧迫的问题之一。从人类文明的最低形式到最高形式,死亡的神话无处不在,无时不有"[②]。在世界范围内,探讨死亡的神话数目众多,这些神话蕴含着人类最初的死亡观。因此,谈论神话中包含的死亡观念其实就是谈论神话时代人们对个体生命之存在意义、存在状况的基本观点。

和许多民族一样,在中国的藏缅语民族中也流传着不少与死亡相关的神话。按照情节的差异,这些神话大体可分为"分寿型"和"不死药型"两类。它们在羌、普米、彝、哈尼、傈僳、拉祜、纳西、怒、独龙、阿昌、景颇、珞巴等十几个藏缅语民族中广泛流传,通过死亡之有无、寿命之分配、不死药之得失以及死而复生等内容表达了藏缅语先民死亡观念的演变。

---

① (清)刘宝楠:《论语正义》,中华书局 1990 年标点本,第 449 页。
② [德]恩斯特·卡西尔:《国家的神话》,范进等译,华夏出版社 1999 年版,第 5 页。

一　神话时代的三种死亡观

神话时代的死亡观是整个人类死亡观念演进过程的一部分①。"生而不死""生而有死"以及"向生而死"是三个前后相续、层层推进的死亡观念。

首先，"生而不死"指的是存在着的生命个体尚未意识到人类自身之存在，人类尚处于黑格尔说的"精神演进的第一阶段"，因而"'精神'汩没于'自然'之中"②。此时，人类尚未从外物或动物中分离出来，是"自在"但尚未"自觉"的存在，人类依靠无意识与本能来指导生存。

其次，当人意识到自身的存在，把自我与周围"非我的外物"区别开来，这样的人才是具有自我意识的真正的人，而不是非人的自在之物③。马克思说：

> 动物是和它的生命活动直接同一的。它没有自己和自己的生命活动之间的区别。它就是这种生命活动。人则把自己的生命活动本身变成自己的意志和意识的对象。他的生命活动是有意识的。这不是人与之直接融为一体的那种规定性。有意识的生命活动直接把人跟动物的生命活动区别开来。④

---

① 按照黑格尔的精神演历学说，笔者将死亡观念的演进纳入到人类精神演历的框架中来思考，从而将死亡观念在人类史上的演历看作两个首尾相接的三段式：生而不死（对死亡的无意识阶段，主客未分）、生而有死（意识到死亡，主客二分）、向生而死（有意识地建构灵魂不朽的信仰，灵魂与意识的同一）、生而必死（灵魂不朽信仰的没落）、向死而生（现世中的世俗价值逐渐成为信仰的对象）。第一个三段式从"生而不死""生而有死"到"向生而死"，这主要是神话时代或神话中包含的死亡观。第二个三段式从"向生而死""生而必死"到"向死而生"，这主要是后神话时代的死亡观。

② ［德］黑格尔：《历史哲学》，王造时译，上海书店出版社 2008 年版，第 57 页。

③ 同上书，第 17 页。

④ ［德］马克思：《1844 年经济学哲学手稿》，人民出版社 1979 年版，第 50 页。

这就是说自我意识是在一种伟大的"区分"中形成的。自我与外物的区分——尤其是个体对自我身体的物质性的认识往往是在看见别人的尸体的情况下产生的。因此，自我意识很可能奠基于人对尸体的恐惧。当人的生活成为人认知的对象的同时，人的自我意识也逐渐形成和凸显出来。从而，生命有限性的问题即死亡的问题也必然成为意识的对象。因此，对人的必死性的确认是自我意识的必然结果，这也是人与动物的重要区别之一。因为，"正是在关于死的知识中产生了我们作为人类非兽类的世界观"[1]。然而，在人意识到个体生命有限性（死）的同时也把自己抛入了对死亡的持续恐惧，人类的死亡观从此不可逆转地进入"生而有死"的阶段。所谓"生而有死"指的是人的"生"是在与"死"的对照中被意识到的。而在此之前的阶段，对死的无意识必然导致对生的无意识。因此，"生而不死"只意味着一种无意识状态的"自在"，而"生而有死"则将生与死都置于意识的中心，个体因之成为既"自在"又"自觉"的存在。由是之故，我们可以说：将自己的生与死作为意识的对象，这是人之为人的一个特性。

第三个阶段的"向生而死"指的是：人们要么将社群的存在意义赋予有限的个体，要么将彼岸世界的意义赋予此岸（现世）的个体[2]。前者多以生殖崇拜的方式实现个体与社群的统一，使有朽的个体在不朽的社会价值谱系中获得存在的意义；后者则以灵魂不朽的观念为神话时代的再生信仰奠定了基础，有朽的个体于是通过宗教信仰获得存在的意义。生殖崇拜和灵魂不朽的观念混合到一起，在人类历史上先后以图腾

---

① ［德］奥斯瓦尔德·斯宾格勒：《西方的没落》，齐世荣等译，商务印书馆1963年版，第101页。

② 个体生命的有限性造成的虚无感迫使人寻求存在的意义。有两个重要的解决方式：一是将个体的意义与集体的意义相关联，个体的有限性在集体的无限性中得到解决，这往往是现世主义的取向；二是将个体的意义与灵魂的不朽性相关联，个体的意义在一种宗教想象中实现永恒，这往往是出世主义的取向。

崇拜和祖先崇拜的形式将消极的带来持续恐惧的死亡转换为积极的带来无限希望的再生，从而实现了对死亡的否定，克服了死亡意识带来的恐惧。因此，"向生而死"指的是一种将"死亡"作为手段从而将"再生"作为目的的观念。"向生而死"实现了对"生而有死"的倒转。

从"生而不死""生而有死"到"向生而死"，此三者是神话时代主要的死亡观念，它们前后相续、层层递进，完成了黑格尔意义的正、反、合的三段式转换。

二　死亡神话的两种类型

如前文所述，我们可以将藏缅语民族中关于死亡的神话分成"分寿型"和"不死药型"两大类。从故事情节来看，这两类神话在藏缅语民族的神话中具有一定典型性，较为集中地表达了藏缅语先民的死亡观。当然，在其他类型的神话甚至宗教仪式中也包含着不少对死亡的看法。

"分寿型"神话指的是天神或太阳等至上神向包括人在内的各种事物分配长短不一的寿命的一类神话。"分寿型"通常还包括一个亚型"换寿型"。所谓"换寿型"神话指的是在"分寿"之后，因为各种原因，人与狗、鸡、蛇等动物交换寿命。一般而言，"分寿型"与"换寿型"在情节上往往前后相连。分完寿命然后再交换寿命，在情理上也合乎逻辑。当然，"分寿"与"换寿"分别成篇的情况也有。在藏缅语民族的此类神话中，普米族的《神牛喊寿岁》①，纳西族的《人狗换寿》②，羌族的《人脱皮》③，彝族的《人为什么会死》④，怒族的《人为

---

① 普米族民间文学编委会：《普米族故事集成》，中国民间文艺出版社 1990 年版，第37—38 页。

② 吴宝良、马飞：《中国民间禁忌与传说》，学苑出版社 1990 年版，第 281 页。

③ 孟燕等编：《羌族民间故事选》，上海文艺出版社 1994 年版，第 4 页。

④ 云南省少数民族古籍整理出版规划办公室编：《云南民族口传非物质文化遗产总目提要·史诗歌谣卷》（上），云南教育出版社 2008 年版，第 24 页。

什么会死》①，景颇族的《人生病为什么要杀牲祭鬼》②，珞巴族的《人死的原因》③ 都属于这种类型。

　　"分寿型"神话有一些共同之处：一是它们都强调人的寿命取决于神的意志；二是通过"分寿"，人从"永生不死"的状态跌入"生而有死"的状态。此外，神给人"分寿"有三种情况：一是由于人自身的原因被分得极短的寿命，比如在普米族神话《神牛喊寿岁》中，人因为睡过了头而只分得 12 年的寿命。二是牛、鸟、鼠、变色龙等信使"误传"了神谕，本该长寿的人类只得到极为有限的寿命，比如在彝族《人为什么会死》这一神话中，鸟的误传导致人类不仅有死，而且连黑头发的人（年轻人）都会偶然死亡。三是天神看见人类埋葬了死猴、死鸟等的尸体并伤心哭泣，于是天神惩罚性地让人失去了永生。在景颇族的一则神话中，针对人埋葬死尸并举行祭奠仪式的行为，神若有所思地说："人类可能想到生死了，那就满足他们吧！"从此，人类就有了悲欢离合，神"如人所愿"地把死亡赐予了人。

　　如前文所述，"换寿型"的神话可以单独成篇，此亚型在情节上有两种可能：一是通过"换寿"人的寿命得到了延长，其交换对象往往是狗、鸡等与人类较为亲密的家畜（家禽）；二是在被欺骗和蛊惑的情况下，人与蛇、四脚蛇等令人恐惧的野生动物交换皮肤，从此丧失了永生的能力。在羌族《人脱皮》这个神话中，一个女人抱怨蜕皮带来的痛苦，不料被蛇听见。蛇通过哄骗与这个女人交换皮肤，以致人不再蜕皮，同时就丧失了永生的能力。在羌族地区有一则俗谚叫"见蛇不打三分罪"，在《人脱皮》这个神话中则将这则俗谚包含的仇恨情绪视为人

---

① 左玉堂：《怒族独龙族民间故事选》，上海文艺出版社 1994 年版，第 21 页。
② 鸥鹍勃：《景颇族民间故事选》，上海文艺出版社 1991 年版，第 110—112 页。
③ 李坚尚、刘芳贤：《珞巴族门巴族民间故事选》，上海文艺出版社 1993 年版，第 106 页。

对蛇应有的报复意识，因为通过类似的神话，人们普遍相信是蛇骗走了人永生的能力。

"不死药型"的基本情节大致如下所述。首先，因为想治愈致命的病痛或想达到长生不老的目的，人们去寻找并获得了具有神奇功效的不死草、回生树等灵丹妙药。其次，在这些神药的帮助下，过世之人死而复生，在世之人长生不老。最后，往往由于人的疏忽大意或太阳、月亮等的偷窃，人失去了不死药，从而丧失了永生的可能。

"不死药型"神话从情节上明显地分为"寻得不死药"和"丧失不死药"两部分。首先，在"寻得不死药"部分，"生而有死"是"寻药"的逻辑前提，为了扭转这个令人沮丧、不安、恐惧的必然事实，人们决意寻求不死之药。其次，寻得不死药的方式有如下三种：一是寻药者通过自己的努力历经艰辛寻得神药；二是在老爷爷、老婆婆等他人的提示下寻得神药；三是在野兽、鸟雀等的启发下寻得神药。最后，在所有神话中，人们都寻得了功效神奇的不死药，它不仅能使死人再生、死去的动物复活，甚至能使天地万物生机勃发、日月山河永恒不朽。

总之，通过不死药，人类获得了一个短暂的"生而不死"时期。在"丧失不死药"部分，人类失掉了不死药，这也就意味着人类失去了永生的能力。正如前文所述，"生而不死"（永生）的观念与"生而有死"（死亡）的观念是互为前提的。在神话中，"寻药"以"生而有死"为前提，"丧失不死药"则以"寻得不死药"（生而不死）为前提。因此，"寻得不死药"之前的阶段（有死）与"丧失不死药"的阶段（有死）其实是同质的，都意味着死亡对于人的必然性。而要真切地意识到死亡，"不死药"这个永生观念的象征必然要置于意识的中心。在与死亡的对照中，"不死药"不仅使死亡（生而有死）的观念凸显出来，也使自身（生而不死）得到了形象的表达。

在藏缅语民族的神话中，彝族的《查姆·长生不老药》①，傈僳族的《神药的故事》②，哈尼族的《太阳和月亮》③、《不死草》④、《起死回生药》⑤、《人老不死药》⑥，拉祜族的《回生树》⑦、《天狗咬月亮》⑧，纳西族的《崇人抛鼎寻不死药》⑨，独龙族的《聪明勇敢的朋更朋》⑩，阿昌的《人为什么会死》⑪都属于"不死药型"的神话。

"不死药型"神话有一些共同之处：首先，在情节上雷同，一般都有"寻找不死药""寻得不死药"和"丧失不死药"等部分。其次，将死亡与永生进行对比：在情节上，"寻得不死药"与"丧失不死药"形成对比；在观念上，"生而不死"（永生）与"生而有死"（死亡）形成对比；在角色上，有死之人与不朽之神形成对比——神灵的不朽性与永恒性往往通过自然（物）来体现，最常见的是用太阳和月亮来象征这种永恒不朽的性质。

在绝大多数神话中，"分寿型"和"不死药型"各自成篇，但在有的神话中这两者混合在一起，比如在彝族史诗《尼苏夺节》⑫中，既有"寻找不死药"的情节，也有"分寿"的情节。"分寿型"和"不死药型"的神话在藏缅语民族中的分布呈现不平衡的特点。在属于藏缅语族

　　① 郭思九、陶学良：《查姆》，云南人民出版社 2009 年版，第 134—148 页。
　　② 祝发清：《傈僳族民间故事选》，上海文艺出版社 1985 年版，第 17—21 页。
　　③ 王正芳：《哈尼族神话传说集成》，中国民间文艺出版社 1990 年版，第 92—93 页。
　　④ 同上书，第 111—113 页。
　　⑤ 同上书，第 196—201 页。
　　⑥ 同上书，第 191—195 页。
　　⑦ 思茅地区文化局：《拉祜族民间故事》，云南人民出版社 1990 年版，第 30—33 页。
　　⑧ 同上书，第 34—35 页。
　　⑨ 中共丽江地委宣传部编：《纳西族民间故事选》，上海文艺出版社 1981 年版，第 62—68 页。
　　⑩ 左玉堂：《怒族独龙族民间故事选》，上海文艺出版社 1994 年版，第 248 页。
　　⑪ 攸延春：《阿昌族文学简史》，云南民族出版社 1995 年版，第 78—79 页。
　　⑫ 云南省少数民族古籍整理出版规划办公室：《尼苏夺节》，云南民族出版社 1985 年版，第 50—68 页。

的六个语支中，彝缅语支、羌语支以及景颇语支所属 13 个民族（详见绪论第 7 页页下注②）都发现了不少"分寿型"神话和"不死药型"神话，但是在藏语支、土家语支以及白语支中此类神话很少。

中国藏缅语民族"分寿型"和"不死药型"这两类神话的基本情况，详见表 2-3。

表 2-3   藏缅语民族分寿型和不死药型神话概况

类　型	情　节	结　果	方　式	神　话	民　族
分寿型	分寿	人从永生到有死	人的疏忽	神牛喊寿岁	普米
				人狗换寿	纳西
		人从自然死亡到非自然死亡	动物误传	头发没白的人也会死	彝
				人为什么会死	
				人为什么会死	珞巴
		人从永生到有死	天神赐死	人类和石头的战争	彝
				嘎美和嘎莎造人	独龙
				人为什么会死	怒
				人生病为什么要杀牲祭鬼	景颇
				死的来历	
				人原是不死的	珞巴
				人死的原因	

续　表

类　型	情　节	结　果	方　式	神　话	民　族
分寿型	换寿	不合理的寿岁到合理的寿岁	换得寿岁	人狗换寿	纳西
				分寿岁	
		人从永生到有死	丧失永生	神牛喊寿岁	普米
				人脱皮	羌
				人蛇换皮	普米
不死药型	寻药	人从有死到永生	人的努力	不死草	哈尼
				人为什么会死	阿昌
		人从永生到有死	别人提示	查姆·长生不老药	彝
				太阳和月亮	哈尼
				人老不死药	
				聪明勇敢的朋更朋	独龙
			动物启发	神药的故事	傈僳
				回生树	拉祜
				天狗咬月亮	
			人的疏忽	崇人抛鼎寻不死药	纳西
	失药		日月偷窃	寻找太阳头发的故事	傈僳
				起死回生药	哈尼
				天狗咬月亮	拉祜

在上面的论述中，我们从情节的角度对相关神话进行了梳理。在表2－3所示的"结果"一栏，我们可以发现这两类神话其实都表达了一些相同的观点。

首先，人是从永生变为有死的。这就是说人原本具有像神一样的永生不朽的性质，可是后来因为各种原因丧失了永生的能力，从而难逃一死。在这个过程中，"生而不死"的观念逐渐向"生而有死"的观念转移。

其次，人的寿命之有无、长短在于与他物的比较。人从长生不死转为生而有死之后，人的寿命成为意识的对象，寿命之长短成为一个与人的存在意义密切相关的问题。人的寿命之长短是在与神灵、日月、动植物等的比较中显出意义的。

最后，人不仅有自然死亡还有非自然的死亡。这些神话解释了人从永生到有死的根源，也解释了寿命长短的原因。不仅如此，人们还对非正常死亡的根源进行了说明。

总之，这些神话对死亡进行了三个层次的探究：一是将生命的有限性（死亡）放到存在的无限性（永生）这一框架中来反观人的死亡，并赋予死亡某种意义①；二是把人的自然寿命与其他生物的寿命进行比较，以此赋予人的寿命以意义②；三是将正常死亡（自然寿命）与非正常死亡（夭折）联系起来，并为非正常死亡提供了一种神话性质的解释③。

除表2－3列出的内容之外，藏缅语民族的分寿神话和不死药神话还涉及另外一些内容。

首先，这些神话普遍存在对"生而不死"（永生）阶段的想象。在

---

① 有生命的人与无生命的物之间形成对照。
② 有生命的人与有生命的动物之间形成对照。
③ 有正常寿命的人与夭折的人之间形成对照。

景颇族的《万物诞生·人鬼相处》这一神话中描绘了一个不知生死、人鬼共处的世界："潘万亩搔·折能章用种植的长生药，揉碎后撒到天上，撒到地下，日月永远存在，草木鸟兽不会死亡，天鬼、地鬼长存，人种永生，人和鬼都有相同的寿命。这时候，天和地是相连在一起的，人可以到天上，鬼可以生在地下，天上地下的人和鬼互相往来。天和地分不开，人和鬼和睦相处。"① 这样，"生而不死"的想象为"生而有死"的现实提供了一个必要的逻辑前提。

其次，这些神话包含着对"生而有死"这一认识的确认。在彝族史诗《梅葛》的《丧葬》② 一节中，经文详尽地列举了日月时令、山石草木以及虫鱼鸟兽都会死这一不可避免的事实，以此来类比、烘托人的必死性。经文中有这样的句子："早晨太阳出，晚上太阳落，太阳会出也会落，人和太阳一个样，会生也会死"③，"医疼的药倒有，医死的药没有"④。在这里，人们已经把死亡看作自然的生命过程而非只是由偶然因素所致的事件。这意味着在"生而有死"观念产生的阶段，人们对死亡的认识已取得了巨大的进步。因为，对于早期人类而言是不存在那种普遍意义的自然死亡观念的。"生而有死"对他们来说绝不是一个普遍事实。相反，"生而不死"的观念以无意识的形式决定着他们对待死亡的态度。对早期人类来说，根本不存在"人人都有一死"这种意义上的普遍的死亡概念，死亡对他们而言永远是个别人的偶然遭遇。因此，他们永远在意的是"为什么此时此地正是此人在这个特定时刻死去"⑤。

---

① 鸥鹛勃：《景颇族民间故事选》，上海文艺出版社 1991 年版，第 6 页。
② 云南省民族民间文学楚雄调查队：《梅葛》，云南人民出版社 2009 年版，第 216—251 页。
③ 同上书，第 224 页。
④ 同上书，第 226 页。
⑤ 〔德〕恩斯特·卡西尔：《神话思维》，黄龙保、周振选译，中国社会科学出版社 1992 年版，第 56 页。

这是因为他们并不具备像后神话时代的人们具有的那种自然观。后神话时代的自然观要求对时间与空间有新的感知与理解。如果像神话时代的人们一样，对时间与空间给予一种普遍的超自然认识，那么，任何一个时间点、任何一个地点都可能被他们看作"偶然的""特殊的""神圣的"。这样，超自然的神意（偶然性）将在任何时空点都起支配作用。由是之故，在神话时代，初民的头脑中并不存在一个普遍、必然的自然死亡观念，他们想要知道的永远是具体的时空下特定的人死亡的直接原因。又由于认识能力有限，他们必然把每一个人的死因都归之于超自然的偶然因素。因此，"人的死亡的发现是随着以'非自然的原因'解释死亡的原始死亡观的崩解开始出现的。"① 在这个意义上，彝族史诗《梅葛》中表达的"人和太阳一个样，会生也会死"的意识只能产生在较晚近的历史阶段。

最后，在傈僳族的《岩石月亮》② 与哈尼族的《永生不死的姑娘》③ 中，人们对个体生命的有限性通过种群连续不断的繁衍来予以弥补，将个体的有限性与群体的无限性统一到了一起。在《岩石月亮》中，人们因生命有限、人类必死而发出喟叹："生命只是有限的时光，怎能不发愁呢?!"④ 最后，人们以"让儿女们出走，让人类世代接续"消除了人们的愁绪。在《永生不死的姑娘》中，天、地、太阳、月亮、庄稼、年、水、树、人9个神灵到大神沙拉那里寻求长命。最终，神王阿匹梅烟用9天时间生出9个姑娘，然后把9个姑娘嫁给了9个神，以此来满足9个神灵提出的"长命"要求。从此，"天再也不会坍，地再

① 段德智：《西方死亡哲学》，北京大学出版社 2006 年版，第 48 页。
② 祝发清：《傈僳族民间故事选》，上海文艺出版社 1985 年版，第 15 页。
③ 王正芳：《哈尼族神话传说集成》，中国民间文艺出版社 1990 年版，第 100—104 页。
④ 祝发清：《傈僳族民间故事选》，上海文艺出版社 1985 年版，第 15 页。

也不会陷，太阳月亮永远有光，庄稼永远永远栽不完，江河泉水流不断，日子永远过不完，树林青草永远绿，世上永远有人烟"①。总而言之，在这两个神话中，人们已经懂得从种群延续的角度去看待个体生命的有限性，将个体的必死性纳入种群的永恒性中，用种群存在的绝对意义来替代和消弭个体存在的虚无性，从而在形成了新的死亡观念的同时解决了个体存在的意义。但是，这种观念必然是人类进入文明时代之后的产物，在神话时代很难形成这样的死亡观。

三　从"生而不死"到"生而有死"

从表 2-3 中我们可以看出，在多数神话中都有这样的情节或观念：人起先是不会死的，人像神一样永存不朽。此时，人或者本就具有永生的能力②，或者像蛇一样通过蜕皮而青春永驻③，或者通过不死药获得不老不死的能力④。对人类早期生活情境作如此美好的想象，这样的例子几乎在人类所有民族的神话中都可以发现。米尔恰·伊利亚德说：

> 在古代社会中，人们倒可看到人类长生不老的观念，也就是说，他们深信不疑的是，虽然人不再是永恒不死的了，但只要敌对的力量不来杀害他，他也会无限地活下去的。换言之，自然的死亡简直是难以想象的。正是由于偶然事件和魔鬼的阴谋，人类祖先才丢掉了其不朽性，因而，人现在之所以要死，是因为他成了魔法、鬼怪以及其他超自然力侵入者的牺牲品。⑤

---

① 王正芳：《哈尼族神话传说集成》，中国民间文艺出版社 1990 年版，第 104 页。
② 左玉堂：《怒族独龙族民间故事选》，上海文艺出版社 1994 年版，第 21 页。
③ 孟燕、归秀文、林忠亮：《羌族民间故事选》，上海文艺出版社 1994 年版，第 19 页。
④ 王正芳：《哈尼族神话传说集成》，中国民间文艺出版社 1990 年版，第 111—113 页。
⑤ ［美］米尔恰·伊利亚德：《神秘主义、巫术与文化风尚》，宋立道、鲁奇译，光明日报出版社 1990 年版，第 44 页。

　　将人类早期阶段看作一个永恒而幸福的黄金时代是一种较为普遍的看法。那时，人类长生不老、无忧无虑、吃用不愁、和平安宁。这个黄金时代的一个重要特点是"人不会死"。而这个"人不会死"究竟是什么意思呢？我们知道，人不可能不死。因此，神话中"生而不死"的观念绝不可能是对人类早期生存境遇的真实反映，而只能是神话时代的人们对过去的一种美好想象。而在这种想象中包含着人们对死亡的最初认识。

　　死亡的起源和人的起源是联系在一起的。如前文所言，谈论死亡就是谈论人的生存。因而，把生存当作一个对象来谈论的时候人才是真正的人。因此，从发生学的角度来看，历史上必然存在一个人还没有成其为人的阶段。此时，人与动物还没有拉开真正的差距，尚无本质的分别，两者有着相似的精神状态，也就是说：人和他的生命活动尚处于混沌不分的同一性之中，这样，人也就谈不上对"死亡"的意识。人如果没有意识到死亡的真正含义，死亡当然也就像根本不存在似的。如果死亡这一个事实并没有置于意识的焦点上，人在主观上就不会有死亡意识、死亡观念。从主观上看，人"没有死亡意识"，从客观上用神话来回顾和表述就是人"不会死亡"以及人的"长生不老"。相反，人一旦意识到死亡的意义，即使是些微的怀疑都必然构成对永生这一观念的挑战。因此在神话中，所谓的"永生不死""长生不老"不是实指，而是神话时代的人们对更早的不知生死为何物的阶段的反思与表达。"永生"指代的是死亡还未成为意识的重要对象这一阶段的生命状态。总之，永生与死亡是一体两面的事物，没有死亡，也不能形成永生的观念；没有永生的观念，生命之有限性的观念也难以成立。因而，"所谓古代人有生无死，是说原始人起初还没有对于生与死的意识。只有死的意识明确起来，生的观念才能突出出来。"① 相反，如果人一直没有意

---

① 王钟陵：《神话中的生死观》，《汕头大学学报》（人文科学版）1993 年第 2 期。

识到死亡对于人的真正意义，按神话的表达方式就可以说：人一直无意识地长生不老。弗雷泽对《旧约·创世纪》中的智慧树有一经典的分析，从中我们可看到与上面类似的阐释。弗雷泽认为："在初始的故事中存在两棵树，生命树和死亡树：男人可以自由地吃其中一棵树的果实从而永生，或吃另一棵树的果实并死去。"① 弗雷泽进一步认为：死亡树其实就是智慧树，而生命树在故事中被隐匿起来了。因此，弗雷泽想表达的意思是：人吃了智慧树上的果子，这意味着人对死亡的意识与觉察。概言之，是智慧让人意识到死亡。但在意识到死亡的同时，人就无可避免地因他意识到了生命的有限性（死亡）而产生持续不断的痛苦，以致最终失掉了伊甸园特有的那种懵懂无知的幸福。总之，对死亡的意识使人成其为人，但对死亡的认识也使人不得不忍受智慧带来的痛苦——生而必死的认识带给人无穷无尽的恐惧感与虚无感。

在表 2－3 的"结果"一项中，我们可以发现多数神话都解释了"人从永生到有死"的原因，或者说对"人的死亡之来源"进行了解释。人丧失"永生"的第一种原因是神对人埋葬动物死尸感到不满，从而惩罚人。在珞巴族的《人为什么会死》②、彝族的《阿赫希尼摩·长寿和死亡》③ 和《人为什么会死》④、怒族的《人为什么会死》⑤、独龙族的《嘎美和嘎莎造人》⑥、景颇族的《人生病为什么要杀牲祭鬼》⑦

① ［美］阿兰·邓迪斯：《西方神话学读本》，朝戈金等译，广西师范大学出版社 2006 年版，第 97 页。

② 李坚尚、刘芳贤：《珞巴族门巴族民间故事选》，上海文艺出版社 1993 年版，第 103—106 页。

③ 云南省少数民族古籍整理出版规划办公室：《彝族创世纪——阿赫希尼摩·长寿和死亡》，云南民族出版社 1990 年版，第 64—70 页。

④ 云南省少数民族古籍整理出版规划办公室编：《云南民族口传非物质文化遗产总目提要·史诗歌谣卷》（上），云南教育出版社 2008 年版，第 24 页。

⑤ 左玉堂：《怒族独龙族民间故事选》，上海文艺出版社 1994 年版，第 21 页。

⑥ 同上书，第 229—230 页。

⑦ 鸥鹋勃：《景颇族民间故事选》，上海文艺出版社 1991 年版，第 110—112 页。

和《死的来历》①、珞巴族的《人原是不死的》② 等神话中都包含着类似的情节。为分析方便，现举怒族《人为什么会死》这则神话为例：

> 很古的时候人是长生不老的，动物和植物也不会死。有一天，一只松鼠被乌鸦啄掉的松球砸死了。松鼠死去的消息一传开，人们惊恐万状，不约而同来到松树下，团团围住松鼠，伤心地哭起来。大家一边哭一边为松鼠用树叶缝葬衣，用木板做棺材，并很隆重地举行了葬礼，挖坟掩埋了松鼠。这事被天神知道了。天神飞到人间，郑重地向人们宣布说："你们对死既然这样感兴趣，讲排场，那么，从今天起，我就让你们有少有老，有生有死，有悲有喜。"从那以后，地上的人就会死了。人死后，人们也仿照为松鼠办丧事的做法，为死者缝葬衣、做棺材、举行葬礼、挖坟掩埋。直到今天，怒族人还保留着这一习俗。③

在这则神话中，人类为一只死松鼠举行葬礼，这种举动却让天神不满。天神认为人类"对死亡感兴趣，喜欢讲排场"，于是就让死亡降临人间。在彝族的神话中，取代死松鼠位置的是死猴，在景颇族神话中是一只死去的黑貂鼠，在珞巴族的神话中是一只死狗，在独龙族神话中则是一对叫"布"和"男"的人。总之，在神话中，人类举行首次葬礼的对象多为死去的动物，这意味着什么呢？

我们必须认识到，人们在神话中第一次表达死亡这一观念即意味着人对自身的认识，而与人相对的客观环境则是人认识自己的一面镜子，因为世界不过是人的本质的对象化。因此，对于早期人类而言，自然世

---

① 陶阳、钟秀编：《中国神话》（下册），商务印书馆2008年版，第1075—1076页。
② 李坚尚、刘芳贤：《珞巴族门巴族民间故事选》，上海文艺出版社1993年版，第107—108页。
③ 左玉堂：《怒族独龙族民间故事选》，上海文艺出版社1994年版，第21页。

界不仅是人认识自身、表达自身的方式，它更为人提供了认识与表达的材料（符号）。这意味着在神话中，自然往往是社会的象征，因而神话中的动物不是实指而是一种象征，它们象征着正要从动物中脱颖而出的人类自身。如果神话中直接说是人类死了，这就很难表达出早期人类与动物甚至整个世界所具有的那种同一性。早期人类的思维像动物一样具有与世界同一的混沌性，这在黑格尔被描述为"'精神'汩没于'自然'之中"，在马克思被定义为"生命活动尚未成为意识的对象"，按列维－布留尔的说法就是人类尚处于一种打破时空观念的普遍的"互渗"状态①。人的这种思维状态必然要求一种与之相适应的与动物、植物、神灵乃至整个世界浑然一体的特殊关系。因此，神话中的自然观与文明时代的自然观是不一样的。在神话中为动物举行葬礼其实也就是为人举行葬礼，因为在早期人类尚未分化的混沌头脑中，人与动物的差异可能并不比人与人的差异更大。

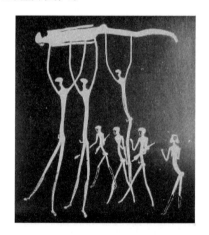

图 2 - 2　纳米比亚布须曼人崖壁画表现的葬礼场面

采自陈兆复、邢琏《世界岩画Ⅰ》，文物出版社 2010 年版

---

①　列维－布留尔认为："原始人的行为是受一定的神秘关系的总和支配的，这些神秘关系决定于社会集体的集体表象，它们和集体表象本身一样又都是受互渗律支配的。"参见［法］列维－布留尔《原始思维》，丁由译，商务印书馆 2010 年版，第 221 页。

在有的神话中，人懂得了哭泣于是就有了死亡①。其实，不论是哭泣、祭奠还是做寿衣、制棺材，都是人类葬礼中最常见的事项，它们出现在神话中是人具有死亡意识后的结果而不是产生死亡意识的原因。对于这些神话，与其说是天神因为人类举行葬礼而惩罚性地将死亡带到人间，不如说是因为人类充分意识到了死亡的存在而通过葬礼来"适应"这个残酷的事实——死亡。死亡不仅是生理意义上生命的终结，更是集体意识的转化与解决：对于死亡的意识必然要求人类通过宗教性的祭奠、仪式性的哭泣来赋予死亡意义。

除了天神通过惩罚、分寿等方式干预人的寿命使人失掉永生的能力之外，另一种情况是月亮、太阳偷走了人的不死药，以致人类从此失去死而复生、青春永驻的可能。这一类神话数目众多，彝族的《查姆·长生不老药》②，傈僳族的《神药的故事》③，哈尼族的《起死回生药》④，拉祜族的《天狗咬月亮》⑤，纳西族的《崇人抛鼎寻不死药》⑥都属于这个类型。这些神话在情节上的一个共同之处是：人类曾经获得了永生不死的神药，但是因为太阳或月亮（尤其是月亮）的偷窃导致人类丧失了永生的能力。比如拉祜族的《天狗咬月亮》这个故事，其大概情节如下所述：

> 从前，有个拉祜族姑娘名叫娜米。一天，她家养的一只狗突然死去，娜米伤心极了，将它的尸骨好好地保存起来。娜米在小雀的

① 李坚尚、刘芳贤：《珞巴族门巴族民间故事选》，上海文艺出版社1993年版，第103—106页。

② 郭思九、陶学良：《查姆》，云南人民出版社2009年版，第134—148页。

③ 祝发清：《傈僳族民间故事选》，上海文艺出版社1985年版，第17—21页。

④ 王正芳：《哈尼族神话传说集成》，中国民间文艺出版社1990年版，第196—201页。

⑤ 思茅地区文化局：《拉祜族民间故事》，云南人民出版社1990年版，第34—35页。

⑥ 中共丽江地委宣传部编：《纳西族民间故事选》，上海文艺出版社1981年版，第62—68页。

启发下找到了仙草，死狗居然活过来了。天上的月亮看到人间有这种起死回生的神药，就把她的药偷走了。娜米在蚂蚁的帮助下垒起一个土山，想要向月亮夺回神药。狗一跃，土山就垮下来，娜米姑娘被土山压死了。狗见主人死了，想夺来灵药相救，就狠狠地咬月亮，就把月亮咬缺了，这就发生了月食。①

"不死药型"神话具有一些模式化的情节。首先，在不少神话中，人们往往是通过对鸟雀、野猪、蛇等动物的观察而受到启发，在这种启发下才寻找到了不死药。傈僳族的《神药的故事》中，那个瘫痪了的丈夫在看到蛇通过一种树叶救活另一条蛇，在此启发下才发现了不死药；拉祜族的《回生树》中，野猪用树皮救活小猪，这启发了那个孤儿，他由此获得了不死药。总之，这些情节具有一定的现实性，也就是说早期人类的各种生活经验、知识技能有很大一部分是通过对动物的观察获得的。其次，月亮或太阳偷走人类的不死药，这一神话母题旨在将人与日月进行对比，在日月万古长存的不朽性中显示出人的有朽性。人的死亡及其寿命的长短与其他事物一样都是一个自然事实，但是人的死亡及其寿命的长短还必须具有社会意义。因而，在神话中，这种人必需的社会意义是在与日、月、山、石、树、动物等事物的对比中形成的。在彝族《人类和石头的战争》这一神话中人与石头进行了对比，石头的永恒性（永存不坏）和无生命性（不能活动）与人的有死性、生命性（能自由活动）形成对比。用结构主义神话学的符号表示法来表达即：

人：智慧：丧失永生：：石：无智慧：丧失繁殖 ②

---

① 思茅地区文化局：《拉祜族民间故事》，云南人民出版社1990年版，第34—35页。
② 在结构主义神话学中，"："与"：："这两个符号是表示同构关系的常用符号。"："可以读作"之于"，"：："读作"相当于"。

在纳西族《崇人抛鼎寻不死药》这一神话中，三兄弟好不容易找到不死药，可是在逃亡途中一不小心将其洒落，于是，"由于不死药的效力，天地不老，日月放光，山不老，石不碎，树不倒，海不枯，蛇断成两截也能连。"① 而人则由于失去了不死药终究不能死而复生。总之，不论是在"分寿型"神话中还是"不死药型"神话中，人作为有死的生命体往往与不死的无生命的天地、日月、山石形成对比。而这种对比通过对其他事物具有的那种无生命的不朽性的揭示，为必死的人的存在赋予了意义和价值。除了这些无生命之物，在日月偷窃不死药的神话中往往有动物如兔子、狗会在人向月亮要回不死药的过程中跳进月亮。在笔者看来，动物与月亮之关联的真正含义是：兔、狗等动物象征着与人相对的动物性，它意味着非人的动物永远意识不到死亡的真相，故而，它们的存在与月亮的永恒具有类似的性质。在中国流传广泛的《嫦娥奔月》神话中，月中之树随砍随生，这也象征着非人的植物缺乏死亡意识，故而获得永生。因此，此类神话总是构成一个由无生命的天地、日月、山石以及有生命但无生命意识的植物（树）、动物（兔、狗）等组成的结构整体，这些事物具有的永恒不朽的属性以对比的方式反衬出人的生命的有限性对于人的意义和价值。赫拉克利特曾说：有死的是不死的。因而，像人这样能意识到自身之必死性的人一辈子都在为自身寻求不朽的意义；相反，像日、月、草、木等事物既然不能意识到自身的有限性，因而也就无所谓死不死了。在换寿神话中，"人蛇换寿"神话是比较常见的神话类型。普米族的《人蛇换皮》以及羌族的《人脱皮》都属于此类神话。普米族《人蛇换皮》的情节梗概如下：

　　远古时人通过脱皮就可长生不老。人不想忍受脱皮之苦，于是

① 中共丽江地委宣传部编：《纳西族民间故事选》，上海文艺出版社1981年版，第68页。

就与只有五六十年寿岁的蛇进行了交换。从此，蛇蜕皮而长生不老；人不再受脱皮之苦却只能活五六十岁。人后来后悔了，认为生离死别之苦比脱皮之苦还厉害，于是向蛇索回人皮。蛇拒绝了人的要求，人因此对蛇愤恨不已，见蛇就打。①

"人蛇换寿"神话的流传非常广泛，认为蛇通过换皮因而可以长生不死看来是早期人类的普遍看法。从东非的瓦斐帕人（Wafipa）、瓦本德人（Wabende）到南亚的杜松人（Dusuns）以及美洲的阿拉瓦克人（Arawaks）等许多族群都流传着此类神话。在普米族和羌族的神话中，人与蛇交换皮肤导致人失去了永生的能力，但在另外一些神话尤其是"分寿岁型"神话中则往往是由于某个动物的口误导致人丧失了永生的能力。比如在彝族《人为什么会死》这一神话中是这样说的：

> 世间万物都会死，有生就有死，人也不例外。很早以前人类不会死，人们为死鸟办丧事的事被老天知道后，老天以为人喜欢死，就派大鸟下凡传话，让人活到头发白、皮皱时死亡。可是大鸟还来不及传话就被人追打，一生气就传了反话，从此以后，白头发和黑头发的人都会死，皮皱、皮嫩的人都会死。②

这类"误传神谕"的神话在分布上也十分广泛，在全世界许多民族中都可以找到。在这里，总是要在动物向人类明确"误传"之后，人类才真正失去永生。因此，就"言语的误传"这一行为的性质来看，此

---

① 普米族民间文学编委会：《普米族故事集成》，中国民间文艺出版社1990年版，第38—39页。

② 云南省少数民族古籍整理出版规划办公室编：《云南民族口传非物质文化遗产总目提要·史诗歌谣卷》（上卷），云南教育出版社2008年版，第7页。

类神话表达的绝不是一个自然事实，而是一个观念。动物信使的"误传"说明，死亡不是或主要不是任何外因的结果，而是人类获悉天神的一句话而"意识"到的。所以，根本而言，死亡是人的一种意识、认识，一种观念，与生命体的自然死亡这一事实并没有决定性的关联。也就是说，死亡只有对意识到了死亡之意义的人来说才具有效力，如果像动物一样对死亡毫无意识，死亡即使天天发生在它们眼前，它们也无动于衷。动物信使们在传达完神谕之后，死亡就开始生效，这更说明"话语"和"认识"的一种关联。在神话中，信使的话语与现实是等同的，话语具有最直接的现实化力量。

总之，无论是日月偷窃不死药、人蛇换寿还是动物误传，这些神话都告诉我们，"仁慈的神祇本要将永恒更新的生命指派给人类，但是低等生物夺去我们无价的恩惠。"[①] 因此，这些神话传达了这样一个观念：正是因为动物和植物都意识不到"死亡"的意义，因而它们"永生"；人的智慧使人意识到死亡和个体生命的有限性，从而使死亡成为人的烦恼与痛苦。这正如思想家孟德斯鸠所言："兽类缺少我们所具有的高级的优点，但是它们有我们所没有的优点。它们完全没有我们的愿望。但是它们却也没有我们的恐惧；它们同我们一样遭受死亡，但是不了解死亡。"[②] 总之，在以上的论述中，影响人寿命的事物如大神、日月、蛇、狗等以其自身的特性反衬出了死亡对于人的意义。

---

① ［美］阿兰·邓迪斯编：《西方神话学读本》，朝戈金等译，广西师范大学出版社2006年版，第117页。

② ［法］孟德斯鸠：《论法的精神》（上），张雁深译，商务印书馆1961年版，第3页。

第三节 精灵故事：以羌族"毒药猫"信仰为例

"精灵神话"是一类反映人与精灵关系的神话类型。此类神话建立在灵魂信仰的基础上。所谓灵魂信仰指的是初民的一种信念。一般认为："存在一种能够寄寓于肉体或事物同时又可独立生存的非物质的灵魂。这种'非物质的灵魂存在'附着于所有生物和无生物，在这些生物和无生物灭亡后，它仍可继续生存。它包括亡灵、精灵、妖怪等。灵魂存在左右人的生命和思维，具有与所有者同等的意义，也能游离于附着体飞行、飘移。这种观念不只存在于原始宗教，它也是现存各种宗教的重要组成部分。各种宗教形态——从灵魂、死灵、祖先崇拜、动植物崇拜、图腾崇拜、自然崇拜，到萨满教、物神崇拜——都以万物有灵观念为其基础。"① 灵魂信仰在早期人类中普遍存在。人们相信人死后灵魂不灭，并能作用于活着的人：一种情况是亡灵在另一个世界保护着自己的亲属，并伺机转投到人世获得再生；另一种情况是他们采取不利于活人的行为，使之得病或遭受厄运。总之，在初民看来，他们的生活时时刻刻都受到各种精灵的干预、影响。

值得注意的是，在羌族地区至今存在着对一种特殊的精灵——毒药猫——的信仰。此外，在纳西族、藏族、汉族乃至非洲的阿赞德人（Azande）中都有类似毒药猫信仰的现象。纳西族东巴经中即记载有

---

① ［日］祖父江孝男等编：《文化人类学事典》，乔继堂等译，陕西人民出版社1992年版，第252页。

360 个尖头黑身并由妇女豢养致人病痛的"毒鬼"①。拉萨一带藏族有作为替罪羊的"背鬼人"（鲁贡）习俗②。《隋书》卷七九、《北史》卷六一、《太平广记》卷一三九都记载隋代大业年间"猫鬼事起"③。阿赞德人认为"销蚀性的慢性疾病就是邪恶的精灵导致的"④。在此，对精灵的讨论我们主要以羌族的"毒药猫"信仰为例。

　　羌族聚居于川西北岷江、涪江上游的山区、河谷地带，其传统聚落散布于岷山、龙门山的褶皱间。羌族村寨一般由数十户人家组成，房屋毗邻而建，在多数地方至今仍保持"依山居止、垒石为室"⑤的传统聚落形态。村寨之间相隔不远，一道山梁或一条小溪往往是其自然分界线⑥。村寨内房屋毗连、布局紧凑、羌碉耸立，这与历史上村寨间资源竞争所致的相互对抗有很大关系。紧张的村际关系强化了人群的凝聚力，也影响了寨内建筑的布局，形成了防御型的聚落形态⑦。

　　像其他无文字社会一样，羌族有着丰富的口头文学，毒药猫可能是其中最具特色的一类民间故事。毒药猫故事主要在岷江、涪江上游的四川茂县、汶川县、理县、黑水县、北川县等羌族村寨中流传。故事通常围绕毒药猫变形、附体、害人、吃人的恶行展开，以毒药猫被消灭、被制服或改邪归正为结局。毒药猫故事的独特之处在于：毒药猫不仅出现

---

① 杨学政主编：《中国原始宗教百科全书》，四川辞书出版社 2002 年版，第 164 页。
② 廖东凡：《雪域西藏风情录》，西藏人民出版社 1998 年版，第 465—469 页。
③ （宋）李昉等：《太平广记》，中华书局 1961 年标点本，第 1004 页。
④ ［英］埃文思－普里查德：《阿德赞人的巫术、神谕和魔法》，覃俐俐译，商务印书馆 2010 年版，第 52—73 页。
⑤ （南朝宋）范晔：《后汉书》，中华书局 1965 年标点本，第 2857—2858 页。
⑥ "山分梁子水分亲"是当地人表达村寨间自然界限的常用俗谚。此外，人们通过在交界地带建山王庙、山神庙来划分村际界限。参见李鸣《羌族法制的历程》，中国政法大学出版社 2008 年版，第 291 页。
⑦ 季富政：《中国羌族建筑》，西南交通大学出版社 2000 年版，第 53—54、78、89 页。

在故事中，而且在几乎每个村寨都存在被认为是毒药猫的人①。毒药猫在故事文本与社会情境中"共存"，这意味着毒药猫故事与村寨内外的社会关系、价值观念以及社群心理等社会现实有着非常紧密的联系。

在羌语中，"毒药猫"通称为"du"，在不同的方言区其称谓有所不同：松潘小姓乡称为"ala－bye－hwo"；茂县、汶川县一带称"du"；理县薛城称为"se－ee－nar"；理县下孟到嘉绒藏区称"da－duo－ke－la"；黑水县麻窝一带叫"ho－zay"②。"du"有两层意思，一层指"活鬼"，即村寨里与故事中作为行为主体的毒药猫；另一层指"毒"，即与毒药猫相关的毒药、毒性以及污秽的观念③。在汉语中，除"毒药猫"的通称之外，还有"毒药婆""毒药鬼"和"犊疫"等汉译名称④。

毒药猫基本上都是女性⑤，她们结成团体⑥，使用各种法器⑦，通过变形、附体、恶眼、接触等方式伤害人，受害者多为家庭中的丈夫、儿子或村寨里的老人、小孩，其行为方式具有显著的巫术特征。除猴子之

---

① 毒药猫在羌族村寨中的存在是一个"公开的秘密"。为了避免被毒药猫所害或免于纠纷，人们一般不会在公共场合宣称某人是毒药猫。但是，村寨中谁是毒药猫大家都心知肚明。

② 陈安强、贡波扎西：《神话、传说与故事：岷江上游的"毒药猫"文化现象探秘》（一），《阿坝师范高等专科学校学报》2006年第3期。

③ 同上。

④ 杨学政主编：《中国原始宗教百科全书》，四川辞书出版社2002年版，第164页。

⑤ 毒药猫为男性的案例极少。在笔者的调查采访中，无论是故事中还是村寨中的毒药猫通常都是女性。被看作毒药猫的男性其身份往往也具有边缘性或二重性的特点，或是本该禳除邪恶却居心不良的释比，或是从外地来的上门（入赘）女婿。

⑥ "毒药猫们在（水）磨坊开会策划吃人事宜"这一模式化情节可说明毒药猫的团体性。此情节保留着母系时代女巫团体的历史痕迹。

⑦ 法袋里装着各种动物的毛发、线绳、水碗等。

外，毒药猫几乎可变形为任何事物①，通常变形为猫②。她与灶神关系密切③；其对头或克星是羌族社会中的专职巫师：释比④。作为娶进本寨的外来女性，加之与动物、灶神的关联，其身份具有过渡性与二重性。其传承的惯例是：传女不传男，传内不传外；其外形上的识别特征一般为眼睛发红⑤、指甲很长。显然，在羌族人心中，毒药猫是一种害人的妖怪、鬼精、恶魔或邪灵。

毒药猫故事为我们理解传统羌族村寨之社会本相提供了一个绝佳的渠道。保罗·利科说："世界是一个由文本打开的指称整体。"⑥。我们知道，文本是诠释的必然中介。在世界、文本与人构成的诠释学循环中，通过文本这一"表征"，我们才能"打开"作为"社会本相"或"社会情境"的"指称整体"。对此，王明珂也认为："'文本'之意义，

---

① 毒药猫的变形（附体）对象从有生命的动植物、昆虫到无生命的石头，在毒药猫故事中都有所体现。

② 猫的昼伏夜出、阴柔、超强的繁殖力、活动范围的游离性及其身份的模糊性（家猫与野猫之间的边界是模糊的）都与作为社会成员的"毒药猫"（外来女性）有许多相似之处。因此，故事中"du"多以猫的形象出现并在汉译中通称为"毒药猫"。比如，王明珂就认为："猫打破驯养动物与野生动物的区分，就如女人打破本地人与外地人间的区分一样。"参见王明珂《羌在汉藏之间》，中华书局 2008 年版，第 99 页。

③ 在羌族人的观念中，灶神是向天神通报家庭情况的中介（信使），作为"外来女性"的毒药猫具有与灶神类似的中介性。此外，毒药猫一般都是女性，而女性在羌区一般都是家务事的主要承担者。因此，不仅是灶神（灶），在许多故事中面柜子（装面粉的木质箱子）也通常被看作毒药猫的交通工具，犹如西方语境中的女巫总骑着扫帚出行。

④ 释比是羌族社会具有正统地位的神职人员，羌语称"许""释比"或尊称"阿爸许"，汉语称"端公"。在祭山、还愿、安神、驱鬼、除秽、治病、招魂、消灾以及婚礼、葬礼中都需要释比来主持和引导。关于羌族释比的研究，参见赵曦《神圣与亲和：中国羌族释比文化调查研究》，民族出版社 2010 年版；冉光荣等《羌族史》，四川民族出版社 1984 年版，第 342—346 页；钱安靖等编《中国各民族原始宗教资料集成·羌族卷》，中国社会科学出版社 2000 年版，第 488—500 页。

⑤ 在非洲的阿赞德人中，致人生病的女巫也有类似的识别性特征："人们根据发红的眼睛来断定某个人是巫师。如果人们发现一个人的眼睛红了，就会说他是巫师。这个结论也适合眼睛发红的妇女。"参见［英］埃文思－普里查德《阿德赞人的巫术、神谕和魔法》，覃俐俐译，商务印书馆 2010 年版，第 52 页。

⑥ ［法］保罗·利科：《诠释学与人文科学》，孔明安等译，中国人民大学出版社 2012 年版，第 164 页。

在于'文本'与'情境'的相互诠释，文本产生于情境中，情境也在文本中浮现。若将文本视为一种'表征'，情境则为社会现实本相。"①在此，毒药猫故事反映了传统羌族村寨的社会本相，故事反过来又影响了个体的情感、认知与实践。正是基于对故事与情境、文本与世界之关系的认识，在下文中，笔者将首先区分出毒药猫故事的三种类型，然后再归纳出这种故事的情节模式，以此揭示毒药猫故事（文本）的内外结构。接着，笔者将把文本置于社会情境中，先从历史（纵向）的角度解答毒药猫故事中两性冲突的社会根源，再从社群关系（横向）的角度阐述毒药猫身份的二重性。

一 毒药猫故事的文本结构

（一）外部结构：基于内外情境关系的故事分类

毒药猫故事与其所在的社会情境关系密切：村寨中的毒药猫经常就是故事中的主角；故事中的毒药猫反过来又影响人们对待村寨中的毒药猫及其家庭的态度；故事讲述人往往还是毒药猫事件的亲历者，他们都习惯性地对毒药猫现象发表评论。所有这一切都是毒药猫故事不可分割的组成部分，只有充分考虑这些情境因素才能对故事作出恰当的解释。

在诠释学的基本观点中，故事（文本）、社会（世界）和故事讲述者（人）这三者构成了一个双向的循环结构；此三者中的任何二者之间关系的发生都必须通过作为中介的第三者才能实现。就"讲故事"这一"场域"来看，文本与世界通过"讲故事"这一活动勾连了起来，或者说：故事的内外两种"情境"在此发生了关联。在此，我们将故事本事发生的社会背景称为故事的"内情境"，将故事讲述者所处的社会

---

① 王明珂：《羌在汉藏之间》，中华书局 2008 年版，第 110 页。

背景称为故事的"外情境"。"讲故事"这一"场域"的特殊之处在于它将故事内外两个"情境"联系了起来。普罗普曾说："正确的分类是科学描述的初阶之一。"① 在这里，故事内外"情境"间的关系则恰好为我们对毒药猫故事进行分类提供了依据。在此，为分析之便，笔者挑出三个代表性的故事为例：

A. 从前有一个老婆婆，是一个毒药鬼。她的男人被她害死之后，她与儿子一起生活。一天，当毒药猫王的老婆婆在家与别的毒药鬼开会②。毒药猫们商量说，今天要吃老婆婆的媳妇。老婆婆说她的媳妇有许多娃娃要喂养，不能吃③。于是，毒药猫们商量吃她的儿子。这事被儿媳听见，儿媳很为难，想告诉自己的丈夫，又怕丈夫不信。她犹豫再三，告诉了在外耕田的丈夫，并给他带去了一把长刀，使他有所防备。下午，儿子赶着两头牛回家，途中在河边让牛吃水时，那头花牯牛突然眼睛发红、全身发抖，对准儿子便冲了过来。儿子对准牛肚子就是一刀，花牯牛大叫一声，倒地而死。儿子回到家里，却见花牯牛并未死，还站在自家院里；而自己的母亲却从楼上滚下来，卡在楼梯上，很快断气。原来，儿子让牛吃水时，毒药鬼母亲把灵魂附在了花牯牛上，想一角戳死儿子。结果，

---

① ［俄］普罗普：《故事形态学》，贾放译，中华书局 2006 年版，第 3 页。

② 毒药猫在故事中不仅仅形成了团体，往往还有头领，称"毒药猫王"。在猫王的带领下，她们定期开会谋划盛大的人肉宴。相似情节可参见［英］布里吉斯（Robin Briggs）《与巫为邻：欧洲巫术的社会和文化语境》，雷鹏、高永宏译，北京大学出版社 2005 年版，第 30—63 页。由此可见，关于女巫团体在深夜举行人肉宴的情节具有普遍性。

③ 毒药猫作恶多端，但在这里她居然以"喂养娃娃"为由不吃自己的儿媳，表面上看似乎不合理。但是，这不过是一个外来女性（毒药猫）帮助另一个外来女性（儿媳）以体现整合社群、繁衍种群的功能而设置的托词。毒药猫（外来女性）的二重性身份既造成了社群的区分与对立，又促成了社群的整合与安宁。相关论述参见本章"二 毒药猫故事的社会情境"之"（二）社群冲突：村寨之间的对立与合作"部分。

儿子当场把花牯牛杀死，母亲也就死了。（四川省茂县沟口乡）①

在 A 故事中，发生的时间、地点、人物与故事讲述者所处的社会背景都没有明确、直接的联系，故事的背景被置于模糊而遥远的"从前"。在这里，讲述者也没强调故事内外情境之间的关联。A 故事可看作内外情境完全分离的类型。这类故事数量不多，但是都形成了固定、统一的模式化情节。此类故事我们可称其为"去情境化"的故事（以下简称"A 型"）。从文类的角度来看，A 型与民间叙事中的"神话"类似②。

B. 我爷爷是一个释比，他说他整治过毒药猫。他说他的一个表嫂就是毒药猫。大集体③时候，他去邻村黄土坎④给张家的小孩做法事驱病，在路上就碰到了这个表嫂。这个表嫂变成了一只驴在那儿吓爷爷。爷爷知道是毒药猫变的，就用裤腰带⑤把驴子拴着骑到了村上。到了后就把这只驴拴在石磨上。爷爷正要走，驴就说："兄弟，你把我放了嘛，他们都要把我打死了，你放了我嘛。"原来家中娃娃哭着要吃奶，可家里人怎么弄表嫂她都不醒。爷爷对驴

---

① 此故事为笔者于 2013 年在茂县沟口乡听肖永庆（释比）讲述而整理。类似的版本（异文）较多，见西南民族学院《羌族文学简史》编写组编《羌族民间文学资料集》（一），1987 年版，第 61 页；冯骥才主编《羌族口头遗产集成·民间故事卷》，中国文联出版社 2009 年版，第 128 页。

② 在这里，用"神话"这一文类（Literary Genre）来标记 A 型故事旨在表示此类故事与神话在情境关系上的相似性，并非指 A 型故事可以单独成为一个文类。

③ 指 20 世纪五六十年代在农村开展人民公社化运动这个时期。

④ 地名，汶川县城附近的一个村。

⑤ 反制毒药猫的方法有很多，除了破坏毒药猫的巫术程序以及念咒之外，羌族人认为水、火、白色石英石、猴皮、刀具、枪炮、镜子、铜钱甚至人的印堂穴都具有禳除毒药猫的功能。用裤腰带反手拴住毒药猫就能让毒药猫难以再变形逃遁，则是毒药猫故事中的模式化情节。裤腰带在此具有性的隐喻，表征着男权对女权的压制。关于用裤腰带拴毒药猫的情节，参见冯骥才主编《羌族口头遗产集成·民间故事卷》，中国文联出版社 2009 年版，第 124 页；林忠亮、王康编《羌族文学史》，四川民族出版社 1994 年版，第 201 页；张曦主编《持颠扶危——羌族文化灾后重建省思》，中央民族大学出版社 2009 年版，第 268 页。

说："嫂子，以后不要再吓我了。"他就解下裤腰带把驴放了。爷爷来到小孩家，小孩肚子胀得厉害，一看就发现又是表嫂搞的怪。爷爷叫那家人传话给他的表嫂，叫她不要再缠孩子，否则就有她好看的①。结果，没多久小孩就好了。爷爷说："看在是亲戚的面子上，她自己打的结还是让她自己解开算了②。"但后来没过多久，那家的小孩得急病死了。那家人认为是那个表嫂整的，说她还是当地的毒药猫王，毒性最大。结果两家人到现在关系还很僵。（四川省汶川县威州镇）③

在 B 故事中，内外情境间接关联，讲述者是通过"爷爷"间接知道其与毒药猫的遭遇。故事中的"爷爷"是现实社会中的人，是毒药猫事件的亲历者，与讲述者有直接关系。故事中的时间（大集体时候）、地点（黄土坎）、角色（爷爷与表嫂）甚至后果（两家关系很僵）都非常明确。在此，内外情境通过讲述者的转述而间接关联在一起，讲述者并非像 A 型故事中那样完全不关注此二者的关联。但是，内外情境在 B 故事中也并没有完全重合。我们可称 B 类故事为"再情境化"的故事（以下简称"B 型"），它与民间叙事中的"传说"类似。B 型故事数量较多，每个村寨都有。因与"外情境"关系密切，故 B 型故事具有较多的地方性因素。

C. 俗话说"久走夜路就会遇到鬼"，我就遇到过毒药猫。我年轻的时候爱上山打"野物"（野生动物）。有一次去大山打老熊，

---

① 意思是说：让害人的毒药猫受到报复性的惩罚。

② 羌族人认为除了释比之外，通过法术（巫术）使人得病的人也能解除其法力，犹言"解铃还须系铃人"。参见陈安强、贡波扎西《神话、传说与故事：岷江上游的"毒药猫"文化现象探秘》（一），《阿坝师范高等专科学校学报》2006 年第 3 期。

③ 此故事为笔者于 2012 年在汶川县威州镇采集。类似的异文参见王明珂《羌在汉藏之间》，中华书局 2008 年版，第 107—108 页。

天要黑的时候才发现一个老熊在青枫林林里头一晃一晃，估计是在吃青枫果果。我就想在背后给它一枪，结果枪怎么也打不响。我把火药抖出来重新装上子弹，正要瞄准的时候那老熊不见了。我想一定是遇到毒药猫了，赶紧往回跑。当时天色很暗，我半天找不到大路，而且一直觉得有个东西在屁股后面滚。我将火药枪从胯下穿过①，扣动扳机打了一枪，结果大路一下子就出现在我旁边，我才跑回家，魂都吓没了。后来几年，我的小孩病死了几个，就请我们寨的老刘（释比）来给我"整治"一下。他叫我不要杀生了，不要打野物了。因为我以前打猎一个早上就可以打两只老熊，獐子、野猪打了无数。老刘说我杀生多了，毒夜猫整不到我，就只有整我的儿女，所以我"丢"了几个孩子。没过两年，我兄弟也得病死了。我这个弟弟得的是肺癌，这个病没有办法治。在我看来这个病也是毒药猫害的。我以前是不信的，但是经过我自己的亲身经历后我是相信这个的。这个世界的所有疾病，肺癌、肝癌，各种癌症都是毒药猫整的。（四川省黑水县色尔古乡）②

C 故事是讲述者的亲历记，其内外情境直接关联；内外情境所包含的时间、地点甚至角色等都基本重合；讲述者往往要强调自己在本事中的在场性，以个人的直接经验说明叙事的真实可信，因此，此类故事具有较强的私人性。这类故事我们可称其为"情境重合"的故事类型

---

① "把打不响的火药枪从胯下穿过"这样的行为与前文所述"用裤腰带拴住毒药猫"有相似的含义，即认为男性性征（阳性）具有破除邪灵（阴性）的功能。"胯下""裤腰带"都是男权至上的象征符号，象征着对女性的压制。身体上部与下部分界的标志是腰带，男女两性在性活动中的上和下、主动和被动的区分与定位表现了一种社会权力关系（支配—被支配），即男性的欲望是占有的欲望。因此，毒药猫故事中男人的"胯下"与"腰带"对毒药猫的压制根本而言是男性统治女性的象征符号。相关理论参见法国社会学家布尔迪厄（Pierre Bourdieu）《男性统治》，刘晖译，中国人民大学出版社 2012 年版，第5—26 页。

② 此故事为笔者于 2012 年在黑水县色尔古乡采集。

（以下简称"C型"）。其实，C型就是民间叙事中的"纪实"类叙事。此类故事数量较少，因为不是每个人都有那种遭遇毒药猫的神奇经历。与C型相比，A型故事因其固有的模式化情节而分布广泛，B型故事尚未定型但数量较多，这是因为在间接转述别人的神奇遭遇的过程中，讲述者拥有较多建构的空间。

从A类、B类到C类，内外情境从"分离""若即若离"到"重合"，其故事的时间、地点、人物乃至细节越来越明确、具体。相应地，故事情节的现实因素也越来越多，戏剧性却越来越弱，叙述口吻越来越强调故事的真实性。从C类到B类再到A类，情况则正好相反。以上所述详见表2-4。

表2-4　　　　　羌族"毒药猫"故事基于内外情境关系的分类

类型	情境	内情境	外情境	角色	讲述者	文类	总	结	
A	去情境化	完全分离	不关联	神话	A ↑ C	分离	模糊	戏剧化
B	再情境化	若即若离	间接关联	传说		情境	细节	情节
C	情境重合	基本重合	直接关联	纪实		重合	明确	现实化

（二）内部结构：从对立、反转到统一的模式化情节

着眼于"讲故事"这一场域，我们由内外情境之关系分出了毒药猫故事的三种类型，这是从宏观角度对文本外部结构进行了把握。至于其内部结构，主要通过故事的"模式化情节"蕴含的观念结构来体现。普罗普认为民间故事的研究最终都归结为解决"全世界故事类同的问题"[①]。普罗普说："故事里的人物无论多么千姿百态，但常常做着同样的事情。"[②] 与普罗普的认识一致，毒药猫故事尽管数量众多，但是除

---

① 〔俄〕普罗普：《故事形态学》，贾放译，中华书局2006年版，第15页。
② 同上书，第17页。

了角色名称和各种地方化、个人化的细节有差异之外，这些故事大多具有相同的情节模式。在上文所分出的三种故事类型中，A 型的情节以一个家庭成员的反常行为为引子，最终以异常状态回归正常、害人者反被害作结；从表面上看，故事讲的是一个家庭变故，实际上此类故事暗示着重大的社会转折。B 型和 C 型都是在讲述旁人或自己的经历，展示了一系列奇特的遭遇。从情节的角度，我们可称 A 型为"变故型"，B 型和 C 型为"遭遇型"。"遭遇型"是处于发生阶段的故事形态；而"变故型"则已形成从"对立""反转"再到"统一"的情节模式。在 A 型（变故型）中这种情节模式尤其明显。

首先，在 A 故事中，毒药猫母亲害死其男人后还谋划吃掉儿子，儿子则毅然杀掉了毒药猫母亲，这其中隐含着男女之间的性别冲突。其次，在村寨社会中，女性往往是从外寨嫁来的①，因而这其中又包含着外来女性与本地男性、外寨与本寨之间的冲突。最后，附体在花牯牛身上的毒药猫母亲以"眼睛发红、全身发抖"的兽形试图杀死儿子，这隐含着兽性与人性的冲突。在 B 故事中，表嫂捉弄爷爷以及爷爷惩治表嫂这一情节隐含着男女两性之间以及释比与毒药猫之间的对立。毒药猫致使小孩得病，这又隐含着毒药猫群体与非毒药猫人群的对立。在 C 故事中，猎人被毒药猫捉弄以及他认为是毒药猫害死了他的孩子们和兄弟，这其中隐含着人与毒药猫（动物）的对立。

除以上三个故事，其他毒药猫故事也都蕴含着类似的多重对立。比

---

① 一般羌族村寨都是由不多几个大姓（家族）组成，又因为"严格奉行'同姓不婚'的原则"，相邻村寨之间相互嫁娶是延续种群的必然选择。"同姓家庭被认为是同一宗族的成员，因而是不能相互通婚的。"参见葛维汉（David Crockett Graham）《羌族的习俗与宗教》，李绍明等选编《葛维汉民族学考古学论》，巴蜀书社 2004 年版，第 39 页；张曦主编《持颠扶危——羌族文化灾后重建省思》，中央民族大学出版社 2009 年版，第 239 页。

如在《长工智斗毒药猫》① 中，变作羊的毒药猫捉弄长工却反被长工用裤腰带拴回家中，最后吃人肉的毒药猫给长工送来了大量粮食才脱身。这其中就包含毒药猫与长工、羊与人、女性与男性、人肉和粮食四重对立。在《冲洗毒药猫》② 中，毒药猫妻子半夜睡熟后灵魂化为野猫去磨坊参加会议，然后每夜从天窗抛下吃剩的人肉。在从外寨而来的岳父岳母面前，这些人肉成为丈夫休掉妻子的理由与证据。毒药猫妻子于是被牵到河水中以洗掉其毒性。在这个故事中，我们可以找出妻子（女性）与丈夫（男性）、女方家（外寨）与男方家（本寨）、兽性（猫）与人性、夜（睡）与昼（醒）、人肉与粮食、毒与水③等多重对立。在《惩治毒药猫》《吹散毒药猫》《降服毒药猫》④ 等由释比唱诵以禳除毒药猫的经文中有如下句子："打猎之处藏毒药，猎人举枪杀毒药，挖药之处毒药藏，双手抡锄挖毒药……鸡窝里面藏毒药，雄鸡啼鸣驱毒药，火塘之处藏毒药，大火燃烧除毒药，释比驱除毒药猫，毒药之根已除尽。"⑤在释比唱经中，"毒"并非仅指藏于毒药猫指甲里的有形之"毒"，在日常生产生活各个角落都可发现这种普遍化了的无形之"毒"。毒药猫信仰蕴含着人们对人与自然之间具有的对立统一性的直观认识。毒药猫是对人的动物性层面的象征，人对自身之动物性的直觉、恐惧与鄙弃反证着人对合了人性的洁净、健康、秩序与安宁的追求。

---

①　冯骥才主编：《羌族口头遗产集成·民间故事卷》，中国文联出版社 2009 年版，第125—126 页。

②　王明珂：《羌在汉藏之间》，中华书局 2008 年版，第 93—94 页。

③　［美］米尔恰·伊利亚德（Mircea Eliade, 1958：194）认为："在水中，一切事物都被溶解，一切形状都被打破，曾经发生的事物不复存在……水具有这种净化、更新、重生的力量……水之所以能够净化和更新是因为它使过去无效并且重建。"参见［英］玛丽·道格拉斯（Mary Douglas）《洁净与危险》，黄剑波等译，民族出版社 2008 年版，第 196 页。

④　四川省少数民族古籍整理办公室主编：《羌族释比经典》（下卷），四川民族出版社2008 年版，第 1234—1259、1529—1530、1558—1567、1664—1666、1810—1819、1822—1824 页。

⑤　同上书，第 1824 页。

总之，在所有的对立中，毒药猫与非毒药猫人群的对立是一基本对立项。由之延伸出的对立主要有以下几种。第一种，女性与男性的对立。毒药猫的性别特征十分显著，除极少情况外，毒药猫基本上都是女性，而她毒害的对象却几乎全是男性。有的故事还强调毒药猫格外漂亮，"越漂亮毒性越大"①，在笔者看来，其目的是突出毒药猫的女性特征。第二种，毒药猫与释比的对立。在故事中，毒药猫的对头、克星是村寨社会中的专职男巫"释比"，毒药猫被释比制服是故事的模式化情节。第三种，兽性与人性的对立。毒药猫经常以动物的形象出现，和各种动物（除猴子）关系密切，毒药猫的"灵魂可以同时附在一个东西上或者钻进一个动物的身体里"②。"眼睛发红、全身发抖"以及"举行人肉宴会""游离在人群之外的边缘地带（比如磨坊）"……这些在故事中常见的细节都表征着动物的兽性与人性的冲突。第四种，毒与非毒的对立。毒药猫的性质是通过其"毒性"来表征的。毒药猫之"毒"，既指使人得病的物质性的毒药，也指非毒药猫人群与毒药猫及其家庭之间划出的洁净与污秽、神圣与亵渎、秩序与混乱的观念③。

紧接在"对立"之后的是情节的"反转"——戏弄和毒害人的毒药猫反而成为被戏弄、被伤害的对象：A 故事中谋划吃掉儿子的毒药猫母亲反被儿子杀死；B 故事中变成一头驴来恐吓释比的毒药猫反而被欺负。在其他故事中，类似的"反转"也很普遍：变成白马吓人的毒药猫反被吓得掉下悬崖下摔死④；变成驴子吓人的毒药猫被一根裤腰带拴住

---

① 王明珂：《寻羌：羌乡田野杂记》，中华书局 2009 年版，第 105 页。

② ［法］列维 - 布留尔：《原始思维》，丁由译，商务印书馆 2010 年版，第 372 页。

③ 玛丽·道格拉斯认为："我们对污染行为具有本然的反应，它声讨任何一种可能混淆或抵触我们所珍视的分类的物体或观念……从公共意义上说，文化是将一个群体的价值观标准化，它在个人经验间起仲裁和调和的作用。它在最初提供了一些基本的类别，这些类别是一个积极的模式，其中的观念和价值整齐排列。"参见 ［英］玛丽·道格拉斯《洁净与危险》，黄剑波等译，民族出版社 2008 年版，第 45、49 页。

④ 王明珂：《羌在汉藏之间》，中华书局 2008 年版，第 91 页。

而只得向人求饶①；害死了勒裂之子的毒药猫被勒裂杀死②；变成驴子戏弄老伴的毒药猫被人用裤腰带拴住骑回家中③；害死自己孩子的毒药猫妻子被丈夫发现后痛改前非④；拦住释比道路的毒药猫被释比制服并牵至河中冲洗以洗掉毒性⑤；变成一只羊捉弄长工的毒药猫反而被迫向长工运来大量粮食⑥。在这些故事中，一方面，毒药猫从人形变成兽形，在被人制服之后，她又急着要变回人形；另一方面，毒药猫总是在谋划"吃掉自己的儿子"，一旦被制服之后她又总是说要回家"给孩子喂奶"，丧失的人性似乎也在瞬间失而复得。在从"兽"的形体、行为及其性质向"人"的形体、行为及其性质的"反转"中，害人、吃人的毒药猫开始爱人、求人，人们对她的情感态度也从恐惧、仇恨变为宽恕、怜悯。在此，毒药猫变成一种既可恨又可怜的存在。

在故事的结尾，毒药猫往往为自己的恶行忏悔。在《冲洗毒药猫》这一故事中，毒药猫"向释比表示愿意改悔"⑦。在《家鬼害家人》中，"（毒药猫）知是自己所为，便痛改前非，孩子的病日渐好转"⑧。在另一则故事中，变成马的毒药猫开口说话："我家里还有娃娃需要喂奶，保证以后不再冒犯，明天我给你送粮食来。"⑨ 在毒药猫愿意悔改的情

①　王海燕：《藏羌彝走廊邪神信仰一体多元的人类学研究》，硕士学位论文，中央民族大学，2012 年，第 26 页。
②　国家民委全国少数民族古籍整理研究室：《中国少数民族古籍总目提要·羌族卷》，中国大百科全书出版社 2009 年版，第 187—188 页。
③　同上书，第 187 页。
④　同上。
⑤　同上。
⑥　冯骥才主编：《羌族口头遗产集成·民间故事卷》，中国文联出版社 2009 年版，第 125—126 页。
⑦　国家民委全国少数民族古籍整理研究室：《中国少数民族古籍总目提要·羌族卷》，中国大百科全书出版社 2009 年版，第 187 页。
⑧　同上。
⑨　陈安强、贡波扎西：《神话、传说与故事：岷江上游的"毒药猫"文化现象探秘》（一），《阿坝师范高等专科学校学报》2006 年第 3 期。

况下，先前被毒药猫所害的人则往往对其表示怜悯与宽恕。人们说："毒药猫放毒也不是故意的，她不愿意害人"①，"毒药猫自己也很无奈啊，你以为毒药猫只是我们这个地方有吗？外面汉族人也有，连外国也有的"②，"毒药猫本来没有害人的心思，很多时候他们自己也不知道咋回事……毒药猫才发展人，没有他们不好。"③ 在毒药猫的悔悟与人们的宽恕中，毒药猫被人们拉到河里去"冲洗"，以洗掉毒性回归正常的人类社会，这标志着毒药猫与非毒药猫人群的和解与统一。至此，前文所述的毒药猫故事的"模式化情节"指的就是毒药猫与人之间的关系从"对立"到"反转"再到"统一"的过程。

二　毒药猫故事的社会情境

（一）性别冲突：从母系制到父系制的历史转折

毒药猫故事表征着村寨社会的现实本相，它把持久的现实冲突转化为观念冲突凝结在故事中，使之成为族群分享的集体记忆，以影响村寨成员的情感与实践。因此，在羌族村寨存在的不仅是充满戏剧性的毒药猫故事，更存在普遍有效的毒药猫信仰。正如马塞尔·莫斯（M. Mauss）所言："'信仰'意味着所有的人都坚持一种观念，进而坚持一种情感状态、意志活动，并同时坚持一种思维过程的表象。因此，我们可以说，这种集体的巫术信仰让我们看到了存在于共同体当中的一致情感和普遍意志。"④

---

① 王海燕：《藏羌彝走廊邪神信仰一体多元的人类学研究》，硕士学位论文，中央民族大学，2012 年，第 27—28 页。

② 同上书，第 47 页。

③ 陈安强、贡波扎西：《治疗社会恐慌的仪式：岷江上游"毒药猫"文化现象探秘》（三），《阿坝师范高等专科学校学报》2009 年第 3 期。

④ ［法］马塞尔·莫斯、昂利·于贝尔：《巫术的一般理论献祭的性质与功能》，杨渝东等译，广西师范大学出版社 2007 年版，第 116 页。

在村寨的夜晚，大人们乐于在火塘边给孩子们讲述毒药猫故事。但"这并不仅仅意味着讲故事；在它所在的心理学背景中，它在诸多的其他事务中代表了无意识的恐惧、仇恨和埋怨"①。由此，充满情感特征的毒药猫信仰由此渗透了村寨社会每一个成员的意识与认知。长期以来，在当地流传着一句俗谚叫"无毒不成寨"，它表征着毒药猫信仰的普遍性与必要性。在此情境之下，人们自然习惯把各种不虞之灾和异常现象都归咎于毒药猫。在每个羌族村寨，几乎都有被视为毒药猫的社会成员，"凡被认为是毒药鬼者，即遭冷落歧视，精神备受折磨"②。在 C 故事中，猎人在谈及孩子与弟弟的死亡时则说："这个世界的所有疾病，肺癌、肝癌，各种癌症都是毒药猫整的。"③ 如果村寨中某户人家失窃而查不到窃贼，毒药猫往往成为怀疑对象被当作替代性的泄愤渠道来公开咒骂④。在村寨的日常话语中，人们甚至称那些古怪、孤僻、暴烈的人的性格为"毒药性格"。

毒药猫故事中存在的对立观念根源于历史进程中的现实冲突。从上文的分析可见，男、女之间的性别对立是毒药猫故事的主要对立项，其实质是父权与母权的对立。又因"'母权'和'父权'实与母系和父系相等"⑤，

---

① ［英］R. 布里吉斯：《与巫为邻：欧洲巫术的社会和文化语境》，雷鹏、高永宏译，北京大学出版社 2005 年版，第 172 页。

② 杨学政：《中国原始宗教百科全书》，四川辞书出版社 2002 年版，第 164 页。

③ 王海燕：《藏羌彝走廊邪神信仰一体多元的人类学研究》，硕士学位论文，中央民族大学，2012 年，第 26 页。

④ 毒药猫在社会中的不堪处境在下例中可见一斑：民国时期，"维城（位于茂县）地主诬蔑贫农王大日母是'毒药猫'，逼她出了一坛咂酒和十几桶粮食，才算了事。"参见《中国民族问题资料·档案集成》编辑委员会编《中国民族问题资料·档案集成》（第4辑），中央民族大学出版社 2005 年版，第 420 页。

⑤ ［英］马林诺夫斯基（B. Malinowski）：《两性社会学》，李安宅译，上海人民出版社 2003 年版，第 250 页。

故而在制度层面它又是父系制与母系制的对立。关于母系制①，摩尔根
（L. H. Morgan）曾说："女性世系是原始的，这种世系比男性世系更适
合于古代社会的早期状态。"② 而古代羌人部族正好存在漫长的母系制
传统。据《后汉书》记载，岷江上游一带的冉駹羌人有"贵妇人，党
母族"③ 的习俗。隋唐时代，属"西羌"的女国、东女国的女性都享有
远高于男性的地位④。据《隋书》记载，女国"代以女为王……其俗贵
妇人，轻丈夫，而性不妒忌"⑤。《旧唐书》记为："东女国，西羌之别
种……俗以女为王……俗重妇人而轻丈夫。"⑥《新唐书》记为："（东女
国）以女为君……女官自内传，男官受而行……俗轻男子，女贵者咸有
侍男。"⑦ 直到近代，与古羌人有源流关系的不少族群仍保留母系制的
遗俗。拉祜族有"坐娘家"⑧ 的从妻居之俗。摩梭人的"安达婚"（阿
注婚)⑨ 不嫁不娶，男女同居后所生的孩子随女方家庭抚养。羌族村寨
中，"母舅"对外甥在婚丧嫁娶等大事上具有特殊的权威⑩；羌族村寨
中流传着这样的俗谚："天上的雷公，地上的母舅""大不过大母舅，

---

　　① 人类社会普遍由母系制过渡到父系制的观点由巴霍芬（J. J. Bachofen）、摩尔根、
哈特兰德（E. S. Hartland）等人提出，尽管已有人对该观点提出异议，但从大量的例证可见
此论仍具有相当的可信度。

　　② ［美］L. H. 摩尔根：《古代社会》，杨东莼等译，商务印书馆 1983 年版，第 342 页。

　　③ （南朝宋）范晔：《后汉书·南蛮西南夷列传》卷 86，中华书局 1965 年标点本，第
2858 页。

　　④ 关于妇人在古代羌人部落中具有的领导地位，王明珂在论述《后汉书·西羌传》
所载滇良、迷唐诸部与汉帝国的斗争中，也认为"羌人豪酋的母亲或祖母确有作为部落
'精神领袖'的地位"。参见王明珂《游牧者的抉择：面对汉帝国的北亚游牧民族》，广西师
范大学出版社 2008 年版，第 185—186 页。

　　⑤ （唐）魏征等：《隋书》卷 83《女国》，中华书局 1973 年标点本，第 1850 页。

　　⑥ （后晋）刘昫等：《旧唐书》卷 197《东女国》，中华书局 1975 年标点本，第
5277—5278 页。

　　⑦ （宋）欧阳修等：《新唐书》卷 221 上《东女国》，中华书局 1975 年标点本，第
6219 页。

　　⑧ 《拉祜族简史》编写组：《拉祜族简史》，民族出版社 2008 年版，第 95—96 页。

　　⑨ 《中国少数民族社会历史调查资料丛刊》编委会：《四川省纳西族社会历史调查》，
民族出版社 2009 年版，第 88—90 页。

　　⑩ 杨明、马廷森编：《羌族思想史资料汇集》，西南民院民研所 1985 年版，第 154 页。

亲不过小母舅"；俗谚中将舅舅比作极具权威的神灵，同时强调舅甥之间的亲密关系。在毒药猫的传承规则中我们也能发现母系制的遗迹。毒药猫的传承具有家族性。其传承的惯例是：传女不传男，传内不传外①。将这一传承规则与《隋书》中所记"其女王死，国中则厚敛金钱，求死者族中之贤女二人，一为女王，次为小王"②相比较，我们会发现其承袭模式十分相似。

父权在村寨社会逐渐取得主导地位的同时，母系制基础上的女权则逐渐受到削弱。女巫不断受到男巫的压制与妖魔化，释比（男巫）在祭山、还愿、安神、驱鬼、安葬等重大社会活动中一步步将女巫排挤出核心位置③。马塞尔·莫斯曾写道："某个宗教一旦失去了它的信众，那么新兴宗教的信众就会把以前的祭司都视作巫师。"④ 在这里则是"新兴"的男巫取得了正统身份，而"以前"的女巫则被排挤、诬蔑为"经常在磨坊开会谋划吃人事宜"的毒药猫。在故事中，总是被释比制服的毒药猫，其潜在的身份正是母系社会中的女巫。毒药猫的行为及其性质不过是排挤女巫的男巫集团建构的社会意识。因此，A 型故事表面上讲的是一个家庭变故，其实象征着女权社会转向男权社会的历史本相。

---

① 毒药猫几乎全是女性，此即所谓"传女不传男"；毒药猫往往遗传给自己的女儿或儿媳而不外传，此即所谓"传内不传外"。

② （唐）魏征等：《隋书》卷 83《女国》，中华书局 1973 年标点本，第 1851 页。

③ 宋兆麟认为："在母系氏族时期，巫师是由女性担任的，父权制出现以后，妇女的地位开始下降，女性巫师也受到冲击。舆论认为妇女不洁，不能代表神明，并且在习俗上也有种种戒律。如妇女不能坐在火塘边或神位附近，不能到供神的房顶上，不能摸神像……女性巫师的数量日益减少，地位不断下降，男性巫师不断增加。"参见宋兆麟《巫与巫术》，四川人民出版社 1988 年版。

④ ［法］马塞尔·莫斯、昂利·于贝尔：《巫术的一般理论 献祭的性质与功能》，杨渝东等译，广西师范大学出版社 2007 年版，第 40 页。

在《说文解字》中，"巫"字释为："祝（觋）① 也，女能事无形，以舞降神者也，象人两袖舞形"②，"觋"字释为："能斋肃事神明也，在男曰觋，在女曰巫"③。"觋"从巫，故巫（女巫）先出而"觋"（男巫）后出。据《西夏纪事本末》所载："西夏语以巫为厮也。"④ 西夏本西羌之属，其巫称为"厮"（sᴣ），其音与"觋"（çi）及羌语之"释比"（ṣpi）、"许"（çu）近似。以古汉语为参照系，羌语支是藏缅语族中保留原始成分最多的语支⑤，也是与古汉语拥有同源词最多的语支⑥。"觋"与西夏语的"厮"以及当代羌语中的"释比""许"除了读音相近，而且都是指代与女巫有别的男巫。此三者在读音、词义上的相似绝非偶然。这不仅意味着汉藏语系诸民族在语言、文化上的同源性，也意味着从母系制向父系制的过渡具有普遍性⑦。在 A 型故事中，毒药猫往往由母亲充任，与之对立的总是丈夫与儿子，毒药猫又总是被男性制服。因此，这一情节隐含着男巫（释比）对女巫（毒药猫）的压制，反映了女权逐渐被男权所颠覆的社会本相。

---

① "祝乃觋之误"。参见（汉）许慎撰，（清）段玉裁注《说文解字注》，上海古籍出版社 1988 年版，第 201 页。

② （汉）许慎、（清）段玉裁：《说文解字注》，上海古籍出版社 1988 年版，第 201 页。

③ 同上书，第 201—202 页。

④ （清）张鉴：《西夏纪事本末·元昊僭逆》，转引自《中国各民族原始宗教资料集成·羌族卷》，中国社会科学出版社 2000 年版，第 488 页。

⑤ 王昆吾：《中国早期艺术与宗教》，东方出版中心 1998 年版，第 180 页。

⑥ 邓晓华、王士元：《中国的语言及方言的分类》，中华书局 2009 年版，第 70 页。

⑦ 另外一个可说明古代羌人从母系制转向父系制的例子是"姜""羌"二字的关系。据《后汉书·西羌传》记载："西羌之本，出自三苗，姜姓之别也。"后人对这句话多有曲解。万永林认为："姜嫄所出的姜氏族，是羌人中的一支。"万永林：《中国古代藏缅语民族源流研究》，云南大学出版社 1997 年版，第 8 页。章太炎则认为"姜姓出自西羌，非西羌出于姜姓"。参见章太炎《太炎先生文录续编·西南属夷小考》，上海人民出版社 1985 年版。不管是出于何种理由，他们都认为"姜"后出于"羌"。如果考虑到古代羌人漫长的母系制传统，再结合"姜嫄生后稷"之类传说在时间上的邈远，"西羌之本……姜姓之别也"的本义指的是西羌源出于姜姓而不是相反。正如"觋"（男巫）出于"巫"（最初特指女巫）之后，以"儿"为义符的"羌"也应出于以"女"为义符的"姜"之后。

　　毒药猫几乎可以变形为任何事物，但没有一例是变成猴子的。在村寨里，为防止年幼体弱的儿童遭到毒药猫之类的邪灵侵害，人们通常将一小块猴皮镶嵌在小孩的帽子上辟邪，因此在羌区有一则俗谚为："毒药猫不怕妖、不怕怪，就怕猴皮身上戴。"① 猴皮对毒药猫的禳除正显示了释比对毒药猫的威慑。"释比"的护法神为"猴头祖师"②，猴皮帽（jar - tä）是释比最重要的法器之一，猴子尤其是金丝猴对释比而言具有至高的神性。此外，在羌区还有一则俗谚叫："跟着好人学好人，跟着师娘跳假神。"③ 所谓的"师娘"指的正是女巫。在释比夺取了神权的情况下，释比将自己标榜为"正统"，将女巫的行为称为"跳假神"，使从前居于核心地位的女巫逐渐边缘化。一旦毒药猫信仰及其故事在村寨社会确立与流行起来，女巫团体对神权的掌控必然失去合法性，曾居于社会中心地位的女巫由此变成被村民唾弃的毒药猫，成为人们心中邪恶的代表与社会秩序的破坏者。这正如马塞尔·莫斯所言："女人所具有的巫术特征主要来自于她们的社会地位，这导致的一个结果就是，议论其巫术特征的比她们实际的巫术特征要多得多……因此，令人奇怪的结果就是，虽然实施巫术的总体上说都是男人，但遭到控诉的却是女人。"④

---

　　① 北川县政协文史资料委员会编：《北川县文史资料选辑》（第八辑），1992 年，第 61 页。

　　② 亦称"猴头童子"。特别是金丝猴对释比而言最为神圣。和其他藏缅语民族类似，羌族也有"猴祖"神话，在释比的唱经中有"羌人男祖先热比娃类似猴子，浑身有毛"之类的内容。参见钱安靖等编《中国各民族原始宗教资料集成·羌族卷》，中国社会科学出版社 2000 年版，第 490—491 页；《中国少数民族社会历史调查资料丛刊》编委会编《羌族社会历史调查》，民族出版社 2009 年版，第 164 页；王昆吾《汉藏语猴祖神话的谱系》，《中国早期艺术与宗教》，东方出版中心 1998 年版，第 181 页。

　　③ 北川县政协文史资料委员会编：《北川县文史资料选辑》（第八辑），1992 年，第 59 页。

　　④ ［法］马塞尔·莫斯、昂利·于贝尔：《巫术的一般理论　献祭的性质与功能》，杨渝东等译，广西师范大学出版社 2007 年版，第 38 页。

　　真正来说，毒药猫的行为与释比在驱鬼、治病的过程中采取的方式在形式上并无不同，都遵循巫术的一般原理。毒药猫的作恶方式有如下几种。第一种，用绳子打一个结，并同时默念使人生病的咒语。第二种，在一个盛有水的碗上搭一些草木，将其置于床下，然后躺在床上入睡，灵魂离体变形为动物①害人，或进入人体"啃噬"内脏以使人生病而亡②。第三种，用邪恶的眼神瞪人一眼使之得病③。第四种，将藏匿于指甲中的毒悄悄投入水中或食物中使食用者生病。第五种，将袋子中收集的各种动物毛发取一根，先吹一口气，然后打一个滚就变为某种动物去害人。弗雷泽（J. G. Frazer）在《金枝——巫术与宗教之研究》中提出了巫术的基本原理亦即"相似律"与"接触律"，从而把巫术分为"模拟巫术"和"接触巫术"两类④。在上述五种行为中，前两种具有模拟巫术的特征，而后三种则具有接触巫术的特征。此外，毒药猫的传承方式也具有显著的巫术性⑤。从毒药猫的行为方式以及使用法袋、动物毛、水碗、指甲做的衣服等法器来看，其所作所为与释比十分相近。因此，毒药猫实在是被释比（男巫）颠覆并妖魔化了的女巫；父权社会的建立不过是母权社会被颠覆、女性被压制的结果。这

----

　　① 有时也变形为植物。参见陈安强、贡波扎西《神话、传说与故事：岷江上游的"毒药猫"文化现象探秘》（一），《阿坝师范高等专科学校学报》2006 年第 3 期。

　　② "巫术的力量是通过灵魂跟身体的分离而获得的。"参见马塞尔·莫斯、昂利·于贝尔《巫术的一般理论　献祭的性质与功能》，杨渝东等译，广西师范大学出版社 2007 年版，第 53 页。

　　③ 张曦主编：《持颠扶危——羌族文化灾后重建省思》，中央民族大学出版社 2009 年版，第 263 页。

　　④ ［英］J. G. 弗雷泽：《金枝——巫术与宗教之研究》，汪培基等译，商务印书馆 2012 年版，第 25 页。

　　⑤ 毒药猫母亲在女儿出生后不久（三天）就将其置于烧红并放有动物毛的铁盘（熬盘）上，用红布盖住，浇上水。母亲则在水汽腾腾中念咒狂舞，如果女儿没被烫伤则顺利成为毒药猫，如果烫得哇哇叫则没变成。参见王康、李鉴踪《神秘的白石崇拜：羌族的信仰和礼俗》，四川民族出版社 1992 年版，第 92 页；北川县政协文史资料委员会编《北川县文史资料选辑》（第八辑），1992 年，第 57 页；王明珂《羌在汉藏之间》，中华书局 2008 年版，第 91—92 页。

种女性受制于男性的社会状况也可在羌区"只有男州没有女县"① 的俗谚中见出。

（二）社群冲突：村寨之间的对立与合作

毒药猫的身份十分特殊。首先，对本寨来说，毒药猫是从外寨嫁进来的女性，与外寨的关系使其成为"外来的本地人"。其次，释比的护法神是"猴头童子"，与之相应，毒药猫则与灶神有着特别的关系②。在与灶神的关联中，毒药猫被置于家神和天神之间，是被天神庇护但又为家神所不容的恶魔③。最后，毒药猫与动物关系密切，故而又是具有动物性的人类④。以上所述皆说明毒药猫身份的二重性。首先，毒药猫作为"外来的本地人"这一身份折射出村寨社会之本相：相邻村寨的女性被相互嫁娶。其次，村寨之间确实存在不可调和的冲突与对立。羌族村寨社会所处的自然条件并不优越，资源匮乏，灾害频仍。羌人自古牧羊，"羌"字在《说文》中释为"西戎牧羊人"⑤。牛、羊等牲畜不仅是羌人日常生活所需，也是与神沟通的仪式中常用的牺牲，因而牲畜是村寨社会的重要财富。为了生存，相邻的村寨常为草场、牲畜等资源发生冲突。在毒药猫故事里，毒药猫除了害人还总是偷吃村民的牛羊⑥，这一情节可能正是对村寨之间竞争、抢夺生存资源的反映⑦。资

---

① 杨明、马廷森：《羌族思想史资料汇集》，西南民院民研所 1985 年版，第 158 页。

② 王明珂：《寻羌：羌乡田野杂记》，中华书局 2009 年版，第 105 页。

③ 毒药猫与灶神关系紧密，灶神可说是其保护神。在许多故事中，毒药猫在将被赶尽杀绝的情况下，灶神总是去通知天神，天神于是庇护了毒药猫。

④ 马塞尔·莫斯认为："巫师是被放入他跟动物的关系来看待的。"参见［法］马塞尔·莫斯、昂利·于贝尔《巫术的一般理论　献祭的性质与功能》，杨渝东等译，广西师范大学出版社 2007 年版，第 51 页。

⑤ （汉）许慎：《说文解字》，中华书局 1963 年标点本，第 78 页。

⑥ 冯骥才主编：《羌族口头遗产集成·民间故事卷》，中国文联出版社 2009 年版，第 123 页。

⑦ 在《尕尔都》这篇羌族民间故事中，就有"尕"人"经常在羌人的牧场上偷牛盗马"的情节。参见理县文化馆编《理县羌族藏族民间故事集》，理县文化馆 1983 年版，第 19 页。

源竞争使村寨间相互攻击、抢劫、仇杀①，以致村寨间相互恐惧、猜忌与仇视，恐惧与焦虑笼罩着人们（参见图2-3）。在此情境下，人们自然把对外寨的恐惧投射到"外来者"②身上。于是，那些从外寨嫁到本寨的女性成为一切不祥事件与异常状况的根源，成为本寨人宣泄负面情绪的替罪羊——毒药猫。在故事中，从对立到反转再到统一的模式化情节充满戏剧性：凶恶无比的毒药猫最后总是轻易被人制服。这样的结构模式不过是人们用故事的方式消解恐惧与焦虑的手段。

尽管资源竞争导致了村寨间的对立与仇视，但是在相邻村寨之间往往相互嫁娶。这是基于种群延续这一重大自然需要的必然选择。羌族村寨多由数个大家族（大姓）构成，又因奉行"同姓不婚"的习俗，所以邻村通婚是实现种群延续的最佳方式③。因此，种群繁衍的需要促进了村寨间的合作。这种合作为缓解资源竞争造成的紧张关系提供了契机。要消除资源竞争带来的威胁与恐惧就必须交流与协调，相互嫁娶形成的人员交流则为进一步的利益协调提供了条件④。村寨社会中，"外

---

① 王明珂认为："由于资源竞争过于激烈，各个村寨间彼此打得很凶，所以过去村寨民众对外界十分畏惧。"参见王明珂《寻羌：羌乡田野杂记》，中华书局2009年版，第102页。相关内容还可参见王明珂《游牧者的抉择：面对汉帝国的北亚游牧民族》，广西师范大学出版社2008年版，第194页；李鸣《羌族法制的历程》，中国政法大学出版社2008年版，第12、291、294—295页；蒋彬主编《民主改革与四川羌族地区社会文化变迁研究》，民族出版社2008年版，第74页。

② 马塞尔·莫斯认为："一个社区的外来者也被分成跟巫师一类。在澳大利亚的一些部落中，一个族群内部的自然死亡会被归结为邻近族群实施巫术的结果，最后还会因此导致族群仇杀和世代不和……在吠陀印度时期，给巫师的名字就是'外来者'的名字。外来者最主要的就是生活在其他地域的人——满怀敌意的近邻。"参见［法］马塞尔·莫斯、昂利·于贝尔《巫术的一般理论 献祭的性质与功能》，杨渝东等译，广西师范大学出版社2007年版，第41页。

③ 以四川省汶川县龙溪乡阿尔村巴夺寨为例，据何斯强等人统计，"巴夺寨现有的50户人家中，有66位已婚女性，61位已婚男性（包括10位上门女婿），外来女性21位。"此例在一定程度上可反映羌族村寨相互嫁娶的情况。参见何斯强、蒋彬《羌族——四川汶川县阿尔村调查》，云南大学出版社2004年版，第151—154页；徐平《文化的适应和变迁——四川羌村调查》，上海人民出版社2006年版，第106页。

④ 小到一个村寨，大到一个国家，我们都能发现这种"和亲"形式的人员交流。它不仅能协调村寨间的利益，也能改善国家间的关系。

图 2 - 3　南非开普省布须曼人崖壁画表现的战争场面

这幅崖壁画展示了人类的早期阶段族群间进行的对资源的竞争与掠夺。在这次冲突中，位于左边的人群粉碎了敌人抢劫其家畜的企图。这说明人群间因为资源竞争而发生冲突并相互敌视是很普遍的现象。采自陈兆复、邢琏《世界岩画Ⅰ》，文物出版社 2010 年版

来女性"的身份具有二重性，在毒药猫故事中同样如此。首先，外来女性往往是害人的毒药猫母亲；其次，外来女性又通常是协助丈夫制服毒药猫母亲的儿媳妇。因此，外来女性不但是与家庭中的男性发生冲突的对立因素，她还起着调和这种对立的功能。虽然毒药猫母亲与儿媳都是外来女性，但是她们与男性的不同关系则清晰地显示出凝结在这一身份中的两种不同性质：前者象征着与外寨的关联，本寨人对外寨的恐惧投射在她身上，于是"外来女性"成为毒药猫母亲；后者暗示着与本寨的关联，种群延续的需要促成村寨间的合作，于是"外来女性"又是协助丈夫的妻子。村寨间对立的现实根源是资源竞争，是为了生存而展开的村与村之间的对立与斗争；而为了种群的延续，村寨间就必须联合与协

作。在个体生存的维度，人们竞争物质资源，是为了更好地维持当下的生存；在群体繁衍的维度，村寨间相互嫁娶则是为了种群的延续。因此，在"外来女性"这一身份上，我们看到了毒药猫故事及其信仰所蕴含的关乎村寨社会之存在的对立统一性。

在田野采访中，讲述者在故事结尾往往会说："没有毒药猫，天将暗，山要崩，地要裂"①；或者说："有寨必有毒，无毒不成寨"②；或者说："没有毒药猫，喝水毒死人"③。总之，这些谚语否定了彻底消灭毒药猫的想法，强调了毒药猫存在的社会必要性，尽管他们并不清楚保留毒药猫的潜在意义。首先，毒药猫在村寨中的存在使整个村寨与毒药猫及其家庭区分开来，这是村寨内部的区分。其次，毒药猫的"本地的外来者"身份为本寨人提供了一个宣泄负面情绪的渠道，本寨人由此得以把对外寨的恐惧对象化。由此，人们在本寨和外寨之间划出了界线，使本寨人在与外寨的区分中形成更有效的本寨认同，以此强化本寨的凝聚力。最后，通过村寨间的相互嫁娶，种群得以延续，村寨之间的紧张关系也得到缓解。

总之，在"妻子协助丈夫制服毒药猫母亲"这一模式化情节里，在"村寨间相互嫁娶"的社会现实中，我们都看见了村寨社会必需的两性交换与社群合作。这样的交换与合作都无非是为了村寨种群的延续与生活的安宁。至此，我们已对毒药猫故事的文本及其情境都进行了简要分析，以上所述详见表2－5。

---

① 陈安强、贡波扎西：《治疗社会恐慌的仪式：岷江上游"毒药猫"文化现象探秘》（三），《阿坝师范高等专科学校学报》2009年第3期。
② 王明珂：《羌在汉藏之间》，中华书局2008年版，第104页。
③ 达尔基、李茂：《阿坝通览》，四川辞书出版社1993年版，第194—195页。

表 2-5　　羌族"毒药猫"故事情境中诸元素的对立统一关系

社会本相（情境） ／ 社会表征（文本）		对　立			统　一
		毒药猫群体	中介	非毒药猫群体	悔悟与宽恕
家庭	女性与男性	毒药猫母亲	外来女性	协助丈夫的妻子	通婚与联合
村寨	毒与非毒	污秽	水或火	洁净	区分与认同
村寨集团	外寨与本寨	外寨	山王庙	本寨	恐惧与协作
信仰世界	兽性与神性	毒药猫（灶神）	天神	释比（猴头童子）	区分与意义

　　在今天的羌族村寨，由于社会情境发生了深刻的变迁，人们已不大愿意谈及毒药猫故事。在采访中，故事讲述者习惯以"这都是些封建迷信，毒药猫其实是一种病"作为开场白。政治、经济与文化等因素的影响已使与毒药猫故事相适应的社会情境不复存在。情境的改变导致"人们普遍觉得，过去毒药猫多，现在则是少了，或者说过去毒药猫比较凶，现在则不那么厉害。"① 在新的情境下，毒药猫在人们眼中甚至成了村寨历史上愚昧与落后的象征。为了跟上当代情境的节拍，毒药猫故事仅被看作"吓孩子"的把戏，人们习惯性地从生理疾病的角度将毒药猫现象合理化，这些都间接地说明了毒药猫信仰的没落。理查德·鲍曼（R. Bauman）认为：口头叙事是"情境化的，其形式、功能和意义都根植于由文化所规定的背景或事件中"②。由于社会情境和讲故事的方式为故事提供了一个先在的阐释性框架，因此文本与情境一旦分离就

---

① 王明珂：《羌在汉藏之间》，中华书局 2008 年版，第 112 页。
② ［美］理查德·鲍曼：《作为表演的口头艺术》，杨利慧、安德明译，广西师范大学出版社 2008 年版，第 87 页。

很难获得完全的理解。

在本文，我们首先从故事内外情境关系的角度把毒药猫故事分成三种类型。分类的目的是为揭示毒药猫故事文本的外部结构。在对文本内部结构的分析中，我们归纳出毒药猫故事从对立到反转最后统一的情节模式，其目的是将文本置于社会情境来揭示其内在的观念结构。布尔迪厄所说的"本相的外在表征与表征的现实本相"① 指出了文本与现实的同构关系。因而，阅读、分析毒药猫故事就是将故事看作打开与毒药猫信仰关联的那个世界的中介，以此实现文本内外的视域融合，筹划、开启一个基于毒药猫信仰的村寨世界②。

对于这个弥散着毒药猫信仰的世界，我们分别从性别冲突和社群冲突的角度对之进行了论述：在毒药猫群体与非毒药猫群体、女性与男性的对立中，我们揭示出了村寨社会从母系制向父系制过渡的遗痕；从毒与非毒、外寨与本寨的冲突以及毒药猫身份的二重性中，我们揭示出村寨间的对立统一关系；从兽性与神性的对立中我们可以看出历史上男巫与女巫为争夺正统地位而进行的斗争。除了对立与冲突，在性别群体之间，在村寨内部人群之间，在村寨之间以及毒药猫与释比之间，它们又通过情感、婚配与协作实现了更高层次的统一与协作。

---

① P. Bourdieu, Distinction: A Social Critique of the Judgement of Taste, London and New-York: 484 – 486.

② 保罗·利科认为："读者与文本的关系本质上就是读者与文本所展现的那个世界的关系。"参见［法］保罗·利科《诠释学与人文科学》，孔明安等译，中国人民大学出版社2012年版，第144页。

第三章　火起源神话

"火起源神话"指的是一类反映人类找火、用火以及通过各种方式掌握取火之法的神话类型。火起源神话在全世界各民族中普遍存在，是一个世界性的神话母题。火起源神话的普遍性是由火对于人类文化发展的极端重要性决定的。正如我们很难找到一个从未利用过火的族群，我们同样很难发现某个族群没有火起源神话。

在我国西南部的藏缅语民族中，火起源神话同样十分常见。这些神话不仅反映了藏缅语民族从畏惧火、被动地利用火到主动地尝试、摸索并最终掌握取火方法的艰难历程，也通过对火（神）的崇拜显示出先民深刻地意识到火对于人类社会的意义。

比如，在羌族神话《燃比娃取火》中就这样讲道："有了火，人间才有温暖、光明，才战胜了寒冬和漫长的黑夜，有了火，人类才有熟食，进入文明。"[①] 在彝族祭祀辞《祭锅庄石》中这样唱道："三块白石做锅庄，阿依迭古（火神）呀，你立我家几十年，有吃有穿全靠你，人丁兴旺全靠你，风调雨顺全靠你。"[②] 在哈尼族古歌《十二奴局·阿扎

---

① 孟燕等编：《羌族民间故事选》，上海文艺出版社1994年版，第34页。

② 云南民间文学集成编辑办公室编：《云南彝族歌谣集成》，云南民族出版社1986年版，第76页。

多拉》中这样唱道："天上没有太阳，世间就分不出昼夜；地上没有水，田地里就栽种不出庄稼；世上没有火，人类就不会发展到这一代。红彤彤的火，世间的人一个也离不开。"①

从上面这些质朴的语句，我们不难看出藏缅语诸族的先民们早已认识到火的使用让人类社会发生了前所未有的变革，认识到正是火的力量使人类"进入文明"，保障了一代代人"有吃有穿，人丁兴旺，风调雨顺"，这都说明人类社会的进步根本就离不开火。

对于火之于人类社会的深刻影响，恩格斯在《自然辩证法》一书中指出，火的使用是人类社会具有"决定意义的进步"之一，这一进步"直接成为人的新的解放手段"②。英国人类学家拉德克利夫－布朗也认为："火被看作是社会生活的象征，是社会生活围绕的中心，是社会获得力量的源泉。一言以蔽之，我们可以说，社会生活成为可能，是因为拥有了火。"③ 美国学者派恩断言："很多神话表明，仅当我们获得了火，我们才成为真正意义上的人类。"④

总之，无论是在神话中还是在社会史、思想史的研究中，我们都可以发现这样的结论：人类对取火方法的掌握在人与动物之间划出了一道界限，火使人从动物中脱离出来，因而，正是对火的使用，人才成为真正意义上的人。至于在神话中是如何细致地体现了火对于人的这种变革意义，我们可选取羌族神话《燃比娃取火》来予以说明。

---

① 赵官禄等整理：《十二奴局》，云南人民出版社 2009 年版，第 57 页。
② 北京政法学院哲学教研室编：《马克思列宁主义哲学原选辑》（上），1980 年版，第 67—68 页。
③ ［英］A. 拉德克利夫－布朗：《安达曼岛人》，梁粤译，广西师范大学出版社 2005 年版，第 254 页。
④ ［美］S. J. 派恩：《火之简史》，梅雪芹等译，生活·读书·新知三联书店 2006 年版，第 1 页。

第一节　人类使用火的历程

一　从"毛猿"到"裸猿"：以神话《燃比娃取火》为例

在藏缅语民族的火起源神话中，将人视为被火烧光了长毛的猴子，这一观念并不少见。羌族神话《燃比娃取火》①、门巴族神话《猴子变人》②、珞巴族神话《人和猴子为什么不一样》③、怒族神话《创世纪》④等都说，人在寻找火种以及摸索、掌握人工取火法的艰难历程中从遍体长毛且拖着一条长尾巴的猴子变为无毛、无尾的人类。首先，把猴类视为人类的祖先，这一观念在藏缅语民族的神话中普遍存在⑤。因此，在火起源神话中，被烧掉了长毛的多是猴子而不是其他动物。其次，这些神话都强调了在从动物蜕变人的过程中火的决定性作用。"长毛"和"长尾巴"都是表征动物性的符号，而真正意义上的人的诞生则意味着这些表征动物性的符号的消失。在这些神话中，羌族神话《燃比娃取火》由于其结构的精巧与寓意的深刻具有一定代表性。以下便是这一神话的大意，包括八个段落。为便于进一步分析，其中用下划线划出了有待讨论的词句。

---

① 孟燕等编：《羌族民间故事选》，上海文艺出版社1994年版，第29—34页。另见张力编《羌族民间故事选》，《羌族文学》编辑部2001年版，第10—15页。

② 李坚尚等编：《珞巴族门巴族民间故事选》，上海文艺出版社1993年版，第405页。

③ 于乐闻：《珞巴族民间文学概况》，西藏民族学院科研处1979年版，第42—43页；另见毛星主编《中国少数民族文学》（上），湖南人民出版社1983年版，第533页。

④ 左玉堂等编：《怒族独龙族民间故事选》，上海文艺出版社1994年版，第3页。

⑤ 夫王昆吾：《汉藏语猴祖神话的谱系》，东方出版中心1998年版，第179—212页。

1. 燃比娃取火前的世界图景:

传说在狗还是大地的母舅、公鸡还是太阳的朋友而人还是猿猴的远古之时,神和人都共同居住在大地上,其间只隔着一道喀尔克别山。由于人类妨碍了神仙们的安谧,天神木比塔就派恶煞神喝都惩治这些不好管教的凡人。喝都狠心地施行魔法,霎时天昏地暗,黑气沉沉,天寒地冻,大雪纷飞,泉水被冻成冰,果树被冻落了叶,年老体弱的人给冻死了。这时,人类的女首领阿勿巴吉鼓励人们走向原野,刨开积雪,挖草根找嫩芽维持生活。

2. 火神蒙格西和阿勿巴吉的交合:

有一天,神仙蒙格西偶遇阿勿巴吉,对她起了爱慕之心。蒙格西温情地从怀中取出一个鲜红的果子,送到阿勿巴吉口中,甜香的果汁顿时使她心旷神怡,并猛然觉得腹中实腾腾的。临别时,蒙格西对阿勿巴吉说:"姑娘啊!我是天城的火神蒙格西,我们俩有些缘分。以后你生了孩子,叫他来找我吧!人间太冷了,叫他来为人类取火啊!"

3. 燃比娃的出生:

阿勿巴吉怀胎十月后生下一个男孩,浑身长着长毛,还长着一条尾巴,一落地他就会开口说话:"阿妈!我的阿达(父亲)呢?"阿勿巴吉给孩子取名叫"燃比娃"。

4. 燃比娃取火的动机:

燃比娃长大成人后,阿勿巴吉对他说:"你阿达是天城管火的神灵,你向太阳走的方向去找你的阿达吧。你看!人间太冷了,向他要来火种,为人们取暖、照明吧!"

5. 燃比娃第一次取火：

　　燃比娃于是辞别母亲，踏上为人类取火的道路。他<u>朝着太阳运行的方向</u>，不停地往前走，逢岩攀岩，遇水蹚水，走了很久仍不知天城在哪里。后来，在<u>一只喜鹊的指引</u>下，他终于找到了<u>他的阿达也就是火神蒙格西</u>。蒙格西将一把油竹伸入炉中，燃成一炬火把，交给燃比娃带回人间。恶煞神喝都见此，立刻施行魔法，霎时狂风大作，猛向燃比娃吹来，火把遇风，烈焰烧着了燃比娃，他<u>全身的长毛着火燃烧了起来</u>。燃比娃被火烧得昏死过去。喝都趁势抢走了神火。

6. 燃比娃第二次取火：

　　燃比娃苏醒过来，猛地站起，忍住满身火伤的疼痛，挣扎着又找到了他的阿达。蒙格西取出一个<u>瓦盆</u>，从神火炉内夹出鲜红的<u>火炭</u>，放入盆中，交给燃比娃。蒙格西嘱咐道："这瓦盆不怕风。"恶煞神喝都又使出魔法，立刻黑云满天，接着大雨如泻，汹涌的洪水把燃比娃卷入浪峰，一瞬间就<u>浇灭了瓦盆中的神火</u>。

7. 燃比娃第三次取火：

　　燃比娃再次苏醒过来叫，发现身上<u>被火烧焦的黑皮全部被水泡掉了</u>，自己变成了一个健美的小伙子，可是后面还有一条长尾巴。燃比娃又来到天城找到阿达（阿爸）蒙格西。蒙格西对燃比娃说："我把<u>神火藏在白石头里面</u>，这样就可以瞒过喝都的眼睛。你到人间后，用白石两相碰击，就会有神火出现，神火溅到干草和树枝，就会产生熊熊烈火。"燃比娃辞别阿达，悄悄离开天城。此时天城正好关闭大门，燃比娃心灵眼快，一溜烟跑过城门，只听咔嚓一声，<u>两扇城门将他的尾巴给夹掉了。从此，人类才没有了尾巴。</u>

8. 燃比娃生出人类第一堆火：

　　燃比娃回到人间，兴奋地取出白石，<u>两石相碰，发出耀眼的火花</u>。他点燃干草和树枝，烧起了一堆熊熊的篝火。<u>这是人类的第一堆火啊！从此，火给人类带来了温暖和光明</u>。人们以惊奇目光，围着篝火欢乐地跳啊唱啊！据说这就是跳锅庄的起源。有了火人间才有温暖、光明，才战胜了寒冬，才战胜了漫长的黑夜，<u>有了火人类才有熟食而进入文明</u>。是白石给人类带来幸福与进步的火，所以<u>羌族人把白石尊为至高无上的神灵</u>，把它供在最高的地方。①

　　这则神话开篇就以"狗还是大地的母舅，公鸡还是太阳的朋友，人还是猿人的时候"来说明燃比娃取火一事的时间背景。这句话表面上是在指代某个遥远的过去，实际上是指人类思维演化过程中一个较早的阶段：此时人类的思维尚处于物我不分、主客同一、万物互渗的状态，自然秩序（大地、太阳、猿人）与社会人伦（母舅、朋友、人）还没有清晰的界限。为了达到对事物最低限度的解释，在神话时代，此二者经常被用来相互类比。比如，在这则神话中，燃比娃一落地便问："阿妈！我的阿达呢？"这一疑问与其说是在追问他的父亲，还不如说是代表人类表达了对火这一现象的疑惑。燃比娃是火神蒙格西之子，因此关于火的所有奥妙都可以追溯到火神蒙格西身上。与之相应，作为火神之子的燃比娃在故事层面是为人类寻得火种的英雄，实际上燃比娃本身就是火的象征。因此，燃比娃寻找父亲的艰难历程实际上象征着先民探索、发现并掌握火的过程。对此，我们可以从神话中的一个细节来进行分析。

---

　　① 参见孟燕、归秀文、林忠亮编《羌族民间故事选》，上海文艺出版社 1994 年版，第 29—34 页；张力编《羌族民间故事选》，《羌族文学》编辑部 2001 年版，第 10—15 页。为节省篇幅，此处有删节。

神话中说："蒙格西温情地从怀中取出一个鲜红的果子，送到阿勿巴吉口中，甜香的果汁顿时使她心旷神怡，觉得腹中实腾腾的。"这一极其隐晦的叙述影射了燃比娃的降生是由于火神蒙格西与阿勿巴吉的结合，所谓"鲜红的果子""甜香的果汁""心旷神怡"以及"腹中实腾腾的"，这些描述无不是对两性结合的隐喻。因此，在这一小段叙述中，第一层意思（字面意义）说的是蒙格西送给阿勿巴吉一个果子作为食物填饱了她的肚子；第二层意思（象征意义）则指的是蒙格西与阿勿巴吉的结合是诞生燃比娃的根源。

吃了果子，蒙格西（火神）叫阿勿巴吉生了孩子后让孩子（未来的取火英雄）来找他并为人类取回火种。而巧的是燃比娃（儿子）一生下来就问他的阿达（父亲）在哪里。在此，蒙格西既是"父亲"也是"火神"，而燃比娃则既是"儿子"又是未来的"取火英雄"。因此，我们可以从蒙格西和燃比娃之间发现一种极为对称的类比关系。对于这种结构关系在整体上呈现出的相似性，我们可称为"同构性"①。在此，我们能在蒙格西与燃比娃之间发现这样的同构关系：

蒙格西：神：父亲：火神：：燃比娃：人：儿子：火种

在这个同构系统中，我们可以发现，蒙格西与燃比娃之间的父子关系是用来类比其他关系的范式。比如，在诸神和人类之间，用父子关系

①　同构性（Isomorphic）指的是两种不同但具有关联的事物的内部结构具有相似性，即"关系的相似"。如果仅仅是单一的元素与另一元素具有相似性，这只能叫作"相似关系"而不是"同构关系"。同构关系强调的是关系类似的结构的并置。神话是按对立统一的原则组织起来的结构系统，神话内部及神话之间都由类似的、对应的结构层层蕴含、层层对应。因此，"同构性"是神话内部结构最显著的特点。结构的重复，其目的只有一个：对元结构的强调和使世界层级化、秩序化。

对之进行类比极为常见①；而在取火英雄所代表的"火种"与掌控着一切火源与取火之法的"火神"之间，火种同样可被看作由火神蒙格西所创生。概言之，火神蒙格西即火之父，代表火种的源头。因此，在先民追问取火之法的过程中，正如燃比娃（人）是由蒙格西与阿勿巴吉结合所生，火的来源问题亦是通过用男女结合的类比来予以解释的。因此，蒙格西从怀中取出的"鲜红的果子"不仅是能填饱肚子的食物（第一层意义）和促成生殖的器官（第二层意义），它还象征着熊熊燃烧的火种（第三层意义）。

　　用两性生殖（人的起源）来类比火起源的例子在神话中并不少见。究其根源，这是由先民近取诸身、以己度物的思维模式决定的。先民习惯用熟悉的人伦关系（社会）来类比不熟悉的自然现象。比如，在人体化生世界的神话中，人体诸器官与天地万物往往形成同构关系；在自然释原神话中，各种自然现象被拟人化、人伦化；在图腾神话中，动物系统与社群系统形成同构关系。这种以人类自身（身体、社会）为原型②的思维模式使早期人类文化的建构通过类比（拟人、象征）的方式形成了同构型的文化结构。正如恩斯特·卡西尔所言："不是自然，而是社会才是神话的原型。神话的所有基本主旨都是人的社会生活的投影。

---

　　①　比如，在中国古代君权神授的语境中，"天子"这一称呼就代表国家的最高统治者是天神的儿子。再如，基督教中道成肉身的"圣子"耶稣即上帝之子。在笔者看来：神即神秘，神是人的一种想象。人之所以不得不想象，是因为世界的无限超越了人的认知范围、认知水平，是因为生活的苦难超越了人的理智所能设想的程度，所以人不得不通过想象和希望去表达一种理想。在认知的维度，神代表人不能完全理解的无限的自然；在伦理的维度，神代表人的社会理想——公平、正义。在这个意义上，我们才说神是全知、全能、至美、至善的神。至于说人是神之子，这里的神应是对无限的自然的象征，这说明先民意识到人类是由大自然母亲孕生的。

　　②　米尔恰·伊利亚德认为："人类不管在其他方面多么自由，却永远是其自身原型直观的囚徒，在他第一次意识到在宇宙中地位的那一刻，这样一种原型直观就形成了。"参见〔美〕米尔恰·伊利亚德《神圣的存在》，晏可佳等译，广西师范大学出版社 2008 年版，第404 页。

靠着这种投影，自然成了社会化世界的映象：自然反映了社会的全部基本特征，反映了社会的组织和结构、区域的划分和再划分。"①

　　以上判断，可以在另外一些神话中找到旁证。在景颇族神话《取火的故事》中，一个叫麻堵的小伙子和一个叫麻图的姑娘用两块竹片不停地摩擦，最终在竹片上擦出了火花，引燃了旁边的干草和树叶。② 在珞巴族神话《达蒙和达宁》中，达蒙和达宁姐弟二人结婚后从事采集和狩猎，由于没有火，生活异常艰苦，于是他俩一人拿藤条，另一人拿木头互相摩擦取到了火。③ 当景颇族人新居落成之时，他们就会象征性地从老屋里取来代表麻堵和麻图传下的火种。当这种具有神圣性质的"新火"引进之后，一个新家才算正式建立起来。④ 除了藏缅语民族的火起源神话，在太平洋新几内亚岛南岸的马英德安尼姆人（Marind‐Anim）中也流传着类似的神话，说一个叫尤巴的刚成年的男人紧紧拥抱住他的妻子西琉姆布以致不能分开，后来一个神灵使劲摇晃他俩，想把他们分开，结果这两个摩擦的躯体间冒出了烟和火光，火就这样诞生了。⑤ 此外，印度婆罗门的火祭司（男性）至今仍需要与妻子一起用钻木的方法来点燃圣火。在取火之前，祭司抱着上面要插入的那根钻木入睡，而他的妻子则负责看管下面那根木头。⑥

　　从上述火起源神话和取火仪式我们不难看出：挑选一男一女摩擦竹

① ［德］恩斯特·卡西尔：《人论》，甘阳译，上海译文出版社1985年版，第101页。
② 鸥鹍渤编：《景颇族民间故事选》，云南人民出版社1983年版，第26页。
③ 于乃昌：《珞巴族文学史》，江苏教育出版社2001年版，第180页。
④ 参见桑耀华主编《中国各民族原始宗教资料集成·景颇族卷》，中国社会科学出版社1999年版，第488页；《中国少数民族社会历史调查资料丛刊》修订编辑委员会云南省编辑组编《景颇族社会历史调查》（1），民族出版社2009年版，第188页；《中国少数民族社会历史调查资料丛刊》修订编辑委员会、云南省编辑组编《景颇族社会历史调查》（4），民族出版社2009年版，第13页。
⑤ ［英］J. G. 弗雷泽：《火起源的神话》，夏希原译，北京大学出版社2013年版，第43页。
⑥ 同上书，第205页。

片（木棍）或敲击石头来取火，这样的安排绝非偶然。设置一男一女来取火的模式保留着神话时代人们用"人的起源"（两性结合）来类比"火的起源"（二木相摩）的痕迹。先民们无法理解用"二石相击"或"二木相摩"的人工取火法制造出火焰的根本原因，于是用他们较为熟悉的生殖现象来类比火的起源。这样的思维方式用英国人类学家 J. G. 弗雷泽的话来说即："取火的过程象征着交合。"① 在《火起源的神话》一书中，弗雷泽指出："有一种观念认为火来自女人的身体，特别是她的生殖器，这在我们已经阅览过的神话中也可以找到合理的解释，即很多野蛮民族都将钻木取火的形态类比成两性的交媾。在所有这类例子中，那根平放的、有孔的木棍都被说成是女性的，而那根垂直的、钻孔的木棍则是男性的。"②

　　既然用男女交合来类比取火之法在神话中是一个普遍现象，因此，在神话《燃比娃取火》中，燃比娃的出生就绝不仅仅是生理意义上的"人"的生殖，而且对文化意义上的"火"的起源作了神话式的表述。在神话的结尾，"燃比娃回到人间，兴奋地取出白石，两石相碰，发出耀眼的火花。他点燃干草和树枝，燃起了一堆熊熊的篝火。"对于这样不可思议的取火之法，先民只能用身边熟悉的现象来进行类比，以说明火的产生。因此，从字面意义去理解，蒙格西送给阿勿巴吉的果子是"食物"，但实质上，它首先是对"生殖器"的象征，其次是对"火"的象征。而生殖器与火之间能够进行类比，这在于此二者在形式上、性质上都具有的相似性：在形式上，"两性结合"与"二石相击"（二木相摩）的取火法无论是在数量上（两性/二石/二木）还是位置上（上

---

① ［英］J. G. 弗雷泽：《火起源的神话》，夏希原译，北京大学出版社 2013 年版，第205 页。
② 同上书，第204—205 页。

下/动静/实虚）都是同构的；在性质上，人（身体）的生殖与火（文化）的起源都蕴含着无与伦比的创造力与极其重大的价值。因此，我们可以说，在《燃比娃取火》的结构中，蕴藏了不同民族关于火的共同意识。火神话的这种共同意识可以归纳如下：

人的起源：两性交合：上位－下位：运动－静止：充实－空虚：：

火的起源：二木相钻：竖木－横木：摩擦－固定：尖锐－空洞

火蕴含的无与伦比的创造力在神话《燃比娃取火》中是如何体现的呢？

在这则神话中，燃比娃从人间到天城的路途十分艰辛。不仅如此，叙述中还采用了"三重化"的叙事手法，让燃比娃上天城连续取了三次火。在这则神话中，"三重化"运用得极为巧妙，不仅使叙事显得起伏、曲折，也凸显出人类掌握人工取火法的艰难。然而，更重要的是这三次取火经历将人类利用火的历史分成了如下四个阶段。

（一）无火时代。在神话《燃比娃取火》中，无火时代是"黑气沉沉，天寒地冻"的时代。人类畏惧火，过着风餐露宿、茹毛饮血的生活。此时的人类社会尚处于摩尔根所谓的"低级蒙昧阶段"[①]，人类对火茫然无知，自然界中产生的野火只给人带来无穷的恐惧，人们依靠水果和坚果维生，过着风餐露宿、茹毛饮血的生活。

彝族史诗《查姆》对此阶段有这样的描述："独眼睛这代人啊，没有找到火种，冷热不知道，生熟两不分。他们熬过严寒和酷暑，他们度过数不清的冬春；冷水伴野果，食物尽生吞。"[②] 哈尼族古歌《十二奴局》中唱道："因为怕虎、豹与蟒蛇，我们的先祖住在石洞和树上，日

---

① ［美］路易斯·亨利·摩尔根：《古代社会》（上），杨东莼等译，商务印书馆1983年版，第9页。

② 郭思九等整理：《查姆》，云南人民出版社2009年版，第20—21页。

子难挨。我们的先祖，那时候还没有造出火来，天冷的时候像猪一样乱草堆里埋；逮来了麂鹿，像豹子一样撕着吃生肉；野菜采来了，像牛马一样往嘴里塞。"① 独龙族神话《创火人》说："传说在古时候，独龙人没有衣服穿，没有火烤，没有熟食吃，过着树皮当衣，住岩洞，吃生食，挨饿受冷的痛苦生活。"② 此外，在汉语古文献中也保留了不少对此阶段人类生活的描述。《韩非子·五蠹》云："上古之世，人民少而禽兽众，人民不胜禽兽虫蛇……民食果蓏蚌蛤，腥臊恶臭而伤害腹胃，民多疾病。"③《淮南子·修务训》云："古者，民茹草饮水，采树木之食，食蠃蚌之肉，时多疾病毒伤之害。"④《白虎通·号》云："古之时，未有三纲六纪，民人但知其母，不知其父。能覆前而不能覆后。卧之詓詓，行之吁吁，饥则求食，饱则弃余，茹毛饮血，而衣皮苇。"⑤

综上所述，所谓"无火时代"并非指这世界上不存在火，而是指利用火、掌握火的意识、观念仍因恐惧被排除在社会生活之外，人们尚不知晓用火来取暖、烹饪、照明以及防御敌害。

（二）被动利用野火的时代。当人类对自然界的野火有了一定了解，对火的恐惧逐渐消退之时，便进入被动利用野火的时代。人们偶然遇见野火，能够用火来御寒，并能食用在火中被偶然烧死的动物，感受到火的温暖，意识到熟食在口味上优于生食。但是由于野火的随机性限制了人们的使用范围，所以在此阶段，人们主要是碰运气般被动地利用自然界中的野火。

在神话《燃比娃取火》中，燃比娃第一次取火时想用"火把"（明

---

① 赵官禄等整理：《十二奴局》，云南人民出版社 2009 年版，第 58、60 页。
② 左玉堂等编：《怒族独龙族民间故事选》，上海文艺出版社 1994 年版，第 256 页。
③（清）王先慎：《韩非子集解》卷 19，中华书局 1998 年标点本，第 442 页。
④ 何宁：《淮南子集释》卷 19，中华书局 1998 年版，第 1311 页。
⑤（清）陈立：《白虎通疏证》卷 2，中华书局 1994 年标点本，第 50 页。

火）将火种带到人间，不料被恶神喝都所施的"狂风"吹灭，"全身长毛着火烧了起来"。在此，"火把"被"狂风"吹灭的细节显示出人们在此阶段仍完全受制于自然火种的偶然性与脆弱性，他们试图以"明火"① 的方式保存、传播火种的尝试由于受到狂风等因素的影响而终归失败。但是保存火种的尝试已经显示出人们决意摆脱动物般的生存状态。在神话中，代表"动物性"的"长毛"着火烧了起来，这是用人类在体征上的变化来表征人类在思维、意识上已经与完全受制于客观条件的动物拉开了距离。

与此阶段相应，在纳西族神话《昂姑咪》中，女首领昂姑咪从昂神手中讨得火种后捧在手中，"她的整个身子都烧着了，烧焦了，于是从昂神背上落了下来，一直坠落到喇踏山上"②。在白族神话《人类和万物的起源》中，一只从天而降的凤凰为了报答舍忽朵和巨鲁王姐弟俩，把一根羽毛变成一把燃烧着的火炬，让姐弟俩以此为火种来烧煮食物和御寒取暖。③ 拉祜族神话《火的发现》中说：白云和黑云相碰起炸雷，飞鼠抢到了飞到山坡上的火星。拉祜族另一则神话《飞鼠送火》说：闪电击中枯树，飞鼠取来火炭，在岩洞中燃起了火。④ 在藏缅语民族之外的民族中，也存在不少反映此阶段用火状况的神话。在壮族创世神话《布洛陀》中，创世始祖布洛陀把闪电引起的野火拿来为人们取暖、做饭，可是"有天半夜，突然下起了滂沱大雨，火被淋灭了，人们又回到了没有火的时代"⑤。在太平洋新几内亚一个叫欧若凯瓦（Orokaiva）的

---

① 在此特指在氧气充分的情况下看得见火焰的剧烈燃烧，如神话中的火把、火炬都属于这种情况。

② 陶阳、钟秀编：《中国神话》，上海文艺出版社1990年版，第291页。

③ 云南省民间文学集成办公室编：《白族神话传说集成》，中国民间文艺出版社1986年版，第7—8页。

④ 云南拉祜族民间文学集成编委会编：《拉祜族民间文学集成》，中国民间文艺出版社1988年版，第96—97、286—287页。

⑤ 谷德明编：《中国少数民族神话》，中国民间文艺出版社1987年版，第72页。

部落流传着这样一则神话，说一只小狗把火把系在自己尾巴上游过大河才把火种带给了他们的祖先。①

总而言之，所谓"被动利用野火的时代"指的就是人们已经体会到火的好处，并试图以"明火"的形式保存、传播火种的时代。由于受制于野火的偶然性，人们利用火的方式十分被动。但是，以上几个神话已表明人类在被动利用野火的时代对火有了许多认识，这些认识产生在深刻的经验之后。闪电、着火的鸟羽（《燃比娃取火》中还说到"一只喜鹊的指引"）、着火的动物，为人提供了认识火的契机。在这一过程中，人也付出了被灼伤甚至被烧焦的代价。

（三）主动利用野火的时代。这是人类史上的重要时代。进入这一时代的关键，是要学会用暗火②方式保存自然火种。一旦做到这一点，人类便可以积极主动地用火来御寒、烹饪、照明并防御猛兽的攻击。从这时开始，火也成了人们须臾不可离的工具。

在神话《燃比娃取火》中，燃比娃第二次取火的情形大体上反映了此阶段人们利用火的水平。当第一次取火失败后，蒙格西便用"瓦盆装上神火"让燃比娃带回人间，并嘱咐说："这瓦盆不怕风。"但不幸的是瓦盆之火连同燃比娃一起最终被喝都所施的洪水所淹。燃比娃再次苏醒过来时，发现"全身被烧焦的黑皮全部被水泡脱了，自己变成了一个健美的小伙子，可是后面还有一条长尾巴。"在此情节中，用"瓦盆"来保存火种比之用"火把"来保存火种已经有了很大的进步。燃比娃在遭受火烧、水淹之后脱去了烧焦的黑皮，从一只"毛猿"变成了

---

① ［英］J. G. 弗雷泽：《火起源的神话》，夏希原译，北京大学出版社 2013 年版，第 37 页。
② 在此特指限制了燃烧条件的情况下看不见火焰（明火）的缓慢燃烧，如将燃烧的木炭埋入灰土中。

一个健美的"裸猿"①。这些细节折射出一个重要的道理：人类用火技术的进展与人类自身体征（体质）的完善、思维的演进是同步进行的。也就是说，在由猿到人的演化过程中，人类同时实现了对外部世界（物质技术）和内部世界（思维能力）的双重改造。

《燃比娃取火》中的"瓦盆"，事实上就是藏缅语民族的火塘。在藏缅语民族聚居的村寨，火塘是家居生活的中心。人们在火塘中竖起锅庄石、铁三脚来烹煮食物，围绕在火塘四周取暖、憩息。火塘中的火常年不熄；火炭掩埋在火灰之中，成为可以长期保存的火种②。所以羌族人对于火塘寄托了深厚感情。他们称火塘之火为"万年火""长明火"，认为火的燃烧象征着家族的兴旺，火种的长存代表着薪火相传、后继有人③。不过，不止藏缅语民族，许多以农耕为生的人群都有类似于火塘的设施。拉尔夫·林顿曾经说过："一旦得到火种，就尽量让其不灭，这一习俗至今仍是许多以农耕为生的人群的特征。"④ 关于保存火种的时代，许多民族学资料作了记录。在普米族的《点火歌》中，人们唱道："昂姑咪给了我们火种，给人类照明、取暖。从此，天下没有黑暗，人类四季平安。今天点燃了火塘，神和祖先留在我们身边。火不灭，人绵延，吉祥留人间。"⑤ 在羌族村寨，人们称火塘之火为"万年火""长

---

① "裸猿"即人，参见［英］德斯蒙德·莫里斯《裸猿》，周兴亚等译，复旦大学出版社 2010 年版，第 42—47 页。

② 拉尔夫·林顿认为："一旦得到火种，就尽量让其不灭，这一习俗至今仍是许多以农耕为生的人群的特征。"参见［美］拉尔夫·林顿《文化树——世界文化简史》，何道宽译，重庆出版社 1989 年版，第 19 页。

③ 陈春勤：《羌族文化研究》，四川民族出版社 2010 年版，第 110—111 页。

④ ［美］拉尔夫·林顿：《文化树——世界文化简史》，何道宽译，重庆出版社 1989 年版，第 19 页。

⑤ 章虹宇：《普米族的火祖母及生火庆典》，《中国民族博览》1999 年第 2 期。

明火"，并对之产生一种信仰，认为火的燃烧象征着家族的兴旺，[1] 在彝族史诗《阿细的先基》中，人们从雷电引发的火灾中获取了火种，此后，"人们有了火，会把生的肉，烤成熟的吃；会把生的东西，烧成熟的了。有了火以后，聪明的人们，什么都不造，先去造风箱，风箱造起好打铁。打铁的时候，聪明的人们，别样都不打，先打大铁叉，先打大砍刀。拿来抵挡老虎，拿来抵挡豹子。"[2] 在怒族神话《创世纪》中说："天火过后，人们把天火移进岩洞里烧了起来，每次猎到小动物或采到野菜，都在火上烤吃，这样，人类就不再吃生肉生菜了。猴子和其他动物，见到火光，都害怕得逃进老林子里，再也不敢和人类生活在一起了。"[3] 这些记录说明：人类对于主动利用野火的时代同样有深刻记忆。

同前面两个阶段相比较，新时代有本质上的进步，人类开始积极地利用火，对火种的长期保存与长途传递得以实现，这极大地拓展了人类使用火的范围。至此，人类的生活水平得到了实质性的飞跃。首先，熟食取代了生食，"极大地拓宽了人类的食谱"[4]，改善了人类的营养状况，为智力的提升奠定了必要的物质基础[5]。其次，火堆能满足人们烹

---

[1]　陈春勤：《羌族文化研究》，四川民族出版社 2010 年版，第 110—111 页。另外也可参见杨敏悦《西南少数民族的拜火习俗和火神话》，《中央民族学院学报》1988 年第 1 期；黄龙光《试论彝族火神话与火崇拜》，《毕节学院学报》2010 年第 1 期。

[2]　云南省民族民间文学红河调查队整理：《阿细的先基》，云南人民出版社 1959 年版，第 41—43 页。

[3]　左玉堂等编：《怒族独龙族民间故事选》，上海文艺出版社 1994 年版，第 3 页。

[4]　[美] 拉尔夫·林顿：《文化树——世界文化简史》，何道宽译，重庆出版社 1989 年版，第 21 页。

[5]　黄晓庆："人脑的所耗费的功率占人体所有技能总和的五分之一，这是巨大的耗能比例，在生物学角度上是完全不可持续的，意味着人类作为物种本身存在的不合理性，按照这种耗能比例，意味着人类每天要不停不歇地吃 16 个小时的食物才能满足大脑的正常运作。而让我们不必如此的原因，实际上在于我们吃的是熟的东西。所以在我看来，人类文明的起源是什么？是火的应用。火的使用才是人类和其他生物之间本质的区别，不是语言，不是简单的工具，不是结构化的社会行为，当然也绝对不是政治。"参见黄晓庆、陈嘉映等《"玉河夜话"第六期——人工智能：不朽还是终结?》，2016 年 5 月 5 日，搜狐网（http://mt.sohu.com/20160511/n448890537.shtml）。上述观点不够严密，但毫无疑问，它肯定了火、熟食之于人类的价值。

饪、取暖、照明、防卫等各方面的需要，它作为一个极具吸引力的中心将人们吸引到它的周围，为集体性的交流提供了契机，由此增强了社群凝聚力，加速了人类文化的发展。因为人的存在不仅是个体性的存在，更是集体性的存在①。因此，无论是在个体（身体）的层面还是在群体（文化）的层面，火这一蕴含着巨大生产力的因素在人类文化的演进史上都占据着举足轻重的地位。

（四）人工取火的时代。接下来出现的是更重要的时代——人工取火的时代。这个时代见于《燃比娃取火》的第7段和第8段。从故事情节看，是燃比娃第三次取火。神话说：火神蒙格西将火种放入"白石"，让燃比娃带回人间。"燃比娃回到人间，兴奋地取出白石，两石相碰，发出耀眼的火花。他点燃干草和树枝，燃起了一堆熊熊的篝火。"神话在此作了一个很有分量的判断："这是人类的第一堆火啊！从此，火给人类带来了温暖和光明。"这个判断到现在依然成立。现代人同样认为人类对火的控制以人工取火为标志。美国学者 S. J. 派恩说仅当获得了火，人类才成为真正意义上的人类；所谓"获得了火"，指的就是人工取火。

在神话《燃比娃取火》中，燃比娃的第三次取火终于获得了成功。火神蒙格西将火放入"白石"让燃比娃带回人间。"燃比娃回到人间，兴奋地取出白石，两石相碰，发出耀眼的火花。他点燃干草和树枝，燃起了一堆熊熊的篝火。"② 在掌握击石取火法的同时，燃比娃的尾巴——残存的动物性的标记——也在逃出天城之时被两扇城门咔嚓的一声夹断了。

"关上大门"与"夹断尾巴"的细节充满象征性：这天城的大门是

_____

① 人类社会（文化）的集体性在人类文化演进的早期阶段表现得尤为显著，个体的行为几乎完全受制于集体利益的需要；当个体遭遇危机之时，最有力的庇护与协助也无一例外来自集体。

② 孟燕等编：《羌族民间故事选》，上海文艺出版社1994年版，第34页。

一个代表转折与过渡的符号。如布尔迪厄在《实践感》一书中所言：
"门槛是两个空间的界限，是对立的原则发生冲突、世界颠倒的所在。
界限是斗争的场所。"① 在天门之内是"有火的天城"，天门之外是"无
火的人世"；燃比娃体表的长毛、长尾代表了"动物性"，燃比娃的心
中深藏着"象征人性的取火理想"②。事实上，天城不过是对动物世界
的颠倒。换句话说，获得火种的理想或在理想中的火焰只可能燃烧在积
极进取、勇于开拓之人的胸中，这火焰映照出的是人的理想而非动物的
蒙昧。与之类似的"颠倒"也出现在《旧约·创世纪》中：亚当和夏
娃被赶出了伊甸园。在许多民族的古老神话中人们都在为"黄金时代"
的远逝感到遗憾。其实，伊甸园与"黄金时代"都不过是对蒙昧世界
（时代）的神话式（颠倒式）表达。在《燃比娃取火》这一神话中，动
物性与人性的冲突与斗争在燃比娃的"意识"中、"身体"上同时进
行。不仅如此，这种冲突与斗争也在"天城"与"人世"之间展开，
也就是说在动物与人类之间展开。因此，神话中出现的"水""火"
"门"都是代表过渡意义的符号：火烧、水淹之后燃比娃脱去了长毛；
大门关闭之后燃比娃丢掉了长尾。这一切无非表达了这样一个清晰的观
念：正是积极的文化建构（包括对火的使用）使人类成了真正意义的
人类。对于火之于人类的这种"过渡"意义，有学者指出："对火的利
用和控制是人类自己创造的第二种光照，它在文化史上的意义，不亚于
太阳的光芒，人第一次支配了这种自然力，从而最终把自身与动物
分开。"③

---

① ［法］皮埃尔·布尔迪厄：《实践感》，蒋梓骅译，译林出版社 2009 年版，第
217 页。

② 严格来说，理想性是人性最重要的部分之一。几乎所有的神话都有对人类理想性的
表达。理想性代表一种积极进取、勇于开拓、知其不可而为之的英雄气概。这种气概是人
类所特有的，是弥足珍贵的。

③ 朱狄：《原始文化研究》，生活·读书·新知三联书店 1988 年版，第 440 页。

　　既然人工取火有这样大的意义，那么，它必定见于许多民族的神话。我们注意到珞巴族神话。珞巴族的神话《虎哥与人弟》说：老虎是兄，人是弟，人弟用两块石头摩擦取火烤兽肉吃，而虎兄则只吃生的，最终人弟用计除掉了虎哥。[①] 珞巴族另一则神话说：起初有两种猴子，一种红毛短尾的猴子把自己身上的毛拔了，并学会了击石取火的方法，通过吃熟食最终变成人类；另一种白毛长尾的猴子则仍然是猴子。[②] 这两个神话代表了两种人工取火主题：前一主题强调熟食的人与生食的动物（虎）的对比，后一主题强调熟食的猴子与生食的猴子的对比。门巴族神话《猴子变人》说：神灵姑鲁仁布切给猴子们讲经，把火与熟食赐予了那些诚实的猴子，最终这部分猴子变成了人。[③] 这个神话也属于后一主题。但不管是哪一个主题，都表达了"有了火人类才有熟食而进入文明"的思想。而这正是《燃比娃取火》的核心思想。

　　总而言之，神话《燃比娃取火》清晰地展示出人类一步步取得了对火的掌控，与上文所述的人类用火历史中的四个阶段[④]一一对应。为了获得一种直观的效果，从"意识""体征""技术"等维度对人类使

　　① 于乃昌：《珞巴族文学史》，江苏教育出版社 2001 年版，第 180 页。
　　② 于乐闻：《珞巴族民间文学概况》，西藏民族学院科研处 1979 年版，第 42—43 页。
　　③ 李坚尚、刘芳贤编：《珞巴族门巴族民间故事选》，上海文艺出版社 1993 年版，第 405 页。
　　④ 对人类用火历程的各个阶段，学者们对之作出了不同的划分。J. G. 弗雷泽说："在人类的进化中，关于火曾经历了三个阶段：在第一个阶段人们不知道如何使用火，甚至根本没有听说过火；在第二个阶段，他们对火不再感到陌生，而是用它来取暖做饭，但是还没有掌握人工生火的方法；到了第三个阶段，他们发现了点火的方法，并不断地使用这种方法或多种方法，这些方法在不久之前，或者直到今天仍在一些较落后种族中流行着。对于这三个前后相继的时代我们可以称为'无火时代''用火时代'和'燃火时代'。"参见〔英〕J. G. 弗雷泽《火起源的神话》，夏希原译，北京大学出版社 2013 年版，第 185 页。另外，有学者认为："大量的考古资料和民族学资料证明，人类与火的关系大致经历了三个过程：最初不知用火，继而开始用火，能利用和保存天然火，最后发展到能自己生新火。"参见杨福泉、郑晓云《火塘文化录》，云南人民出版社 1991 年版，第 4 页。笔者在上述观点基础上将人类利用自然火种的阶段分成了"被动"和"主动"两个时期。这是因为：首先，这两个阶段之间的过渡与转换可以突出人类在意识上、思维上的飞跃；其次，从人类开始意识到自然野火的好处到把火种移入洞穴长期保存，这一行为本身具有重大的转折意义。

用火的演进过程的分析，详见表 3 - 1。

表 3 - 1　　　　　羌族神话《燃比娃取火》中人类用火四阶段

阶段 维度	一	二	三	四
意识状态	恐惧、逃避	消极、被动	积极、主动	积极、主动
体表特征	长毛、长尾	毛被火烧焦	毛被水泡掉	尾被门夹掉
技术载体	无	火把（明火）	瓦盆（暗火）	白石（人工火）
火种类型	无	自然火种	自然火种	人工火种

二　从自然火种到人工火种

在上文我们主要谈了两个问题：一是对远古人类用两性结合来类比击石取火与钻木取火进行了解释，二是对早期人类的用火历程进行了分阶段的阐释。就藏缅语民族火起源神话的情节来说，多数神话都展现了"自然火种"向"人工火种"的过渡。

自然火种一般有如下几种来源方式：一是雷电引起的森林大火。根据 S. J. 派恩对雷电引起的火灾作的统计，他认为"闪电常常引发大火，以至于它足以充当原始地球上的'灶神'"①。弗雷泽也认为，"在人类学会自己造火之前，这（雷电）是他们最为经常的火种来源。"②古罗马学者卢克莱修在著作《物性论》中也说："最初把火带到地上给人类

---

① ［美］S. J. 派恩：《火之简史》，梅雪芹等译，生活·读书·新知三联书店 2006 年版，第 6 页。
② ［英］J. G. 弗雷泽：《火起源的神话》，夏希原译，北京大学出版社 2013 年版，第 188 页。

的是闪电；并且，从那里开始，热焰就散布到所有的地方。"① 在原始族群中，"安达曼人把闪电看作火，这是毫无疑问的。被闪电击中的树木烧焦的样子，足以使他们对此深信不疑。"② 有的民族甚至认为"闪电乃是天神在天上用两片橡树木材摩擦拔出的火光，正像敬奉天神的原始人在地上森林中点火一样。"③ 印度的奥昂人则认为"闪电之火"乃"自天遣使而来"，一旦发现闪电引燃的野火，村里所有的火都被熄灭，每户人家都要引进这神圣的"新火"，小心地把它保存下来用于各种目的。④ 总之，早期人类保存的自然火种主要起源于雷电。

比如，白族神话《人类和万物的起源》说一只从天而降的凤凰把一根羽毛变成了一把燃烧的火炬，这凤凰及其羽毛不过是暴风雨与闪电的化身。⑤ 珞巴族有一则神话说火是从一种叫"新日朗德"的树洞中取出的⑥，这不过说的是雷电击中大树后，燃烧的大树成了人们的火源。阿昌族神话《遮帕麻和遮米麻》中说：人祖遮帕麻"挥舞赶山鞭，抽出一串串火花，他只留下一朵火花点燃了自己的柴堆，其他火花飞到天上，变成了满天的星斗。"⑦ 怒族神话《创世纪》直接就说："雷电击着枯树的时候，引起火星，发生了一次天火。"⑧ 拉祜族神话《飞鼠送火》说："咔嚓一道闪电，轰隆隆一声惊雷，把一棵树劈倒在地上，树干立

---

① ［古罗马］卢克莱修：《物性论》，方书春译，商务印书馆1981年版，第329页。

② ［英］A. 拉德克利夫–布朗：《安达曼岛人》，梁粵译，广西师范大学出版社2005年版，第273页。

③ ［英］J. G. 弗雷泽：《金枝——巫术与宗教之研究》，商务印书馆2012年版，第1084页。

④ ［英］J. G. 弗雷泽：《火起源的神话》，夏希原译，北京大学出版社2013年版，第189页。

⑤ 云南省民间文学集成办公室编：《白族神话传说集成》，中国民间文艺出版社1986年版，第8页。

⑥ 于乃昌：《珞巴族文学史》，江苏教育出版社2001年版，第180页。

⑦ 德宏州文联编：《阿昌族文学作品选》，德宏民族出版社1983年版，第12页。

⑧ 左玉堂等编：《怒族独龙族民间故事选》，上海文艺出版社1994年版，第3页。

刻冒起了一缕缕青烟，发出一闪一闪的红光"①。拉祜族《火的发现》中说："两股风朝两边吹，白云和黑云相碰起炸雷，火星飞到了山坡上。"② 拉祜族《牡帕密帕·取火》中说："厄莎掏出一点心脏，放在高山顶上，突然一声雷响，闪出万道火光，火星飞到山坡，一群动物齐来争抢，最先得到火的是老鹿，它把火带到树上。"③ 哈尼族《十二奴局·阿扎多拉》说："天神莫米发了怒，丢下几颗巨大的火雷，导致无边的森林着了火。"④ 彝族《阿细的先基》说："天上打起雷来，有一样红通通的东西，从天上掉下来，一直钻进老树里去。这样好看的东西，人们从来没看过，这样稀奇的东西，人们从来没有见过。姑娘和儿子们，在旁边的树蓬里，折了些小树枝拿来撬老树。撬着撬着嘛，撬出火来了。"⑤ 从上述神话我们可以看出，先民对雷电引起的自然野火先是感到恐惧与疑惑，进而试探，最后才大着胆子把火引入洞穴。

除了雷电之外，在其他民族的神话中还有火山引发山火的说法。但是由于火山的分布并不具普遍性，故而火山引火的神话主要集中在火山周围的族群中⑥，而在藏缅语民族的火起源神话中尚未发现。除了从天而降的雷电与由地下喷涌而出的火山之外，岩石崩塌过程中石头相互撞击、盛夏时节过于炽烈的阳光、冲破大气层的陨石以及森林中干燥的树枝在狂风中摩擦，这些情况都可能引发野火。比如，卢克莱修就认为：

---

① 拉祜族民间文学集成编委会：《拉祜族民间文学集成》，中国民间文艺出版社 1988 年版，第 286 页。

② 同上书，第 96 页。

③ 同上书，第 58 页。

④ 赵官禄等整理：《十二奴局》，云南人民出版社 2009 年版，第 61 页。

⑤ 云南省民族民间文学红河调查队整理：《阿细的先基》，云南人民出版社 1959 年版，第 41—42 页。

⑥ 在太平洋的美拉尼西亚和波利尼西亚以及密克罗尼西亚一带的岛屿上，很多族群的火起源神话都把火山看作火种的主要来源。当地的族群认为在地下燃烧着不灭之火，为地震之神所拥有，而地震之神通常也是火山之神、火神。参见［英］J. G. 弗雷泽《火起源的神话》，夏希原译，北京大学出版社 2013 年版，第 45—85 页。

"当一株茂盛的大树在风的吹打之下摇来摇去，压迫着邻近的树的枝丫的时候，火就被强烈的摩擦挤压出来。"① 而大树在风中摩擦以致引起燃烧的现象无疑对早期人类发明二木相摩或钻木取火的取火法具有极其关键的启发意义。下面，我们就来谈谈在神话中，人们是如何来展示人工取火的。

在藏缅语民族的火起源神话中，人工取火法主要有"钻木取火"（二木相摩或二木相钻）和"击石取火"（二石相击）两种。与之相对应，有"两种生火方法：一是摩擦法，二是撞击法。"②"击石取火"的方法在下面这些神话中都有体现，比如：羌族神话《燃比娃取火》③、《火的来历》④，彝族史诗《阿普独摩》⑤、《查姆》⑥、《阿里西尼摩》⑦，哈尼族古歌《阿扎多拉》⑧，拉祜族神话《牡帕密帕·取火》⑨ 与《火的发现》⑩，基诺族神话《向大鼯鼠求火种》⑪，独龙族神话《创火人》⑫、《关于取火的传说》⑬、《洪水滔天》⑭，独龙族神话《木彭哥》⑮，

① ［古罗马］卢克莱修：《物性论》，方书春译，商务印书馆1981年版，第329页。
② 参见缪坤和、周智生《火的起源与人类早期的取火法》，《云南消防》2003年第5期。
③ 参见孟燕等编《羌族民间故事选》，上海文艺出版社1994年版，第29—34页；张力编《羌族民间故事选》，《羌族文学》编辑部2001年版，第10—15页。
④ 参见《羌族文学简史》编写组编《羌族民间文学资料集》（一），1987年，第11—12页。
⑤ 中国作家协会昆明分会民间文学工作部编：《云南民族文学资料》（第7集），1962年，第69页。
⑥ 郭思九等整理：《查姆》，云南人民出版社2009年版，第20—22页。
⑦ 贾银忠：《彝族饮食文化》，四川大学出版社1994年版，第31页。
⑧ 赵官禄等整理：《十二奴局》，云南人民出版社2009年版，第62—70页。
⑨ 拉祜族文学集成编委会：《拉祜族民间文学集成》，中国民间文艺出版社1988年版，第57—61页。
⑩ 同上书，第96—97页。
⑪ 杜玉亭：《基诺族文学简史》，云南民族出版社1996年版，第49—51页。
⑫ 左玉堂等编：《怒族独龙族民间故事选》，上海文艺出版社1994年版，第256—257页。
⑬ 李金明：《独龙族文学简史》，云南民族出版社2004年版，第196页。
⑭ 中国作家协会云南分会编：《云南民族民间故事选》，云南人民出版社1960年版，第588—589页。
⑮ 谷德明编：《中国少数民族神话》，中国民间文艺出版社1987年版，第529页。

阿昌族神话《遮帕麻和遮米麻》①，景颇族神话《找火》②，珞巴族神话《人和猴子为什么不一样》③。关于"击石取火"，有两点需要讨论，一是有些神话对石头何以能取火进行了解释，二是不少民族是用白石（石英石）来取火，并由此发展成对白石（神）的崇拜。

石头何以通过撞击就能产生火花呢？羌族神话《燃比娃取火》说是因为火神蒙格西将神火"藏"在了白石里面；拉祜族神话《牡帕密帕·取火》说在大雨的侵袭下，烟火无处可逃，最终在蚯蚓的帮助下"钻"进了石头中藏身；纳西族神话《昂姑咪》则说取火英雄昂姑咪捧着火种从天上掉落到山上，她燃烧的身躯与大山"融"为一体，故而山上的石头也就能碰出火来。与之相似的是，北美洲一个叫阿维克诺克（Awikenoq）的印第安人部落也流传着这样的神话，说一只鹿让树木把火藏好，于是树木就把火储存了起来④。由此可见，在神话时代，人们把火看作一种可以转移、储存的事物，他们认为石头或木头能制造火焰只是因为躲藏在它们内部的火再次钻了出来。这种观念根源于先民以己度物的思维方式，他们将神秘而难以捉摸的火拟人化、具象化了。

在藏缅语民族的一些神话中，取火所用的石头为白色的石英石。羌、彝、哈尼等族的神话都提到了取火之石为白石。白石一般指白色或乳白色的石英石。此类石头内含石英颗粒，较之一般石头质地更为坚硬，在石器时代可能常作切割、刮削之用。先民在加工、使用白石的过程中注意到白石很容易在碰撞中绽出火花，故而最终将其当作取火的理

---

① 德宏州文联编：《阿昌族文学作品选》，德宏民族出版社1983年版，第12页。
② 鸥鹧渤编：《景颇族民间故事选》，上海文艺出版社1991年版，第56—58页。
③ 于乐闻：《珞巴族民间文学概况》，西藏民族学院科研处1979年版，第42—43页。
④ ［英］J. G. 弗雷泽：《火起源的神话》，夏希原译，北京大学出版社2013年版，第154页。

想石材。① 即使在今天，我们也能在藏、羌、彝等族的村寨中看见人们用火镰取火的情形。根据笔者的观察所见，其火镰一般由一弧形的小铁片制成。取火时，左手拇指和食指紧紧捏住一小块片状石英石，石前置一小团极其干燥的艾绒，然后用铁片顺势擦击白石。当火星从石片上蹿出，即刻跌入艾绒之中。此时，向艾绒轻轻吹送空气，并在冒烟的艾绒上架起细小的可燃物。火烟渐浓，猛然间只听"哐"的一声，黄色的火苗就冒了出来。在现代取火器具尚未发明之前，千百年来，藏缅语诸族的先民就是用这样的方式取火的。由于白石具有如此效力，在神话时代，人们自然产生了对白石的崇拜。因此，在藏缅语民族尤其是羌语支民族中，人们"把白石作为自己崇拜的偶像，这是与羌族用火有关，羌族称可以用来打着火的石头为 b'luphi（白石）。"②总之，尽管羌语支民族崇拜白石可能还有其他原因③，但是用白石来取火这一做法应该是形成白石崇拜最重要的原因之一。

除了"击石取火"，在一些神话中也表现了"钻木取火"的情形。如前文所言，"钻木取火"法的发明是受到树枝在风中摩擦起火这一自然现象的启发。在受此启发之后人们首先发明的取火方法应该是"犁木法"。所谓"犁木法"指的是在一根"横木"上凿出一道槽沟，固定住④后用"竖木"的尖端在木槽中快速地来回摩擦以生成火星。"钻木

---

① 除了用白石取火，人们后来还用一种含二硫化铁的石材（燧石）来取火，即"钻燧取火"。有学者解释道："'钻'是一种尖锐的石器，可以用来作火镰，'燧'就是'燧石'，或称'火石'。火镰与火石急剧摩擦或撞击生火，就是'钻燧取火'"。参见凌德祥《关于火的起源的语义思考》，《阜阳师范学院学报》1990 年第 4 期。

② 孙宏开：《试论"邛笼"文化与羌语支语言》，《民族研究》1986 年第 2 期。

③ 在《神秘的白石崇拜——羌族的信仰和礼俗》一书中，作者认为羌族崇拜白石的原因有如下五种：第一，用白石作为工具和武器；第二，白石的白色是游牧民族崇拜的颜色；第三，白石通过撞击能生火；第四，白石与生殖崇拜有关；第五，雪山崇拜。参见王康、李鉴踪《神秘的白石崇拜——羌族的信仰和礼俗》，四川民族出版社 1992 年版，第28—36 页。

④ 在仪式性的取火场合通常由女性来固定"横木"。

法"则用"竖木"的尖端在"横木"上快速转动以制造火星。此外还有用类似弓弦的装置锯木取火的方法，称"锯木法"。总之，这些方法都以"二木相摩"为原型，选取易燃的木材在高强度的压力下快速摩擦以生成高温，最终引燃木屑（木絮）。

在独龙族神话《洪水滔天》中，人类始祖"波"和"南"受到苍蝇用两只大腿摩擦的启发，就用松明①和藤篾杆相互摩擦来生火。② 独龙族另一则叫《木彭哥》的神话说木彭哥在向天神祷告请求取火之法时，无意间他用藤子在树干上磨，偶然地获得了火。③ 景颇族神话《火的传说》说天上人（神）告诉了人间取火的方法，一个叫麻吐的女孩与一个叫麻都的男孩拿两块竹片摩擦生出了火。④ 在珞巴族神话《达蒙和达宁》中，达蒙和达宁姐弟用藤条和木头摩擦取火。⑤

这些"钻木取火"型的神话有两点值得注意。第一点是"藤条"与"树木"、"竖木"与"横木"是分别与"夫"与"妻"、"弟"与"姐"对应的。这也就是说：取火所用的"二木"是与"两性"相对。如前文所言，这是由于先民习惯用男女交合来类比火的产生。因而在先民眼中，"二木相摩"与"两性结合"其原理和性质是相同的。比如在新几内亚东部的特洛布里恩德（Trobriand）群岛的土著村庄中就流传着这样的神话，说生出日月的女人也生出了火，当没人的时候她就把火从两腿之间生出来烤番薯吃。⑥ 而在托雷斯海峡东部岛屿上，土著甚至将

---

① "松明"即饱含松脂的松木。一些民族常在夜晚将其点燃用来照明。

② 中国作家协会云南分会编：《云南民族民间故事选》，云南人民出版社 1960 年版，第 589 页。

③ 谷德明编：《中国少数民族神话》，中国民间文艺出版社 1987 年版，第 529 页。

④ 鸥鹃渤编：《景颇族民间故事选》，上海文艺出版社 1991 年版，第 62—64 页。

⑤ 于乃昌：《珞巴族文学史》，江苏教育出版社 2001 年版，第 180 页。

⑥ ［英］J. G. 弗雷泽：《火起源的神话》，夏希原译，北京大学出版社 2013 年版，第 46 页。

钻木取火称作"妈生火"。①

在人类文化演进的每一个阶段，文化的建构都是以人的身体为原型的。如弗里德里希·尼采所言，人类的一切文化都不过是身体的延伸。而对于文化演进的较早阶段，这种论断尤其贴切。故而在神话时代，与人密切相关的生殖活动（生产）很容易被拿来类比各种事物的起源（产生）。大到天地、日月，小到火的产生、谷物的栽培，都可以用两性生殖来进行类比、解释和干预。因此，对生殖的崇拜在人类文化的早期阶段十分重要，它不仅为保障"身体"（物质的人）的持续生产提供了坚实的信仰，也为"文化"（精神的人）的建构与解释提供了方法。对此，学者周予同在《"孝"与"生殖器崇拜"》一文中认为："所谓生殖器崇拜，实是原始社会之普遍信仰……中国古代民族亦离不了这种信仰，他以人间的生殖方法来比拟宇宙的生殖。"②

关于"钻木取火"型神话要注意的第二点是取火用的木材是经过长期的经验挑选出来的，并非任何木材都适于储火、取火。比如，傈僳族人就认为"那些细密、燃得慢的栗木柴禾是蓄火种的最好材料"③。羌族人也认为青杠木烧出的炭火耐燃、火力大。在神话中，竹子、木槿树、艾绒、破布、木属植物以及荨麻属植物都是常见的取火材料。总之，在对火的使用过程中，人们积累了极其丰富的用火方法、知识甚至萌发了对火的信仰。比如，东汉郑玄注《周礼·夏官·司爟》时说："春取榆、柳之火，夏取枣、杏之火，季夏取桑、柘之

① ［英］J. G. 弗雷泽：《火起源的神话》，夏希原译，北京大学出版社 2013 年版，第25 页。

② 周予同：《周予同经学史论选集》，上海人民出版社 1983 年版，第 85—86 页。

③ 胡应、舒密英：《火、弩弓与傈僳族》，《云南日报》2005 年 1 月 7 日。

火，秋取柞、楢之火，冬取槐、檀之火。"①《吕氏春秋·本味篇》云：
"五味三材，九沸九变，火为之纪，时疾时徐，灭腥去臊除膻，必以其
胜，无则失理。"② 在此，人们对火的使用已非常讲究，不仅把各种木
材与季节对应，而且注意到烹饪中火的运用与食物的味道有着密切的
关联。

综上所述，对"自然火种"的观察与使用是启发早期人类发明
"人工火种"的重要因素。在神话反映的取火法中，主要有"击石取
火"与"钻木取火"两种形式。这两种"取火方式"的"演进过程"
详见表3 - 2。

表3 - 2　　　　　　　　　　早期人类取火方式发展三阶段

演进过程　　　　取火方式	第一阶段	第二阶段	第三阶段
击石取火	制作与使用石器	击石法（二石相击）	钻燧法（石燧相击）
			铁石法（石铁相击）
钻木取火	树枝在风中摩擦	犁木法（二木相摩）	钻木法（二木相钻）
			锯木法（竹藤相锯）

---

① （清）孙诒让：《周礼正义》（九），中华书局1987年标点本，第2396页。
② 许维遹：《吕氏春秋集释》（上），中华书局2009年标点本，第313—314页。

第二节　火起源神话中的模式化情节

一　火起源神话中人类引入火种的方式

从情节的角度来看，这些神话夸张、怪诞，但是它们仍具有一定模式化倾向，尤其是人类在引入火种的过程中采取的方式极为雷同，这意味着它们都对共同的现实难题给予了关注。①

比如，羌族神话《燃比娃取火》中燃比娃向火神蒙格西索要火种，而火神则不厌其烦地送了三次火种给燃比娃；尽管火种在人、神之间主要是索要、馈赠的关系，但相关情节仍然保留有"盗"的意味。在《火的来历》中，火则被看作山神的"恩赐"。②普米族的《点火歌》则认为火种是女始祖昂姑咪"送"给人类的。普米族在新居落成以及重要节庆中都要祭祀火神"仲巴拉"（宗巴拉）。③彝族史诗《阿普独摩》说有一个人王造出了火来。④彝族《西南彝志·天地事物的形成》中说：经过哎奢耿诺、史慕魁、史析后等的思考与摸索，才发明了火。⑤

① 弗雷泽认为："我们所研究过的火起源神话虽具有夸张和幻想的特点，掩盖和歪曲了很多事实，但是在实质上仍旧是包含着现实的成分的。"参见［英］J. G. 弗雷泽《火起源的神话》，夏希原译，北京大学出版社2013年版，第186页。

② 《羌族文学简史》编写组编：《羌族民间文学资料集》（一），1987年，第11—12页。

③ 杨照晖主编：《中国各民族原始宗教资料集成·普米族卷》，中国社会科学出版社1999年版，第631页。

④ 中国作家协会昆明分会民间文学工作部编：《云南民族文学资料》（第7集），1962年，第69页。

⑤ 毕节彝文翻译组：《西南彝志（第五卷）·天地事物的形成》，贵州民族出版社1992年版，第9—10页。

在一篇《祭锅庄石》的颂辞中，彝族人敬奉火神"阿依迭古"，认为火神保障了一家的温饱与昌盛。① 傈僳族认为火是由其先祖木布帕发明的，并对火神"阿斗尼"十分崇拜。② 哈尼族神话《阿扎》说火种是英雄阿扎从魔鬼那里"盗"来的。③ 哈尼族人在每年农历十月的马日都要举行称为"米丛"的祭火仪式。④ 拉祜族神话《火的发现》说是女始祖厄莎造出了火，但被飞鼠抢去，人类于是与飞鼠进行交换才再次获得了火种。⑤ 纳西族神话《多格绍·本绍》说神地的"许瓦赠古若"用计"盗"回了鬼地之火。⑥ 基诺族神话《向大鼯鼠求火种》说是大鼯鼠将击石取火的方法"教"给了人类。⑦ 阿昌族神话《遮帕麻和遮米麻》说火是始祖遮帕麻和遮米麻"造"给人类的。⑧ 门巴族神话《猴子变人》说神灵"姑鲁仁布切"把用火之法教给了人。⑨ 土家族的《创世歌》中说是一只鸟将取火法告诉了人类。⑩ 藏缅语民族的火起源神话中引入火种的方式及相关情况详见表3－3。

---

① 云南民间文学集成编辑办公室编：《云南彝族歌谣集成》，云南民族出版社1986年版，第76页。

② 胡应、舒密英：《火、弩弓与傈僳族》，《云南日报》2005年1月7日。

③ 王正芳编：《哈尼族神话传说集成》，中国民间文艺出版社1990年版，第172—177页。

④ 李国文主编：《中国各民族原始宗教资料集成·哈尼族卷》，中国社会科学出版社1999年版，第244页。

⑤ 拉祜族民间文学编委会：《拉祜族民间文学集成》，中国民间文艺出版社1988年版，第96—97页。

⑥ 参见和芳讲述，周汝诚翻译《超度沙劳阿包》，丽江县文化馆1962年石印本。又见于白庚胜《东巴神话研究》，云南大学出版社2012年版，第129页。

⑦ 杜玉亭：《基诺族文学简史》，云南民族出版社1996年版，第49—51页。

⑧ 德宏州文联编：《阿昌族文学作品选》，德宏民族出版社1983年版，第12页。

⑨ 李坚尚等编：《珞巴族门巴族民间故事选》，上海文艺出版社1993年版，第405页。

⑩ 彭继宽等主编：《土家族文学史》，湖南文艺出版社1989年版，第42页。

表3-3　　　藏缅语民族火起源神话中人类引入火种的情况

语　支	民　族	神　话	主　角	方　式	助　手	火神
羌	羌	燃比娃取火	燃比娃	取	喜鹊	蒙格西
	普米	点火歌	昂姑咪	送		仲巴拉
彝缅	彝	阿普独摩	人王	发明		阿依迭古
	傈僳		木布帕	发明		阿斗尼
	哈尼	阿扎	阿扎	盗	金鸡	
	拉祜	火的发现	厄莎	交换	飞鼠	
	纳西	昂姑咪	昂姑咪	要	公鸡	阿依藏巴拉
	基诺	向大鼯鼠求火种	人类	教	鼯鼠	米生
	怒	创世纪	人类	学		
	独龙	创火人	两个年轻人	发明		
	阿昌	遮帕麻和遮米麻	遮帕麻	发明		腊訇
藏	藏					
	门巴	猴子变人	姑鲁仁布切	教		
土家	土家	创世歌	鸟	教		
景颇	景颇	取火的故事	麻堵与麻图	学		丸勒哇摩甘
	珞巴	达蒙和达宁	达蒙与达宁	发明		麦洛叶仲乌佑
白	白	人类和万物的起源	舍忽朵与巨鲁王	赠予	凤凰	佐不地

通过表 3-3 我们可以发现，在藏缅语民族的火起源神话中，人类主要通过四种方式获得火种：（1）人类向神灵索要，神灵于是把火种赠予人类；（2）人类盗取神界的火种；（3）人类与动物通过交换获得火种；（4）人类通过自己的思考、摸索发明取火之法。

首先，神灵向人类赠予火种的情况很可能是源于先民对自然现象的崇拜。也就是说，神话中的神灵往往是雷电等自然现象的神化、人格化。所谓神灵赠予人类火种，其实质为先民通过自然野火获取了火种，进而对引发野火的自然现象（如雷电）产生了崇拜。学者马克斯·缪勒曾认为："人已经看到了闪电的火花，看到并感觉到太阳的光和热，他甚至以极为迷惑的心情看到由闪电和夏季树木间摩擦引起的火灾使森林遭受剧烈的破坏。在所有这些表现出来的和消灭了的东西中间，有一种极为令人困惑的东西。"① 而正是在这样的迷惑、困惑中，高远的天空被想象成威严、专制而又神力无边的木比塔（羌）、祖老阿普（纳西）、恩体古兹（彝）、害之特（白）或俄窝与俄玛（哈尼），日月的运行被看作负载在车马或鸟背之上，雷鸣电闪则自然被看作性情暴戾的雷神在发泄他的愤怒。

其次，人类从天城盗取火种的情节在全世界的火起源神话中十分普遍。羌族取火英雄燃比娃的取火经历充满了"盗"的意味，哈尼族神话中的阿扎为了盗取火珠献出了自己的生命，纳西族神灵许瓦赠古若将火从鬼界盗回。此外，在满族神话中，女神拖亚妈妈在盗取、运送神火的过程中被烧成一只怪兽，成为赐予人类火种的拖亚拉哈大神。② 汉族神话《商伯盗火》中，商伯盗取火种后就教人们用火取暖、照明、围猎、

---

① ［英］马克斯·缪勒：《宗教的起源与发展》，金泽译，上海人民出版社 1989 年版，第 142—143 页。

② 孟慧英：《萨满教与萨满神话中的火神及盗火英雄》，《满族研究》1998 年第 1 期。

烹饪，并教人们放火烧荒种田。① 在古希腊神话中，普罗米修斯为人类从天神那里盗来包括火在内的多种文化成果，最终却得到在高加索山的悬崖上忍受折磨的下场。② 为何这些神话都认为人类是通过"盗窃"的方式获得火种的呢？首先，这是因为先民想要突出获得火种的艰辛，故而在"盗窃"的过程中设置若干困难和险阻。其次，"盗窃"的情节也可能根源于历史事实：在人类只能使用自然火种的阶段，火种的获得与保存都受到自然条件的限制。故而一旦丧失珍贵的火种，人们的生活就陷入困境，不得不到邻近有火种的部落去盗取。

最后，在火起源神话中，人类与各种动物有着特殊的关系。有一类神话说人与动物通过交换获得了火种。人与动物通过交换而获得火种的神话与人与动物通过交换而获得死亡的神话具有相似性。在藏缅语民族的死亡起源神话中，有一类神话说正是因为人与蛇、鸟等的交换人丧失了永生的特权，但是人也获得了智慧。③ 与之类似，在与动物的交换中，人获得了火，这意味着人正是通过火摆脱了动物性的蒙昧而成了真正意义上的人类。因此，在人类与动物之间，火的有无成为人兽间的分野。拉德克利夫－布朗就认为："动物和人类是同样的，并没有什么区别；后来，火被发现了，有些祖先因害怕火或者因被火烧着而逃开了；人类从此就围绕着火建立起了人类社会，那些逃跑的人变成了鸟兽鱼类，由于与人类社会隔绝，因此对火的恐惧就一直保留下来。"④ 很多神话都

---

① 张振犁：《华夏族系"盗火神话"试探——东方普罗米修斯神话的发掘报告》，《河南大学学报》（哲学社会科学版）1990 年第 5 期。

② ［德］斯威布：《希腊的神话和传说》（上），楚图南译，人民文学出版社 1958 年版，第 1—16 页。

③ 普米族神话《人蛇换皮》、羌族神话《人脱皮》都属于这类神话。参见普米族民间文学编委会《普米族故事集成》，中国民间文艺出版社 1990 年版，第 38—39 页；孟燕、归秀文、林忠亮《羌族民间故事选》，上海文艺出版社 1994 年版，第 19 页。

④ ［英］A. 拉德克利夫－布朗：《安达曼岛人》，梁粤译，广西师范大学出版社 2005 年版，第 254 页。

说在人类发现和能够使用火之前，火为动物所有；人是从动物那里把火夺取过来后与动物拉开了距离的[1]；还有一类神话则说是丧失了火的人变成了动物[2]。在这些神话中出现的各种动物，至少有一部分是作为氏族的图腾，因此从动物那里获得火种实指从另一个有火的氏族获得火种。除了向动物抢夺火种或与动物交换火种，在有些神话中有些动物也为取火者提供帮助，为之开道引路。值得注意的是这些动物多为喜鹊、斑鸠、凤凰等鸟类或飞鼠（鼯鼠）等能够飞行的动物。关于这一特殊现象笔者将在下文中详细论述。

二　火、鸟与太阳的特殊关系

无论是在神话叙事中还是在宗教仪式中，我们都不难发现，火、鸟与太阳（参见图 3 - 1）这三者之间有着极其特殊的关系。在藏缅语民族的火起源神话中，协助人类获得火种或取火方法的多为鸟类。比如土家族《创世歌》这样唱道：

> 没有火吃生的哟！小鸟树上讲话了："墨弄坡的岩脚下，有火有火哟！你去看看吧！"我看什么也没有哟！小鸟又在叫了哟："有火有火哟！要打要取啊！取一个岩头哟！取一个铁皮皮哟！"听台听台（拟声词）打火镰啰，岩头眼眼出火了。[3]

---

[1]　比如《西南彝志》中说人类发明火之前"兽呢人样在，人与兽混处，人与兽的去，人处兽群中，兽畜人随在，兽和人相处"，发明火之后"火点则兽逃，有火兽逃避"。参见毕节地区彝文翻译组译《西南彝志（第五卷）·天地事物的形成》，贵州民族出版社 1992 年版，第 9—10 页。

[2]　比如澳大利亚北部卡卡都人（Kakadu）中流传着这样一则神话，说女人们瞒着男人使用火，最终被男人们合谋夺取了火种并把她们拉下水杀死，以致这些女人变成了第一代鳄鱼。参见 J. G. 弗雷泽《火起源的神话》，夏希原译，北京大学出版社 2013 年版，第 22—23 页。

[3]　彭继宽等主编：《土家族文学史》，湖南文艺出版社 1989 年版，第 42 页。

图 3-1 广西宁明县花山崖画中的太阳崇拜

采自陈兆复《中国岩画发现史》，上海人民出版社2009年版

在这则古歌中，小鸟将取火的方法告知了人类。而在羌族神话《燃比娃取火》中，正是在一只喜鹊的指引下燃比娃才找到去天城的道路①；在哈尼族神话《阿扎》中，制服魔怪的法宝正是其头顶的一根金鸡毛②；在纳西族神话《昂姑咪》中，托着昂姑咪取回火种的昂神则是一只大公鸡③；在景颇族神话《找物的传说·找火》中，与人交换火种的则是一只老鹰④；在白族神话《人类和万物的起源》中，将火种送给人类的则是一只五彩的凤凰⑤。我们还可以在其他民族的神话中看到更多类似的例子。在汉族古籍中有《精卫填海》的神话：

> 又北二百里，曰发鸠之山，其上多柘木。有鸟焉，其状如乌。文首，白喙，赤足，名曰精卫。其名自詨，是炎帝之少女，名曰女娃。女娃游于东海，溺而不返，故为精卫，常衔西山之木石以堙于东海。⑥

---

① 孟燕等编：《羌族民间故事选》，上海文艺出版社1994年版，第31页。
② 王正芳编：《哈尼族神话传说集成》，中国民间文艺出版社1990年版，第55页。
③ 陶阳、钟秀编：《中国神话》，上海文艺出版社1990年版，第290页。
④ 鸥鹃渤编：《景颇族民间故事选》，上海文艺出版社1991年版，第56—58页。
⑤ 云南省民间文学集成办公室编：《白族神话传说集成》，中国民间文艺出版社1986年版，第7—8页。
⑥ 袁珂：《山海经校注》，上海古籍出版社1980年版，第92页。

　　人们常认为这则神话表现了精卫不屈不挠的抗争精神，但在笔者看来，精卫实质上是火的象征。在这则篇幅十分有限的神话中，精卫生活在长满柘木的发鸠之山，它的形象类似于乌鸦，但长着五彩的头、洁白的喙、鲜红的足，它是炎帝的小女儿，溺水后变化为鸟，因此它的主要工作就是复仇：衔西山之木石来填满东海。

　　对于这则神话，我们可作如下几项分析：（1）"柘"是质地坚密的乔木，可作钻木取火之用。《淮南子·时则训》云："孟夏之月，招摇指巳，昏翼中，旦婺女中。其位南方。其日丙丁。盛德在火……天子衣赤衣，乘赤骝，服赤玉，建赤旗，食菽与鸡，服八风水，爨柘燧火。"[1]孟夏时节，星象、岁时皆有利于取火，天子身着火红的礼服，使用各种有利于火的礼器，用柘木来取火。这说明"柘"具有"火"的属性。（2）精卫的彩头、红足皆不是偶然的描述，而是对火的象征[2]。（3）精卫是炎帝的女儿，而炎帝通常被视为火神、灶神、太阳神[3]，故而，作为火神之女的精卫实为火的象征。（4）"精卫溺亡于东海"，这一情节实际上是用水（东海）火（精卫）不容的反证法来凸显精卫"火女"的身份，这用结构主义方法[4]来表达即：火＝水$^{(-1)}$。（4）为彰显水火

---

① 何宁：《淮南子集释》，中华书局1998年版，第395—396页。

② 在很多火起源神话中我们可以发现，鸟身上艳丽的羽毛常被当作取火时被火烧伤所致，或被看作火的残余，总之，鲜红的羽毛在神话中通常被视为鸟取火、窃火过程中在身上留下的痕迹。参见［英］J. G. 弗雷泽《火起源的神话》，夏希原译，北京大学出版社2013年版，第29页。

③ 炎帝作为南方之帝，向来被视为火神、灶神、太阳神。对此，汉语古籍有大量资料可证：《左传·昭公十七年》云："炎帝氏以火纪，故为火师而火名"；《左传·哀公九年》云："炎帝为火师，姜姓其后也"；《管子·轻重篇》云："炎帝作钻燧生火"；《淮南子·天文训》云："南方，火也，其帝炎帝，其佐东明，执衡而治夏，其神为荧惑，其兽朱鸟，其音微，其日丙丁"；《淮南子·时则训》高诱注云："赤帝，炎帝，少典之子，号为神农，南方火德之帝也"；《淮南子·氾》云："炎帝于火而死为灶"，高诱注云："炎帝神农以火德王天下，死托祀于灶神"；《说文解字》云："炎，火光上也，从重火"；《论衡·祭意篇》云："炎帝作火，死而为灶"；《白虎通义·五行》云："炎帝者，太阳也"。

④ 参见［法］列维－斯特劳斯《神话学：生食和熟食》，周昌忠译，中国人民大学出版社2007年版，第253页。

相冲的观念，这则神话以"东海"与"西山"形成对立模式（西：山：火∷东：海：水）。（5）精卫衔的"木石"在字面上是填海的材料，实际上，木石在此象征取火之法。如果只从字面意义去理解的话，衔"木"填海这是有悖于常识的。

总而言之，尽管"精卫填海"的神话常被视为体现了人类的抗争精神，但透过字面意义，通过"神话素"的组合，我们仍能把握其本来的含义。

除了上述例子，在印度洋东北部的安达曼岛上也流传着类似的神话：

> Biliku 有一块红石头和一个珍珠贝（be）。她把两件东西相碰就获得了火种，她拾了些木柴生了一堆火，就睡着了。Mite（铜翅鸟）过来偷了火种，为自己生了一堆火，并将火种给了村里所有的人。后来火种传遍了所有地方，每个村子都有自己的火种。①
>
> 人们都已睡着。Maia Kolo（海鸥先生）过来将火扔到他们当中，他们惊醒过来，四向逃窜。有的跑到海里，变成鱼和海龟；有的跑到森林里，变成了鸟。②

从上述神话中我们发现，鸟类在火起源神话中不仅常被视为引入火种的中介，甚至鸟类本身就是火的象征。而鸟类何以就能象征火呢？这是因为在神话时代，先民常常将事物间表面的、偶然的相似性视为内在的、必然的同一性，于是把部分等同于整体（接触律），把形式等同于

---

① ［英］A. 拉德克利夫－布朗：《安达曼岛人》，梁粤译，广西师范大学出版社 2005年版，第 147 页。

② 同上书，第 152 页。

实质（相似律）。① 因此，鸟与火的特殊关联之实质是：先民将太阳
（神）视为火的源泉，而能飞的鸟是从天上（天城）的太阳（神）那里
取来火种并送给地上之人的最佳使者。在上与下、天与地、日与人的隔
绝、对立中，正是居于中间位置的鸟类成了沟通天地、神人的中介（使
者）。在弗雷泽的《金枝》一书中，被称作"金枝"的槲寄生被当地人
视为神圣之物。弗雷泽认为槲寄生生长的位置（人可望而不可即）是
形成其神圣性的根源之一。因此，金光四射且寄生在大树上的槲寄生与
往来于天地间的鸟具有的神圣性在形成方式上是相通的。

　　关于火、太阳和鸟这三者的关系，在下文中我们可以分成"火与
日""日与鸟"以及"鸟与火"三个部分来谈。

　　首先，火与太阳的共同之处是它们都能散发光、热，二者都与人类
的生存休戚相关。因此，在先民观念中，太阳是火的根源，是火的原
型，人们对火的把握是人们首先通过对太阳的理解来类比的，因而，火
是人们的"小太阳"（参见图 3 - 2）。比如，在一则印第安人的神话中，
有一只猴子问火在哪儿，另一只猴子则指向正沉向地平线而把远景沐浴
在血色余晖之中的太阳。② 澳大利亚维多利亚州的土著传说，一个人向
云彩投掷了一根矛，扎在了上面，矛的后面系了一根绳子，这个人就顺
着绳子爬了上去，从太阳那里将火带到了地上。澳大利亚昆士兰州的一
个部落流传着这样的神话："人们向西方寻找太阳落山的地方，而就在这
个燃烧的天体沉没于地平线时，他们迅速地从它身上掰下一小块来，将

---

　　① 关于原始人的思维方式，列维 - 布留尔在《原始思维》一书中提出了称作"互渗
律"的原逻辑的思维方式。他认为那是"一种想要看出事物之间的相似的强烈倾向；而我
们叫作不同类现象的那种东西则被他们看成是同一的东西"。他指出："对于受互渗律支配
的原逻辑思维来说，有生命的整体的部分即等于这个整体，它实际上就是这个整体。"参见
［法］列维 - 布留尔《原始思维》，丁由译，商务印书馆 2010 年版，第 119、247 页。

　　② ［法］列维 - 斯特劳斯：《神话学：生食和熟食》，周昌忠译，中国人民大学出版社
2007 年版，第 171 页。

这燃烧着的碎片带回了自己的营地。"① 安达曼岛上流传的一则神话说："Bilika 用 purum 木生火。一天，她非常生气，到处乱扔烧着的柴火。有一根大柴火被她扔到了天上，变成了太阳。"② 在羌族神话《燃比娃取火》中，燃比娃是"朝着太阳运行的方向"③ 去西边寻找他作为火神的父亲蒙格西的；而在羌语中，"蒙格西"（ma 33ʂɿ 55）④ 的发音对应的

图 3－2　云南沧源岩画中的太阳人、光明人、执火人

采自盖山林《中国岩画学》，书目文献出版社 1995 年版

恰恰是太阳或太阳神。在汉族神话《夸父追日》⑤ 中，夸父追日的目的很可能也是从太阳上掰一小块下来作火种。⑥ 此外，在弗雷泽的《金

---

①　［英］J. G. 弗雷泽：《火起源的神话》，夏希原译，北京大学出版社 2013 年版，第 190 页。

②　［英］A. 拉德克利夫－布朗：《安达曼岛人》，梁粤译，广西师范大学出版社 2005 年版，第 148 页。

③　孟燕等编：《羌族民间故事选》，上海文艺出版社 1994 年版，第 31 页。

④　四川理县桃坪乡的桃坪羌语"太阳"的发音为 ma 33ʂɿ 55，黑水县麻窝乡的羌语发音为 mun。参见孙宏开编《羌语简志》，民族出版社 1981 年版，第 195 页。

⑤　《山海经·海外北经》云："夸父与日逐走，入日。渴欲得饮，饮于河渭；河渭不足，北饮大泽。未至，道渴而死。弃其杖，化为邓林。"《山海经·大荒北经》云："大荒之中，有山名曰成都，载天。有人珥两黄蛇，把两黄蛇，名曰夸父。后土生信，信生夸父。夸父不量力，欲追日景，逮之于禺谷。将饮河而不足也，将走大泽，未至，死于此。应龙已杀蚩尤，又杀夸父，乃去南方处之，故南方多雨。"参见袁珂《山海经校注》，上海古籍出版社 1980 年版，第 238 页。

⑥　袁珂认为夸父乃炎帝后裔。夸父逐日失败后"饮河渭""弃杖""南方多雨"等细节无不暗示着夸父与太阳、火的关联。所弃之杖可能是取火之木；道渴而饮于河、渭暗示着太阳的属性；多雨（水）则暗示着取火（逐日）失败的后果。

枝》一书中，"金枝"（槲寄生）蕴含的象征意义正是来源于它与闪电、太阳、火的关联，来源于它不上不下（可望而不可即）的寄生位置。弗雷泽认为："与其说槲寄生是太阳的火迸发出来的，倒不如说太阳的火被认为是由槲寄生发出来的，这样可能更正确些。所以，槲寄生射出金色的光辉，把它叫作金枝，就不奇怪了。"① 在印第安人模拟太阳初升的仪式中，参加仪式的人全身涂成白色，手持羽毛棒围绕燃烧的火堆舞蹈，每点燃一个羽毛棒就象征一个新的太阳出生了。对此，J. E. 利普斯总结说："一切火的崇拜都起源于太阳崇拜……火时常是太阳的代表。"② 总而言之，在先民的观念中，火与太阳的关联极其紧密：太阳是人们心中的大火；火则为人们生活中的"小太阳"。

其次，太阳与鸟的特殊关系有二：一是二者的位置相近，都在空中运动，是属于天空的事物；二是鸟对光（太阳）极为敏感，金鸡报晓的超凡能力使先民认为鸟（鸡）和太阳之间有着特殊关系，人们因此视公鸡为纯阳之物。对此，有学者持相同的观点："太阳与乌鸦（鸟）联结在一起，内在的根据之一却是太阳和乌鸦都活动在天上，即活动在上方，居上。"③

在景颇族的神话《公鸡请太阳》④、独龙族的神话《猎人射太阳》⑤、门巴族的神话《野鸡和乌鸦》⑥、壮族的神话《侯野射太阳》⑦、瑶族神话

---

① ［英］J. G. 弗雷泽：《金枝——巫术与宗教之研究》，汪培基等译，商务印书馆 2012 年版，第 1080 页。

② ［德］J. E. 利普斯：《事物的起源》，汪宁生译，贵州教育出版社 2010 年版，第 266—267 页。

③ 赵国华：《热与光：苦行与精进——略论中印太阳和火神话及相关的宗教问题》，《南亚研究》1991 年第 4 期。

④ 鸥鹃渤编：《景颇族民间故事选》，上海文艺出版社 1991 年版，第 31 页。

⑤ 左玉堂等编：《怒族独龙族民间故事选》，上海文艺出版社 1994 年版，第 254 页。

⑥ 李坚尚等编：《珞巴族门巴族民间故事选》，上海文艺出版社 1993 年版，第 492 页。

⑦ 蓝鸿恩编：《壮族民间故事选》，上海文艺出版社 1984 年版，第 42 页。

《射太阳》① 中，当太阳被吓得躲起来的时候，无一例外都是靠公鸡的呼唤，太阳才重新出现在天空。由此可见，在先民心中，鸟与太阳有着极为亲密的关系。关于鸟与日之间的特殊关系，还有大量文献可佐证：

> 《山海经·海外东经》说："汤谷上有扶桑，十日所浴，在黑齿北。居水中，有大木，九日居下枝，一日居上枝。"② 《山海经·大荒东经》云："汤谷上有扶木，一日方至，一日方出，皆载于乌。"③ 《山海经·大荒南经》云："东南海之外，甘水之间，有羲和之国。有女子名羲和，方日浴于甘渊。羲和者，帝俊之妻，生十日。"④ 《淮南子·精神训》云："日中有踆乌，而月中有蟾蜍。"⑤ 《淮南子·本经训》注云："尧乃令羿仰射十日，中其九日，日中乌尽死。"⑥

在距今 5000—7000 年的河姆渡文化和仰韶文化中，就出现了鸟日同形的彩陶图案"双鸟舁日"⑦ 和"金乌负日"⑧ （如图 3 - 3 所示）；商代青铜器上也有头部为太阳的鸟形图案⑨；在距今 3000 年左右的金沙

---

① 陆文祥编：《瑶族民间故事选》，广西人民出版社 1984 年版，第 33—40 页。
② 袁珂：《山海经校注》，上海古籍出版社 1980 年版，第 260 页。
③ 同上书，第 354 页。
④ 同上书，第 381 页。
⑤ 何宁：《淮南子集释》，中华书局 1998 年版，第 508—509 页。
⑥ 同上书，第 577 页。
⑦ 陈忠来："《双鸟舁日图》绘刻在一件蝶形象牙块上，发现于距今 6500 年左右的河姆渡遗址第三文化层。充满画面的是两只巨鸟，拱护着中间一个光焰熊熊的火球搏击升空。巨鸟利喙长尾，昂首奋翼，显示出无比雄健与伟力；火球从中心圆点出发，向外连续辐射出五个同心圆，加之在外圆的上方添上几笔腾腾的烈焰，感觉热力逼人，使人很自然地联想起那个万物赖以生存的太阳。"参见陈忠来《太阳神的故乡：河姆渡文化探秘》，宁波出版社 2000 年版，第 220 页。
⑧ 王大有：《上古中华文明》，中国时代经济出版社 2006 年版，第 63 页。
⑨ 何新：《诸神的起源：中国远古神话与历史》，生活·读书·新知三联书店 1986 年版，第 73 页。

遗址有表现四鸟绕日的"太阳神鸟"金箔①。秦汉以来，表现鸟日同形的石画②、帛画③则更是层出不穷。

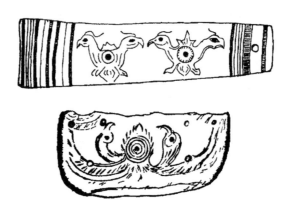

图 3 - 3　河姆渡遗址"双鸟舁日"陶纹

采自陈忠来《河姆渡文化探原》，团结出版社 1993 年版

对于先民而言，火与太阳、太阳与鸟的特殊关系为鸟与火的关系奠定了基础，火与太阳、太阳与鸟这两对关系中包含的相似性成为人们设想鸟与火之关系的背景。在火起源神话中，至少有两点能凸显鸟与火的联系：一是鸟通常是自然野火的第一发现者；二是鸟身上鲜艳的羽毛通常被看作火的印迹或残余。在羌族神话《白石神》中，是乌鸦把即将出现九个太阳的灾难告知了人类。④ 在哈尼族古歌《十二奴局·阿扎多拉》中，在发生了森林大火后，"烧死的麂鹿首先被乌鸦包围"。⑤ 在此，这两则神话都是对现实的真实反映。因为在现实中，鸟类的确有向

---

①　李进增编：《古蜀王国：三星堆和金沙遗址出土文物精华录》，宁夏人民出版社 2012 年版，第 43 页。
②　山东省博物馆、山东省文物考古研究所编：《山东汉画像石选集》，齐鲁书社 1982 年版，图版 126，图 287；图版 157，图 350；图版 219，图 518。
③　陈锽：《古代帛画》，文物出版社 2005 年版，第 164—165 页。
④　冯骥才主编：《羌族口头遗产集成·民间故事卷》，中国文联出版社 2009 年版，第 41 页。
⑤　赵官禄等整理：《十二奴局》，云南人民出版社 2009 年版，第 62 页。

火场聚集的习性。首先，火场上空升腾的暖气流有利于鸟类的飞翔；其次，搜寻并食用火场中的动物死尸，对鸟类而言颇具吸引力。至于有些鸟类身上鲜艳的羽毛被比作火的印迹，对于已经将火、太阳、鸟视为一个整体的先民来说，考虑到此三者在颜色上的相似性，作这样的类比是很自然的。因此，在鸟与火之间，逐渐形成了一些根深蒂固的观念，比如，《鹖冠子·度万》云："凤凰者，纯火之禽，阳之精也。[①]"《初学记》卷三十引纬书《孔演图》云："凤，火精。"[②] 总而言之，在先民的意识中，火、鸟与太阳这三者构成了两两相连的三角关系，在早期人类的神话、仪式以及图像中，这三者不仅同形而且同性。而在所有的性质中，有一个最重要的属性将此三者紧密联系在了一起，形成层层相扣的同构关系，这就是它们都蕴含着强大的生殖力或创造力。下面，我们就从生殖崇拜的角度来分析此三者之间的关系。

关于"取火"（二石相击、二木相摩）与"交合"（两性结合）之间的类比现象，我们在前文中已经作了详尽的分析。总之，我们可以看出，在先民的意识中，取火的过程与交合的过程不论在形式上还是在性质上都具有显著的相似性。对此，学者赵国华认为："中国的文化传统，同样以火为阳，以火象征男性，将男子的性行为称作'开火'；同样以水为阴，以水象征女性，将女子的性行为称作'开水'。"[③] 学者孟慧英在《尘封的偶像》一书中认为：火是萨满教最原始的宇宙生命的象征，火神产生了宇宙万物，因而火也具有了生殖的功能。[④] 学者迪木拉提·奥玛尔在《阿尔泰语系诸民族萨满教研究》一书中认为：火是"母"

---

① （宋）陆佃：《鹖冠子解（附提要）》，中华书局 1985 年版，第 44 页。
② （唐）徐坚等：《初学记》（下），中华书局 1962 年标点本，第 723 页。
③ 赵国华：《热与光：苦行与精进——略论中印太阳和火神话及相关的宗教问题》，《南亚研究》1991 年第 4 期。
④ 孟慧英：《尘封的偶像：萨满教观念研究》，北京出版社 2000 年版，第 328—331 页。

与"父"通过碰撞、摩擦产生的，而这种碰撞、摩擦的过程便是性交。①

正是因为火具有如此超凡的创造力（生殖力），因而在许多神话或早期观念中火神占据着极为重要的位置。在许多民族中，在敬献其他神灵之前要先敬献火神或灶神，因为正是火神或灶神充当着沟通天地、人神的中介，人要与诸神发生联系就必须通过火神的传递。② 在藏缅语民族中，火塘是家居生活的中心，火塘神往往是家庭的象征：在大家庭中，有几个火塘就象征着有几个小家庭；新房落成后修建了火塘请进了火神才算成立了一个家庭；而"断了烟火"即"后继无人"的同义语。火神不仅是中介神、家神，它甚至被视为宇宙的创造者。有学者就指出：火神作为萨满最原始的宇宙生命和创生力的象征之一，人们把它视作一切创造物的根源，萨满神话中常把火神看作第一宇宙神。③ 在印度史诗《罗摩衍那》中，火神和恒河女神交合，把精液倾泻到女神身上，最终生出了各种宝藏以及战神鸠摩罗。④

先民赋予在火（神）之上的生殖力、创造力在太阳（神）那里也可以见到。有学者认为："火像太阳一样，表现为男根和男性的象征。"⑤ 很多神话都表现了太阳具有的生殖力，火作为生殖力的象征也

---

① 迪木拉提·奥迈尔：《阿尔泰语系诸民族萨满教研究》，新疆人民出版社 1995 年版，第 62—63 页。

② 曹然认为："希腊剧作家埃斯库罗斯则描绘了阿伽门农从特洛伊凯旋后，没有到神庙去献祭，而是在家中炉火前祭拜，以表达对神的感激之情。到了较晚时期，罗马作家贺拉斯、奥维德、佩特罗尼乌斯仍然在家中坛火前吃饭，并向火神献祭祈祷。在古代希腊奥林匹克运动会上，各邦齐聚一堂，先祭圣火，然后才是祭宙斯。在罗马，最先的供奉总是献给火神维斯太的。而在古印度，前面已经谈到，祭诸神之前要先祭阿耆尼。"参见曹然《"神人媒介"：浅析印度火崇拜的神话与宗教根源》，《海南师范大学学报》2009 年第 3 期。

③ 孟慧英：《萨满教与萨满神话中的火神及盗火英雄》，《满族研究》1998 年第 1 期。

④ ［印］蚁垤：《罗摩衍那》（一），季羡林译，人民文学出版社 1980 年版，第 201—207 页。

⑤ 赵国华：《热与光：苦行与精进——略论中印太阳和火神话及相关的宗教问题》，《南亚研究》1991 年第 4 期。

是源于对太阳的类比。在羌族、普米族、哈尼族等民族的神话中，太阳通常被看作一位女性，她与其哥哥或弟弟结婚，由于为此乱伦行为感到羞耻，当人们抬头看她（太阳）的时候，她便将无数的针射向人们的眼中，人们解释说这也正是阳光刺眼的原因。① 在此，太阳不管被视为男性还是女性，他（她）都与生殖关联，是对生殖力的象征。总而言之，"太阳居上，通体炽热，温暖大地，化生万物。因此，初民便将男根和太阳联系到一起，将太阳视为与男根相类，都具有神奇的生殖能力"。② 与火的力量相比，太阳化生万物的力量在范围上、程度上都非火所能比拟。太阳居上，万物居下，在天地之间，阳光裹挟着光与热倾泻到大地上，万物由此生机勃发。先民对此必然有所领悟，意识到太阳（神）所具有的力量，因而在《山海经》中，太阳神羲和以蓬勃的生殖力诞下十日；在普米族神话《采金光》③、景颇族神话《太阳神的谷子》④ 以及白族神话《太阳神本主》⑤ 中都突出了太阳对万物生长、繁衍的决定作用；在萨满神话中，"天神阿布卡额姆的忠实侍女古尔苔受命去取太阳之火，用以滋补大地"⑥。在此，太阳与大地（自然）、男性与女性（身体）、火与生存（社会）形成了层层嵌套的同构关系：

太阳/大地：万物：：男性/女性：身体：：火种/生存：文化

① 参见冯骥才主编《羌族口头遗产集成·民间故事卷》，中国文联出版社 2009 年版，第 41 页；普米族民间文学编委会《普米故事集成》，中国民间文艺出版社 1990 年版，第 38—39 页；王正芳编《哈尼族神话传说集成》，中国民间文艺出版社 1990 年版，第 94 页。

② 赵国华：《热与光：苦行与精进——略论中印太阳和火神话及相关的宗教问题》，《南亚研究》1991 年第 4 期。

③ 普米族民间文学编委会：《普米故事集成》，中国民间文艺出版社 1990 年版，第 15 页。

④ 鸥鹏渤编：《景颇族民间故事选》，云南人民出版社 1983 年版，第 26 页。

⑤ 云南省民间文学集成办公室编：《白族神话传说集成》，中国民间文艺出版社 1986 年版，第 143 页。

⑥ 孟慧英：《萨满教与萨满神话中的火神及盗火英雄》，《满族研究》1998 年第 1 期。

　　至于鸟常被视为生殖器的象征以及在各种隐语、俚语中的使用，这已经成了一个普遍现象。在中国，有的地区将男根称作"鸭子"，有的地区将男根称作"雀雀""家雀""老锡儿"；在英国的俚语中，男根被称作"公鸡"。①鸟类之所以与生殖器发生如此广泛的联系，这可能正是由于它与火、太阳的特殊关联。在神话时代，人的身体是先民用来思考、解释各种问题的工具（原型）。正如前文所言，如果将人类文化看作由内向外层层嵌套的同心圆，那么，先民对身体的认知理应是整个同心圆的圆心。在先民的头脑中，整个世界有神圣和世俗的分野，与之相应，身体的各个部位也有其独特含义。②生殖器在整个身体中的位置与鸟类在整个世界中的位置十分相似，它们都居于分界的过渡地带，或者说它们本身就是分界的标记，而这正是它们具有中介性（过渡性）、创造性（生殖力）的根源。

　　综上所述，火、鸟与太阳这三者之间有着极其复杂的关系。由于此三者在形式上、性质上具有的相似性，在先民的仪式、神话、古歌、祭祀辞乃至图像中，火、鸟与太阳不仅同形而且同性，由此形成了层层嵌套的同构关系。而在这所有具有相似性的因素中，火、鸟、太阳都是以人的生殖力为原型来进行类比的。两性交合生产身体，燃烧推进文化之演进，鸟作为中介沟通了天地、神人，太阳则以其充沛的光、热滋润了大地之上的芸芸众生。

---

　　① 赵国华：《热与光：苦行与精进——略论中印太阳和火神话及相关的宗教问题》，《南亚研究》1991年第4期。

　　② 身体各部位的象征意义在原始族群中尤为明显。比如，在羌族的"毒药猫"故事中，用裤腰带才能制服作恶多端的"毒药猫"，而裤腰带正是身体上下部的分界线，而裤腰带本身含有性的隐喻。在彝族、藏族等民族中，人们忌讳别人摸自己的头部，认为这对自己是莫大的侮辱，这根源于人们对头部之神圣性的认同。当然，如果摸自己头部的是神职人员，这不但不能算侮辱，更被看作莫大的荣幸。参见［法］皮埃尔·布尔迪厄《男性统治》，刘晖译，中国人民大学出版社2012年版，第1—60页。

第三节 从对火的利用到对火的崇拜

人类对火的利用极大地改变了人类的生存境遇。然而，人类在感受到、意识到火具有的强大力量的同时却难以对之进行合理的解释。在理性尚未独立的时代，人们便以情感与想象的方式把握对象，于是对火的崇拜就这样产生了。在很多民族的宗教仪式与民间信仰中，我们都能发现火崇拜的影子。然而，不管火崇拜的形式如何多样，范围如何广泛，这样的崇拜都只能建立在人们对火的广泛利用的基础上。

信仰与崇拜是根植于人类强大而持久的情感需要的。这样的情感需要必然是对人类生存现实的回应。对此，有学者这样认为："人们只是简单地把原始宗教划归为意识形态范畴，往往只是把原始宗教活动看作一个满足心理需要的过程，其原因在于人们忽略了原始宗教活动物态化的存在形式及强烈的对物质需求的功利目的。其实，功利目的才是原始宗教活动的根本动因。"① 这样的论断是十分睿智的。

在下文中，我们有必要简略地总结一下火究竟在那些地方深刻地改变了人类生活。在此，我们可以把火带给人类最直接的、最切身的、最根本的功用视为其"自然功能"，把人们对火（神）的崇拜视为其"观念功能"。笔者认为，火的"观念功能"是其"自然功能"的延伸。②

––––––––––––

① 昂自明：《彝族撒尼人祭"密枝"的原始功利目的探源——对祭祀辞和仪式的诠释》，《云南民族学院学报》2001 年第 3 期。

② 对此，A. 拉德克利夫－布朗认为："1. 有益于社会福祉的任何物品，土著都相信它能抵御邪恶；2. 物品被认为具有的保护力的强弱程度，取决于物品在社会中起到的实际作用的重要程度；3. 物品被认为具有的那种特别的保护力，通常与它实际起到的特别作用有关。"参见［英］A. 拉德克利夫－布朗《安达曼岛人》，梁粤译，广西师范大学出版社 2005 年版，第 198 页。

一　火的自然功能：无火时代与有火时代的对比

火的使用让人类吃上了熟食，这可能是火对于人类最有意义的一个变革。在对火完全无知的时代，人们加工食物的常用方法是将甜薯、山芋、动物肉等放到太阳下烤晒，而更多的时候则"只能把食物生着吃，连香蕉也是如此，就像狒狒一样生活"①，以致不得不忍受胃痛的折磨。《礼记》卷九有这样的记载，说人们在无火时代，"冬则居营窟，夏则居橧巢；未有火化，食草木之实、鸟兽之肉，饮其血，茹其毛；未有麻丝，衣其羽皮"；而在掌握了火之后，人们"修火之利：范金，合土，以为台榭、宫室、牖户；以炮，以燔，以亨，以炙，以为醴酪；治其麻丝，以为布帛。"②《太平御览》卷七十八云："古之初，人吮露精，食草木实，穴居野处，山居则食鸟兽，衣其羽皮，饮血茹毛；近水则食鱼鳖螺蛤。未有火化腥臊，多害肠胃。于是有圣人以火德王，造作钻燧出火，教人熟食，铸金作刃，民人大悦，号曰燧人。"③ 从上述引文我们可以发现，火的使用将人类生活史分成异质的两个阶段：在无火时代，人们吃生食而伤害了肠胃，不仅没能充分消化、吸收食物中的营养，甚至对身体造成伤害；而在有火时代，人们用火来冶炼、烹饪、制衣，用冶炼出的利刃猎取更多的野兽，而烹饪后的肉食更利于消化、吸收。火不仅为人体提供了充足的热量，更为体质的优化、智力的提升提供了必要的营养支持。

---

① ［英］J. G. 弗雷泽：《火起源的神话》，夏希原译，北京大学出版社 2013 年版，第 186 页。

② （清）朱彬：《礼记训纂》，中华书局 1996 年标点本，第 335—336 页。

③ （宋）李昉等：《太平御览》（第一册），中华书局 1960 年标点本，第 363—364 页。

除了烹饪①、冶炼②、制作工具之外，火也被用来取暖③、照明与防卫④。火堆不仅为初民度过漫漫长夜提供了方便，更重要的是火可以吓走那些饥肠辘辘的猛兽。可以想见的是，在无火时代，人类常常是虎豹等猛兽口中的食物；在掌握了火之后，虎豹只能远离人类，甚至反过来成为人类口中的食物。

在文明的早期阶段，渔猎与采集是人们获取生活资料的主要方式。在掌握了火之后，人们常用火来捕获动物。下面这段文字就生动、细致地对此进行了叙述："人们白昼观察到熊、鹿麂、狐狸等野兽栖息于某一峡谷深林中，夜晚将干树枝和野草堆集在峡谷入口点燃，放猎犬追逐。野兽惧火，只往无火一方逃跑，便被守候在旁的猎人截获。若猎物进入岩洞，猎人就用干树枝等易燃物堆在洞口燃烧，将火扇进洞内，猎物因烟熏外逃而被擒获。秋夜，彝众背负松明块到山顶草坪堆积点燃，

---

① 彝族《阿细的先基》："人们有了火，会把生的肉，烤成熟的吃；会把生的东西，烧成熟的了。"傈僳族《创世纪》："烧出来的麂子肉/比起生肉又香甜/煮出来的马鹿肉/比起生肉又甜香/石板当作肉墩子/石片当作切肉刀/生肉锅里能煮熟/生肉火里能烧熟/从此不让野火熄/从此不让箐水干。"怒族《创世纪》："天火过后，人类看见在火灰灰里有烧死的老鼠、松鼠，捡起来吃，感到这种用天火烧熟的肉比生的还好吃，于是，把天火移进岩洞里烧了起来，每次猎到小动物或采到野菜，都在火上烤着吃。这样，人类就不再吃生肉生菜了。"门巴族《猴子变人》："神把这些猴子采来的柴草烧着，投入树果、根块，烧熟后喂养那些未睁开眼的猴子。不经几天，这些猴子不但眼睛睁开，而且身上的毛也脱落了，从此变成了人。"以上四例分别见于：云南省民族民间文学红河调查队整理《阿细的先基》，云南人民出版社1959年版，第41—43页；胡应、舒密英《火、弩弓与傈僳族》，《云南日报》2005年1月7日；左玉堂等编《怒族独龙族民间故事选》，上海文艺出版社1994年版，第3页；李坚尚等编《珞巴族门巴族民间故事选》，上海文艺出版社1993年版，第405页。

② 彝族《阿细的先基》："有了火以后，聪明的人们，什么都不造，先去造风箱，风箱造起好打铁。打铁的时候，聪明的人们，别样都不打，先打大铁叉，先打大砍刀。拿来抵挡老虎，拿来抵挡豹子。"参见云南省民族民间文学红河调查队整理《阿细的先基》，云南人民出版社1959年版，第41—43页。

③ 哈尼族《阿扎》："在老林里度过寒冬的人，最知道火塘的温暖。"这是哈尼族的一句谚语。参见王正芳编《哈尼族神话传说集成》，中国民间文艺出版社1990年版，第172页。

④ 彝族《火歌》："豺狼不敢来，老虎不敢挨；野猪、豹子闻着烟，看见火，向山箐狂逃。"参见云南民间文学集成编辑办公室编《云南彝族歌谣集成》，云南民族出版社1986年版，第51—52页。

百鸟齐集盘旋于火堆上空。人守候火堆旁用竹竿挥击，一挥便可击落数鸟，通宵达旦，获鸟满筐而归。"①

总之，人们对火的利用范围极其广泛，包括用火来取暖、烹饪、照明、防卫、狩猎、祭祀、开荒②、治病以及制作木器、陶器、铁器等各种用具。

二　火的观念功能：作为崇拜对象与中介工具的火

（一）作为崇拜对象的火

既然火给人类带来了如此之多的好处，先民必然产生对火的崇拜。羌族神话《燃比娃取火》的结尾处说：

> 这是人类第一堆火啊！人们围着篝火欢乐地跳啊唱啊！据说这就是跳锅庄的起源。从此，四面八方的人都来讨火种，火就在人间传开了。有了火，人间才有温暖、光明，才战胜了寒冬和漫长的黑夜，有了火，人类才有熟食，进入文明。这是自石头给人类带来的幸福，所以羌族人民把白石尊为至高无上的神灵。③

在此，人们在利用火的同时火也把人们凝聚成了一个整体。而绕着熊熊的篝火跳锅庄是一种对火的崇拜仪式，并非纯粹的娱乐活动。④ 在

①　唐楚臣等：《彝族文化研究文集》，云南人民出版社 1985 年版，第 79 页。
②　彝族《开山种地的古根》：阿罗醒来问阿亥："你用什么方法开了这么多火地？"阿亥说："先用斧头把树木砍倒，等树木草皮烧光，然后撒上'目'和'苴'。"参见李力主编《彝族文学史》，四川民族出版社 1994 年版，第 59—61 页。
③　孟燕等编：《羌族民间故事选》，上海文艺出版社 1994 年版，第 34 页。
④　围着篝火跳舞作为一种表现火崇拜或太阳崇拜的仪式可能具有世界性。除了羌族人围着篝火跳锅庄外，美洲的印第安人也举行类似的仪式。参见［德］J. E. 利普斯《事物的起源》，汪宁生译，贵州教育出版社 2010 年版，第 266—267 页。在 C. M. 特恩布尔所著的《森林人》一书中，我们也可看见类似的记载："女人、孩子们跳得越来越狂野，但是不管身体摆动得多么剧烈，他们的头和眼睛却一直朝着莫利莫篝火……兴奋的情欲的舞蹈似乎又赋予了篝火以新生……好像正在通过模仿生育的动作给予篝火以新生。"参见［美］C. M. 特恩布尔《森林人》，冉凡等译，民族出版社 2008 年版，第 149—151 页。

羌族的村寨社会，最隆重的火崇拜仪式通常在元宵节的夜晚举行。人们围着巨大的火堆跳起舞蹈，熊熊的火焰预示着丰收、平安与幸福（参见图3-4）。在篝火仪式上，人们认为这堆圣火的光、热可以祛除人身上的疾病，人们于是围着火堆翻来覆去地烤着自己的身体。[①] 人们之所以这样做是因为他们对火的崇拜，他们在潜意识中坚信火具有超凡的神力。

图3-4　云南沧源崖画中的"圆圈舞"

采自陈兆复《中国岩画发现史》，上海人民出版社2009年版

与其他民族一样，崇拜火（神）的现象在藏缅语民族中也普遍存在。具体来说，对火塘（神）的崇拜是藏缅语诸族的一个共同特点。

羌、藏（嘉绒）、普米、彝、纳西、傈僳等族普遍把火塘作为家居生活的中心，因而火塘神往往被视为家神[②]，它对家庭的兴旺起着决定

---

① 米尔恰·伊利亚德认为："通过新年版，个体与团体的原罪或过错便会被清除、被消灭，正像通过火一样被彻底地毁灭。"参见［美］米尔恰·伊利亚德《神圣与世俗》，王建光译，华夏出版社2002年版，第38页。

② 在其他民族中我们也可以看到火神充当家神的情形。比如曹然认为："（我们）不仅能看出火神阿耆尼的头等地位，更重要的是，显然火神充当了家神的角色……雅利安人将火作为家神祭祀，它'统治着家中的炉子'。"参见曹然《"神人媒介"：浅析印度火崇拜的神话与宗教根源》，《海南师范大学学报》（社会科学版）2009年第3期。

作用。人们不仅通过火塘烹饪食物，还要围绕火塘（神）作各种仪式。比如，为了小孩的健康成长，人们在火塘边为之举行"穿裤仪式"：在火塘里烧一块石头，烧热后取出，在上面泼瓢凉水，将裤子在蒸气上绕一圈，然后，由母亲帮助小孩穿上，同时要念祈祷词。① 对于火塘（神），川甘的白马藏人每家每户虔诚的供奉，家里大小事情，都会祈求它护佑。② 正因为火塘是家居生活的中心，火塘也就常被视为家庭的象征。因而在过去，嘉戎藏族向土司领一块份地时，还要伴随着分一个三脚③，过去在藏区三脚是不准买卖的④。

　　在节庆时，彝族家庭主妇会选一块最肥的肉丢进燃烧正旺的火塘里敬献给火塘神。⑤ 云南楚雄彝族自治州武定县彝族信奉的司火神有三个：火神多斯，灶神格白斯以及火塘神苦鲁斯。格白斯和苦鲁斯是善神，专司人间温饱。多斯则不然，凡是与火有关的他都要管，即使冲撞的是格白斯或苦鲁斯他也要施行报复。多斯降灾于人，轻则伤人蚀财，重则降临其家，并攥走房屋神、粮神、牲口神等，燃起冲天烈焰，来个毁屋、毁畜、毁粮、毁人直至把村寨焚为平地。慑于多斯的神威，彝族历来敬重格白斯和苦鲁斯，对火有许多忌讳和规矩。⑥ 由于火（神）对生活有如此重大的影响，彝族人的火崇拜仪式中便有许多向火（神）

① 杨敏悦：《西南少数民族的拜火习俗和火神话》，《中央民族学院学报》1988 年第1 期。

② 周锡银主编：《中国各民族原始宗教资料集成·藏族》，中国社会科学出版社 1999 年版，第 803 页。

③ "三脚"一般由铁打造而成，放在火塘上用来支撑炊具，在羌、藏（嘉绒）、普米等民族中十分常见。

④ 周锡银主编：《中国各民族原始宗教资料集成·藏族》，中国社会科学出版社 1999 年版，第 803 页。

⑤ 唐楚臣：《从图腾到图案——彝族文化新论》，德宏民族出版社 1996 年版，第293 页。

⑥ 云南社会科学院楚雄彝族文化研究所：《彝族文化研究文集》，云南人民出版社 1985 年版，第 257 页。

祈福的祭祀辞。①

　　纳西族中的摩梭人祭祀和赞颂得最普遍的是火神。他们历来把火作为光明和兴旺的象征，各家火塘里的火要昼夜不灭，特别是清晨，家中火塘里的火焰旺盛，火星迸溅，并发出响声，象征吉祥，预兆当日有远方客人来临，并有财运。摩梭家庭都保持着一日三餐前祭祀火塘神"阿依藏巴拉"的传统习俗。在葬仪上，摩梭人认为火葬是把死者的灵魂送入光明的境界，象征幸福。火葬者还必须是正常死亡的人。摩梭人禁忌任何人用脚跨过火塘，禁忌泼水在火塘里，野外生产时所燃的篝火只能用石块和泥灰掩熄。有的摩梭人甚至不敢用口气吹灭灯火和火把，只能用什物把灯火罩灭，将火把插入灰中熄灭。②

　　普米族人一般在其火塘的正后方神龛中供立一块石头，上面绘以熊熊燃烧的火焰图案，象征"仲巴拉"即"火祖母"。普米族人在修建新房的同时会新修火塘，新房落成就举办生火庆典。火塘由火坑、锅庄石和"仲巴拉"组成。火坑居于火塘正中，坑后方边上立锅庄石，锅庄石后的神龛中供奉"仲巴拉"。在火坑中往往还要埋一个精致的陶罐，称之为"火胆"，在其中装入银子、松子、鱼干、彩色小石、酥油、五谷、火石、火镰等物件。生火庆典一般选在生肖为牛的一天，此日红日当

---

　　①　彝族《祭火辞》："春天来开荒，荒地你烧熟；夏天虫吃苗，恶虫你烧死。火伴行人走，火是驱恶火；火伴家人坐，火是衣食火；火光多热乎，火是人魂窝。今天来祭火，火光永不灭；火光明朗朗，火光像日月；火神藏家中，人畜得安宁。"参见杨福泉、郑晓云《火塘文化录》，云南人民出版社1991年版，第181页。彝族《祭阿依迭古》："现在要来祭，祭火塘里的火，火光永不灭。火是雷神火，火是雷送来；火是风神火，火是风送来。迭古死了后，尸体烧成灰，灵魂变成火，一千年不灭，一万年不熄。山路你明亮；春天来开荒，荒地你烧熟；夏天虫吃苗，恶虫你烧死；春天做祭祀，祭火你点燃。火伴行人行，火是驱恶火。火伴家人坐，火是衣食火。火光多热乎，火是人魂窝。猎人带身上，火保佑猎人，烧肉祭猎神，狼虫远远跳，山鬼不近人。……火啊迭古火，黑夜走山路，现在过来过年版，过年来祭你。祭你永不灭，照着我们来，照着我们去。"参见云南民间文学集成编辑办公室《云南彝族歌谣集成》，云南民族出版社1986年版，第71—74页。

　　②　杨学政整理：《宗教调查与研究》，云南省社会科学院宗教研究所1986年版，第180—181页。

空，是最温暖最明亮的一天。安放"仲巴拉"则由家庭主妇主持。在仪式中人们要唱《点火歌》："昂姑咪给了我们火种，给人类照明、取暖。从此，天下没有黑暗，人类四季平安。今天点燃了火塘，神和祖先留在我们身边。火不灭，人绵延，吉祥留人间。"①

除了藏缅语民族之外，我们也可在其他民族中看到类似对火（神）的崇拜。阿尔泰乌梁海人认为，火神是全家的保护神，全家的衣食之源都靠火神保佑。而火炉是火神居住的地方，所以一切食物都必须先敬居住在火炉的火神，否则就是不敬，全家就得不到火神的保护。② 满族《火祭神谕》说："没什么可犹豫，可惧怕的，密林中，层层的火星，都住着吉祥的神。"③ 而对于满族来说，火祭的目的是解决氏族、部落之瘟病、畜疫、渔猎伤人、氏族仇杀等重大问题。④

正是由于火对于人类的生产生活有着极其重大的功用，人们由此便产生了对火（神）的崇拜。火的"自然功能"的神秘化使人格化的火神形象在人们的心中显现出来。火神（火塘神、灶神）由此成为与人类关系最为亲密的神灵。

（二）作为中介工具的火

在很多民族的观念中，火神、火塘神或灶神都具有沟通神与人的中介性质，这可能是因为火神既具备神的属性，又与人类关系亲密。在宗教仪式与日常信仰中，除了将火（神）作为崇拜对象之外，火在仪式、神话中经常被视为具有超凡力量的中介（过渡）工具。

---

① 章虹宇：《普米族的火祖母及生火庆典》，《中国民族博览》1999 年第 2 期。
② 宛景森：《神话视野中的北方民族火神信仰及功能研究》，《大连民族学院学报》2012 年第 2 期。
③ 富育光、王宏刚：《萨满教女神》，辽宁人民出版社 1995 年版，第 141 页。
④ 同上书，第 135 页。

在婚礼中，火经常作为象征工具来促进新人的"过渡"①。在许多民族中，新娘的"入门礼仪"都包括这样一项：新娘从门前的火堆上跨过或绕着火堆转一定数目的圈。据笔者田野调查所见，这种仪式不仅在藏缅语民族中流行，甚至在一些汉族地区也可见到。② 凉山彝族盛行娶新娘的转魂仪式：婚后第二天，在夫家火塘边，由毕摩将一只捆好的母羊，从左边绕新娘头部七圈，从右边绕新娘头部七圈，从右边绕新郎头部九圈后，将羊杀死，将血淋在火塘以示祭火，并念祷词："你的魂已从父母火塘转到现在的火塘，你以后就要在这个火塘上吃饭了，愿你吃了这个火塘的饭长得壮实，不生病，早生孩子。"这样，新娘的魂便算转到了夫家，才可算是夫家的正式家庭成员。③ 此外，彝家嫁女时，必不可少的嫁妆包括一个火盆、一把火扇、一副火箸、一束火炭，前两种染成火红的颜色，后两种以红纸、红布捆扎，是谓"红红火火出嫁"。④ 有学者在印度也发现了类似的习俗："新郎新娘绕火堆连转七圈，每转一圈说一句誓言，即'七誓仪式'或'七圈仪式'，称为'萨泊达薄迪'。待这些完成，才算是做完了结婚仪式。"⑤

在葬礼的安葬方式上，藏缅语民族中的彝、羌、拉祜、普米、哈尼诸族都曾盛行过火葬。《吕氏春秋·义赏》云："氐羌之民，其虏也，不忧其系累，而忧其死不焚也。"⑥ 在丧葬仪式中，羌区曾普遍盛行火葬；人们把死者生前的物品通过火烧的形式传递给死者；在"头七"期

---

① 参见［芬兰］E. A. 韦斯特马克《人类婚姻史》（第二卷），李彬等译，商务印书馆 2002 年版，第 889—892 页。

② 在川西羌族地区（四川茂县太平乡牛尾巴寨）以及青海河湟谷地（海东地区的乐都县），笔者都看见这样的习俗。

③ 杨福泉、郑晓云：《火塘文化录》，云南人民出版社 1991 年版，第 32—33 页。

④ 米切若张：《解读彝族火崇拜》，《云南日报》2000 年 9 月 4 日。

⑤ 曹然：《"神人媒介"：浅析印度火崇拜的神话与宗教根源》，《海南师范大学学报》2009 年第 3 期。

⑥ 许维遹：《吕氏春秋集释》（上），中华书局 2009 年版，第 328 页。

间，人们会每天在新坟边烧一堆火来禳除侵扰亡灵的鬼魅。彝族祭司也认为死者不火葬，其灵魂便不能还原为虎。① 云南楚雄自称"罗罗"的彝族认为，火化后亡魂才能上天，因此彝族火葬焚尸的习俗是与"火化归天""火化返祖"等观念紧密相连的。② 对于彝族的火葬之俗，民国《宣威县志》云：彝人死后"三五日，举而焚之于山，以丧葬之礼"③。《寻甸州志》云：彝族"人死以马革裹尸或束帛衣，薪送之野。祭毕，焚，不为墓葬，惟多种竹木于焚地，谓之'鬼楼'"④。关于哈尼族的葬俗，据《石屏县志》载，哈尼族"丧无棺，吊者击鼓摇铃，头插鸡尾跳舞，名曰'洗鬼'，忽泣忽饮。三日，采松为架，焚而葬其骨"。⑤ 除了藏缅语民族，在中国东北的鄂温克族人中，在老人去世的晚上也要点燃长明灯，用点灯的方式来保护死者的灵魂。新疆的锡伯族人认为，非正常死亡的人其灵魂是不洁的，只有通过火的净化才能使其灵魂洁净，升入天界并转生。而在墨西哥和中美洲的印第安人中，"火葬只限于对酋长和著名的人物"。⑥ 总而言之，在葬礼中，火不仅有保护亡灵的作用，更是将亡灵"转渡"到彼岸世界的重要手段。

除了婚礼与葬礼，火的中介、过渡功能在日常信仰中随处可见。最有意思的是在许多地区，铁匠这一职业由于与火关系密切，也被赋予了特别的含义。因此在一些仪式中，必须有铁匠的参与或使用淬火所用的水。人们认为，经过火与水的洗礼，铁制器具有增殖效能，能促使庄稼丰产。此外，犁铧之类的铁器在翻挖田地的过程中具有一种充满"性意

---

① 云南社会科学院楚雄彝族文化研究所：《彝族文化研究文集》，云南人民出版社1985年版，第262页。

② 黄龙光：《试论彝族火神话与火崇拜》，《毕节学院学报》2010年第1期。

③ 宋恩常：《彝族的原始宗教》，《世界宗教研究》1981年第1期。

④ 同上。

⑤ 云南省石屏县志编纂委员会：《石屏志》，云南人民出版社1990年版，第665页。

⑥ [美] 路易斯·亨利·摩尔根：《古代社会》（上），杨东莼等译，商务印书馆1983年版，第81页。

味"的开拓意义，犹如动物的交合，故而也具有促殖之效。总之，铁匠这一职业具有"过渡"与"转折"的特性，这是因为经过铁匠之手——具体来说是经过火的熔铸和锤的敲击——无形的铁块具有了确定的形状，从而铁匠也就被赋予了某种异乎寻常的功能。自然意义的矿石从固体转化为液体，又从液体转化为具有文化意义的工具。对先民而言，这其中包含的转折与过渡笼罩着神秘意味。再加上在人的"生育"和农作物的"生产"中，铁器不仅与其有着密切关联（工具性），而且其性质（创造性）也与之具有相似性。故而，在铁匠、火、铁器以及生产、生育的关联中，我们不难体会到火具有的中介意义。

（三）火的辟邪、促殖之用

火除了具有上述的那种"中介"作用，火在原始族群中常被用来辟邪、治病、促殖、占卜。

火的"辟邪"功能很可能是其"防卫"功能的延伸。也就是说：当先民意识到火堆具有驱逐野兽、保护人类的功能之后，人们对火的这一功能产生了迷信，并通过类比将其想象成了一种具有普遍效力的神秘力量。正如拉德克利夫–布朗所言："某样东西在社会生活中占据的地位愈重要，土著就认为其保护力愈强。安达曼岛的土著认为，带弓箭的人不像没带武器的人那么容易受到精灵的伤害。"[1] 因此，"在晚上，若不带火把，一个男人是绝不会走出营地的，哪怕只是走出几码远。他们相信，火比任何其他物品都更能将那些引起疾病和死亡的精灵赶跑。"[2] 傈僳族民间故事《火把节》中也说："瘴气遇上火把就像毒蛇遇上獴子一样，不是你死就是我活，要么瘴气把火把熄灭，要么火把把瘴气驱

———————

[1]　［英］A. 拉德克利夫–布朗：《安达曼岛人》，梁粤译，广西师范大学出版社2005年版，第194页。

[2]　同上书，第193页。

散；人多，火把也多，一下子把瘴气全赶跑了，连附近的毒蛇猛兽也赶跑了。"关于羌族人的火崇拜，有学者在研究中进一步提到："解放前，在羌族聚居地之一的四川省汶川农村还流行着跳火的习俗。过年时人们砍三笼黑刺（灌木）在碉楼前烧成一堆大火，人们穿上民族盛装从火上跳过，以祈祛病消灾，全家吉昌。"① 另外，据《邓川县志》记载，滇西邓川县的白族过火把节时要："倒树当门卧，男妇撩衣跨过火，群相贺曰'秽气鲜矣'。"②

先民认为，人身上的所有的疾病几乎都由鬼魅作祟或敌人施巫术所致。因此，所谓火的"治病"之用其实与"辟邪"之用是相通的。在世界范围内，不少民族都有用火来祛病的习俗。在印度洋北部的安达曼岛上，"为了治痢疾，土著会把石头放到火堆里烧热，然后要病人将大便排到石头上。"③ 在弗雷泽连篇累牍的资料罗列中我们可知，在欧洲的许多地方也曾流行用"仲夏篝火"来祛病：

> 人们认为仲夏篝火有各种各样的神性，能防止魔法，是治恶病的灵药，不论是人的病还是牲口的病都能治好，甚至最烈性的毒药也能用这个火来改变它们的毒性。④

> 人们从火里赶过牛群，目的是医治病牛，并使健康的牛免于瘟疫和各种灾害……谁能从火堆上跳过去，谁在收庄稼时就不会背疼。⑤

> 农民相信，他们的篝火烧得愈大，地里的出产就会愈多，火光

① 李明：《羌族神话〈燃比娃盗火〉的文化意蕴》，《文史杂志》1991 年第 1 期。
② 喻良其：《白族舞蹈论》，云南民族出版社 2007 年版，第 52 页。
③ ［英］A. 拉德克利夫－布朗：《安达曼岛人》，梁粤译，广西师范大学出版社 2005 年版，第 134 页。
④ ［英］J. G. 弗雷泽：《金枝——巫术与宗教之研究》，汪培基等译，商务印书馆 2012 年版，第 952 页。
⑤ 同上书，第 959 页。

照耀的房子就更不会有火灾和疾病。谁从火上跳过三次，在那一年，谁就不会发烧。从火上跳过去的男孩和女孩都不会得疟疾。①

人们赶着猪从火上跑过去，以保护它们不生病。②

人们从仲夏篝火上跳过，以防止腹痛。③

由此可见，文化（习俗）具有某种功能，这种功能不一定是实际的自然的功能，而很可能是一种观念的功能，即大家赋予某种观念以意义，然后通过对这种观念的认同、信仰来使其对人们的生活有所助益。因此，它既是一种在集体（外在的）层面上约定的功能，也是一种在个体（内在的）层面上自觉遵从的信仰。简而言之，火能煮熟食物是其"自然的功能"，火能辟邪祛害则是其"观念的功能"。

除了辟邪、治病之外，火还在仪式中被用来"促殖"。所谓"促殖"指的是火具有一种对包括人在内的所有动植物都有效的增殖力量。在生产力极为低下的时代，人（身体）的生产与物（食物）的生产对族群而言都是生死攸关的大事。为了个体的生存与种族的繁衍，人们常常通过巫术的方式来促进生产，而火是巫术中极为重要的"促殖"工具。在藏缅语民族中，白、彝、纳西、傈僳、普米、拉祜、哈尼、基诺等族都盛行火把节，其中用火把映照稻田以促其丰产是火把节中的重要内容。在《白族民间故事》一书中就说，白族人民在火把节时举着火把在田间游荡，试图通过火把的光、热促进农作物的生长。在游荡之时，人们唱道：

火把高高火把明，满田满坝好收成。大麦收了谷子熟，荞豆粒

---

① ［英］J. G. 弗雷泽：《金枝——巫术与宗教之研究》，汪培基等译，商务印书馆2012年版，第962页。

② 同上书，第964页。

③ 同上书，第968页。

儿肥。酿杯酒来敬跋达，五谷供祭五谷神。保我年年得丰收，人人喜盈盈。①

在云南的大理、剑川、鹤庆等地，耍火把的另一形式叫"点谷火"，亦称"照穗"，人们成群结队地举着小火把，互相追逐到田间给谷场照穗，以为这样可以烧死危害庄稼的害虫，稻谷会长得好一些。②

弗雷泽在《金枝》一书中也列举了不少与之类似的习俗：

> 在莫朗书附近，人们把一个草人放在火堆里烧掉。年轻人和孩子们围着火堆跳舞唱歌，并且得从火上跳过去，以求来年丰收，婚姻美满。③

> 阿尔特马克的人相信，复活节的火光能照到多远，所照之处的谷子全年都会长得好，也不会发生火灾。④

> 在普瓦图，圣约翰节前夕还有一个风俗就是将一个用稻草包扎的点着火的轮子从田里滚过，使田地肥沃。⑤

> 至于圣诞木柴的灰烬具有治疗和增殖的功效，如使人畜保健、母牛产子、大地增殖等。⑥

在上文的论述中笔者指出：火不仅具有烹饪、取暖、照明等"自然功能"，也具有"过渡""辟邪""治病""促殖"等"观念功能"。总的来说，这些功能都具有积极意义，也就是说它们满足了人的需要，为

---

① 大理州《白族民间故事》编辑组：《白族民间故事》，云南人民出版社 1982 年版，第 27 页。
② 丹珠昂奔：《藏族文化发展史》（上），甘肃教育出版社 2001 年版，第 479 页。
③ ［英］J. G. 弗雷泽：《金枝——巫术与宗教之研究》，汪培基等译，商务印书馆 2012 年版，第 940 页。
④ 同上书，第 948 页。
⑤ 同上书，第 967 页。
⑥ 同上书，第 978 页。

人类带来了利益。然而，任何事物都有其消极的一面。为了应对火灾等消极因素，先民通常以"否定之否定"的反证逻辑在生活中设置一些"禁忌"来防备、减弱甚至消除灾难、疾病的发生。弗洛伊德在《图腾与禁忌》一书中认为围绕着图腾产生了"崇拜"和"畏惧"两种情感，这犹如硬币的两面：与"崇拜"相连的是个体对氏族的认同，全氏族的成员崇拜同一个"图腾"；与"畏惧"相连的是氏族对个体的要求，同一氏族内的成员必须遵循"族内婚"禁忌。① 总之，为了同一个目的我们可以采取积极的和消极的两种行为方式来促成想要的结果，这也就是弗雷泽所谓的"积极巫术"和"消极巫术"。弗雷泽说："积极性规则是法术，而消极性规则是禁忌……积极的巫术或法术的目的在于获得一个希望得到的结果，而消极的巫术或禁忌的目的则在于要避免不希望得到的结果，但无论是所希望的或所不希望的结果似乎都是与相似律和接触律相关联的。"②

　　因此，为了更好地利用火的优点而避免其危害，在日常生活中，人们设定了许多关于火的禁忌。如果发生了火灾，人们还必须用消极仪式（巫术）来禳除灾祸。比如：羌民各家各户都敬奉火神，并有不能从火塘上跨过，不能在火塘上伸脚，不能在锅庄石上掐虱子，不能在火塘边烤尿布等禁忌。③ 云南省峨山彝族自治县塔甸乡大寨的彝族纳苏人认为，夜晚走亲串门回来路上不能同时点两把松明火把，只有鬼才点多把火于夜间奔走。而且，回到家门时，要往背后吐几口唾沫，把污秽、恶鬼挡在门外。同样，这里的人们用松明引燃灶内柴火时，也只许用一个火引子，否则会招来孤魂野鬼前来作祟。在彝区，普遍存在禁止向火塘

---

　　① 参见［奥］弗洛伊德《图腾与禁忌》，赵立玮译，上海人民出版社 2005 年版。
　　② ［英］J. G. 弗雷泽：《金枝——巫术与宗教之研究》，汪培基等译，商务印书馆 2012 年版，第 37—38 页。
　　③ 李明：《羌族神话〈燃比娃盗火〉的文化意蕴》，《文史杂志》1991 年第 1 期。

里吐口水、放屁，不准背对火塘，不准踩踏或跨越锅庄石、三脚架，甚至禁止在火塘边唱情歌。① 嘉绒藏族普遍都信灶神，即在每家火塘的铁三脚后面右上角地方立一块石板，或挖一个小穴，作为灶神，在吃饭喝酒时用点酒奠敬，这里不准任何人搁脚。② 在藏区，人们认为："火熏灶臭污灶神，灾难一定会降临，牧民们对火塘是十分崇敬的，他们都相信如果头发、毛毡、狗屎、牛粪等掉进火里，或锅焦汤溢弄脏了灶台（锅庄），都能秽污神灵，招致灾祸。"③ 如果发生了火灾，景颇族在被烧坏的房子地基上，要举行"赶火鬼"的仪式。云南一些地方的彝族一碰到火灾，就认为是得罪了火神，就要举行"找火星"的仪式，届时毕摩要主持仪式，唱诵《送火神经》④。

最后，我们来看看人们是如何用火来占卜的。在笔者的记忆中，羌族火塘中的火就有占卜（预言）的功能。比如，如果火塘中的火发出呼呼的呼啸声，羌族人就认为火在发笑，而这意味着将有贵客到来；如果火在火塘中莫名其妙地爆裂、飞溅，这意味着火塘神生气了，家里定有什么事情没有做好。与之类似，峨山彝族自治县的彝族纳苏人可以从火塘或灶内的火焰燃烧情况来卜凶吉，如火星迸裂，火焰旺盛，火声呼呼，则预示吉祥如意，贵客临门。如果火苗忽明忽暗，火苗不正且微弱，便视为将有不吉利的事情发生。⑤ 普米族人认为火塘里的火焰旺盛，火星飞迸，象征着吉祥，预兆贵客来临，或财源茂盛。火苗忽明忽暗，意味着有倒霉事。景颇族将一段两端有节的竹子放在火上烧，如炸

---

① 黄龙光：《试论彝族火神话与火崇拜》，《毕节学院学报》2010 年第 1 期。
② 周锡银主编：《中国各民族原始宗教资料集成·藏族》，中国社会科学出版社 1999 年版，第 803 页。
③ 刘立千：《从"格萨尔史诗"看古代高原的部落社会》，《格萨尔论文选集》，四川省格萨尔工作办公室 1990 年版，第 138 页。
④ 杨福泉、郑晓云：《火塘文化录》，云南人民出版社 1991 年版，第 12 页。
⑤ 云南民族民间文学红河调查队：《阿细的先基：人是怎样生活的》，云南人民出版社 1959 年版，第 26—28 页。

开来的竹丝向两端翘起，则是凶兆，炸开的竹子仅有一丝冲天，便是吉兆。在彝、白、纳西、傈僳、哈尼等民族的火把节上，人们通过用火炸荞子等活动来预测收成的好坏。据明代李元阳万历年间所撰《云南通志》记载："六月二十五日，束松明为火炬，照田苗，以火色占农。"①除藏缅语民族外，傣族古歌中的《赞高升》就是用于火占的卜辞："大高升，长高升，长又长。抬上架，点着火，吐白气，簌簌响。冲上天，穿破云，划破雾。"② 满族在举行许愿仪式时，也要点燃篝火，如果篝火很旺，火星四爆，则是吉兆。③

第四节　火对于人类的意义

在本章中，笔者分三个部分对藏缅语民族的火起源神话及相关的思想、信仰、习俗进行了阐述。在分析藏缅语民族的火起源神话时，笔者以羌族神话《燃比娃取火》为范例，兼及其他民族的火起源神话，首先对人类使用火的历程进行了分阶段的阐述。接着，笔者对藏缅语民族火起源神话的模式化情节进行了分析，不仅对神话中的"取火方式"进行了阐述，还对"火、鸟、太阳之间的特殊关系"进行了探究。在第三部分，笔者以藏缅语民族的火起源神话及其火崇拜为重点，兼及世界上其他民族的相关资料，对火的"自然功能"与"观念功能"进行了分

---

① 王德有、陈战国主编：《中国文化百科》，吉林人民出版社1991年版，第72页。
② 云南省少数民族古籍整理出版规划办公室编：《云南民族口传非物质文化遗产总目提要·史诗歌谣卷》（上），云南教育出版社2008年版，第488页。
③ 宛景森：《神话视野中的北方民族火神信仰及功能研究》，《大连民族学院学报》2012年第2期。

析，指出火（神）崇拜是人们在利用火的"自然功能"的基础上形成的。

在摩尔根所著《古代社会》一书中，人类对火的使用是蒙昧时代早期与中期的分野①，火也是人类在改造自然的过程中掌握的第一件能看得见摸得着的伟大工具。关于人类对火的使用，相关学者曾做过推测："人类可能在旧石器时代初期（约三百万年前至四十万年前）就已开始用火。而直到旧石器时代后期（约公元前四万年至一万四千年前）人类才可能发明了人工取火。"② 派恩在《火之简史》一书中说："木炭是早期原始人类的足迹。人类迁徙漂泊的记录被火保存下来并标明了日期。"③ 因此，通过考古我们大致可以确定人类用火的最早时间。相关资料显示：在我国云南元谋、山西芮城、陕西蓝田以及北京猿人旧石器时代的地层中都发现了用火的痕迹。④ 目前，争议较少且被视为最早的火炉遗迹距今约有 55 万年。⑤

在数十万年甚至上百万年的用火历程中，火对于人类的意义是无可比拟的。在将用火技术推向极致的今天，火的好处惠及人类生活的方方面面，然而，火在我们的意识中却变成了马丁·海德格尔所说的"应手之物"⑥ ——火之于人类越有价值，火就被用得越频繁、越普遍、越顺手，我们反而遗忘了火的存在，遗忘了火之于人类的伟大意义，遗忘了先民在漫长的历史中一步步摸索、尝试并最终掌握用火技术的艰难历程。

---

① ［美］路易斯·亨利·摩尔根：《古代社会》（上），杨东莼等译，商务印书馆 1983 年版，第 9 页。

② 凌德祥：《关于火的起源的语义思考》，《阜阳师院学报》1990 年第 4 期。

③ ［美］S. J. 派恩：《火之简史》，梅雪芹等译，生活·读书·新知三联书店 2006 年版，第 43 页。

④ 缪坤和、周智生：《火的起源与人类早期的取火法》，《云南消防》2003 年第 5 期。

⑤ 董为：《奥林匹克圣火与人类用火的起源》，《人与自然》2008 年第 2 期。

⑥ ［德］马丁·海德格尔：《存在与时间》，陈嘉映、王庆节合译，生活·读书·新知三联书店，第 83—95 页。

维柯说："火，这是乌尔坎用来清除大森林的①；那些耕种过的土地一定就是异教民族中的最初的祭坛，而祭坛上点燃的火就是用来烧光森林中的树木，使土地变成可耕种的②。"拉尔夫·林顿说："在人类文化发展中，有三次基本的突进。第一次突进是使用工具、火和语言。"③拉德克利夫－布朗说："火：成为所有能量、活动或力量的原型。"④ 阿诺德·汤因比说："普罗米修斯作为人类创造者和违反天命携天火予人类的神具有双重的神话身份。这两种角色经常被组合成一个形象，显示着普罗米修斯借助火种来赋予人类以生命。"⑤ 在这些学者的论断中，都包含着对火的高度评价，突出了火之于人类的意义，它们包含的深意可用哈尼族这朴实的古歌来总结：

> 天上没有太阳，世间就分不出昼夜；地上没有水，田里就种不
> 出庄稼；世上没有火，人类就不会发展到这一代。红彤彤的火，世
> 间的人一个也离不开!⑥

①　[意] G. 维柯：《新科学》，朱光潜译，商务印书馆 2012 年版，第 396 页。

②　同上书，第 16 页。

③　[美] 拉尔夫·林顿：《文化树——世界文化简史》，重庆出版社 1989 年版，第 338 页。

④　[英] A. 拉德克利夫－布朗：《安达曼岛人》，梁粤译，广西师范大学出版社 2005 年版，第 230 页。

⑤　[英] 汤因比：《历史研究》，刘北成、郭小凌译，上海人民出版社 2005 年版，第 119 页。

⑥　赵官禄等整理：《十二奴局》，云南人民出版社 2009 年版，第 57 页。

第四章　谷种起源神话

"谷种起源神话"指的是一类关于人类如何取得谷种、利用谷种并使人类摆脱饥馑的神话。① 从字面上看，"谷种起源神话"似乎主要探究的是谷种的来源问题，但实际上此类神话凸显的是农业对于人类文化演进的意义。

"谷种起源神话"在 17 个藏缅语民族中都能发现，其情节极为相似，具有显著的模式化倾向。除藏缅语民族之外，在全世界范围内，我们也能在许多民族中发现此类神话。因此，谷种起源神话是世界性的神话母题，它记录着人类从"采集—渔猎"向"种植—饲养"的生产方式的过渡，记录着人类从饱受饥饿之苦向丰衣足食的生存状况的转变。

在人类文明的演进史上，谷种的获得、培育乃至原始农业的产生是人类文化演进中必不可少的关键环节，具有极其重要的意义。英国学者史密斯在《人类史》一书中指出：

> 真正的文明始于人类由于进行农业活动而采取定居的生活方式

---

① "谷种起源神话"对包括谷种在内的各种作物的种子乃至动物的"种子"都有所涉及。但在这些神话中，谷种始终是人们关注的重点，多数神话都是围绕"谷种"的获取而展开的。就实际情况来看，帮助先民战胜饥荒的也主要是谷物，其他作物远没有谷物重要。因此笔者以"谷种起源神话"代表此类神话。

的时候。……确保大量供应维持生命的谷类是创造文明得以发展的条件的决定因素。①

在此，史密斯将"农业"与"定居"看作"真正的文明"的开始。而所谓"真正的文明"，其中最重要的一项是"充足的食物供应"。在学会种植谷物之前，人类已拥有了语言、火、弓箭甚至制陶术等多种重要的技能与工具，但是人类赖以生存的食物依然不能得到有效的供给②，先民常常在严重的饥荒中为争夺食物而相互残杀，甚至堕入"人相食"③的绝境。

在发现谷物并主动培育、种植谷物之前，人类主要通过采集和渔猎来维持生存。大量考古资料以及民族志显示，采集远比狩猎重要，采集为早期人类提供了大部分食物。④ 在采集经济中，采集野谷和挖掘块根是原始农业发明前夕尤为显著的谋生方式，如图4-1所示。但是，挖掘块根与采集野谷在实质上并没有两样，都是人类被动地从自然界攫取生活资料，都属于"攫取型"的生产方式。与之相比，采集、挑选、培育并有计划地种植谷物的"生产型"经济，其意义就远远超过了"攫

---

① ［英］G. 埃利奥特·史密斯：《人类史》，李申等译，中国社会科学出版社 2009 年版，第 191 页。

② 即使在现代社会，粮食供应仍是每一个国家都必须考虑的重大问题。而对于生产力极其低下的早期人类而言，要获得充足的食物，其困难程度远非现代人所能想象。

③ 查尔斯·罗伯特·达尔文认为："冬天，火地岛人由于饥饿的驱使，把自己的老年妇女杀死并吃掉，反而留下狗到以后再杀。"参见 ［德］K. H. 马克思、F. 恩格斯《马克思恩格斯选集》（第 3 卷），人民出版社 1972 年版，第 513 页。路易斯·亨利·摩尔根认为："有理由相信吃人的风气在整个蒙昧阶段是普遍流行的，平时吃俘虏的敌人，遇到饥荒的时候，就连自己的朋友和亲属也会被吃掉。"参见路易斯·亨利·摩尔根《古代社会》（上），商务印书馆 1983 年版，第 22 页。《新五代史》卷 73 载："（契丹）东北，至袜劫子，其人髡首，披毛为衣，不鞍而骑，大弓长箭，尤善射，遇人辄杀而生食其肉。"参见欧阳修《新五代史》第 3 册，中华书局 1974 年版，第 907 页。《北史》卷 94 载："（流求国）人有死者，邑里共食之。"参见《北史》第 10 册，中华书局 1974 年版，第 3134 页。

④ 柯斯文认为："在澳大利亚人中间，采集一直是取得食物的主要方式。由于狩猎不是永远可能的，也不是永远成功的，所以澳大利亚妇女们每天要出去采集食物。"参见 ［苏］M. O. 柯斯文《原始文化史纲》，人民出版社 1955 年版，第 69 页。

取型"的"采集—渔猎"经济。对此，史密斯也认为："着手改进一种种子的想法与烧煮块根使之可以食用有很大的不同。"① 因为前者把人带入生产并使人成为生产中的积极要素，而后者只使人成了纯粹的消费者。

图4-1 南非岩画中从事采集工作的妇女

采自李淼、刘方编绘《世界岩画资料图集》，中国工人出版社1992年版

总而言之，从"攫取型"的"采集—渔猎"经济向"生产型"的"种植—饲养"经济的转变，使人类在食物生产中从"消极利用自然"变为"积极改造自然"，因而谷种的获取、培育与大面积种植使人类在很大程度上远离了饥馑。正如摩尔根在《古代社会》一书中所说："人类自从有了谷类等农作物以后，破天荒地产生了能够使食物充裕的印象。"② 这与前文中史密斯的论断是一致的。

---

① ［英］G. 埃利奥特·史密斯：《人类史》，李申等译，中国社会科学出版社2009年版，第201页。

② ［美］路易斯·亨利·摩尔根：《古代社会》（上），杨东莼等译，商务印书馆1983年版，第22页。

"谷种起源神话"代表的早期种植业（原始农业）是人类文化演进过程中一项极其重大的发明。有学者就指出："我们称之为'创始'的系列中最后一类神话，是有关人们赖以生存的食物之问世。"① 这就是说，农业的起源如同语言、火的起源一样，使人类文化产生了质的改变。就现实的层面来看，"寻找谷种"是农业生产的一个环节，是人与自然的交道；但从故事（神话）的层面来看，"寻找谷种"却往往是人与神（人）② 打交道。因此在神话中，"寻找谷种的自然过程（与自然打交道）变成了社会过程（与人打交道）"。③ 因此，研究此类神话的目的似乎就是透过其"社会过程"的表象发掘出"自然过程"的本相。

藏缅语民族的"谷种起源神话"，其情节的模式化倾向十分显著。国内学者在研究此类神话时，多采用母题分析法或故事形态学对其情节模式进行分类。比如，陈建宪在《神祇与英雄——中国古代神话的母题》一书中将其分为"神赐型""窃取型""神赐—窃取复合型"以及"尸体化生型"四种类型④；王宪昭在《中国早期稻作文化与种子神话》一文中将其分为"天神赐予型""人神给予型""动物带来型""神与动物结合型"以及"祖先或巨人播撒型"五种类型⑤。分类绝不是神话研究的目的，而只能是解决问题的手段。既然研究者的问题意识不同，那么自然会产生不同的分类。藏缅语民族"获得谷种的方式"详见表4-1。

---

① ［美］塞·诺·克雷默等：《世界古代神话》，华夏出版社1989年版，第419页。

② 在神话中，神往往是人格化的，神具有像人一样的喜怒爱憎，人与神打交道跟人与人打交道没有两样。但是这只是神话的表层（字面）含义。根本而言，神话中的神除了象征无限、荒蛮的大自然，还是对理想社会的象征，这是"神""天堂""黄金时代"等字眼在神话中的深层含义。

③ 谢国先：《论中国少数民族谷种起源神话》，《民族文学研究》2006年第4期。

④ 陈建宪：《神祇与英雄——中国古代神话的母题》，生活·读书·新知三联书店1994年版，第169—171页。

⑤ 王宪昭：《中国早期稻作文化与种子神话》，《理论学刊》2005年第11期。

表4-1　　　　　　　　藏缅语民族谷种起源神话相关情况

语 支	民 族	神 话	主 角	方 式	种 子
羌	羌	粮食的来历和丢失	丹巴协惹	人类向天神要粮食	稻谷 青稞 荞子 小麦 高粱 燕麦 玉米 稗子 稷子 大麦 灿米 糯米
		五谷粮食的来历	狗	狗为人类向天神讨粮食	
		阿巴补摩	补摩	人类向天神要粮食	
		人狗粮食	狗	狗为人类向天神讨粮食	
		粮食的来历	狗	狗向天神求情留下粮食	
	普米	神牛送五谷	牛	牛把天上的五谷送给人间	
		百鸟求种	鸟	鸟类为人类向天女求得粮食	
		狗找来了谷种	狗	狗为人类取来谷种	
		种子的由来	天女	天女下嫁人间带来粮食	
彝缅	彝	梅葛	鸟	鸟类为人类送粮食	
	傈僳	开山种地的古根	狗	狗为人类取来种子	
		新米节	狗	狗为人类取来种子	
	哈尼	狗要粮	狗	狗为人类取来种子	
		动植物的家谱	人类	人类向天神要粮食	
		英雄玛麦	玛麦	人类向天神要粮食	
		尝新先喂狗	摩咪然密	天女下嫁人间带来粮食	
		五谷的传说	狗和猫	狗为人类向天神讨粮食	

续 表

语 支	民 族	神 话	主 角	方 式	种 子
彝缅	拉祜	牡帕密帕·种谷子	斑鸠	神派鸟为人类送粮	胡豆 豌豆 大豆 黄豆 绿豆 芜菁 油菜 瓜果 芝麻 香柳 薄荷 大蒜 生姜
		找种子	扎倮娜依	神派鸟为人类送粮	
	纳西	麦子和荞子	谷神	人类对谷种的认知	
		考验	斑鸠	鸟类为人类送粮种	
	基诺	吃新米仪式	公鸡	用公鸡来叫谷魂	
	怒	谷种及农业起源	猎人	猎人打猎过程中发现谷种	
	独龙	天神给五谷种子	彭根朋	天女下嫁人间带来粮食	
		木彭哥	木彭哥	人类偷取粮种	
	阿昌	尝新节	老婆婆	人类积累的农业生产技术	
土家	土家	狗子过天河	狗	狗为人类取来谷种	
		牛毛大王被贬	牛毛大王	神向人类求得五谷	
		鸡公大仙下凡	鸡公大仙	鸟为人类取得粮食	
		神农老娘挤奶浆	神农	人类祖先培育粮种	
景颇	景颇	太阳神的谷子	人类	人类向天神要粮食	
		稻谷的故事	猎人	猎人打猎过程中发现谷种	
	珞巴	种子的来历	鸟	鸟类为人类向天女求得粮食	
		谷种的起源	猪	猪送谷物给人类	
		达萌播种	达萌	人类在采集过程中学会种谷	

语 支	民 族	神 话	主　角	方 式	种 子
白	白	稻子树	田公地母	人类在打猎过程中学会种谷	
		五谷神王	跋达	人类向天神要粮食	

第一节　谷种起源神话中人类获得谷种的方式

通过表4-1，我们已对藏缅语民族6个语支下15个民族的40篇"谷种起源神话"进行了归纳。从"人类获得谷种的方式"这一角度出发，对此类神话的进一步归纳详见表4-2。

表4-2　　藏缅语民族谷种起源神话基于情节差异的二级分类

一级分类	二级分类
A. 直接获得型	A1. 人类向天神求得谷种
	A2. 人类盗窃天神的谷种
	A3. 妇女在采集过程中获得谷种
	A4. 猎人在打猎过程中获得谷种
	A5. 先民培育谷种
B. 通过中介获得型	B1. 天女下嫁人间带来谷种
	B2. 狗为人类取得谷种
	B3. 鸟为人类取得谷种
	B4. 牛为人类取得谷种
	B5. 猪为人类取得谷种

在表4-2中，我们将此类神话分为两个大类十个小类。在下文中，我们首先选择一些代表性神话作出分析，然后结合更多的同类神话对相关问题作详尽的诠释。

一　直接获得型

"直接获得型"（A）有两种情况：第一种情况是人类通过"乞求"（A1）和"盗窃"（A2）从天神那里获得谷种；第二种情况是人类在"采集"（A3）和"狩猎"（A4）过程中发现谷种。羌族神话《粮食的来历和丢失》[①]《阿巴补摩》[②]，哈尼族神话《动植物的家谱》《英雄玛麦》[③]，门巴族神话《关于人类起源的故事》[④]，景颇族神话《太阳神的谷子》[⑤] 以及白族神话《五谷神王》[⑥] 都属于 A1 型。这类神话的大致情节为：远古之时饥荒不断、民不聊生，英雄（丹巴协惹、补摩、玛麦或跋达）便到天堂请求天神赐予人类粮种，天神心生怜悯，慨然应允，人类由此远离了饥馑。我们可将 A1 型称作"天神赐予型"。比如，在《动植物的家谱》中，人类就是到天神那里求谷种：

> 三哥说："天神优姒啊，世上没有老林不会在；世上没有庄稼不会活，请你给我三把老林种，七把庄稼种。"……地打开金箱，拿出三把老林种，打开银箱，拿出七把庄稼种，对先祖三哥说："哈尼

---

① 《羌族文学简史》编写组编：《羌族民间文学资料集（一）》，1987年，第3—5页。

② 李明主编：《羌族文学史》，四川民族出版社1994年版，第70—71页。另见冯骥才主编《羌族口头遗产集成·民间故事卷》，中国文联出版社2009年版，第60—61页。

③ 王正芳编：《哈尼族神话传说集成》，中国民间文艺出版社1990年版，第178—182页。

④ 西藏社会历史调查资料丛刊编辑组编：《门巴族社会历史调查》，民族出版社2009年版，第107页。

⑤ 鸥鹍渤编：《景颇族民间故事选》，上海文艺出版社1991年版，第65页。

⑥ 云南省民间文学集成办公室编：《白族神话传说集成》，中国民间文艺出版社1986年版，第62—63页。

啊，你顺着天梯回去吧，等你回到地上，你要的老林种庄稼都会有了。"……这高能的天神优姒来撒世人盼望的籽种，头三把撒向平坝和凹塘，满坡满坝都种下了庄稼……这下世上有了人吃的庄稼：谷子有啦，苞谷有啦，荞子有啦，姜也有啦，蒜也有啦，香柳也有啦。①

独龙族神话《木彭哥》、藏族神话《青稞种子的来历》② 都属于 A2 型。此外，羌族神话《阿巴补摩》、普米族神话《神牛送五谷》③ 中获得种子的方式都有"偷盗"的成分。此类神话的情节大致为：远古之时，人们吃不饱肚子，英雄（木彭哥或阿初王子）为了人民的福祉，便到神灵那里盗得粮种。比如，在神话《木彭哥》中这样讲道：远古之时，日月交配而生万物，雪山之神卡窝卡蒲洗濯万物，生出一男一女："一男一女成亲后，虽然繁衍很盛，但地上没有粮谷。于是丈夫木彭哥便乘日光腾升上天，偷来谷种。本来只想把谷种撒在他们所住的地方，不料撒手就叫风给吹散，撒落全世界，所以现在各处都有谷子了。"④ 神话中，人类以"偷盗"的方式得到谷种，这可能有两个原因：一是想凸显人类获取谷种的艰辛；二是在初民的意识中存在万物皆由天神（自然）所出亦为天神（自然）所有的观念，在种植谷物之前人们采集野谷，领受自然（神）的恩惠，而种植谷物之后人们似乎就觉得是他们从神那里窃取了对谷种的所有权。

A3 型与 A4 型都与神没有关系，讲的是人类在生产过程中发现了谷种并意识到种植谷物的好处。在旧石器时代中后期，人类已发展出成熟

---

① 王正芳编：《哈尼族神话传说集成》，中国民间文艺出版社 1990 年版，第 140—141 页。
② 中央民族学院《藏族文学史》编写组编：《藏族民间故事选》，上海文艺出版社 1982 年版，第 14—26 页。
③ 王震亚编：《普米族民间故事》，云南人民出版社 1990 年版，第 36—38 页。
④ 谷德明编：《中国少数民族神话》，中国民间文艺出版社 1987 年版，第 529 页。

的"采集—渔猎"型经济，女性主要从事采集，男性主要从事狩猎。因此，A3 型就是反映女性在采集过程中发现谷种的神话类型。珞巴族神话《达萌播种》就属于 A3 型：

> 人类最初不会种庄稼，全靠采拾草实、野果度日。秋天，草实落地，野果入土，经过寒冬，待到春天，又都发芽萌生了。达萌是个细心人，秋天里她也采集草实、野果，来年开春，播到地下，不多一些时候，也发芽萌生了。夏去秋来，他们有了收获了。就这样，他们学会了种庄稼。①

除了女性的发现之外，男性通常也会在狩猎过程中发现谷种，这类神话即 A4 型。怒族神话《谷种及农业源起的传说》②、景颇族神话《稻谷的故事》③ 以及白族神话《稻子树》④ 都属于 A4 型。景颇族神话《稻子的故事》讲道：

> 远古的时候，人们还不知道种稻谷，生活靠狩猎和采集野果来维持，天长日久，山上的野兽越来越少，冬天到了，人摘不到野果，免不了要忍饥挨饿。一天，有个叫孟干的小伙子，他带着猎狗到山上打猎。那条狗一上山就到处寻找猎物，孟干跟着狗，找遍了九座山、九条山箐，结果还是一无所获，快要天黑了，孟干只好领着狗回家了。孟干的母亲看见儿子白跑了一天，一无所获，心疼地帮儿子拍打身上的尘土，这时她发现孟干和猎狗身上挂满了小野果。当母亲拍打狗身上的野果时，猎狗摇摇身子，突然从狗身上落

① 于乃昌：《珞巴族文学史》，江苏教育出版社 2001 年版，第 183—184 页。
② 攸延春：《怒族文学简史》，云南民族出版社 2003 年版，第 49—51 页。
③ 鸥鹍渤编：《景颇族民间故事选》，上海文艺出版社 1991 年版，第 66—67 页。
④ 云南省民间文学集成办公室编：《白族神话传说集成》，中国民间文艺出版社 1986 年版，第 58—61 页。

下三颗金黄的小籽粒。孟干的母亲拾起来看了又看，这样金黄的籽粒，她从来没有看见过，心中感到非常奇怪，这又黄又亮的小籽粒，又是什么果子呢！于是，她就把这三颗金黄的种子，撒在门前的园子里。第二年，雨水落地，园子里长出了三棵绿油油的幼苗。又过了些日子，小苗发蓬了。当大雁飞来的时候，被人们遗忘了的三蓬野草，从头到脚变得金黄，长出了长长的穗子，低着头结成了条条金链子。孟干的母亲摘下一穗，用手一搓，金黄的籽粒沉甸甸，她放到嘴里一嚼，咬开了，咦！怎么又香又甜？从此，人们学会了种稻谷，再不发愁没有东西吃了。今天，每逢景颇山寨欢庆丰收的时候，都要过尝新节。人们吃新米前，要先给狗吃一个新米团的由来就在这里，表示人们学会种稻谷是有狗的一份功劳。①

A5 型旨在突出人类培育谷种的过程。土家族神话《神农老娘挤奶浆》属于此型。在这则神话中，神农皇帝和他的妻子都为谷种的培育做出了贡献。神话中说："神农皇帝他想了多少年，日也想，夜也想，头发胡子都想白了；他做了多少年，做了失败，失败又做，不晓得花了多少心血，脸上的皱纹也多起来了，腰也有驼了，人也显得老了。"② 这说明他主要是从技术上改善谷种。而他的妻子则用其奶浆拌着谷种下种，这很可能是一种具有促殖意义的顺势巫术，即用女性的繁殖力来促使种子增殖。对于神话时代的人们来说，这是完全可能的。因为对于信仰巫术的先民而言，他们坚定地相信："女人们既然知道如何生孩子，当然也会知道如何使她们播下的种子结出大量的果实。"③

---

① 鸥鹨渤编：《景颇族民间故事选》，上海文艺出版社 1991 年版，第 66—67 页。
② 归秀文编：《土家族民间故事选》，上海文艺出版社 1989 年版，第 22 页。
③ ［英］J. G. 弗雷泽：《金枝——巫术与宗教之研究》，汪培基等译，商务印书馆 2012 年版，第 52 页。

二　通过中介获得型

相对而言，B 型在数量上要远远多于 A 型，也包含着更多的寓意，神话中人类获取谷种的主动性、积极性也不显著，取得谷种主要靠各种动物而非英雄人物。因此，B 型的产生时间可能要比 A 型更早。B1 型中帮人类获得谷种的中介是半人半神的"天女"，而 B2、B3、B4、B5 四型中的中介都是"动物"。

B1 型的情节大致为：天女下嫁人间，或因天神怜悯天女，或因天女怜悯世人，故从天城带下谷种，救庶民于饥荒中。普米族神话《种子的由来》、哈尼神话《尝新先喂狗》①、独龙族神话《天神给五谷种子》② 以及藏族神话《种子的起源》③ 都属 B1 型。普米族神话《种子的由来》这样讲道：

> 仙女三姑娘跟小伙子到了地上，恩恩爱爱把家安。荒地开了一块又一块，可没有一颗种子撒上。圈房修了一座又一座，可没有一只牲口关上。三姑娘决定回娘家要种。临走时三姑娘依依不舍，捏个灰姑娘拿给老三，"她会为你做家务，她可以陪你做伙伴。可你一定要记住，不能接近她的身旁"。天上一天地上三年，三姑娘要种去上天，在娘家才住了四天，地上已过了十二年。老三久等不见仙女回来，便接近了家中的灰姑娘。和灰姑娘生了孩子，渐渐把三仙女遗忘。三姑娘要了五谷种子和猪马牛羊，来到房屋上空，见有孩子在院里耍玩；知道丈夫爱了灰姑娘，一气要返回天上。这时老

①　王正芳编：《哈尼族神话传说集成》，中国民间文艺出版社 1990 年版，第 183—185 页。
②　杨利先主编：《云南民族民间故事》，云南人民出版社 2009 年版，第 513—516 页。
③　中央民族学院《藏族文学史》编写组编：《藏族民间故事选》，上海文艺出版社 1982 年版，第 27—40 页。

三正在犁地，突然看见久别的仙女，见她要把种子带回，赶忙去取来了弓箭。随着一声声箭响，种子纷纷掉落地面。五谷种子射下来，落地生根就长粮。三妹见了越发恨，飞到地上来猛抢。原来的麦子苗棵高，麦粒从根结到梢尖。三姑娘往上抹一把，只剩几颗颗在梢尖。原来的苞谷更是宝，苞谷杆儿是甘蔗，头顶的天花是谷子，每到结巴处都背包。三妹大骂道："我要让甜荞变苦荞；蔓菁煮了变成水，背在背上压断腰！"三妹愤恨变心的丈夫，要把庄稼收回天上，可终于没有全部收完，留下了一些种子在地上。大地上留下的庄稼，全成了三妹诅咒的模样。庄稼虽不如先人的好了，人类却靠它得到了发展。①

就整个叙事框架而言，B1 型中"凡人迎娶天女"的情节是对"人类获取种子"这一情节的类比与烘托，其目的是用男女婚配、生殖来类比谷物的种植、增殖。在下文中，B1 型将得到详细的阐述。

B2、B3、B4、B5 四型讲的都是人类通过动物获得谷种。在这些作为助手的动物中，狗、鸟为人类取得谷种的神话尤其多，而牛、猪等其他动物作为助手的神话比较少。B2 型包括羌族神话《五谷粮食的来历》②、《人狗粮食》③ 与《粮食的来历》④，普米族神话《狗找来了谷种》⑤，彝族神话《开山种地的古根》⑥，傈僳族神话《新米节》⑦ 与

① 普米族民间文学集成编委会：《普米族歌谣集成》，中国民间文艺出版社 1990 年版，第 349—352 页。
② 《羌族文学简史》编写组：《羌族民间文学资料集》（一），1987 年，第 8—9 页。
③ 冯骥才主编：《羌族口头遗产集成·民间故事卷》，中国文联出版社 2009 年版，第 34 页。
④ 同上书，第 35—36 页。
⑤ 王震亚编：《普米族民间故事》，云南人民出版社 1990 年版，第 24—25 页。
⑥ 李力主编：《彝族文学史》，四川民族出版社 1994 年版，第 59—61 页。
⑦ 斯琴高娃、李茂林编：《傈僳族风俗志》，中央民族大学出版社 1994 年版，第 134—135 页。

《狗要粮》①，哈尼族神话《猫、狗、老鼠和五谷的传说》②，土家族神话《狗子过天河》。此外，藏族神话《青稞种子的来历》中的阿初王子在取种过程中变作狗，这其中明显有"狗取谷种"的痕迹，或许是因为在神话的流传中，人们把当初的狗换成了人。在 B2 型神话中，狗要么向天神讨要种子，要么游过江海到别处为人类取来谷种。总之，正是由于狗的帮助，人类才种上谷物。因此，当普米、彝、傈僳、哈尼、纳西、基诺、珞巴以及土家等族过"新米节"（尝新节）时，人们总会先给家中的狗喂新米做成的肉饭，以示感激。土家族神话《狗子过天河》这样讲道：

> 很古以前，人们还没有五谷吃，靠采野果，打野兽，捉鱼虾为生。后来人们听说天国出五谷，但是和天国隔了四十九条天河，谁也过不去。那时人们喜欢喂狗，那狗总是跟在主人身边，渐渐地懂得主人的痛苦。一天，狗一纵两蹦地跳到天河里去了。狗泅过四十九条天河。这时，天国正在收菜籽。狗浑身湿漉漉的，在菜籽堆上打了两个滚，沾满一身种子，泅过天河来见了主人。哪晓得身上的菜籽种，过河时被水冲掉了。主人只好叹气，幸好过河时尾巴翘出水面，上面沾了三颗黄灿灿的菜籽种。第二年，主人把菜籽种在地里，秋天得了九百多颗，放到嘴里一尝，又香又黏，比果子、树叶好吃得多，于是留下菜籽做种，菜籽就越种越多了。后来主人对狗说："这样好吃的东西，天国那里还有没有？"狗点点头。不久，狗又过四十九道天河，取回了小谷种。以后，狗又多次到天国，带回

---

① 《中国少数民族社会历史调查资料丛刊》修订编辑委员会编：《傈僳族社会历史调查》，民族出版社 2009 年版，第 24 页。

② 王正芳编：《哈尼族神话传说集成》，中国民间文艺出版社 1990 年版，第 186—188 页。

稻谷、苞谷、黄豆、绿豆，高粱、麦子、豌豆、芝麻等各种种子。这样，人们生活就越来越好过了。狗为人们寻找粮食立了大功，所以，人们就把狗养起来。①

在 B2 型中，为人类取得种子的都是狗。不仅如此，这些神话大多都说狗是通过它的"尾巴"将谷种带回人间的，因此我们可以将 B2 型称为"狗尾藏种型"。"狗尾藏种"这一细节具有深刻的象征意义，在下文中将得到详尽的阐述。

在 B3 型神话中，帮助人类取得谷种的助手有斑鸠、喜鹊、公鸡、鸽子、布谷鸟、乌鸦等鸟类。普米族神话《百鸟求种》、彝族神话《梅葛》②、拉祜族神话《牡帕密帕·种谷子》③ 与《找种子》、基诺族神话《吃新米仪式》④、土家族神话《鸡公大仙下凡》⑤ 中都有"鸟取谷种"的情节。比如，拉祜族神话《找种子》中这样讲道：

> 田丘开好了，田水满汪汪，种田没有种子，扎俣娜依找遍四方。厄莎姑娘正在舂米，簸米时掉下一颗谷子，斑鸠飞来找食，它衔了这颗谷子飞去，飞到云彩底下，飞到太阳底下。扎俣娜依没有籽种，他们去问厄莎。厄莎告诉他们："谷种被斑鸠衔去，斑鸠躲在云彩底下。斑鸠飞到太阳底下，它能躲三天三夜，三天后就要口渴，要到野猪塘边喝水。"扎俣娜依转到山里，用野麻搓成扣绳，麻线的脚扣、手扣拴在枯树桩上，绳索扣住斑鸠的脚掌，它再也飞

---

① 参见归秀文编《土家族民间故事选》，上海文艺出版社 1989 年版，第 19—20 页。由于篇幅过长，在引用时进行了必要的删节、润饰。

② 云南省民族民间文学楚雄调查队：《梅葛》，云南人民出版社 2009 年版，第 81 页。

③ 拉祜族民间文学编委会：《拉祜族民间文学集成》，中国民间文艺出版社 1988 年版，第 83—86 页。

④ 杜玉亭编：《中国各民族原始宗教资料集成·基诺族卷》，中国社会科学出版社 2000 年版，第 817—819 页。

⑤ 归秀文编：《土家族民间故事选》，上海文艺出版社 1989 年版，第 21 页。

不起来。斑鸠的嗉子剥开了，厄莎将谷种取出，它疼得咕咕直叫，厄莎可怜它，用花菜把嗉子敷好，斑鸠高兴地飞走了。①

除了这种"鸟取谷种"的情节外，有的神话还包含"射鸟取谷"的情节，比如：在藏族《种子的起源》中少年为完成考验，弯弓射鸽，从鸟嗉子中取出油菜籽②；在珞巴族神话《种子的来历》中，阿巴达尼用箭射下一种叫"兴阿"的鸟，从鸟肚子中取出很多鸡爪谷、稻谷和玉米③；纳西族神话中说英雄从忍利恩用箭射下斑鸠，从嗉子中找出三颗粮④。B3 型神话包含的"鸟取谷种"和"射鸟取谷"这两类模式化情节都蕴含着深刻的象征意义，在下文中将得到详细的解读。

B4 型中取种、送种的主角为牛，B5 型中则是猪，这两类神话都比较少。普米族神话《神牛送五谷》、土家族神话《牛毛大王被贬》⑤ 都属于 B4 型；珞巴族神话《谷种的起源》⑥ 则属于 B5 型。把牛视为帮人类取得谷种的英雄，这曲折地反映了耕牛对于农业的重要性（参见图4-2）；而把猪看作为人类取得谷种的英雄，这暗示着谷种的获得、农业的发明为人类的定居生活以及包括猪在内的各种家畜的饲养创造了条件。

---

① 拉祜族民间文学编委会：《拉祜族民间文学集成》，中国民间文艺出版社 1988 年版，第 79—81 页。

② 中央民族学院《藏族文学史》编写组编：《藏族民间故事选》，上海文艺出版社 1982 年版，第 35 页。

③ 于乃昌编：《珞巴族民间文学资料》，西藏民族学院科研处 1980 年版，第 22—23 页。

④ 方国瑜编：《纳西象形文字谱》，云南人民出版社 1981 年版，第 508 页。

⑤ 归秀文编：《土家族民间故事选》，上海文艺出版社 1989 年版，第 20—21 页。

⑥ 于乃昌：《珞巴族文学史》，江苏教育出版社 2001 年版，第 182—184 页。

图 4 - 2　云南沧源崖画中的"驯牛"场面

采自汪宁生《云南沧源崖画的发现与研究》，文物出版社 1985 年版

第二节　从谷种起源神话的模式化情节
看原始农业的起源

在上文中，从情节角度出发，我们把藏缅语民族的 40 则"谷种起源神话"分成了两大类型十个亚型。这十个亚型代表着不同的情节模式，其中具有代表性且寓意深刻的情节模式有以下四种：第一种为"天神赐予型"（A1、A2）；第二种为"狗尾藏种型"（B2）；第三种为"天女下嫁型"（B1）；第四种为"射鸟取种型"（B3）。下面，我们分别对之进行详尽的阐述。

一　天神赐予型：天神是自然的象征

在 A1、A2 型神话中，不论是乞求还是盗窃，人类都是从天神那里获得谷种。比如，羌族神话《粮食的来历和丢失》说："为了让人能够活下去，丹巴协惹就主动上天去问天神要粮食的种子"①；白族神话《五谷神王》说："有个叫跋达的人，为了使人们吃上好东西，不辞劳苦，走了一百天，到观音那里陈述苦情，恳求给些五谷种子"②；哈尼族神话《英雄玛麦》说："有一天，玛麦坐在地头想，这山荞的收成太微薄了，我要寻找一种籽粒饱满，结得又多的粮种。听说天神那儿保管着各种各样的粮种，他真想去找天神要。"③ 在这些神话中，天神或天城其实是自然的象征。因为对于神话时代的人们而言，构建无限宇宙（自然世界）的原型不过是以其身体为核心而展开的有限社会（人文世界）；而建构的方式则是以类比为主的想象。因此，至上神（天神）与彼岸世界（天堂）的观念不过是先民基于有限、有缺陷的现实世界而产生的理想的外部投射。

对于神与理想性之间的关系，维柯在《新科学》一书中认为："人堕落到对自然的一切救济都绝望了，就希望有某种超自然的力量来救济他。这种超自然的力量就是天神。"④ 米尔恰·伊利亚德在《神圣的存在》一书中说："所有天神都是创造者，创造世界、诸神和一切的活物。多产只是他们作为创造者的基本职能之一。"⑤ 东汉许慎在《说文》中

---

① 《羌族文学简史》编写组编：《羌族民间文学资料集》（一），1987 年，第 3—5 页。

② 云南民间文学集成办公室编：《白族神话传说集成》，中国民间文艺出版社 1986 年版，第 62—63 页。

③ 王正芳编：《哈尼族神话传说集成》，中国民间文艺出版社 1990 年版，第 178—182 页。

④ ［意］G. 维柯：《新科学》，朱光潜译，商务印书馆 2012 年版，第 164 页。

⑤ ［美］米尔恰·伊利亚德：《神圣的存在》，晏可佳等译，广西师范大学出版社 2008 年版，第 68 页。

释"神"为"天神，引出万物者也"。① 在至上神的观念建立起来后，天神对有限的人类而言就是具有无限力量的超越者，是天地万物的终极根源，是"创造世界""引出万物"的绝对存在。因此，在先民的想象中，能拯救万民于饥馑之中的谷种自然也是由万能的天神掌管着。

人类从天神那里取来谷种，这意味着先民将难以完全把握的自然想象成了万能而威严的天神，或者说，在先民的意识中，天神即一切自然现象的终极根源。先民之所以把自然视为天神，这是由于先民对自然的认识程度和掌控力都还远远不够。因此，对于先民来说，与其相信是人类自己寻得了谷种、发明了种植业，还不如相信是无限的自然（万能的天神）将谷种与丰收赐予了人类。

在 A 型神话中，A1、A2 都讲的是"人与神的交道"，而 A3、A4 则认为谷种是妇女与猎人在采集或狩猎过程中发现的。实际上，A3、A4 直白地道出了 A1、A2 中"神赐谷种"的实质：人向神乞求谷种而神将谷种赐予人，这"人与神"之间的交道隐喻着"人与自然"之间的交道。天神不过是自然的象征，人从天神那里求得或窃得谷种，这象征人类在认识和改造自然——具体而言即发现谷种和发明种植业——的道路上有了新进展。

种植业的兴起意味着人类社会从以采集、渔猎为主的经济形态逐渐向以种植、饲养为主的经济形态过渡。谷物种植与家畜饲养彻底改变了人类茹毛饮血的生活方式，使人类有史以来第一次拥有了"充足的食物供应"。

哈尼族神话《尝新先喂狗》说人类没有种子之前，"饿了就用山茅野果充饥，冷了就用树叶兽皮蔽体，过着无衣无食、饥寒交迫的生

① （汉）许慎：《说文解字》，中华书局 1963 年标点本，第 8 页。

活"①，而在有了种子之后，人们过上了"人人有衣穿，个个有饭吃的生活"②；土家族神话《狗子过天河》说人类在没有谷种的时代是"靠采野果、打野兽、捉鱼虾为生"③，而在有了谷物之后，人们把谷子"放到嘴里一尝，又香又黏，比果子树叶好吃得多"，于是"人们的生活就越来越好过了"④；普米族神话《种子的由来》则一针见血地指出，在获得了谷种之后，"人类靠它得到了发展"⑤。总之，这些神话都明确肯定了谷物种植给人类带来的好处与变革。

关于农业的起源，摩尔根在《古代社会》一书中认为种植谷物与饲养家畜是人类从低级野蛮阶段向中级野蛮阶段过渡的标志。考古资料⑥显示："中国栽培作物的起源始于公元前 10000 年前后，而原始农业的兴起则是在公元前 7000 至公元前 5000 年的新石器时代中期。"⑦ 由此可见，农业的起源和兴起贯穿着整个新石器时代，农业的出现是新石器

---

① 王正芳编：《哈尼族神话传说集成》，中国民间文艺出版社 1990 年版，第 183 页。

② 同上书，第 184 页。

③ 归秀文编：《土家族民间故事选》，上海文艺出版社 1989 年版，第 19 页。

④ 同上书，第 24 页。

⑤ 普米族民间文学集成编委会编：《普米族歌谣集成》，中国民间文艺出版社 1990 年版，第 352 页。

⑥ 以下两例可从考古层面予以佐证：第一，陈文华认为，"考古学家在湖南省道县玉蟾岩、江西省万年县吊桶环遗址和广东英德牛栏洞遗址的 1 万年前的地层中发现稻作遗存和水稻植硅石，可能就是属于这一阶段。玉蟾岩遗址发现 3 粒稻谷，其中 1 粒是野生稻，其余属栽培古稻，其年代为距今 14000 年左右。吊桶环遗址的植硅石鉴定结果，表明 12000 年前人们已采集野生稻为食物。在距今 10000—9000 年，栽培稻已经出现。牛栏洞遗址的植硅石年代为距今 11000—8000 年"。参见陈文华《农业考古》，文物出版社 2002 年版，第 41 页。第二，陈文华指出，"农业的产生是以粮食作物的栽培为标志。考古发掘中出土的农作物标本，说明黄河流域的先民至少在七八千年以前已经种植粟、黍、稷等旱作谷物，在 5000 年前已经种植小麦。而长江流域的先民则早在 1 万年前就开始种植水稻"。参见陈文华《中国原始农业的起源和发展》，《农业考古》2005 年第 1 期。

⑦ 朱乃诚：《中国农作物栽培的起源和原始农业的兴起》，《农业考古》2001 年第 3 期。

时代的一件具有标志性的大事。①

　　在农业兴起之初，采集与渔猎仍发挥着重大作用，因为此时的种植业和饲养业尚处于试验阶段；到了新石器时代中期，采集与渔猎在生产活动中才失去其主导地位，种植业（饲养业）逐渐成为决定性的生产方式。我国南方少数民族农业的起源与发展也大致经历了这样的过程。② 到新石器时代晚期，以谷物种植为特征的原始农业已遍布我国南方地区③，生活于我国西南部的藏缅语先民已完成从"猎人—采集者"（Hunter – Gatherers）向"饲养—种植者"（Breeders – Growers）的角色转换。④

　　"采集—狩猎型"经济被"种植—饲养型"经济所取代，归根结底，这是人类生产力发展的必然结果。如前文所言，先民是在"采集"与"渔猎"的基础上发展出"种植业"与"饲养业"的。对此，苏联学者柯斯文认为："随着狩猎的发展，狩猎主要地成为男子的职业，而采集则变成专为妇女，或几乎专为妇女所从事的工作。"⑤ 学者谢国先

---

　　① 尚民杰认为："农业和家畜饲养作为新石器时代的一个重要标志，一般说来在学术界是没有什么争议的。"参见尚民杰《对早期原始农业的初步探索》，《农业考古》1992 年第 3 期。陈文华认为："农业是在采集经济基础上产生的。产生的时间大约是在一万年前的旧石器时代末期或新石器时代初期。人们在长期的采集野生植物的过程中，逐渐掌握一些可食植物的生长规律，经过无数次的实践，终于将它们栽培、驯化为农作物，从而发明了农业。当农业在人类经济生活中占据相当重要的地位时，就进入了新石器时代。"参见陈文华《中国原始农业的起源和发展》，《农业考古》2005 年第 1 期。

　　② 李根蟠认为："中国南方少数民族原始农业发展经历了两个阶段。第一阶段以采集渔猎结合为主，种植业不占主要地位，第二阶段以种植业为主，采集渔猎居次要地位，第二阶段种植业进一步发展促进了畜牧业的产生。"参见李根蟠、卢勋《中国南方少数民族原始农业形态》，农业出版社 1987 年版，第 111—203 页。

　　③ 林蔚文认为："特别是到了新石器时代晚期，以植稻为中心并具有相同特征的文化已较普遍地分布于我国南方各处。"参见林蔚文《百越民族与东南亚民族文化探微》一文，该文出自彭适凡主编《百越民族研究》，江西教育出版社 1990 年版，第 44 页。

　　④ 如《山海经》记载："西南黑水之间，有都广之野，后稷葬焉。爰有膏菽、膏稻、膏黍、膏稷，百谷自生，冬夏播琴（即播种）。"参见袁珂《山海经校注》，上海古籍出版社 1980 年版，第 445 页。

　　⑤ ［苏］M. O. 柯斯文：《原始文化史纲》，张锡彤译，人民出版社 1955 年版，第 72 页。

也认为："狩猎活动发展出动物驯化，采集活动发展出植物栽培。就早期人类的劳动分工而言，狩猎主要是男性的活动而采集主要是女性的活动。但植物栽培（甚至也包括动物驯化）很可能主要是由女性完成的。"[①]

一般而言，采集野菜、草实和播撒种子等劳动多由女性承担；狩猎、开辟田地以及驯服野兽主要是男性的工作。比如，基诺族的《婚礼歌》唱道："你（新娘）到山间找各种野菜，用包背回家，把好的部分让我父母吃，我父母吃你采的苦凉菜、野酸荞菜时，会高兴得像公鸡叫。"[②] 这说明在前农业时代，采集草实野果是妇女的主要工作。在珞巴族神话《达萌播种》中，珞巴族女始祖达萌将采集来的野果、草实在春天种下，秋天得到收获。[③] 这表明种植业的发明的确起源于女性的采集活动。再如，哈尼族古歌《色十加十色》唱道：

> 亲亲的兄弟姐妹，撒草木种的是哪个呀？撒草木种的是天神的大儿子媳妇！撒庄稼种的是哪个呀？撒庄稼种的是天神可爱的姑娘！撒了，九支山撒一尖升的种子，九条冲撒一平升的种子。[④]

此外，在藏族神话《青稞种子的来历》中，俄满是一位"爱花爱草，也爱狗、猫、雀鸟等一切动物"的女性，她"喜欢这只狗，她把地里种下的青稞当成宝贝"[⑤]。在白族神话《稻子树》中，"田公上山打猎，下河捉鱼，地母采集野果子"。[⑥] 这些内容并非无关紧要的闲笔，

①　谢国先：《论中国少数民族谷种起源神话》，《民族文学研究》2006 年第 4 期。
②　杜玉亭：《基诺族文学简史》，云南民族出版社 1996 年版，第 120 页。
③　于乃昌：《珞巴族文学史》，江苏教育出版社 2001 年版，第 184 页。
④　史军超：《哈尼族文学史》，云南民族出版社 1998 年版，第 97—98 页。
⑤　中央民族学院《藏族文学史》编写组：《藏族民间故事选》，上海文艺出版社 1982 年版，第 20 页。
⑥　云南省民间文学集成办公室编：《白族神话传说集成》，中国民间文艺出版社 1986 年版，第 58 页。

而是旨在说明人类在从采集、渔猎经济向种植、饲养经济的过渡中，女性是采集、种植甚至饲养经济的主要劳动力。

对此，德国学者 J. E. 利普斯认为："农业的发明是妇女对人类财富的最大贡献之一。在攫取经济中，经常关心以植物产品供应家庭的是妇女，因此妇女可以把种植这项伟大的发明付诸实现。"① 苏联学者柯斯文说："人们很早就提出妇女是农业发明者的意见。这种意见大概是正确的。显而易见，农业是直接从采集发展来的，而采集，如我们曾在上文说过的，则是妇女们的专业。"② 张福三认为："粮种是从定期采集野生植物种子作食物的长期过程中发现的，这主要是妇女的功劳。因而，这些女神当是与谷物有关诸神中出现最早的。"③ 林耀华认为："在原始时代劳动分工出现以后，采集是妇女的专业。农业是从采集业发展而来的，妇女是农业的发明者。"④ 正是由于女性在农业中发挥着极其重要的作用，所以女性在农业生产中也受到了特别的尊重，比如："云南有些芒人在收割水稻时，规定首先要由妇女开镰，然后其他人才能动手收割。该省孟连有些佤族在吃新谷的仪式中，也要由老年妇女首先尝新，然后其他人才能举行共餐。"⑤

由此可见，女性一般被视为谷种的发现者，或者说是种植业的发明者。但是，男性在狩猎过程中发现谷种也是有可能的，A4 型神话就反映了这种情况。在景颇族神话《稻子的故事》中，猎人孟干的猎狗在狩猎过程中从山里带来谷种，孟干的母亲将其种下后获得收获。这情节可

---

① ［德］J. E. 利普斯：《事物的起源》，汪宁生译，贵州教育出版社 2010 年版，第 75 页。
② ［苏］M. O. 柯斯文：《原始文化史纲》，张锡彤译，人民出版社 1955 年版，第 74 页。
③ 张福三、傅光宇：《原始人心目中的世界》，云南民族出版社 1986 年版，第 171 页。
④ 林耀华主编：《原始社会史》，中华书局 1984 年版，第 232 页。
⑤ 宋兆麟等：《中国原始社会史》，文物出版社 1983 年版，第 130 页。

能并不是说猎狗真能把谷种带回家，而是象征着种植业是人们在狩猎过程中对自然界的各种植物进行了解的基础上才逐渐产生的，也就是说从狩猎经济向农业经济的过渡有一定的必然性。

总的来说，男性在狩猎、开荒以及把野兽驯化为家畜的过程中发挥了主导作用。① 比如，珞巴族在其农祀庆典昂德林节上对歌，男子通常唱道："我们男子不帮忙开垦田地，你们女子到哪里去找地种庄稼！"妇女则对道："没有蜜蜂，蜜自然不会甜，没有我们女子育成种子，人类也不会像今天这样有粮食吃。"② 基诺族《婚礼歌》唱道：

> 男子们点起火把，先从地头把隔火道内的火点燃，然后再在地脚点火烧地。播种仪式后，我家邀请十位以上的男人，百位以上的女人，到地里去播种。地头撒饭谷，地脚种糯谷。③

这说明男性开垦、女性播种是原始农业典型的分工模式。此外，在藏缅语民族的神话中，拉弓射箭的猎手通常都是男性，他们除了用弓箭猎取野兽，还用弓箭迎娶新娘。因此，男性除了开辟田地，还要狩猎。在种植业逐渐兴起后，粮食有了积余，他们还要把猎获的野兽驯化成家畜，让女人们来饲养。比如，美国学者 R. H. 路威就认为："一般地说来，牛羊之驯化一直留在男子手上，他们有时候刻意保持着他们的特权。"④

---

① J. E. 利普斯认为："在此社会发展早期阶段，劳动分工已有发展，妇女主要采集植物性产品，如水果、籽实、根和球根，男子则提供肉和鱼。妇女敲碎土壤挖取植物球根和块茎的工具是简单的掘土棒，通常只是一根有尖的树枝。男子狩猎工具是矛和棒，有时也用弓箭。"参见 J. E. 利普斯《事物的起源》，汪宁生译，贵州教育出版社 2010 年版，第 64 页。

② 唐祈等编：《中华民族传统节日辞典》，四川辞书出版社 1990 年版，第 176 页。

③ 杜玉亭：《基诺族文学简史》，云南民族出版社 1996 年版，第 118 页。

④ ［美］R. H. 路威：《初民社会》，吕叔湘译，《吕叔湘全集》第 15 卷，辽宁教育出版社 2002 年版，第 200 页。

综上所述，A3 型和 A4 型神话大致展示了人类早期生产方式的转换，指明了农业、畜牧业的发明是人类生产技术演进的必然结果，详见表 4 – 3。

表 4 – 3 　　 "采集—渔猎" 经济向 "农业—畜牧" 经济的发展

神话类型	生产方式的演进	劳动对象	劳动者
A3	采集—种植—农业	植物：草实、野果、块根	女性为主，男性为辅
A4	渔猎—饲养—畜牧	动物：狗、猪、牛、羊等	男性为主，女性为辅

从技术进步的层面来看，生产技术的演进是导致人类生产方式转换的根本原因。因此，新生产方式出现的同时，旧生产方式的局限性就会逐渐显露出来。从考古发掘出的劳动工具或从神话中我们都能发现，采集与渔猎使用的工具十分粗陋[1]，受自然条件的影响很大，所获生活资料难以实现长期、有效、稳定的供应，故而这种生产方式既艰辛又难以持续。比如，景颇族神话《稻谷的故事》说："远古的时候，人们还不知道种稻谷，生活靠狩猎和采集野果来维持，天长日久，山上的野兽越来越少。冬天到了，人摘不到野果，免不了要忍饥挨饿。"[2] 怒族神话《谷种及农业源起》说：怒族的先民 "靠弩弓打野兽过日子，这样子过了很长时间，猎物逐渐稀少，越来越难以打到猎物了"[3]。西汉陆贾在《新语·道基篇》中说："（远古之时）民人食肉饮血，衣皮毛；至于神农，以为行虫走兽难以养民，乃求可食之物，尝百草之实，察酸苦之

---

① 宋兆麟等：《中国原始社会史》，文物出版社 1983 年版，第 90—100 页。
② 鸥鹓渤编：《景颇族民间故事选》，上海文艺出版社 1991 年版，第 66 页。
③ 攸延春：《怒族文学简史》，云南民族出版社 2003 年版，第 49 页。

味，教人食五谷。"① 东汉班固撰《白虎通义·号》云："古之人民，皆食禽兽肉。至于神农，人民众多，禽兽不足。于是神农因天之时，分地之利，制末耜，教民农作。"② 恩格斯在《家庭、私有制和国家的起源》一书中认为："像书籍中所描写的纯粹的打猎民族，即专靠打猎为生的民族，从未有过；靠狩猎来维持生活，是极其靠不住的。"③

从上述引文我们不难发现，采集和狩猎作为一种攫取型的经济形式，在一个地方可供食用的动植物被消耗完之后，短期内这些资源是不可恢复的，因此人们不得不辗转迁徙以寻找新资源。这既不利于生产技术的改进，也不利于生产资料的积累。因此，先民在"猎物渐少""人民众多""禽兽不足"的情况下不得不"忍饥挨饿"，最终必然会得出"行虫走兽，难以养民"的结论。

除了上述原因外，气候变迁、人口暴增也可能是刺激农业产生的重要因素。在对更新世晚期的气候进行统计、研究的基础上，有学者指出："稻子栽培可能始于距今 1.5 万年前后，此时正值晚更新世以来全球最寒冷的时期，为克服食物短缺危机，在一些分布着普通野生稻的地区，当地居民开始对其有意识有选择地采集和培育。"④

还有一种观点认为是母系氏族制度的优越性导致人口增加，食物短缺的压力陡增，迫使人们发明出新的生产方式。学者宋兆麟曾指出："农业是在一万年前后出现的。当时母系氏族制度有很大发展，人口显著增加，分布地区也扩大了。人类日益需要有稳定的生活来源，这是采集和渔猎所不能保证的。"⑤

---

①　王利器：《新语校注》，中华书局 1986 年版，第 10 页。
②　（清）陈立：《白虎通疏证》，中华书局 1994 年标点本，第 51 页。
③　［德］恩格斯：《家庭、私有制和国家的起源》，人民出版社 1999 年版，第 21 页。
④　曹柯平：《江西万年仙人洞遗存再研究及中国稻作农业起源新认识》，《东南文化》1998 年第 3 期。
⑤　宋兆麟等：《中国原始社会史》，文物出版社 1983 年版，第 129 页。

气候变迁和制度进步有可能推动农业的起源，但是这些原因都非农业起源的根本原因。人类已经存在了数百万年的历史，在这漫长的历史中全球气候经历了多次变换，如果将气候变迁视为农业产生的根本原因，就无法解释之前与之相似的气候变迁何以就没有催生出农业。至于母系氏族制度下人口增加导致农业产生的观点，笔者认为农业的产生也可能是制度进步、人口增加的原因而不是其结果。

总之，我们必须把农业起源的问题放到整个人类文化演进历程中来看。站在农业—畜牧经济的立场，采集—渔猎的生产方式固然落后，但是这其中包含着先民上百万年的生产经验与技术积累。农业的产生不是由于任何偶然的外在因素的刺激，而是采集—渔猎经济高度发达的必然结果，是人类生产技术从量变到质变的必然飞跃。

二 狗尾藏种型：采集—渔猎经济向种植—饲养经济的过渡

在前文中，针对 A 型神话，我们对"种植—饲养型"经济的发生作了简要分析，指出 A 型神话中出现的"天神"其实是"自然"的象征，阐明了"人类在天神那里取得谷种"的模式化情节实际上象征着人类在改造自然的过程中取得了重大进展——发现谷种的价值并由此发明了农业。

在藏缅语民族的"谷种起源神话"中，"狗尾藏种型"（B2）是反映农业起源最典型的神话类型，也是数量最多的一类，在羌、普米、藏、彝、傈僳、哈尼、土家、景颇等族的"谷种起源神话"中广泛存在。具体而言，"狗尾藏种型"（B2）包括这样几种情形：一是狗为人类向天神讨得粮食，哈尼族神话《猫、狗、老鼠和五谷的传说》[①] 属于

---

① 王正芳编：《哈尼族神话传说集成》，中国民间文艺出版社 1990 年版，第 186—188 页。

此型；二是狗向天神求情留下粮食，羌族神话《粮食的来历》① 属于此型；三为狗游过大海或大河为人类取谷种，土家族神话《狗子过天河》② 属于此型；四是天女、王子化身为狗，藏族神话《青稞种子的来历》③、哈尼族神话《尝新先喂狗》④ 属于此型。

狗在"谷种起源神话"中频繁出现，并成为帮助人类获得谷种的必然中介，这究竟有何深意呢？

学者陶阳、牟钟秀认为，狗在"谷种起源神话"中扮演了重要的角色，其原因有三：一是狗为早期人类的生产生活提供了很多方便，故而谷种的获得也自然就是狗的功劳；二是谷穗长得像狗尾巴，先民由此将谷种与狗联系了起来；三是狗作为氏族图腾受到崇拜，进而被视为谷种的引入者。⑤ 这三种推测都有一定道理，但也存在一些问题。

首先，狗的确为早期人类的生产生活提供了便利，但就此将谷种的发现看作狗的功劳显得有些大而化之、含糊笼统。

其次，从事物间的相似性出发来看问题的确是早期人类的思维习惯，说谷穗像狗尾巴也并不错。但是谷穗何尝只与狗尾巴相似呢？如果仅从这一相似之处就断定这是狗与谷种联系在一起的根源，这似乎有些草率了。

最后，除了陶阳之外，还有其他学者也将取谷种的狗看作图腾。王宪昭认为："取得稻种的动物具有图腾的性质。"⑥ 学者张福三认为：

---

① 冯骥才主编：《羌族口头遗产集成·民间故事卷》，中国文联出版社 2009 年版，第 35—36 页。

② 归秀文编：《土家族民间故事选》，上海文艺出版社 1989 年版，第 19—20 页。

③ 中央民族学院《藏族文学史》编写组编：《藏族民间故事选》，上海文艺出版社 1982 年版，第 14—26 页。

④ 王正芳编：《哈尼族神话传说集成》，中国民间文艺出版社 1990 年版，第 183—185 页。

⑤ 陶阳、牟钟秀：《中国创始神话》，上海人民出版社 2006 年版，第 208 页。

⑥ 王宪昭：《中国早期稻作文化与种子神话》，《理论学刊》2005 年第 11 期。

"表现图腾意识的说法以图腾物为谷物传播者，是较原始的说法的遗留，而狗为助手的说法则以人为中心，是逐步演化的结果。"① 笔者认为，如果仅仅因为狗是图腾就必然视其为帮人类取得谷种的助手，那么，其他类型的图腾动物也应成为帮人类获得谷种的中介。另外，狗在藏缅语民族的"谷种起源神话"中普遍存在，难道说藏缅语民族都普遍将狗视为图腾？对此，学者谢国先也持反对意见，他认为："用图腾崇拜来解释狗取谷种的神话也是难有说服力的。普遍而言，狗不是民族或氏族祖先的象征。"②

对此，笔者的看法是：人类视狗为取得谷种的动物并不是因为它是图腾，而是因为谷物的种植与家畜的饲养几乎是同时进行的。在 B2、B3、B4 和 B5 这几个类型的神话中，狗、猪、鸡、牛等动物帮助人类获得了谷种。这些动物的出现，意味着它们已从自然意义的"野兽"成了人文意义的"家畜"。关于这一点，在后文可详细探讨。

要弄清狗与谷种为何关联到一起，首先，我们必须认识到"谷种起源神话"并非只是探究"谷种何以起源"这个问题，而是凸显了人类从"采集—渔猎型"经济向"种植—饲养型"经济过渡这一具有历史意义的重大转折。其次，我们必须透过此类神话的表层含义（字面意义）才能将其深层结构（象征意义）揭示出来。这就要求我们不能仅仅把神话看作一个具有离奇情节的故事，而要将其视为由"神话素"构成的象征体系。

在 B2 型神话中，狗在空间上是人世（人类）与天城（天神）之间的中介。但是，对于神话时代的人们而言，"与时间有关的一切，首先

① 张福三、傅光宇：《原始人心目中的世界》，云南民族出版社 1986 年版，第 169 页。
② 谢国先：《论中国少数民族谷种起源神话》，《民族文学研究》2006 年第 4 期。

是用那些早先用于空间关系的词来表现的"。① 这就是说：神话中空间的转换常常用来代表时间的过渡。因此，在神话中，狗成为神、人之间的中介，在天地之间穿梭，这实际上象征着"采集—渔猎"时代向"种植—饲养"时代的转换、过渡。

在 B2 型神话中，"狗尾藏种"是一个寓意深刻的重要细节。羌族神话《五谷粮食的来历》②，普米族神话《狗找来了谷种》③，怒族神话《谷种及农业源起》④ 以及土家族神话《狗子过天河》⑤ 都有"狗尾藏种"这一模式化象征结构。

在上文中笔者已经指出："狗为人类到神那里取得谷种"的"情节"以空间转换的方式隐喻着"人类从狩猎时代向种植时代"在时间上的"过渡"。因此，狗不仅是空间——从天城到人世——层面的中介，也是时间——从狩猎时代到种植时代——层面的中介。当狗作为空间层面的中介时，它被置于情节（表层结构）之中；当狗被视为具有过渡性质的象征结构（深层结构）时，它就是对"采集—狩猎时代"的象征，而"狗尾藏种"则象征着人类生产方式的转换。

这种"转换"是如何体现的呢？对此我们需要注意的是："采集—渔猎"经济与"种植—饲养"经济这两种经济方式的象征元素都同时集中到了"狗"身上。只有这样，存在于神话中的"狗"才能拥有其中介（过渡）功能。

顾名思义，"狗尾藏种"指的是在狗为人类取来谷种的过程中，狗将谷种藏在尾巴上才使谷种得以保全。"狗尾藏种"的象征结构包含三

---

① ［法］列维-布留尔：《原始思维》，丁由译，商务印书馆 2010 年版，第 140 页。
② 《羌族文学简史》编写组编：《羌族民间文学资料集（一）》，1987 年，第 8—9 页。
③ 王震亚编：《普米族民间故事》，云南人民出版社 1990 年版，第 24—25 页。
④ 攸延春：《怒族文学简史》，云南民族出版社 2003 年版，第 49—51 页。
⑤ 归秀文编：《土家族民间故事选》，上海文艺出版社 1989 年版，第 19—24 页。

个要素：一是狗，它是对狩猎经济的象征①；二是种子，它是对种植经济的象征②；三是狗尾③，它象征着狩猎经济已经走到尽头。

总而言之，"狗尾藏种"象征着人类从"采集—渔猎型"经济向"种植—饲养型"经济的过渡，如图4-3所示。

图4-3 谷种起源神话中"狗尾藏种"的象征结构

我们将"狗尾藏种"这一重要细节看作一个象征结构，这是由神话的表达方式决定的。除此之外，即使从现实的角度来看，用狗尾带回谷种也是不大现实的。一种比较合乎实际的情况应该是猎人在打猎过程中发现了谷物。这种情况在A4型神话中也有所体现。说谷种最初是由狗的尾巴粘回带给人类④，这从象征的层面去理解才能成立。因此，狗是狩猎活动以及猎人的象征，神话中说狗为人类寻得谷种，其实质是狩猎这一生产方式为谷种的发现创造了条件。

狗之所以能成为狩猎经济的象征符号，这与狗在狩猎中发挥的作用

---

① 李根蟠、卢勋认为："狗是原始人狩猎的工具，它可以作为狩猎为主的经济时代的象征。因此，狗尾巴带来谷种，意味着人们从狩猎活动过程中发现和开始了谷子的种植。"参见李根蟠、卢勋《从景颇族看原始农业的起源与发展》，《农业考古》1982年第1期。

② 正如"弓箭"象征着"狩猎时代"，"耒耜"象征着"农业时代"，"原子结构模型"象征着"原子时代"。

③ "尾巴"具有的"过渡""中介"之意在"火起源神话"中也有所体现。比如在羌族神话《燃比娃取火》中，燃比娃最后一次取火时他的尾巴被天城的大门所夹断，他由此从动物彻底变成真正的人类。

④ 有学者就指出："很可能是在旧石器时代晚期，狗成了家畜之后，随主人狩猎山中，毛上粘了野生植物的种子，撒落在家的附近。生长出来以后，被人发现，逐步成了农耕的种子。"参见李力主编《彝族文学史》，四川民族出版社1994年版，第85页。

是分不开的。由于狩猎的需要，狗是最早被人类驯服的动物，如图4-4所示。学者柯斯文在《原始文化史纲》一书中认为第一种被驯服的动物就是狗①；林耀华在《原始社会史》一书中写道："考古遗迹说明，狗在中石器时代已经被驯养了，属于公元前一万二千年的伊拉克帕勒高拉（Palegawra）洞遗址，发现狗是当时唯一被驯养的家畜。"② 至于狗在狩猎中的作用，我们从彝族古歌《撵麂子》中可略知一二：

> 最初撵山没有网，抬起弓弩遍山找；最初撵山没有狗，人当猎狗撵野兽。打猎全靠网哟，没有猎网自己织；搜山全靠狗哟，没有猎狗自己找。③

图4-4　云南沧源岩画中初民利用猎网和猎狗来围猎

采自汪宁生《云南沧源崖画的发现与研究》，文物出版社1985年版

B2型神话中的狗除了象征"狩猎时代"之外，可能还有另外一层象征意义，即正如谷种代表着人类对植物的改造，人类使"自然"意义

---

① ［苏］M. O. 柯斯文：《原始文化史纲》，张锡彤译，人民出版社1955年版，第69页。

② 林耀华主编：《原始社会史》，中华书局1984年版，第234页。

③ 李力主编：《彝族文学史》，四川民族出版社1994年版，第75页。

的"野谷"变成"文化"意义的"粮种",而狗则代表着人类对动物的改造,人类使"自然"意义的野兽变成了"文化"意义的"家畜"①。对此,彝族古歌《做圈养猎物歌》中这样唱道:

> 天天打猎支扣子,猎获的野物吃不完:砍来木头围成圈,关起野物跑不掉。青草满山遍野长,拔来给它们喂个饱。②

这段歌词说明了饲养是从狩猎延伸出来的,最初的家畜都是人们猎捕回来的野兽。把野兽驯化为家畜,不仅要改变动物的习性,同时意味着人的观念的转变。因此,在"狗尾藏种"的象征结构中,为人类取回谷种的狗不仅仅是"帮人类取谷种",也不仅仅是对"狩猎时代"的象征,它还起着类比的作用,将其自身的文化属性赋予谷种,以使人意识到"谷种的起源"在性质上其实与"家畜的起源"类似。

对此,我们还可以一些神话来佐证。在普米族神话《种子的由来》中有这样的表述:"荒地开了一块又一块,可没有一颗种子撒上;圈房修了一座又一座,可没有一个牲口关上。"③ 在神话《狗找来了谷种》中,太阳妹妹为人类"求到一小点青稞种和一条狗"④。神话《神牛送五谷》则说神牛在为人类送来谷物的同时自己变成耕牛帮助人类犁地⑤。独龙族神话《天神给五谷种子》中说:最初地上既没有五谷也没有牲畜,天女木美姬从天上带来了五谷种子和牛、马、猪、羊、狗、鸡

---

① 列维-斯特劳斯认为:"自然与文化之间的对立是这一切神话的基础。这些动物体现着自然和文化间的一种彻底分离。"参见列维-斯特劳斯《神话学:生食和熟食》,周昌忠译,中国人民大学出版社 2007 年版,第 178 页。

② 李力主编:《彝族文学史》,四川民族出版社 1994 年版,第 82—83 页。

③ 普米族民间文学集成编委会编:《普米族歌谣集成》,中国民间文艺出版社 1990 年版,第 349 页。

④ 王震亚编:《普米族民间故事》,云南人民出版社 1990 年版,第 24 页。

⑤ 同上书,第 36—38 页。

等牲畜①。

　　总之，在上述神话中，"谷种"通常都与"家畜"并列，这与前文对 A3 型、A4 型神话的分析得出的结论也完全一致。这就是说，采集的生产方式在向种植的生产方式过渡的同时，狩猎的生产方式也在向饲养的生产方式转化②。这一切反映到神话中，我们就总会看到"六畜"与"五谷"的对应。总之，在 B2 型神话中，"从狩猎发展到饲养"与"从采集发展到种植"具有类比的关系。

　　饲养业与种植业的同步演进，不仅在神话中可以看到，在考古上也可得到证实③，大多数学者也认可这一看法④。苏联学者柯斯文认为："蓄养驯养动物大概是和农业一道发生的。"⑤ 美国学者马文·哈里斯说："旧大陆上动物和植物的驯化在同一时间和地点发生。"⑥ 学者李根

---

　　① 杨利先主编：《云南民族民间故事》，云南人民出版社 2009 年版，第 513—516 页。

　　② 宋兆麟认为："到了新时期时代初期，由于狩猎技术的发展以及农业的出现，人类开始了定居生活，为动物的驯养提供了必要的条件。从此，在条件适宜的地区兴起了以游牧为主的畜牧经济，在其他地区则以农业生产为主，兼营家畜饲养。"参见宋兆麟等《中国原始社会史》，文物出版社 1983 年版，第 141 页。

　　③ 相关考古资料显示，在河姆渡、半坡、下王岗、裴李岗、磁山等原始遗址中都发掘出大量家畜的骨骼。

　　④ 在将"种植业"与"饲养业"视为同步演进的观点之外，也有学者在承认此二者关系密切的前提下提出了不同的看法。一类学者认为"种植业"是由"饲养业"引起的，比如，摩尔根就认为："园艺（原始种植业）的兴起与其说是出于人类自身的需要，还不如说是出于饲养家畜的需要。"他认为种植业的起源是由饲养业引起的。参见［美］路易斯·亨利·摩尔根《古代社会》（上），杨东莼等译，商务印书馆 1983 年版，第 22 页。受摩尔根影响，恩格斯也持相同的看法，他说："十分可能，谷物的种植在这里起初是由牲畜饲料的需要所引起的，只是到了后来，才成为人类食物的重要来源。"参见［德］F. 恩格斯《家庭、私有制和国家的起源》，人民出版社 1999 年版，第 24 页。另一类学者则认为"饲养业"在"种植业"之后，比如拉尔夫·林顿说："农业是走在动物驯养的前面。只要一群人处在不断迁徙游动之中，驯化动物并使之依恋于人几乎是完全不可能的。人们开始栽培作物、固定居所之后，才驯化了我们今日所有的大部分家禽家畜。"参见［美］拉尔夫·林顿《文化树——世界文化简史》，何道宽译，重庆出版社 1989 年版，第 24 页。笔者认为这两者的发生即使不是同步的，它们之间的起始时间点也相距不远，就人类文化演进的整个过程而言，可以将其看作同步发生的。

　　⑤ ［苏］M. O. 柯斯文：《原始文化史纲》，张锡彤译，人民出版社 1955 年版，第 86 页。

　　⑥ ［美］马文·哈里斯：《文化的起源》，黄晴译，华夏出版社 1988 年版，第 23 页。

蟠、卢勋认为："作物栽培和动物驯养的起源基本上是并行的，而谷物的种植则可能在若干动物驯养之后。"① 学者苏海洋指出："从渭河上游及其毗邻地区看，原始种植业和家庭畜养业始终是同步发展的，家庭畜养业的发展，是畜牧业产生的重要条件。"② 学者黄崇岳认为："这种家畜和家禽，尽管因自然条件不同而有所差别，但其中狗、猪、鸡、牛等，都是以谷物或禾秆作饲料的共性是极为明显的，所以在考古发掘上，总是与农业文化遗址相伴存。"③ 学者朱乃诚则说："原始农业兴起的另一项特征是家畜饲养的产生。"④

上述观点都认为饲养业与种植业的起源基本上是同步的，至少他们都承认这两者在起源的时间上十分接近，关系十分紧密。因此，在神话中，人们用家畜来类比谷种，其实就是用动物从自然状态的野兽（狼）变为家畜（狗）的性质转换来类比植物从自然状态的草木（草实）变为禾苗（谷种）的过程。此类比可以较为简洁的形式表示出来：

自然：人类：文化∷野兽：猎人：家畜∷草实：采集者：谷种

采集、渔猎为主的生产方式在向种植、饲养的生产方式的过渡中，狗的职能也发生了转换，它从帮猎人"追捕猎物"变为帮农民"看护农田"。因此，狗在 B2 型神话中可能还存在第三层的象征意义，即狗通过看护庄稼而成为种植业的象征。

狗在农业中被用来看护庄稼，在农业不发达的山区尤为常见。学者马文·哈里斯在《文化的起源》一书中就说过："当农业出现以前的人

---

① 李根蟠、卢勋：《从景颇族看原始农业的起源与发展》，《农业考古》1982 年第 1 期。
② 苏海洋：《论渭河上游及毗邻地区原始农业生产结构的演变》，《农业考古》2008 年第 6 期。
③ 黄崇岳：《试论原始农业的经济地位》，《农业考古》1984 年第 1 期。
④ 朱乃诚：《中国农作物栽培的起源和原始农业的兴起》，《农业考古》2001 年第 3 期。

们在野谷茂盛之地建立了定居点时，那些靠野草——其中包括野生小麦和大麦——为生的大群野羊不得不和村民发生密切接触。村民们通过狗可以控制这些野畜的活动。人们不让这些野绵羊和野山羊走进野谷地，只许它们吃些残梗剩叶而不许它们吃成熟的果实。换言之，猎人们无须再去找野兽了，倒是野兽为谷物茂盛之地所吸引，走到猎人身边来了。"① 就笔者本人的亲身经历也能证实马文·哈里斯所言不虚。笔者曾将川西北羌寨家里的狗拴在种有土豆的田里，用狗的叫声驱赶糟蹋庄稼的野猪。在西南藏缅语民族聚居的横断山区、云贵高原等地，野生动物众多，狗的护田之功可能会让先民铭记在心，从而反映到了神话中。

总体而言，关于 B2 型神话，我们以"狗尾藏种"的象征结构为分析的重点，指出在"狗为人类取得谷种"的情节模式中，狗具有三层象征意义：第一，狗是对"采集—狩猎型"生产方式及其时代的象征；第二，狗是对家畜饲养经济的象征；第三，狗是对种植业的象征。这三层象征意义是从不同角度看待此类神话的结果。

除了神话之外，藏缅语诸族还在节庆祭祀中表达对狗、耕牛等动物的感激，感谢它们给人类带来谷种，为农耕提供便利，由此促进了农业的发展（参见图 4-5）。农祀庆典为神话文本的存在提供了必要的仪式情境，正如学者王国祥所言："稻谷神话维系稻作祭祀，稻作祭祀通过自己的活动又让稻谷神话得以留存。"②

与"狗尾藏种"的 B2 型神话紧密相关的是藏缅语诸族的"尝新节"（新米节）。"尝新节"亦称"新米节"，指的是通过采撷新谷敬献谷神、祖先以及老人的农祀节日。《礼记·月令·孟秋》云："是月

—————————

① ［美］马文·哈里斯：《文化的起源》，黄晴译，华夏出版社 1988 年版，第 23 页。
② 王国祥：《论傣族和布朗族的稻作祭祀及稻谷神话》，《中央民族大学学报》2000年第 6 期。

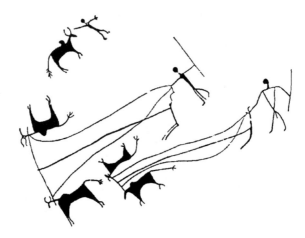

图4-5 印度中央邦崖画展示的四牛犁地

牛耕的发明是农业技术发展史上的重要一页。采自陈兆复、邢琏《世界岩画Ⅰ》，文物出版社2010年版

（孟秋）也，农乃登谷，天子尝新，先荐寝庙。"① 这说明在先秦时，"尝新"是一项天子都要参加的祀农仪式。明代谢肇淛所撰《滇略·风俗》云："夏秋之交，稻向未熟，先取其稚穗，揉而晾之，致馈于亲厚，谓之尝新。"②尝新节一般在新谷即将成熟之前举行。由于各地谷物成熟的时间不同，所以尝新节在各地举办的时间也不一致。

白族尝新节用白语叫"茵果顶"，在开镰割稻之前，多由妇女到田里采得饱满稻穗，拿回家舂成新米做成饭供奉田公地母、五谷神王和列祖列宗。③ 拉祜族新米节起源于人们对天神厄莎的感谢，据说是一只斑鸠从厄莎那里把谷种带到了人间。人们把每年的第一碗新米饭敬献给天神厄莎，并唱道：

①　（清）朱彬：《礼记训纂》，中华书局1996年标点本，第260页。
②　《中国少数民族社会历史调查资料丛刊》修订编辑委员会编：《云南少数民族社会历史调查资料汇编（3）》，民族出版社2009年版，第210页。
③　杨玉藩：《白族尝新节》，《今日民族》2012年第11期。

汗水浇出了金子般的谷子，金谷赶走了拉祜人的饥饿。肯为后世造福的先辈啊，我们歌唱跳舞把你们祝福！①

哈尼族的新米节通常在稻谷开始变黄的八月举行。此时稻谷即将成熟，家中老人在早上到田里摘下九串饱满的谷穗和九串不太饱满的谷穗放入背篓盖上蓑衣背回，路上不与任何人搭话，这都是为了确保谷魂②能顺利背回家中，使来年得到丰收。③ 哈尼族人还有"尝新先喂狗"的说法，认为是天女将谷种偷到人间的，天女被天神变成了狗，哈尼族人于是在尝新节用新米喂狗的方式来纪念这位将粮种偷到人间的英雄。④

基诺族新米节用基诺语称"好希早"，据说远古时有一只黄狗为两兄弟带来了金黄的谷种，新米节一般在农历九月举行，人们采得新谷做成饭，杀七只鸡煮熟，一并用来祭祀铁匠、巫师、祖先等，在祭祀时要唱《祭祖歌》：

我请您（祖先）来保佑基诺人。打野兽时不要给我困难，打鸟虫时不要给我麻烦。您从澜沧江一边撑过去，您从小黑江一边撑过来。地里的庄稼请您来保护，让我的谷子装满十个仓库。好像手皮保护着手，好像脚皮保护着脚一样，保佑我过个丰顺的年头。⑤

彝族栎尝新节为"切戏作璞"，在仪式上人们感谢狗为人类取来谷种。彝族有些地方忌食狗肉，并对有功之狗埋葬；人们常说彝族是吃狗

---

① 刘文华等：《新米节》，《山茶》1984 年第 4 期。

② 在敬献"谷魂"的过程中，哈尼族人唱道："金谷娘在土仓里睡足了一冬，哈尼的女主人来叫醒她的好梦：起身了，哈尼的金谷娘，不要在温暖的土仓里睡懒觉，快到哈尼宽平的秧田里，扎下男人胡子一样的根，快去吸饱春天里的潮气，发出尖头的谷牙。"参见西双版纳傣族自治州民族事务委员会《哈尼族古歌》，云南民族出版社 1992 年版，第 467 页。

③ 卢鹏：《原始宗教与哈尼稻作农耕》，《农业考古》2013 年第 3 期。

④ 史军超：《哈尼族文学史》，云南民族出版社 1998 年版，第 143 页。

⑤ 郑培庭：《基诺族的新米节》，《山茶》1986 年第 3 期。

奶长大的，吃狗肉就如同在吃自己母亲的肉，所以十分尊重狗，凡吃狗肉者被视为是"忘祖之辈"。①

除了白、哈尼、基诺以及彝族之外，普米、傈僳、拉祜、纳西、怒、独龙、阿昌、景颇、土家等族都有过尝新节的习俗。在藏缅语民族之外，壮②、佤③、布朗④以及各地的汉族⑤也都要过尝新节。与藏缅语民族相似的是，将新谷敬献给狗也是其尝新节的一项重要内容。

除了祀神，尝新节还为人们提供了交流生产经验、传播生产知识的机会。比如，景颇族有一句俗谚叫"吃新米，讲旧话"。这句俗谚的意思是说，通过新米节不仅让人们纪念农业发展道路上做出了贡献的先民，也为人们交流农业经验提供了机会。藏缅语民族过尝新节的简况见表4-4。

---

① 白兴发：《彝族传统禁忌文化研究》，云南大学出版社2006年版，第125页。

② 壮族"新米节"用壮语叫"叽扎茂"。据说一猎人带狗寻得"草果"（稻谷），壮族由此形成了"不吃狗肉"的禁忌。参见韦世平、郑仕林《壮族尝新节》，《云南农业》2002年第11期。

③ 佤族"新米节"用佤语叫"地京国"，意为"收头道谷子"。在云南省沧源县和西盟县，佤族"新米节"在农历八月十四日举行。参见陈康《在佤山过新米节》，《今日民族》2003年第2期。

④ 布朗族"新米节"用布朗语叫"宋初"，每年阴历七月稻熟之前的某个蛇日举行，人们用新谷来祭神，之后把新谷炒熟供妇女专享。参见东方既晓《布朗族的新米节》，《山茶》1986年第3期。

⑤ 在汉族的一些地区也过尝新节，比如，"湖南各地至今保留以新米喂狗的风俗，人们定农历六月初六这一天为尝新节，也有以新谷登场的第一个卯日为尝新节的。"参见游修龄《稻与尝新节及新年（上）》，《中国稻米》1995年第4期。此外，湘南地区农民有"宁愿怠慢客人，不可怠慢尝新节"之说，人们通常在每年六月上旬开镰收割稻谷之前过此节，采新稻做成肉饭供奉祖先、狗，因为据说是纪念狗为人们保存了谷种。参见夏昕《尝新节》，《湖南档案》1995年第6期。尝新节不仅是农人的民间庆典，它甚至进入了文人墨客的诗句，所谓"白露迷迷稻秀匀，糍团户户已尝新"就指的是人们用新稻做成"糍团"来敬献神灵、欢度节日。

表 4 - 4　　　　　　藏缅语民族过尝新节（新米节）的简况

语 支	民 族	节日（祭典）	时 间	内 容
羌	羌	牛王会（日美吉）	十月初一	敬奉耕牛、禁食耕牛①
	普米	尝新节	开镰收谷前	开新醅，敬"仲巴拉"及祖神，给狗喂饭团②
彝缅	彝	尝新节（切戏作璞）	八月	做新米饭，敬祖先与取得谷种的狗
	傈僳	新米节	九、十月	敬献祖先、耕牛以及带来谷种的家犬
	哈尼	新米节（卡奴抽扎）	八月	天神、祖先、谷神（窝）尝新先喂狗③
	拉祜	尝新节（扎四俄扎）	七月半左右	敬献把粮食赐予人类的天神厄莎
	纳西	新米节	九月鼠日	选新米做饭喂狗，以示不忘送谷之恩
	基诺	新米节（好希早）	七八月之交	祖先、谷鬼、寨鬼纪念取谷种的黄狗
	怒	祭谷神（作汝）	十二月三十	用谷、酒、肉敬谷神，诵《作汝》④
	独龙	护谷魂（卜拉）	谷物发芽期	扎草人于田边驱赶对谷魂有害的鬼魂，保护谷魂并获得丰收⑤
	阿昌	新米节	八月十五	敬献给最初传授农技的女英雄

---

① 陈春勤：《羌族文化研究》，四川民族出版社 2011 年版，第 164—165 页。

② 《普米族简史》编写组：《普米族简史》，民族出版社 2009 年版，第 266 页。

③ 毛佑全：《哈尼族的新米节》，《山茶》1986 年第 3 期。

④ 蔡家麒编：《中国各民族原始宗教资料集成·怒族卷》，中国社会科学出版社 2000 年版，第 866—868 页。

⑤ 蔡家麒编：《中国各民族原始宗教资料集成·独龙族卷》，中国社会科学出版社 2000 年版，第 630 页。

续　表

语　支	民　族	节日（祭典）	时　间	内　容
藏	藏	旺果节（巡田）	秋收之前	持青稞、麦穗巡田，敬田地、求丰收①
	门巴	雀可节（祀农）	藏历七八月	在红教喇嘛的带领下巡田求丰收②
土家	土家	尝新节	中秋节前后	煮新米饭，飨神、敬狗③
景颇	景颇	新米节	谷子成熟前	取新穗做饭，"吃新米，讲旧话"④
	珞巴	昂德林节	秋收后	新谷敬老人、喂狗，庆丰收，祈丰年
白	白	尝新节（茵果顶）	收割前夕	取新谷，做"八大碗"，敬神求丰年

三　天女下嫁型：娶亲与取种的类比

在藏缅语民族的谷种起源神话中，"天女下嫁型"（B1）指的是人类通过下嫁到人间的天女获得种子的神话类型。普米族神话《种子的由来》、哈尼族神话《尝新先喂狗》、独龙族神话《天神给五谷种子》以及藏族神话《青稞种子的来历》都属于这种类型。在"天女下嫁型"神话中，"娶亲"与"取种"的情节总是交织在一起，这是其在情节上的主要特点。

---

① 周锡银编：《中国各民族原始宗教资料集成·藏族卷》，中国社会科学出版社1999年版，第935—936页。
② 李玉臻主编：《中华民俗节日风情大观》，黑龙江人民出版社2005年版，第329页。
③ 高占祥主编：《中国民族节日大全》，知识出版社1993年版，第636页。
④ 全国民俗学少数民族民间文学讲习班：《少数民族民俗资料》（上），1983年，第132—133页。

比如，哈尼族有一则神话说：远古时人间没有谷种，民不聊生，哈尼头人派了许多人和动物到天神那里去要谷种，并申明如果谁要到谷种，就把自己的独生女儿嫁给他。后来狗要到了谷种，头人不食言，把女儿嫁给了狗。从此兴起女儿出嫁的风俗，嫁出去的女儿就称"克玛"，意为"狗的媳妇"。① 普米族神话《种子的由来》中，仙女与小伙子成婚、安家后，由于没有种子，仙女便上天堂取种子。② 独龙族神话《天神给五谷种子》中讲道："天神木崩格把彭根朋领进家里，并叫出了两个姑娘让彭根朋挑选……挑选完毕，当彭根朋和木美姬要离开天上回人间时，天神木崩格送给他们稗子、甜荞、苞谷和燕麦种子以及各种飞禽走兽。木美姬发现父亲没送稻谷种，便偷偷地抓了些稻谷种藏在指甲里，准备带到人间。"③ 藏族神话《青稞种子的来历》中，阿初王子在取得青稞种子的同时迎娶了俄满姑娘④。哈尼族神话《英雄玛麦》中也存在"取谷"与"娶亲"并行的情节：

　　天神笑着对玛麦说："现在你可以自由挑选了！"玛麦左挑右选，最后选中了黄灿灿的稻谷，他说："我就喜欢这种粮种。"说话间，不料那钵金色的谷种竟化成了一个非常漂亮的姑娘。她的名字叫稻谷仙姑，是天神的最小的也是最后一个未出嫁的姑娘。原来天神叫玛麦用弩箭射鹫鹰，就是为她选佳婿哩。其实，在玛麦拉铁弩射鹫鹰的时候，稻谷仙姑早就躲在一边看真了，而且打心里喜欢他了。现在，她微笑着对玛麦说："既然你选中了我，就要依我一件

① 王正芳编：《哈尼族神话传说集成》，中国民间文艺出版社1990年版，第185页。
② 普米族民间文学集成编委会编：《普米族歌谣集成》，中国民间文艺出版社1990年版，第349—352页。
③ 杨利先主编：《云南民族民间故事》，云南人民出版社2009年版，第513—515页。
④ 中央民族学院《藏族文学史》编写组：《藏族民间故事选》，上海文艺出版社1982年版，第14—26页。

事。"玛麦问:"什么事?"稻谷仙姑说:"谷种是天神阿爸给我的嫁妆,你要想得到粮种,就要先娶我做妻子。"玛麦想:百姓等着谷种,阿妈需要我奉养。我是来要粮种的,又不是来相亲的。他正要说不同意的话,小金马急忙在他耳边说:"你先答应她,不过你也向她提个条件,说娶亲的事可以考虑,但是要先教会我们怎么种稻谷。"玛麦照小金马的话说了。稻谷仙姑说声"好",就把玛麦带到一个泥塘边,顺手从衣袋里抓出一把谷种撒进塘子里了。不一会儿,满塘就长出了绿茵茵的秧苗。接着,她唤来一群仙女,把塘里的秧苗拔出来,分栽在另外几块泥塘里,又很快长出了沉甸甸的稻穗。①

从上面这些例子我们可以发现,B1 型神话中"取种"与"娶亲"的情节总是交织在一起。但是,这种情况并不属于情节的衍化或拼凑,而是人们用"娶亲"这一行为的性质来类比和烘托"取种"的性质,用"新娘"具有生殖力这一特点来凸显"谷种"也具有类似的特点。这样的类比出现在神话中并非偶然,这是对当时的社会现实、习俗、观念以及信仰的反映。

所谓"天女下嫁"其实反映的是氏族之间或村寨之间进行的交换婚姻。即使不是这样,在这类神话中,至少也间接包含许多关于婚礼的现实因素。在上述神话中我们不难发现:无论是"头人的女儿""仙女"还是"天神的女儿",引入谷种的都是新婚女性,这意味着在氏族之间或村寨之间进行的交换婚姻不仅存在"人"(新娘)的交换,还存在"物"(谷种)的交换。而种子尤其谷种可能在早期婚礼中是极为重要的交换之"物"。只是到了后来,在婚礼中交换种子的行为已经丧失

---

① 王正芳编:《哈尼族神话传说集成》,中国民间文艺出版社 1990 年版,第 180—181 页。

其实际功用，只具有仪式意义。比如，基诺族在举行婚礼的过程中要唱《证婚歌》《婚礼歌》以及《礼仪歌》等长篇古歌。证婚人这样唱道：

> 你家姑娘嫁到男家，要分你家家产的一半，你寨脚的黄竹篷、芭蕉蓬不全拿走，只分其中的一半；女人在地里栽的鸡冠花、金芥花、葵花、饭豆、南瓜籽、葫芦种子不全拿走，只分其中的一半，我不把你的家拆垮，只分你家一百种种子的一半。①

由此可见，基诺族人在嫁女儿的过程中是要把女方家里各种农作物的种子带到男方家的。从证婚人所唱的古歌中可以看出，这种"嫁女儿送种子"②的行为已经成为基诺族人普遍认可的行为方式。因此，"天女下嫁人间并带种子给人类"的神话很可能正是对此习俗的反映。此外，基诺族的《婚礼歌》还细细讲述母亲们曾做过的诸如"舂米""找菜""捉鱼""砍地""播种""打猎"③等生产活动。其实，这些内容旨在用采集、渔猎、种植以及饲养等"物的生产"来类比、烘托人的生殖力，为"人的生产"这一目的作铺垫。

"物的生产"中最重要的一项无非是食物的生产，因此，先民用农业生产来类比婚姻及两性关系，这十分普遍，也十分自然。众所周知，吃饭（食）与婚恋（色）作为人的根本需要，是由人的生物性决定的。通过食物的摄入，人维持个体的生存，通过男女的婚配，人维系种属的延续，这两者相辅相成、缺一不可。独龙族神话《木彭哥》中说："一男一女成亲后，虽然繁衍很盛，但地上没有粮食。"④由此可见，吃饭

---

① 杜玉亭：《基诺族文学简史》，云南民族出版社1996年版，第104页。

② 藏族故事《公主带来的谷类》中说："土地肥沃，土地肥沃，肥沃土地在'白归雄'，文成公主带来的谷类，撒播了三千八百种。"参见中央民族学院《藏族文学史》编写组《藏族文学史》，四川民族出版社1985年版，第34页。

③ 杜玉亭：《基诺族文学简史》，云南民族出版社1996年版，第107—121页。

④ 谷德明编：《中国少数民族神话》，中国民间文艺出版社1987年版，第529页。

与婚姻的确是相互依存的根本问题。对此，弗雷泽认为："要活着并且要使之存活，要吃饭并且要生育繁衍，这些是人类在古代的基本需求，也是将来的（只要世界存在的话）基本需求。其他东西当然也需要，用以丰富和美化人的生活，但是，如果不首先满足这些需求，人类本身就不能生存。因此，食物和子嗣这两样是人通过巫术仪式以稳定季节所主要追求的目标。"① 与之类似，列维－斯特劳斯也说："任何女人或任何食物都同样适宜于达到生殖和生存的目的。"② 总之，在 B1 型神话中，把"取种"与"娶亲"联系在一起，也就是把"谷种"与"新娘"联系在一起，这就如同把"食物"与"子息"联系在一起，它们都指向同一个目的——确保人类社会生生不息，不管是作为个体的人还是作为种属的人。

除基诺族的《婚礼歌》外，在羌族的《说亲词》中有这样的句子：

> 有子要成婚，有女要成亲，当别人睡了九觉瞌睡的时候，做父母的还在为自己的子女选个好人家操心。像选青稞种子一样，在千千万万块青稞地中，最好的地选一块，最好的青稞选一背，最好的青稞选一穗，最好的青稞选一粒。③

在《说亲词》中，羌族人用青稞种子来类比即将结婚的人。同样的情形也出现在羌族的婚礼中。羌族女子出嫁之时，人们通常会把青稞、麦子和米等谷物撒到新娘的身上，这是一项重要的仪式。④ 这一仪式意味着人们用"谷种"类比即将婚配的"新娘"。将谷种撒向新娘，这行

---

① ［英］J. G. 弗雷泽：《金枝——巫术与宗教之研究》，汪培基等译，商务印书馆2012 年版，第 521 页。

② ［法］列维－斯特劳斯：《野性的思维》，李幼蒸译，中国人民大学出版社 2006 年版，第114 页。

③ 陈春勤：《羌族文化研究》，四川民族出版社 2010 年版，第 11 页。

④ 同上书，第 16 页。

为蕴含着一种观念，即人们强烈地期望并强调新娘具有像谷种一样的增殖的属性。① 此外，羌族人在布置婚床时，会在婚床的四角及其中心"埋"入花生、苹果等物，这就如同将谷种植入大地。毫无疑问，人们相信这些"埋"在被褥间的物品都具有促殖的神奇力量。

在神话观念和民俗信仰中，不管是动物还是植物的繁殖，不论是人的出生还是谷物的丰收，它们之间不仅具有类似的性质，而且能够相互促进。对此，弗雷泽在考察了大量实例后也指出在民间信仰中，人们普遍认为人类彼此之间的性关系同样可以用来加速植物的生长。② 比如，"罗马国王同橡树女神结婚，就像雅典的王后和酒神婚配一样，目的都是要通过模拟巫术来促进植物的生长。"③ 为了促进大地富饶丰产，"许多民族一直年年庆祝草木和水精灵的神圣婚嫁"。④ 然而更典型的例子是，"中美洲的帕帕尔人在向地里播下种子的前四天，丈夫一律同妻子分居，目的是要保证在播种的前夜，他们能够充分地在稻田里纵情恣欲。甚至有人被指定在第一批种子下土的时刻同时进行性行为。如没做到，播种即为非法。"⑤ 在恩波依纳的一些地方，"当丁香树园的收成情况有可能不好的时候，男人们便在夜里光着身子去到园里给那些树授精，跟他们要使女人怀孕的做法完全一样。他们一面做，一面嘴里还说着：'多长些丁香！'他们想象这样就能使这些树丰产。"⑥ 在这些匪夷所思的风俗和观念中，我们都能发现，人们除了用农作物（谷物）来为

---

① 弗雷泽认为："在他们看来，无论动物或植物的生命与繁殖，原理都是一个，并且是不可分来的。"参见 J. G. 弗雷泽《金枝——巫术与宗教之研究》，汪培基等译，商务印书馆 2012 年版，第 521 页。

② ［英］J. G. 弗雷泽：《金枝——巫术与宗教之研究》，汪培基等译，商务印书馆 2012 年版，第 232 页。

③ 同上书，第 255 页。

④ 同上书，第 247 页。

⑤ 同上书，第 230 页。

⑥ 同上书，第 231 页。

人类促殖，人类的性行为反过来也可以为农业促殖。这两种关系的结构关系如图4-6所示。

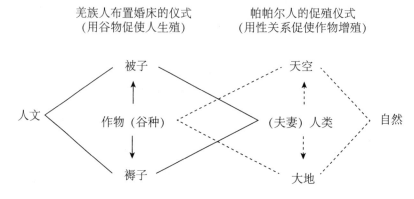

图4-6　羌族人与帕帕尔人促殖仪式的象征结构

从上面的例子中我们可以发现，不管是基诺族的"婚礼歌"还是羌族婚礼中的各种仪式，利用农作物来"促殖"是其共同之处。而"谷种起源神话"则与帕帕尔人的促殖仪式在结构上类似，是用包含或象征着两性关系的"娶亲""射箭"等情节来凸显谷种的性质。在下面的例子中我们或许对这种类比法会有更深的理解。

在羌族的"释比唱经"中，《直德且维》是解释青稞种子来源的祭祀辞，在其中我们可读到这样的句子：

> 青稞本是天神种，天神射箭种青稞。撒柔山神青稞地，青稞神母兹哟婳。青稞神男兹比布，天城宝地撒青稞。太阳之上撒青稞，月亮之处撒青稞。①

在这里，种植青稞的方式为天神射箭，而撒种的神母神男和太阳月

---

① 赵曦：《神圣与亲和：中国羌族释比文化调查研究》，民族出版社2010年版，第171页。

亮则是一对一对出现的，这意味着什么呢？这意味着人们在看待"种植青稞"这一农业生产活动的性质时，是用男女两性结合的性质来进行类比的。在彝族史诗《阿细的先基》中我们也可看到类似的表述："天爷爷给一把种子，天宫娘娘给一把种子。"① 除了用男女两性关系来类比，"射箭"这一细节则是典型的对两性结合的象征。在后面分析"射鸟取种"这一神话结构时，笔者将对之进行详细阐述。

在土家族神话《神农老娘挤奶浆》中，神农的老婆为了赋予谷种一颗生万颗、一撮生一斗的增殖能力，用自己的奶浆拌着谷种撒到田里②。神话中的这一行为具有巫术性质，是典型的促殖巫术。在此，"奶浆"（乳汁）象征着女性的繁殖能力和哺育能力。用乳汁拌谷种，其实质就是用女性的生殖力来促进谷物增殖、丰产。这种情况与用谷种来凸显新娘生殖力的仪式恰好相反。在土家族具有祀农性质的傩戏中，"毛古斯（傩戏角色）通常用稻草裹住全身，或是以茅草系在腰、肩、腿等部位，头上用稻草扎成帽形，上面还甩着五根长长的大稻草辫子，下身有一根引人注目的用稻草织成的'棒棒'，这无疑是男性的性象征"。③ 由此可见，为了促进庄稼的生长，获得丰收，不仅女性可用来促殖，男性性征符号也具有同样的效能。

总而言之，对于神话时代的人们来说，农业生产和婚姻生殖常被用来相互类比。他们并不认为人与动植物在增殖（生殖）这一现象上存在本质差异，而认为这两者是可以拿来相互类比、相互促进的。正是在这样的观念下，为了凸显谷种所具有那种增殖的属性，人们把"娶亲"

---

① 云南省民族民间文学红河调查组整理：《阿细的先基》，云南人民出版社 1978 年版，第 17 页。

② 归秀文编：《土家族民间故事选》，上海文艺出版社 1989 年版，第 22—23 页。

③ 范舟游：《湘西土家族图腾祭祀习俗与农耕稻作文化初论》，《农业考古》2007 年第 3 期。

的情节与"取谷"的情节放在了一起；而在婚礼仪式上或与婚姻有关的古歌中，人们则又经常用谷物、粮食或农业生产活动来类比、强化新娘的生殖力。

除了藏缅语民族的神话和仪式外，与之类似的观念和仪式在其他民族中也普遍存在。在苏格兰罗斯林和斯通黑文附近，人们把最后割下的一捆谷子称作"新娘"。针对这一称谓，弗雷泽指出："谷物新娘这个名字的含义能更充分地表现植物，像新郎新娘一样，具有生殖能力。"① 由此可见，在神话和民间信仰中，存在着这样的观念：不管是人还是植物，甚至是无生命的事物，就生殖（增殖）这一现象来看，其性质是相同的。正是由于人们秉持着这样的观念，在更宏大的世界想象中，天公地母常被看作最具创造力的夫妻，而日月则是一对结成了夫妻的兄妹或姐弟。无怪乎英国学者 J. 托兰德在《泛神论要义》一书中会这样说：

> 简言之，地球上的一切东西都是有机物，在自然界中没有任何东西是偶然发生，没有自己的种子的。因此，地球被称为混有一切种子的母亲，而主宰万物的太阳则是她的永不衰老的丈夫，这种说法是不无道理的。②

在这里，托兰德用人类亲属关系来类比宇宙万物之间的关系，这也是神话中常见的模式化观念。正如家族靠生殖来延续，太阳父亲则将阳光源源不断地照射到大地母亲身上，由此孕育、繁衍了一切。正因为先民秉持着这样的观念，在神话、民俗或仪式中，"阳光普照大地"的经典画面就常被拿来与两性生殖进行类比。

---

① ［英］J. G. 弗雷泽：《金枝——巫术与宗教之研究》，汪培基等译，商务印书馆 2012 年版，第 651 页。
② ［英］J. 托兰德：《泛神论要义》，陈启伟译，商务印书馆 1997 年版，第 15 页。

比如，哈尼族神话《奥色密色》说："太阳光下生男人，月亮光下生女人。上有天，下有地，天地一起生万物，男女相配生儿女。"① 怒族神话《创世纪》则说："太阳和月亮是两口子，太阳是妻子，月亮是丈夫。他们是大千世界的父母，他们轮流来看望儿女，从天上带来光明。"② 门巴族神话中说："太阳和月亮结婚后，它们的光芒照到了地上。天和地结了婚，生了草、树、人和动物，现在的人是天地的后代、儿子。人的母亲是地，父亲是天。"③ 此外，满族萨满神话讲道，"天神阿布卡额姆的忠实侍女古尔苔受命去取太阳之火，用以滋补大地。"④

在这些神话中，天地、日月像地上的男女一样是夫妻，具有繁衍万物的强大生殖力，这种观念也是使人们将农业的丰产与大地的生殖力联系起来的根本原因。太阳之于大地以及光照之于农作物的巨大作用在以农业为主要生活来源的人心中是不言而喻的，太阳神由此往往成为他们的至上神，人们的神灵谱系也由于农业的产生而发生了改变。对此，米尔恰·伊利亚德指出："农业的发现不仅从根本上改变了原始人类的经济，而且特别地改变了他的神圣体系。其他的宗教力量——性行为、生育能力、女性和地球的神话等也开始起了作用。宗教的体验变得越来越具体，也即是说，变得与生命的联系更加密切。"⑤

除了将大地类比为父母，将日月类比为夫妻，人们还将日月尤其是太阳射出的光芒与男性射出的精液相类比。有学者就指出："初民观察到太阳因热而发光，太阳将光芒射向大地，遂有茂盛的草木滋长，男根

---

① 刘辉豪、白章富：《奥色密色》，《山茶》1980 年第 3 期。

② 左玉堂编：《怒族独龙族民间故事选》，上海文艺出版社 1994 年版，第 5 页。

③ 翼文正编：《西藏民间故事（第六集）》，西藏人民出版社 1993 年版，第 73—75 页。

④ 孟慧英：《萨满教与萨满神话中的火神及盗火英雄》，《满族研究》1998 年第 1 期。

⑤ ［美］米尔恰·伊利亚德：《神圣与世俗》，王建光译，华夏出版社 2002 年版，第 69 页。

将精液射入女身，遂有儿女诞生。于是，初民又将阳光和精液联系在一起，以光象征精液，祈望多有精液，如太阳光芒无际。"① 这就是说，在"天父地母"的观念中，"天神通过'专业化'而成为男性神或生殖神"②；"广袤的原野和大地，则成为女阴和女性的象征"③；天父通过太阳将光热射向地母，这就犹如男性通过性器将精液传输给女性。如果理解了这一点，我们也就不难明白先民在神话中何以总是把电闪雷鸣看作天地在交媾，把阳光雨露视为天父滋润地母，把大地上生出的一切生灵视为天公地母的杰作。关于天地与两性的类比，我们可以用这样的同构关系来表示：

天/地：太阳：照射：阳光：万物：：

男/女：性器：交媾：精液：人类

毫无疑问，在此类比中，男女两性关系是其原型，这就如同"天女下嫁型"（B1）神话中"娶亲"情节（新娘）是先民用来类比和凸显"取种"情节（谷种）的原型。在前文中我们已经强调过，"谷种起源神话"旨在探讨农业的起源。而农业与之前的采集、渔猎相比，作为劳动者的人从纯粹的消费者、攫取者转变成了生产活动中积极、主动且能预先筹划的生产要素。④ 因此，人与农业的关系在本质上与采集、渔猎

---

① 赵国华：《热与光：苦行与精进——略论中印太阳和火神话及相关的宗教问题》，《南亚研究》1991 年第 4 期。

② ［美］米尔恰·伊利亚德：《神圣的存在》，晏可佳等译，广西师范大学出版社 2008 年版，第 83 页。

③ 赵国华：《热与光：苦行与精进——略论中印太阳和火神话及相关的宗教问题》，《南亚研究》1991 年第 4 期。

④ 卢梭认为："农业是一种需要付出许多劳动和预先筹划的技术，它需要其他技术的配合，而且显而易见，它只能在一个至少已开始形成社会的地方才可从事，其目的，还多半不是为了从土地中取得不需要农业技术也可取得的食物，而是为了使土地生长最适合我们的口味的东西。"参见［法］卢梭《论人与人之间不平等的起因和基础》，李平沤译，商务印书馆 2011 年版，第 61 页。

的关系有着很大的不同。除此之外，农业与土地、太阳以及植物的关系又十分紧密。因此，"谷种起源神话"探讨的核心问题是——与农业相关的自然因素如何在人的作用下具有了文化的属性。在前面的论述中我们已经看到，只具有自然属性的草木、草实转变成了具有文化属性的禾苗、谷种，只具有自然属性的野兽转变成了具有文化属性的家畜。无论从行动上看还是从观念上看，这些转变都离不开人的参与。因此，除了谷种之外，我们还必须搞清楚先民是以何种方式赋予天地、日月、阳光等与农业有着密切关联的事物以文化属性的。

在前文中我们已经指出，人的文化建构是以自身为原型，并按以己度物、由近及远的方式展开的。这个原型首先是人的身体，其次是人的社会关系。而他们一旦遇到不熟悉或难以理解的事物，他们就习惯用熟悉的事物以类比的方式去把握（近取诸身、以己度物）。而所谓"熟悉的事物"无非就是其身边的事物，即人的身体（个体）和人构成的社会（群体）。在这样的思维模式下，我们就不难理解先民何以会把谷种与新娘、阳光与精液、土地与妇女①、犁铧与生殖器②、农业生产与两性生殖③联系到一起了。因为只有用这样的类比，先民才能赋予这种新的生产方式（农业）文化的属性，先民的内心中才能形成米尔恰·伊

---

① 米尔恰·伊利亚德认为："大地主要因其生产果实的无限能力而备受尊敬。这就是随着时间的推移，大地母亲不知不觉之中变成了谷物母亲的原因。"参见［美］米尔恰·伊利亚德《神圣的存在》，晏可佳等译，广西师范大学出版社2008年版，第249页。

② 米尔恰·伊利亚德认为："南亚语系中的农耕民族则用同一个字'lak'来指代男子的阳具和农耕中所用的铲子。像许多其他农耕者一样，他们也把种子比作精子。"参见［美］米尔恰·伊利亚德《神圣与世俗》，王建光译，华夏出版社2002年版，第97页。

③ 米尔恰·伊利亚德认为："在土地的丰饶与其妇女的生育能力之间存在统一性这种观念是一切农业社会的突出特征之一。在很长一段时间里，古希腊人和古罗马人将土地等同于子宫，而农业劳动等同于产生后代的行为。《古兰经》中提到，'你们的妻子好比是你们的田地。'印度教将畦田等同于女阴（约尼），种子等同于精液。《摩奴法典》也教导说：'将妇女看作是田地，将男子看作是种子。'那难陀有这样的评注：'妇女是田地，男子就是撒种者。'有一句芬兰谚语说：'女人在她们的身体里自有田地。'"参见［美］米尔恰·伊利亚德《神圣的存在》，晏可佳等译，广西师范大学出版社2008年版，第245—248页。

利亚德说的那种"农业心态"①。

四　射鸟取谷型：促殖与占卜

除了"天女"与"狗"为人类带来谷种外，鸟类为人类取来谷种的神话也不少。普米族神话《百鸟求种》，彝族史诗《梅葛》，拉祜族神话《牡帕密帕·种谷子》与《找种子》，基诺族神话《吃新米仪式》，土家族神话《鸡公大仙下凡》都属于 B3 型。在这些神话中，帮人类获得谷种的鸟类包括斑鸠、喜鹊、公鸡、鸽子、布谷鸟和乌鸦。鸟类之所以能成为帮人类取谷种的中介，这与鸟类自身的特点有关。

首先，和其他动物相比，鸟类最大的特点是能在天空飞翔。在比鸟活动的位置更高的地方，是先民崇拜的诸神之所在——天城。这意味着要在人与神之间建立联系就必须找到一种可往返于天与地、神与人之间的中介。这样的中介，鸟类是不二之选。于是，要取得天神手中的谷种，鸟类自然就成了最佳的使者。在哈尼族神话《英雄玛麦》中，为了能上天取谷种，玛麦为自己没有长一对翅膀感到懊恼，他说："可是天神住在天上，自己没有翅膀，上不了天呀！"② 玛麦的懊恼正好说明了先民将鸟类作为取谷能手的真正原因。在先民头脑中，鸟类通常被视为往返于天地间的"信使"。当人们遇到难题或需预测吉凶时，作为信使的鸟类显示给人类的信息往往成为人们揣摩天神意旨的线索。于是，鸟的叫声、鸟飞行的姿态、鸟内脏上的脉络、鸟嗉中的食物甚至鸟粪都成为人们获得天神旨意的"信物"。因此，将鸟类视为帮人类送来谷种的使者，是由鸟的中介性决定的。

---

① 米尔恰·伊利亚德认为："土地的丰产和妇女的创造力之间神秘联系乃是我们可以称之为'农业心态'的直接要素。"参见［美］米尔恰·伊利亚德《神圣的存在》，晏可佳等译，广西师范大学出版社 2008 年版，第 316 页。
② 王正芳编：《哈尼族神话传说集成》，中国民间文艺出版社 1990 年版，第 179 页。

　　其次，鸟类与野生的草实有着特殊的关系。对于大多数鸟类来说，野生杂草的种子是其主要的食物来源。在采集与渔猎的生产方式还占据主导地位的时代，很有可能是受了鸟类的启发，先民才认识到野生谷物的价值。比如，土家族古歌中这样唱道："小米哪里来的哟？芭茅雀儿搬来的哟！当作狗尾巴搬来的哟！嘴巴尝一尝，这是养人的哟！"[①] 当人类品尝到野谷的滋味后，草实变成了种子，野谷变成了家谷，丛莽变成了稻田。此时，鸟类成群结队地在田间偷食谷物，它们从最初的启发者变成了偷食者。总而言之，鸟类从此与人类开辟的农田联系在了一起（参见图4－7）。在遍及全球的谷神（谷精、谷魂）信仰中，正是由于人们总是在稻田中看见鸟类的出现，故而在很多地方，鸟类成了谷神的象征。[②]

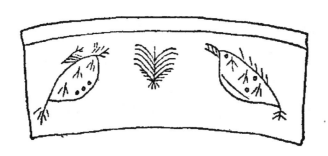

图4－7　河姆渡遗址"二鸟护禾"陶绘

采自刘军《河姆渡文化》，文物出版社2006年版

　　在前文中我们已指出，农业起源的过程就是诸多与农业相关的因素从自然状态过渡到文化状态的过程。农业的发生不仅在物质层面、行为层面展开，更重要的是它要融入先民已有的观念体系，尤其是先民的宗

---

　　① 彭继宽、姚纪彭主编：《土家族文学史》，湖南文艺出版社1989年版，第40页。
　　② 弗雷泽认为："在原始人看来，某种兽或某种鸟在谷物中出现一下也许就足以表示动物与谷物之间的神秘联系。"参见 J. G. 弗雷泽《金枝——巫术与宗教之研究》，汪培基等译，商务印书馆2012年版，第733页。

教体系。米尔恰·伊利亚德就曾指出："农业——绝非一种世俗的技艺——是一种仪式。"① 埃文思 - 普里查德也说过："宗教信仰和仪式才是人们进行农业、狩猎和采集活动的函数。"② 因此，只有充分考虑"谷种起源神话"中蕴含的宗教、仪式因素，才能对之作出合理的解释，如图 4 - 8 所示。

图 4 - 8　连云港将军崖岩画中被人格化的禾苗

采自陈兆复《中国岩画发现史》，上海人民出版社 2009 年版

在藏族神话《种子的来源》中，一只喜鹊将"九日并出"的灾难预先告知了一个慷慨、善良的少年。当少年来到天界，一只朱色的鸟将天神的三女儿要来背水的信息预告给了他，他由此成了天神的女婿。少年和天女在人间从事农业，获得丰收后，将谷物做成的糕点敬献给天神，而把这些糕点带到天城的中介是一只乌鸦。③ 这些情节意味着什么呢？意味着在先民的观念中，鸟类是沟通天地、神人的中介和使者。正

① ［美］米尔恰·伊利亚德：《神圣的存在》，晏可佳等译，广西师范大学出版社 2008 年版，第 314 页。

② ［英］E. E. 埃文思 - 普里查德：《阿德赞人的巫术、神谕和魔法》，覃俐俐译，商务印书馆 2010 年版，第 23 页。

③ 中央民族学院《藏族文学史》编写组编：《藏族民间故事选》，上海文艺出版社 1982 年版，第 27—40 页。

因为鸟类具有这样特殊的身份，鸟类又往往被用来进行占卜（鸟卜）。

在藏缅语民族中，鸟类作为中介为人类取来谷种的古歌、神话数量颇多。藏族古歌唱道：

> 最初斯巴形成时，阳山坡上种白竹，白竹顶上白鸠落，白鸠送来大米种；最初斯巴形成时，阴山坡上种青竹，青竹顶上落青鸠，青鸠送来青稞种；最初斯巴形成时，山坳中间长红竹，红竹顶上红鸠落，红鸠送来红麦种。[①]

在普米族神话《百鸟求种》中，天女三姑娘由于丈夫的负心，一气之下决定返回天城，打算把谷种也全部带走。百鸟请求说："三姑娘，请你留点五谷粮食给我们吧，我们要生活啊。"在百鸟的请求下，三姑娘每样粮食只留了一点。[②] 拉祜族神话《种谷子》说：天神厄莎叫布谷鸟给人类送来四颗谷种，两颗是田谷，两颗是旱谷。[③] 彝族史诗《梅葛》中唱道：亏得天上小麻雀，四面八方拣荞种，荞种拣来了，三月二十日，开地撒荞子。[④] 在土家族神话《鸡公大仙下凡》中讲道：鸡公大仙是给玉皇大帝管仓库的，他有心救世上受苦人，他把玉皇大帝的仓库打开，把仓库里的五谷杂粮扒出来，送给世上人吃，救活了不少人。[⑤]

这些神话不仅能说明鸟类与神界的特殊关系，也能说明谷物确实是鸟类喜欢的食物。鸟类与神界的特殊关系源于鸟类的活动范围；而鸟类与谷物的关联则与鸟类的食物习性相关。前者使鸟类与神灵联系在一

---

① 中央民族学院《藏族文学史》编写组：《藏族文学史》，四川民族出版社 1985 年版，第 22—23 页。

② 普米族民间文学集成编委会：《普米族故事集成》，中国民间文艺出版社 1990 年版，第 25 页。

③ 拉祜族民间文学集成编委会：《拉祜族民间文学集成》，中国民间文艺出版社 1988 年版，第 99 页。

④ 云南省民族民间文学楚雄调查队：《梅葛》，云南人民出版社 2009 年版，第 81 页。

⑤ 归秀文编：《土家族民间故事选》，上海文艺出版社 1989 年版，第 19—24 页。

起，后者使鸟类与人类联系在一起。正是因为在鸟身上汇聚了这样的双重关系，在先民的观念中，它才成了沟通天地、神人的中介。

总体而言，"射鸟取谷"的情节是 B3 型神话中最具典型意义的结构模式。所谓"射鸟取谷"指的是人类用弓箭将鸟射落，然后剖开鸟嗉子或鸟腹，从中取出谷种。"射鸟取谷"的情节出现在许多神话中。比如，藏族《种子的起源》讲道：

少年非常忧愁，姑娘又向他说："这不要紧，一定是地上的鸽子吃了。你明天带上阿爸的弓箭在地里等着，看见有三只鸽子飞来停在树上，你不要射那前面的，也不要射那后面的，单射那中间的。这样你就可以在它的嗉子里得到那些油菜籽了。"第二天他带了弓箭去，果然在地边上看见三只鸽子飞来。他立刻搭好箭向中间那只射去，果然在它嗉子里取出了那三合①油菜籽。②

珞巴族神话《种子的来历》讲道：

阿巴达尼携带弓和箭，出了巴嘎山谷，要到帕宗邦加去打猎。他刚走到帕宗邦加，就见到有一只兴阿③站在水边，他弯弓举箭，一箭就射中了这只兴阿。阿巴达尼把兴阿的肚子剖开了，见到兴阿的肚子里有很多鸡爪谷、稻谷和玉米。④

纳西族神话中，崇则丽恩为了娶衬恒布白，经受的"考验"也是"射鸟取谷"：

---

① 三合之合，量词。
② 中央民族学院《藏族文学史》编写组：《藏族民间故事选》，上海文艺出版社 1982 年版，第 35 页。
③ 兴阿，珞巴语，一种水鸟名。
④ 于乃昌编：《珞巴族民间文学资料》，西藏民族学院科研处 1980 年版，第 22 页。

第二天早上，斑鸠不会停，停到丽恩园子里头来。崇则丽恩呀，带上弓和箭，想射瞄三次，犹豫了三下。衬恒布白，正织布当儿，黄梭狠触丽恩手拐肘，说时迟，那时快，刚好射中斑鸠胸脯上，找出剩下的三颗粮。①

普米族神话《种子的由来》中的情节与之类似，用弓箭射下的直接就是种子而不是鸟：

老三正在犁地，突然看见久别的新娘；见她要把种子带回天上，赶忙去取来了弓箭。三妹正带着种子升天，老三朝她射开了箭。随着一声声箭响，种子纷纷掉落地面。②

在哈尼族神话《英雄玛麦》中，为了取得谷种，玛麦接受了天神的"考验"，用弓箭射下九只鹜鹰，在获得谷种的同时与天神的女儿结成夫妻：

玛麦取下铁弩用力一拉，差不多拉了个满月。接着从箭筒里取出箭来，一连射出九支，只见九只鹜鹰一只接一只都坠落到山箐里去了。天神看后，连声称好，赶忙把玛麦带进他的后园。这后园里摆着很多瓦钵头，每只钵头里种着一种庄稼。天神笑着对玛麦说："现在你可以自由挑选了！"玛麦左挑右选，最后选中了黄灿灿的稻谷，他说："我就喜欢这种粮种。"说话间，不料那钵金色的谷种竟化成了一个非常漂亮的姑娘。③

在这些神话中，不管是直接"射鸟取谷"还是把射箭作为取谷

① 方国瑜编：《纳西象形文字谱》，云南人民出版社 1981 年版，第 508 页。
② 普米族民间文学集成编委会编：《普米族歌谣集成》，中国民间文艺出版社 1990 年版，第 350 页。
③ 王正芳编：《哈尼族神话传说集成》，中国民间文艺出版社 1990 年版，第 180 页。

（娶亲）前的"考验"，弯弓射箭都是其中不可缺少的情节。这意味着什么呢？

　　笔者认为，"射鸟取谷"这一模式化情节蕴含着极具典型意义的象征结构。首先，在"射鸟取谷"这一情境中，"鸟"是其中最显著的象征符号，它的特别之处在于它把"箭"和"谷"都汇聚到了它身上。其次，"箭"是人射到"鸟"身上去的，这意味着鸟是先民的狩猎对象。再次，"谷"是要被人从鸟嗉子中取出，它终归要被当作谷种播种到田里去。最后，在这由"鸟""箭""谷"三要素组成的象征结构中，射入鸟身的"箭"象征着即将完结的"采集—渔猎"时代，而从鸟嗉子中取出的"谷"则象征着即将开始的"种植—饲养"时代。

　　总而言之，用"弓弩"射下内含"谷种"的鸟雀，这象征着先民从"狩猎"经济向"种植"经济过渡。所以，"射鸟取谷"作为一个经典的象征结构，与"狗尾藏种"一样，具有类似的结构功能，它们都强调着人类生产方式的演进、过渡与转换。对此，有学者认为："没有他的神箭就不能射落双鸿得到它喉里的麦种，这说明狩猎时代跟畜牧农耕时代的联系，说明农耕伊始之时射猎技术仍然受到极大重视——上述的'射鸟取种'关目似乎也都可以作如此观。"① 尽管这位学者隐约地意识到了"射鸟取谷"的象征意义，但是他却说"射鸟取谷"说明的是在农业开始之际对射猎的重视，这是不恰当的。因为，就"射鸟取谷"这一象征结构来看，它主要表达了不同生产方式的转换及其时代的过渡。

　　在前文，尤其是在对 B2 型（狗尾藏种型）神话的分析中，我们已对人类从"采集—渔猎"经济过渡到"种植—饲养"经济进行了充分的阐述。但是针对"射鸟取谷型"（B3），我们还可以对之进行补充说明。

---

① 萧兵：《婚姻考验和谷种神话——比较神话学笔记》，《思想战线》1984 年第 3 期。

在前农业时代，人们通过采集、渔猎维持生存，如果要用一种生产工具来代表这一阶段的生产方式——正如人们用"耒耜"来象征种植经济——用"弓箭"来象征狩猎经济无疑是最恰当的。据考古资料显示，在上百万年的时间里，采集和渔猎是早期人类主导性的生产方式。而在这漫长的过程中，弓箭的发明是较晚近的事件，它标志着狩猎经济进入了高级阶段。比如，摩尔根就认为："弓箭是一大发明，它给狩猎事业带来了第一件关键性的武器，其发明的时间在蒙昧阶段晚期。"① 摩尔根将弓箭视为人类从中级蒙昧阶段向高级蒙昧阶段过渡的标志②，并指出弓箭之于早期人类的意义如同铁器之于野蛮时代、火器之于文明时代。恩格斯则指出："由于有了弓箭，猎物便成了通常的食物，而打猎也成了常规的劳动门类之一。弓箭对于蒙昧时代，乃是决定性的武器。"③ 发明及使用弓箭大大提升了狩猎的效率。据考古资料显示，在旧石器时代已经有使用弓箭的迹象，最初的弓箭箭头用石头、竹子制成，到旧石器时代晚期弓箭的制作已较为完备。弓箭也是早期人类普遍使用的工具，至今仍在许多民族中使用，四川石棉县的尔苏藏族直到今天还举行"射箭节"，珞巴族在新中国成立前几乎每个男性都有自己的弓箭（参见图 4-9）。④ 在藏缅语民族中，彝族《做弩歌》唱道：

> 砍棵麻栗树，要做一张弩。树筒断多少？不短也不长；块子破多宽？不窄也不宽；弓弦结多紧？不松莫太紧。背弩打野兽，只听弩声响。⑤

---

① ［美］路易斯·亨利·摩尔根：《古代社会》（上），杨东莼等译，商务印书馆 1983 年版，第 20 页。

② 弓箭一般被视为中石器时代具有代表性的工具。

③ ［德］F. 恩格斯：《家庭、私有制和国家的起源》，人民出版社 1999 年版，第 22 页。

④ 宋兆麟等：《中国原始社会史》，文物出版社 1983 年版，第 95—96 页。

⑤ 李力主编：《彝族文学史》，四川民族出版社 1994 年版，第 81 页。

图 4 – 9　藏北地区嘉林岩刻展现的狩猎场景

发明弓箭与使用猎犬大大提升了狩猎的效率，是狩猎技术成熟的重要标志。

采自陈兆复《中国岩画发现史》，上海人民出版社 2009 年版

珞巴族神话《弓的来历》讲道：

> 阿崩岗日虽很会打猎，但不会制造弓，远距离的野兽打不到。有一天，他上山打猎，在鼹鼠、鸟以及猴子的启发下发现竹片具有弹性。他于是用藤子把竹片的两头绷紧弯曲做成弓，配上箭用来打猎。从此以后他能打到更多的猎物。①

此外，在《吴越春秋》中，越王问善射者陈音弓箭的来历，陈音云：

> 臣闻弩生于弓，弓生于弹，弹起古之孝子。……孝子不忍见父母为禽兽所食，故作弹以守之，绝鸟兽之害，故歌曰："断竹，续竹，飞土，逐肉"之谓也。于是神农黄帝，弦木为弧，剡木为矢，弧矢之利，以威四方。②

---

① 李坚尚等编：《珞巴族门巴族民间故事选》，上海文艺出版社 1993 年版，第 76 页。

② （东汉）赵晔：《吴越春秋》，中华书局 1985 年标点本，第 196—197 页。

从这些引文可见，弓箭的产生、改进、定型经历了一个漫长的过程，弓箭对于狩猎确实具有极其重要的意义，是人类生产工具演进历程中不可缺少的一项发明。因此，用弓箭来代表狩猎经济及其时代是合乎实际的。

在上文中，弓箭的"工具性"已经说得够明白了，但是弓箭除了作为工具来使用，它还必须具有观念性。这也就是说，它还必须融入先民的观念体系。和其他重要的生产工具——比如农业生产中的犁①——类似，弓箭也被赋予了"增殖"的象征意义。彝族神话《箭筒中的谷种》说：

> 从前有两个彝族兄弟去狩猎，因口渴而到沟边去喝水。正当此时，从某一箭筒中掉下三颗谷种于泥水里。后来，两兄弟在狩猎过程中又到那里去喝水时，发现那里长着三棵金黄的谷子，两兄弟就将其带回家去播撒，从此，这里的彝族就种起了水稻。②

在这则神话中，"种子从箭筒中掉出"，这并非一个偶然事件，而是有意设定的象征结构，这象征结构的潜台词是："种子"与"箭"具有类似的性质。在前文所举的藏族神话《种子的起源》、哈尼族神话《英雄玛麦》等中，射箭不仅是获取种子的方式，也是获取新娘的方式。这说明"射箭"具有两层含义：首先，射箭可以用来类比男女交媾，把箭从箭筒中取出、射出，犹如男性将精液射向女性③；其次，射箭这一活

---

① "犁"的使用对于农业的发展起到了非常重要的作用。利普斯认为："若无犁的发明，地球上广大空间还是不能被利用来养活日益增长的人口。犁的发明和利用畜力（主要是牛，后来还有马）拉犁，使人们可能开发大片耕地，作为真正的农业生产的基础。"参见 J. E. 利普斯《事物的起源》，汪宁生译，贵州教育出版社 2010 年版，第 79 页。

② 朱元富：《彝族谷种神话与母体崇拜》，《楚雄师专学报》2001 年第 2 期。

③ 陈兆复认为："弓箭作为生殖崇拜的符号出现时，弓与箭各自扮演着不同的角色，弓象征女阴，箭象征男根。执弓搭箭就意味着两性交媾。如果施加巫术的魔力，弓箭图像就有了增强生殖力的作用。"参见陈兆复《古代岩画》，文物出版社 2002 年版，第 183 页。

动既然具有增殖的性质，那么，用它来类比种子，这也就凸显出了谷种的增殖属性。因此，在神话《箭筒中的谷种》中，箭筒中掉出三颗谷种，而这些谷种又开启了彝族的稻作农业，这意味着箭筒是对男根的象征，谷种是对精液的象征，而泥水则是对女阴的象征。从这个象征体系中我们不难看出，人们对谷种的理解是用两性关系来类比的。

如果对上面的解释还存在疑虑，那么，我们可以再举一个例子来予以说明。在云南永仁县彝族地区，"存在一种极为一致的习俗，那就是不能把秧苗插回秧田里。他们认为，秧田是母田，代表着母亲，秧苗代表儿子，把秧苗插入秧田是一种乱伦关系。这里的另一风俗是，难产死者不用棺殓而用裹布葬之。据说难产死者殓棺而葬，会导致直苴村庄（属于中和镇——笔者注）下面的水稻田不丰产，因为妇女与水稻一样具有繁殖能力。难产死，就意味着没结果，若人们对其厚葬，就会影响谷子饱满成熟。"① 在这个例子中，人们不仅把秧田与秧苗的关系用母子关系来类比，也用女性的生殖力来类比稻田的生产力。人们作出这样离奇的类比，是因为"人在进化的一定阶段还不能区别动物的生殖力与植物的生殖力"。② 因此，在民俗信仰和神话情节构成的象征结构中，用人的社会关系来类比生产活动诸要素之间的关系，这是一种普遍现象③，也有其必然性。因为只有用类比的方式，农业才能融入先民的信仰体系。对于先民来说，农业绝不仅仅是一项生产活动，如米尔恰·伊利亚德所言：农业绝非一种世俗的技艺，农业是一种仪式。

---

① 朱元富：《彝族谷种神话与母体崇拜》，《楚雄师专学报》2001 年第 2 期。
② ［英］J. G. 弗雷泽：《金枝——巫术与宗教之研究》，汪培基等译，商务印书馆2012 年版，第 605 页。
③ 弗雷泽认为："扮演五谷妈妈的妇女表示成熟的谷物，孩子像是表示来年的谷物。很自然，来年的谷物是可以看作本年谷物的孩子的，因为来年的庄稼是从本年收获的种子里长出来的。"参见 J. G. 弗雷泽《金枝——巫术与宗教之研究》，汪培基等译，商务印书馆2012 年版，第 669 页。

综上所述，关于"射鸟取谷"中"箭"的含义，除了象征"采集—渔猎"经济及其时代外，它还具有"增殖"的含义。神话中用"射箭"的方式来获得谷种，就是要用"射箭"这一行为蕴含的"性隐喻"来类比谷种的增殖性。

用"射箭"类比"交媾"，这样的例子在藏缅语民族中并不少见。在藏族神话《种子的起源》中，少年为了娶天女，用箭射下鸽子，取出被鸽子吞掉的油菜籽。① 彝族故事《吹笛少年与龙女》中，少年为娶得鱼公主，箭射斑鸠，破嗉取种。② 景颇族叙事长诗《腊必毛垂与羌退必波》中挑选女婿的方法之一即拉弓比赛。③ 纳西族神话《人类迁徙记》中，为娶衬红褒白，从忍利恩用箭射下吞食了粮种的斑鸠。④ 哈尼族神话《英雄玛麦》中，玛麦用铁弩射下九只鹫鹰，天神送给他一钵金黄的稻种，更妙的是这钵稻种变成了一位姑娘，最终成了他的妻子。射箭、稻种与妻子，这三者之间的类比确实已经足够明显了。藏缅语民族之外，在佤族叙事诗《岩惹惹木》中，一孤儿为了与龙女成婚，用箭射死斑鸠并从中取出黄豆。⑤ 傣族长诗《兰戛西贺》中，诸王子向西拉求婚，天神对西拉的养父说："明天你叫王子们来试，谁能拉得动神弓，并把三支箭射出去，你就把漂亮的西拉交给他。"⑥ 在古希腊史诗《奥德修》中，奥德修之妻潘奈洛佩曾经用"拉弓"的办法来应付和"考试"那些求婚的子弟："求婚的人们，既然现在你们都要为我竞争，你

---

① 中央民族学院《藏族文学史》编写组编：《藏族民间故事选》，上海文艺出版社1982年版，第41页。

② 李德君、陶学良编：《彝族民间故事选》，上海文艺出版社1981年版，第210—215页。

③ 段胜鸥等：《云南少数民族文学资料（第1辑）》，中国社科院云南少数民族研究所1980年版，第135页。

④ 方国瑜编：《纳西象形文字谱》，云南人民出版社1981年版，第507—508页。

⑤ 段胜鸥等：《云南少数民族文学资料（第1辑）》，中国社科院云南少数民族研究所1980年版，第36页。

⑥ 苏达万：《云南少数民族文学资料（第4辑）》，中国社科院云南少数民族研究所1981年版，第154页。

们就来吧，我把英雄奥德修的大弓放在这里；如果有人能够轻易地用手把弓弦拉上，再射箭穿过这十二把铁斧的环，我就跟着他去。"① 古印度史诗《罗摩衍那》中，国王们向遮罗竭的养女悉多求婚，遮罗竭便用拉弓来考试他们，他们没有一个拉得开。国王说："牟尼呀，如果罗摩能够把那弓弦装上，我将把无母的悉多，送给十车王的儿郎。"② 总之，类似的例子不胜枚举。

"射鸟取谷"的象征结构，除了象征"时代的过渡"，除了象征"两性关系"，笔者认为还有第三种解释。

在前文，我们已经对鸟类何以能够沟通天地、神人的原因进行了解释。既然鸟类是人类和天神之间的信使，那么，鸟类就会被先民用来占卜。因为，占卜的本义就是揣摩天神意旨。维柯说："全人类都凭一种共同观念把天神的本性称为神性（Divinity，亦即占卜）。"③ 因而，"射鸟取谷"的模式化情节很有可能是对"鸟卜"的神话式表达。对此，有学者指出："神话虽然具有自治性，但它来源于汩汩涌动的生活'源泉'和由情感驱动的社会的——仪式——生活。"④ 毫无疑问，对于先民来说，占卜是生活中极常见而又极重要的仪式⑤，因此占卜的方式、内容完全有可能体现在先民的神话中。对此，有学者持同样的看法："神话是仪式的变形，它的情节往往反映某种祭神仪式的内容。"⑥ 这样

---

① ［古希腊］荷马：《荷马史诗·奥德修纪》，杨宪益译，上海译文出版社1979年版，第269页。

② ［古印度］蚁垤：《罗摩衍那·童年篇》，季羡林译，人民文学出版社1980年版，第360页。

③ ［意］G. 维柯：《新科学》，朱光潜译，商务印书馆2012年版，第11页。

④ ［美］斯特伦斯基：《二十世纪的四种神话理论》，李创同、张经纬译，生活·读书·新知三联书店2012年版，第253页。

⑤ 列维－布留尔认为："没有什么风俗比占卜的风俗更普遍了。我不相信哪个原始社会是完全不需要占卜的。"参见列维－布留尔《原始思维》，丁由译，商务印书馆2010年版，第280页。

⑥ 王小盾：《原始信仰和中国古神》，上海古籍出版社1989年版，第12页。

的观点有一定道理。因为有一部分神话的确就是对仪式的反映，但是如果说所有神话都是对仪式的反映，这就有问题了。

"射鸟取种"是"鸟卜"仪式的神话式表达，这指的是先民用箭射鸟后剖开鸟嗉寻找谷种并对之进行相应的解释，以预测天气的好坏、农业的丰歉、征战的吉凶等。这种占卜形式在藏缅语民族中是存在的。

比如，珞巴族神话中说，珞巴族始祖阿巴达尼"捉了一只小白鸟，把它杀了念经看肝，看看是到内地好还是珞隅好。看肝的结果，还是到珞隅好"①，于是他带领人们在珞隅住下，种上玉米、鸡爪谷、黄瓜、南瓜等作物。

《隋书》卷八十三载："（东女国）岁初，以人祭，或用猕猴。祭毕，入山祝之。有一鸟如雌雄，来集掌上，破其腹而视之，有粟则年丰，砂石则有灾，谓之鸟卜。"②

《旧唐书》卷一百九十七载："女国，其俗每至十月，令巫者赍楮诣山中，散糟麦于空，大咒呼鸟。俄而有鸟如鸡，飞入巫者之怀，因剖腹而视之：每有一谷，来岁必登；若有雪霜，必多灾异。其俗信之，名为鸟卜。"③

《新唐书》卷二百二十一载："（东女国）巫者以十月诣山中，布糟麦，咒呼群鸟。俄有鸟来如鸡，剖视之，有谷者岁丰，否即有火，名为鸟卜。"④

后面的三条引文是对东女国、女国风俗的记载。东女国和女国位于今川西、藏东一带，在史籍中一般被视为"西羌之属"，也就是说它们

---

① 西藏社会历史调查资料丛刊编辑组：《珞巴族社会历史调查（一）》，民族出版社2009年版，第17页。
② （唐）魏征等：《隋书》，中华书局1973年标点本，第1851页。
③ （后晋）刘昫等：《旧唐书》，中华书局1975年标点本，第5278页。
④ （宋）欧阳修、宋祁：《新唐书》，中华书局1975年标点本，第6219页。

是藏缅语民族在隋唐时代的分支民族。① 从引文中我们可以发现，射鸟剖腹后察看的是有无粟、砂、谷、雪霜等信物，有粟、谷之类则预示五谷丰登，有砂石、雪霜则为灾异之象。把"鸟卜"仪式与"射鸟取谷"的神话相对照，我们发现这两者之间的确有相似之处。因此，"射鸟取谷"的情节有可能是对"鸟卜"仪式的神话式表达。

综上所述，鸟类的活动范围、取食习性等因素赋予了鸟类沟通天地、神人的中介性。在此基础上，"射鸟取谷型"（B3）神话至少包含三重象征意义：首先，"射鸟取谷"象征着早期人类从"采集—渔猎"时代向"种植—饲养"时代的过渡；其次，"射鸟取谷"中以箭射鸟的实质是用"两性结合"的性质来类比"谷种"的性质；最后，"射鸟取谷"的模式化情节可能是对"鸟卜"仪式的神话式表达。

第三节　从谷种起源神话的模式化情节
看农业对于人类的意义

在前文中，"天神赐谷""狗尾藏种""天女下嫁"以及"射鸟取谷"四型神话是围绕"谷种起源"问题展开的。而对"谷种起源"问题的探讨间接地回答了原始农业的起源问题。农业的起源是人类文化演历过程中的关键环节，农业的兴起是中石器时代的标志，是人类从野蛮时代的低级阶段过渡到中级阶段的象征。藏缅语民族的"谷种起源神话"不仅回答了农业起源的问题，也回答了农业之于人类的意义。

---

① 石硕：《青藏高原东缘的古代文明》，四川人民出版社 2011 年版，第 307—324 页。

一 从无粮时代到有粮时代：森林与农田之间的战争

藏缅语民族的"谷种起源神话"中说，在"采集—狩猎"时代，先民"没有五谷，也没有牲畜，只有靠野菜野果过日子"[1]，"饿了，就用山茅野果充饥；冷了，就用树叶兽皮蔽体"[2]，他们"住在岩洞里，天天出外打猎"[3]，在饥饿的驱使下，不得不"和狮子、大象、老虎、豹子和龙、蛇争吃的"[4]，由于"生活只是靠狩猎和采集野果来维持，天长日久，山上的野兽越来越少，冬天到了，人摘不到野果，免不了要忍饥挨饿"[5]，他们为了保得性命，经常"吃草、吃泥、吃虫子"[6]。这就是在"无粮时代"人们的生活状况。

当先民获得了谷种[7]，"学会了种稻谷，再不发愁没有东西吃了"[8]。由于食物充足，"人也慢慢多了起来"[9]，"生活越来越富裕，日子越过越好，子孙也越来越兴旺"[10]，最终"人类靠它得到了发展"[11]。这是"有粮时代"的生活状况。

在这两个不同的时代，先民过着截然不同的生活，这一切的转变都

---

[1] 杨利先主编：《云南民族民间故事》，云南人民出版社2009年版，第513页。

[2] 王正芳编：《哈尼族神话传说集成》，中国民间文艺出版社1990年版，第183页。

[3] 中央民族学院《藏族文学史》编写组编：《藏族民间故事选》，上海文艺出版社1982年版，第27页。

[4] 同上书，第38页。

[5] 鸥鹛渤编：《景颇族民间故事选》，上海文艺出版社1991年版，第66页。

[6] 李明主编：《羌族文学史》，四川民族出版社1994年版，第71页。

[7] 在对藏缅语民族的40篇"谷种起源神话"进行统计的基础上，神话中出现的农作物种子分三大类。第一，谷物类：稻谷、青稞、荞子、小麦、高粱、燕麦、玉米、稗子、稷子、大麦、籼米、糯米。第二，豆类：胡豆、豌豆、大豆、黄豆、绿豆。第三，蔬菜类：芜菁、油菜、瓜果、芝麻、香柳、薄荷、大蒜、生姜。

[8] 鸥鹛渤编：《景颇族民间故事选》，上海文艺出版社1991年版，第67页。

[9] 《羌族文学简史》编写组：《羌族民间文学资料集（一）》，1987年，第4页。

[10] 王震亚编：《普米族民间故事》，云南人民出版社1990年版，第25页。

[11] 普米族民间文学集成编委会编：《普米族歌谣集成》，中国民间文艺出版社1990年版，第349—352页。

源于先民对谷种的发现、认知、培育与种植。在藏缅语民族的"谷种起源神话"中，这两个时代的生活状况形成了鲜明的对照。在"无粮时代"，先民整天为食物奔忙，但仍"处于饥饿的边缘，因为一家人日复一日地依赖于当天采集与狩猎的结果"。① 而在"有粮时代"，先民不仅战胜了饥饿，更促使人口大规模增长，为农业的发展提供了必要的劳力。在此基础上，农业发展的速度越来越快，在"谷种起源神话"中，很多细节反映出先民积累了大量的农耕经验。比如，种植区的分配②、种植时间的把握③，人们甚至对从事农业之人理应具有的品质都作了要求。

种植业的发明不仅改变了人类的生活，也改变了周围的环境。在

---

① ［英］G. 埃利奥特·史密斯：《人类史》，李申等译，中国社会科学出版社 2009 年版，第 197 页。

② 白族神话《五谷神王》："第一个三节葫芦里有荞种，撒在高山上；第二个两节葫芦里有大麦种，撒在半山腰；第三个细脖子葫芦里有大豆种，撒在山脚沙地上；第四个弯葫芦里有籼米种，撒在大河小溪两边；第五个一节葫芦里有糯米种，撒在水田里。"参见云南省民间文学集成办公室编《白族神话传说集成》，中国民间文艺出版社 1986 年版，第 62 页。

③ 农业与时间的关系特别紧密。比如，在《说文》中，"季"（年）字释为"谷孰（熟）也，从禾千声"；"穀"（谷）字释为"续也"。参见许慎《说文解字》，中华书局 1963 年版，第 146 页。"年"释为"谷熟"，这意味着谷物成熟一次的时间，也就是说谷物从种植到收获的整个周期叫"年"。"谷"释为"续"，这意味着谷物一年接一年连续不断地生长、延续，这对于先民理解时间（年）的延续是极为具象的原型。《道德经》第六章云："谷神不死，是谓玄牝。"这里的"谷神"应为"穀神"，非"山谷"之"谷"。所谓"谷神不死"是用"穀"年年相"续"、绵绵无尽之意来类比"玄牝"生生不息、源源不绝的力量，古人把"谷"释为"养也"。因此，将"谷神不死"之"谷"释为"山谷"之"谷"很可能是不恰当的。参见朱谦之《老子校释》，中华书局 1984 年版，第 25—26 页。另外，在藏缅语民族中，哈尼族的"札勒特"是兼有"收成"和"新年"的含义。由此可见，最早的历法是在农业生产的需求下形成的"物候历"。在藏缅语民族的神话、古歌中，存在各种形式的"物候历"。比如，独龙族人就是根据桃花盛开，布谷鸟和"坚克拉"鸟鸣叫便开始春耕、春播；到"奔登鸟"和"夏公马巩鸟"叫时，必须全面播种，当鸟王"崩得鲁那"叫时，作物要播种完毕。如以各种作物分而言之，则"洽多"花开或桃花含苞欲放时，可播早熟小米。晚熟小米则在桃花已开，桃果初现时下种。个别的蝉开始鸣叫时种早稻。桃花将开种洋芋。桃花已开，蝉虫大叫种玉米最好。参见李根蟠、卢勋《中国南方少数民族原始农业形态》，农业出版社 1987 年，第 96—77 页。傈僳族把一年分成 10 个月，包括过年月、盖房月、花开月、鸟脚月、烧火山月、饥饿月、采集月、收获月、酒醉月、狩猎月。参见朱筱新编《中国传统文化》，中国人民大学出版社 2010 年版，第 187 页。

"无粮时代"，狩猎与采集主要在森林和灌木丛中进行；而在谷物种植兴起之后，人们不得不开辟农田。因此，从对周围环境的影响而言，农业的发展历程就是一个不断向森林进攻、扩展的过程。对此有着深刻理解的维柯曾说："那些耕种过的土地一定就是异教民族中最初的祭坛，而祭坛上点燃的火就是用来烧光森林中的树木，使土地变成可耕种的。"① 在种植业兴起之初，由于生产力水平极端低下，要在森林中间开辟出一块隙地对先民来说是十分艰巨的。

独龙族神话《西坛嘎·彭》说一个叫西坛嘎·彭的人长大后为了种地去砍树烧山，可是头一天砍倒的树第二天又长好了，只好继续砍下去。② 这则神话说明了先民在生产技术十分薄弱的情况下，砍掉森林、开垦农田的过程十分艰难。景颇族《劳动歌》也这样唱道：

> 腊月里找地正月里砍，打好的长刀亮闪闪；寨里的小伙子们哟，大家一起砍地去：不会甩斧头，就看水牛甩尾巴；不会砍倒树，就学树虫咬树枝丫；见草砍草，见刺砍刺，见竹砍竹，遇见石头撬掉它。斧头砍钝了我们再磨，长刀砍断了我们再打；长刀和斧头甩得震天响，地里的树和草才能砍光。③

由于工作强度大，砍火地一般由男性承担。从歌词中也可以看出，所谓"斧头砍钝""长刀砍断"，皆说明开辟农田十分艰辛。此外，《周礼·秋官·柞氏》亦云：

> 柞氏掌攻草木及林麓。夏日至，令刊阳木而火之；冬日至，令

---

① ［意］G. 维柯：《新科学》，朱光潜译，商务印书馆 2012 年版，第 16 页。
② 李金明：《独龙族文学简史》，云南民族出版社 2004 年版，第 97 页。
③ 夺石当主编：《景颇族研究》（第 1 辑），云南民族出版社 2008 年版，第 21 页。

剥阴木而水之。①

这说的是在既不使用火也不用铁器的情况下，为了清除树木、开辟田地，先民夏天把树皮剥下来，用烈日烤晒，使树木枯死；严冬也剥掉树皮，采用冰冻法使树木死亡。由此可见，清除森林、开辟田地的工作对先民来说颇费周折。此外，在《森林人》一书中，针对俾格米人的种植园，人类学家特恩布尔指出："对于生活在森林边缘的村庄人来说，防止他们的种植园草木蔓生是一场永久的战斗。"② 从这些例子都能看出，在农业的起步阶段，囿于技术水平，农业生产十分困难，种植形式极其原始。③

当先民从"无粮时代"过渡到"有粮时代"，人们的劳动方式、劳动工具以及劳动对象都发生了改变。此时，狩猎转为农耕，耒耜取代弓箭，森林变成良田，猎人成为农夫。在藏缅语民族的谷种起源神话中，白族神话《五谷神王》就以寓意深刻的情节展示了这两个时代的过渡：

> 取谷英雄跋达从观音那里取得种子，按照吩咐一边走一边撒，依次在高山、山腰、山脚撒下了荞种、大麦、豆子、谷子。跋达只顾撒五个小葫芦里的种子，没料到背上大葫芦的塞子掉了。等他沿着玉龙山、雪巴山、老君山、罗坪山，直到高黎贡山，把五谷种撒完，大葫芦里的树种也漏完了，打开来一看已是个空葫芦。跋达正要往回走，转身一看，他走过的山上长满了密密麻麻的大树，路没

---

① （清）孙诒让：《周礼正义》，中华书局1987年标点本，第2927页。

② ［美］C. M. 特恩布尔：《森林人》，冉凡等译，民族出版社2008年版，第5页。

③ 宋兆麟认为："云南独龙族将野生稻的种子撒在草地上，然后把草拔下来，这样既清除了影响农作物生长的杂草，又利用拔起来的土掩埋种子。农作物长大后，如果附近的草木遮挡阳光，则把这些树枝和杂草折断，让作物在阳光下生长。这种不烧不耕的种植方法，是最原始的耕作方式的遗留。"参见宋兆麟等《中国原始社会史》，文物出版社1983年版，第131页。

有了，他怎么也走不回去了。地上长出了五谷，人们高兴得睡不着觉，连夜点起火把，去山坡、田野里看。人们非常感激跋达，是他把五谷要回来的。可是他到哪儿去了呢？人们看到遮天盖地的树林，想着跋达一定是撒树种后回不来了。大伙一商量，就一起出动，点着明晃晃的火把找跋达，却怎么也找不到他了。①

在这则神话中，"跋达撒种"的情节蕴含着极其精巧的象征结构。首先，跋达所撒的种子包括"谷种"和"树种"，此二者分别是对"种植经济"与"狩猎经济"及其时代的象征。其次，跋达在撒种过程中的疏忽大意使他不小心将装有树种的葫芦打开了。在他毫无知觉的情况下，在他的身后长起一片无法逾越的森林。在神话中，跋达的使命是为人们取谷种，但正是在取谷回家的路上，他由于"只顾撒五个小葫芦里的种子（谷种）"，没意识到装树种的"大葫芦的塞子掉了"，于是在他背后长出的密林将世界分隔成了两个世界。这意味着人类在逐渐发展"种植经济"的同时远离了"狩猎经济"。最后，神话中那一片"遮天盖地的树林"把世界分成了两个异质的部分，这其实是用"空间"的分隔来表达"时代"的转折与过渡，也就是说，"长满谷物的农田"与"不可逾越的森林"是对"农业时代"与"狩猎时代"的象征。对此，我们可将其表达为：

树种：森林：狩猎时代：回不去的往昔：：

谷种：禾苗：农业时代：可把握的当下

除了《五谷神王》，在其他神话中也包含着类似的结构——"森林"代表的动物世界或狩猎经济与"农田"代表的人文世界或种植经

① 云南省民间文学集成办公室：《白族神话传说集成》，中国民间文艺出版社1986年版，第62—63页。

济的对立。比如，独龙族神话《彭根朋上天娶媳妇》、哈尼族神话《动植物的家谱》中都有类似的象征结构。

总而言之，农业的起源使人与环境的关系发生了改变。从森林到良田，神话中此二者的对比与转换正是对早期人类生产发展状况的反映。

二　从有粮时代到黄金时代：禾苗与杂草之间的理想

在前文中，我们已对先民清除森林、开辟农田、寻找谷种、发明农业的一系列壮举给予了高度评价。维柯在《新科学》一书中也指出"最初的祭坛其实就是森林间的农田"。英文"Culture"（文化）的词根"Cult"之义为"根"，与"耕作、栽培、培育"密切相关。① 在古代中国，"社稷"一词通常被视作"国家"的代称，其本义也与最初的农祀仪式有关。在前文阐述过的白族神话《五谷神王》中，"森林"与"农田"的隔离其实就是"自然"与"人文"的分离。由此可见，就源初意义而言，"文化"的初始含义即"种植文化"。这也就是说：正是因为人类发明了农业，人类才称得上有了文化。在人从自然、动物中分离出来的过程中，毫无疑问，正是文化赋予了人实质。德国哲学家 H. 李凯尔特在《文化科学和自然科学》一书中指出：

> 自然产物是自然而然地由土地里生长出来的东西。文化产物是人们播种之后从土地里生长出来的。根据这一点，自然是那些从自身中成长起来的、"诞生出来的"和任其自生自长的东西的总和。与自然相对立，文化或者是人们按照预计目的直接生产出来的，或者是虽然已经是现成的，但至少是由于它所固有的价值而为人们特

---

① Cult 这一词根源自拉丁语单词 Colere（耕种，培育；居住）。Inculte（未耕作的）、Culture（耕种）、Cultiver（耕耘）、Agricole（农业的）……这些单词都以 cult 或 colere 为词根。

意地保存着的。①

在此，"自然而然从土地里生长出来的东西"，指的是森林或丛莽；"人类播种之后从土地里生长出来的东西"，指的是田地里的禾苗或果树。从森林、丛莽到禾苗、果树，其间唯一的区别是人的因素是否加入其中。因此，人的"预计""生产"以及"特意的保存"都指的是——人的意志及其行动不仅构成"人"的实质，也构成了"文化"的实质。正是由于人的参与，人类不仅保存、创造了价值，也在自然与文化之间划出了界限。

在从"无粮时代"过渡到"有粮时代"的过程中，"森林"被改造成了"良田"，先民有了粮食，生活有了保障，社会有了进步。如果人类就此满足，那么人与动物之间的鸿沟也就完全不会有我们想象的那样大。因为生产资料的充裕带来的"物质"保障从根本上来说是完全不足以赋予人的存在以实质——这不仅在邈远的神话时代是一句真理，即使是在当下甚或遥远的未来，依然是一句真理。因为，人的实质在于以忘我的状态活在无可遏制的理想中。因此，尽管有了谷种、农业、粮食，人类仍然有着不可企及的理想与追求。于是在神话中，他们想象出了一个粮食极其充裕的"黄金时代"——"远古的时候，大地上遍地长的是谷子，人们不用种庄稼，却也过得衣食无愁"②，"天底下黄谷堆积如山，遍地都是粮食，播下一种谷物能长出三种不同的粮食来，人们吃用不尽"③，即使需要劳动，"种庄稼也并不费力，种子播下后，不用锄草就可以等着收获了，吃一顿饭也不用很多粮食，如果要吃干饭，一

---

① ［德］H. 李凯尔特：《文化科学与自然科学》，涂纪亮译，商务印书馆1986年版，第20页。

② 王正芳编：《哈尼族神话传说集成》，中国民间文艺出版社1990年版，第186页。

③ 斯琴高娃、李茂林编：《傈僳族风俗志》，中央民族大学出版社1994年版，第134页。

人一粒米就够了；如果要吃稀饭，一人半粒米也就饱了"①，因为"一穗稻谷可以有牛腿那么粗，一颗谷子可以有马蹄那么大"②。尽管先民在想象中将这个美好的"黄金时代"放在了"遥远的过去"，但毫无疑问，这个想象中的"黄金时代"真正代表的是人类社会的"农业理想"。

在藏缅语民族的"谷种起源神话"中，如前文分析的"森林与良田之间的对立"，"禾苗与杂草的对立"也在此类神话中经常出现。前一个对立模式代表的是狩猎时代向种植时代的过渡，而"禾苗与杂草的对立"则以"反证"的方式象征着农业时代的局限性以及理应具有的农业理想。

谷物遍地的"黄金时代"通常出现在"谷种起源神话"的开篇之处。为了弥合"谷物遍地"的"理想"与"缺衣少食"的"现实"之间的断裂，这些神话中一般都会有一段"农业受到削弱"的情节。独龙族神话《草种的起源》说天神格蒙看不惯人类无所事事，于是在向人间撒下草种，导致人类不得不天天除草以从草间谋得口粮；土家族神话《牛毛大王被贬》说牛毛大王误传了上天的神谕，导致农田杂草遍生，为了弥补自己的错误，它只得到人间来为人类犁田③；独龙族神话《彭根朋上天娶媳妇》说天神木崩格为了避免人类变得懒惰就将杂草种子撒向人间，人们只得天天薅草来护苗④；羌族神话《粮食的来历和丢失》说人们用食物擦屁股，这种浪费粮食的行为导致天神震怒，于是粮食被天神收了回去⑤。

在这些神话中，"黄金时代"代表的农业理想正是对现实状况的不

①　攸延春：《怒族文学简史》，云南民族出版社 2003 年版，第 51 页。
②　鸥鹃渤编：《景颇族民间故事选》，上海文艺出版社 1991 年版，第 65 页。
③　归秀文编：《土家族民间故事选》，上海文艺出版社 1989 年版，第 20 页。
④　杨利先主编：《云南民族民间故事》，云南人民出版社 2009 年版，第 513—516 页。
⑤　《羌族文学简史》编写组编：《羌族民间文学资料集（一）》，1987 年，第 3—5 页。

满，也就是说，"有粮时代"的人们仍然不满足于现状，希望有欠缺的农业技术得到极大的改善。因此，"黄金时代"代表的是先民对未来农业的憧憬。

农业的发明对于人类而言意义重大。提高农业技术水平，更好更安全地解决人的吃饭问题，这注定是人类永恒的任务。总之，就整个人类文化演进历程而言，"旧石器、中石器时代是仰赖于自然的攫取性经济，新石器时代是以农业产生为起点，这是人类社会的一个伟大'飞跃'。农业、畜牧业的发明，开始了人类对自然界真正的改造"。[①] 这种"改造"主要表现在内外两个方面。在对外方面，人使自身成了农业活动中积极的生产要素，"人不再单纯地仰仗环境、利用环境，而是第一次转而破坏旧有的生态平衡，开发环境，把人的因素带到整个自然界的生态平衡中去"。[②] 在对内方面，农业使人类与动物在思维、意识上有了极大的差异，因为，"动物是被迫使自己身体适应于食物的天然状态，人类发现一种方法使所发现的食物更适合自己的体质"。[③] 由此可见，从"无粮时代"到"有粮时代"再到对吃用不愁的"农业理想"的表达，文化建构的过程始终贯穿着人类勇于改变其生存处境的开拓精神。从被动地适应自然到积极主动地改造自然，从对自然神的顶礼膜拜到对理想未来的展望，神话中的文化英雄连同他们的理想无不昭示着人性。

[①] 张维罴：《中国原始社会史略》，兰州大学出版社 1994 年版，第 610 页。

[②] 田昌五、石兴邦编：《中国原始文化论集——纪念尹达八十诞辰》，文物出版社 1989 年版，第 73 页。

[③] ［德］J. E. 利普斯：《事物的起源》，汪宁生译，贵州教育出版社 2010 年版，第 66 页。

结　语

第一节　文化起源神话反映的文化事项

通过以上四章的论述，笔者对藏缅语民族的文化起源神话进行了比较深入的分析。在此可总结一下这四类神话涉及的文化事项。

第一章主要对藏缅语民族的图腾神话进行了论述。由于图腾是代表氏族的标记，因此解释图腾的来源其实也就是解释氏族的来源。图腾神话的重要性在于它对氏族时代的结群方式以及社群关系进行了反映。一方面，正是因为图腾系统和氏族系统的存在，氏族外婚制和猎物禁忌才得以施行；另一方面，氏族外婚制和猎物禁忌也是维护图腾制度、强化氏族关系的主要手段。图腾制度除了能发挥诸如外婚制、猎物禁忌之类的社会功能，从思维、思想的层面来看，图腾系统还提供了一种对事物进行分类的思维模式。因此，图腾系统代表着事物的秩序。从动植物的分类到天地日月的都得到了一个确定的位置，这意味着图腾系统其实为初民提供了一种世界观：在横向（空间）维度，图腾制度表达了社群关系，图腾系统代表着一种世界观；而在纵向（时间）维度，图腾崇拜则是原始宗教演进过程中的一个关键环节。从自然到社会、从兽形到人形、从拜物到拜灵、从多神到一神，原始宗教的演进少不了图腾崇拜这一环节。图腾崇拜的重要性在于它为宗教起源研究提供了一个绝佳的样本——它不仅把对动植物的崇拜（自然崇拜）和对亡灵的崇拜（祖先崇拜）结合到了一起，还清晰地展现了崇拜对象是如何从动物的形象转变为人的形象，而这一切都显示着图腾崇拜的原始性。当然，正是在这样的原始性中，蕴含着宗教的实质——孤立、分散的社群终归会联为一体，多神崇拜也逐渐发展出它的唯一神（至上神），这意味着形而上的宗教其实是对形而下的社会存在的反映。总之，一切如维柯所言——天神代表着人们心中的世俗理想，天神即人们心中的公道。①

具体来说，在对图腾神话的阐述中，主要涉及的文化事项有以下几种：氏族外婚制度、猎物禁忌、自然崇拜、祖先崇拜、天神崇拜。其中，前两种主要涉及社会存在层面的东西，族外婚制度是为了更多更好地促进"人的生产"，而猎物禁忌则是为了实现猎物的持续供应，以促进"物的生产"；后三项都与宗教相关，主要是社会意识层面的东西。但是，无论是自然崇拜还是祖先崇拜、天神崇拜，它们都与前面两大"生产"有着极为特殊的关系。换句话说，社会意识不仅建立在社会存在的基础上，它还必须促进社会存在稳定、有序地演进。在神话时代，宗教是最重要的文化形式。宗教之所以重要，正是由于它在生产生活中发挥了不可缺少的功能。总之，一切如涂尔干认为的——天国是社会的

---

① 参见［意］G. 维柯《新科学》，商务印书馆 2012 年版。笔者认为：《新科学》一书中的观点即使在今天仍十分精辟、深刻。《新科学》对于本书基本观点的形成具有极其重要的影响。

投影，神是人们心中的超人。①

第二章对藏缅语民族的生死起源神话进行了讨论。总体而言，生死起源神话表达了初民的生命意识。换句话说，生死起源神话反映了初民的生死观。初民的生死观与现代人有着很大的差别。坦白来说，现代人的不幸在很大程度上源自他们将生死视为一生理过程、自然过程。这也反映在他们的时间观上，现代人的时间观是一种匀质的、直线的物理性质的时间观，因此也是一种令人绝望的时间观。在神话时代，时间的起点赋予了之后的所有时刻意义。换句话说，对初民而言，他们的生命之所以有意义②，这是因为生活中的每时每刻都与神圣的历史（时间）起点关联在一起。尤其是在仪式中，通过对神或英雄的膜拜、模仿，初民一次次返回到那个神圣的起始处，这种"永恒的复返"集中体现在他们对灵魂不朽的坚信：肉体死后灵魂可以不朽，灵魂将再一次与肉体合二为一并得到重生。由此可见，神话时代的时间观是一种非匀质的、循环的、充满想象意味的时间观。正因为初民秉持着这样的时间观，所以他们对生命的看法与现代人有较大的差异。对于现代人来说，死亡就是生命的终结，但对于初民而言，肉体的终结则意味着灵魂的再生。③

第二章依次对藏缅语民族的洪水后人类再生神话、死亡起源神话以及精灵故事进了阐述。洪水后人类再生神话反映了初民的生殖观念；死亡起源神话反映了初民的死亡观；精灵故事除反映初民的灵魂观念外，

---

① 作为现代社会学的三大奠基人之一，爱弥尔·涂尔干的著作与一般社会学论著的最大区别是带有一种哲学意味的深刻。在笔者看来，《宗教生活的初级形式》一书关于宗教之实质的论述极其重要，这些观点对本书基本观点的形成具有重大影响。

② 与神同在。

③ 关于初民的时空观，著名宗教史学者米尔恰·伊利亚德在《神圣的存在》与《神圣与世俗》等著作中对之进行了十分精彩的论述，对本文基本观点的形成具有十分重要的意义。令人遗憾的是，由于时间原因，在第二章中，笔者没能对之展开充分论述。在此方面，法国学者范·热内普《过渡礼仪》，英国学者维克多·特纳《仪式过程：结构与反结构》《象征之林》对本书基本观点的形成也都极有助益。

还反映了母系制向父系族的过渡。生殖观念的改变与婚姻形式、生育制度密不可分；死亡观与葬礼的产生和葬礼的形态有着很大的关系；最后，精灵信仰除了反映初民灵魂不朽的观念，它还生动地展示了在社会演进过程中，人们对待精灵的态度也随之发生变化。比如，在母系氏族社会，女巫是人神沟通的不二人选，但是到了父系氏族社会，男巫夺取了女巫通神的特权，于是女巫成了恶魔。

第三章主要对藏缅语民族的火起源神话进行了细致的分析。火起源神话反映了早期人类发现火、利用火并发明人工取火的用火历程。火为人类带来了熟食、温暖、光明，也被人们用来御敌、传信、开荒、制陶、冶金、辟邪、祛病、促殖。因此，火起源神话不仅与早期人类的物质技术相关，也与早期人类的宗教信仰相关。总之，对早期人类而言，火是具有决定意义的重要发明。在摩尔根所列的具有转折意义的七项发明中，与火有关的就有熟食（烹饪）、制陶术、原始农业（火耕）、冶金（铜器与铁器）四项。正因为火为人类带来了如此多的好处，人们才对火产生了崇拜。于是，初民认为火具有超凡的神力，不仅能够祛除人身上的疾病，还能促进田里的庄稼丰产。比如，在藏缅语民族中，羌族人用元宵篝火祛病，而白族人则用火把"照穗"来促殖。这再次证明了涂尔干的观点——宗教信仰根植于现实生活并作用于现实生活，社会才是宗教的基础。

第四章对藏缅语民族的谷种起源神话进行了阐述。谷种起源神话反映了早期人类从以采集、渔猎为主的生产方式向种植、饲养的生产方式的转变。换言之，谷种起源神话反映的是原始农业以及饲养业的起源，反映了中石器时代向新石器时代过渡的历史实情。在中石器时代，人们开始使用磨制石器，发明了弓箭，驯化出了猎狗，氏族制已经十分成熟，采集与狩猎经济达到了巅峰。随着人口的不断增长，在中石器时代晚期，人们开始有计划地培育谷种、饲养家畜。到了新石器时代，人们普遍开始使用磨制石器，原始农业已初具规模，人类破天荒地实现了食物自给，并开始有所积余。

在谷种起源神话中，人类取得谷种的方式具有象征意义，尤其是"天女下嫁型""天神赐种型""狗尾藏种型"以及"射鸟取谷型"。这些寓意深刻的取种模式不仅反映了人类发明农业的过程，也从侧面反映了当时的信仰状况与婚姻制度。比如，天女下嫁很可能是对族外婚的反映；天神赐种则意味着当时已产生了天神崇拜；射鸟取谷的模式化情节则意味着初民习惯将"物的生产"与"人的生产"相互类比。

总体而言，我们可以将这四类神话涉及的文化事项分为两类，一类属于社会存在的范畴，另一类则属于社会意识的范畴，前者偏重于物质（形而下），后者偏重于精神（形而上），前者主要是"物与人的生产"，后者则"促进物与人的生产"。"物与人的生产"可分为"物的生产"和"人的生产"。依据它们在历史上出现的时间顺序，笔者在此作一个小结。

与"物的生产"相关的文化事项有：

（1）采集—狩猎[谷]、烹饪[火]、弓箭[谷]、猎物禁忌[图]①；

（2）培育谷种[谷]、火耕[火]、种植—饲养[谷]、制陶[火]、冶金[火]。

与"人的生产"相关的文化事项有：

（1）兄妹婚配[洪]；

（2）氏族外婚[图]、天女下嫁[谷]。

以"促进物的生产"为目的的文化事项有：

（1）自然崇拜[图]；

---

① 右上角的小字代表本文所分析的几类神话。"谷"即谷种起源神话；"火"即火起源神话；"图"即图腾神话；"洪"即洪水后人类再生神话；"精"代表精灵故事；"死"代表死亡起源神话。

（2）火能促殖[火]、天神赐种[谷]、射鸟取谷[谷]。

以"促进人的生产"为目的的文化事项有：

（1）灵魂不朽[精]；

（2）死亡观念[死]、祖先崇拜[图]；

（3）天神崇拜[图]、火能祛病[火]。

我们可将其概括汇总，详见表5－1。

表5－1　　　　　　文化起源神话中的"两大生产"及相关文化

两大生产		文化事项	性　质
物	物的生产	采集—狩猎[谷]、烹饪[火]、弓箭[谷]、猎物禁忌[图]；培育谷种[谷]、火耕[火]、种植—饲养[火]、制陶[火]、冶金[火]	社会存在
	促进物的生产	自然崇拜[图]；火能促殖[火]、天神赐种[谷]、射鸟取谷[谷]	社会意识
人	人的生产	兄妹婚配[洪]；氏族外婚[图]、天女下嫁[谷]	社会存在
	促进人的生产	灵魂不朽[精]；死亡观念[死]、祖先崇拜[图]；天神崇拜[图]、火能祛病[火]	社会意识

第二节　从文化起源神话反映的文化事项
看早期人类的生存境况

在上一节中，笔者对藏缅语民族文化起源神话反映的各种文化事项进行了简要的归纳与分类。我们不难发现，这21项文化都与人类的

"两大生产"密不可分。所谓"两大生产"，指的是"物的生产"和"人的生产"。由于早期人类受到生产力水平的限制，具体而言，"物质生产"在这里主要指的是"食物的生产"，因为对于初民而言，解决吃饭问题既十分重要又十分艰难。"人的生产"指的是"婚姻生殖"。由于认识能力的不足和知识积累的有限，人们以血的代价逐渐认识到以血亲婚为特征的乱婚、群婚等婚姻形式的危害，于是慢慢形成了以非血缘婚为特征的氏族外婚制；初民对生殖的认知直接导致其婚姻形式、生育制度的变革。在社会层面，初民以制度化的行为模式为这两大生产提供了保障；在意识层面，他们还通过宗教等文化形式去维护、强化人们的观念与行为，以促进这两大生产有效、有序地展开。

由此可见，文化起源神话涉及的内容关乎"人类生存的根基"。换句话说，神话反映的内容并不是什么无关紧要的幻想，也不是什么离奇玄妙的故事，而是活生生的现实，是极其沉重而残酷的现实，是极其珍贵而有用的生存经验。

对于现代人而言，"吃饭问题"与"生殖问题"仍极其重要，但与早期人类相比，现代人已经获得了更多的主动权。与现代人极为不同的是，早期人类时刻面临着"饥饿"[①]与"人口短缺"[②]的威胁。如果我们能设身处地地想象一下初民的处境，我们就能对神话所反映的现实以及他们试图对这种现实进行改变的努力有所理解。下面，笔者将从三个维度对藏缅语民族的文化起源神话进行最后的总结。

[①] 即使到了文明时代，在大饥馑中也会出现"人相食"的情况，更何况是在前文明时代。根据苏联学者谢苗诺夫的分析，在史前时代，因为饥荒，初民采取优势原则（弱肉强食的原则）击杀老弱病残或敌对人群而将其吃掉，这种情况十分常见。他还指出，在许多史前考古中都发现了被锐器攻击而死的人的骨骸。

[②] 血亲婚的危害可从基诺族人的族内婚习俗中见出。在一份关于云南省景洪市基诺山乡巴朵寨的情况表中，四代人中绝育和幼儿夭亡的情况十分突出。参见《民族问题五种丛书》云南省编辑委员会、《中国少数民族社会历史调查资料丛刊》修订编辑委员会编《基诺族普米族社会历史综合调查》，民族出版社 2009 年版，第 20—21 页。

一　过去与现在

一般而言，神话反映了前文明时代人类生存的境况。作为现代人，我们有什么必要研究神话呢？

总的来说，神话是早期人类一种综合性的文化形态。文明时代的文化具有的一个显著特点是它的专门化，尤其是现代社会，物质技术与学科门类的专门化已经到了病态的程度。然而，与文明时代不同，在神话中，我们几乎可以找到包括哲学、历史学、文学、自然科学、伦理学、社会学等在类的所有的源头。

比如，"世界起源神话""人类起源神话"以及"死亡起源神话"其实都可看作初民对整体的世界、普遍的人类之终极根源的追溯，这样的追问与哲学是相通的。世界在从无到有的过程中，为什么要有"混沌"这样一个中间环节？世界的整体构造是怎么样的？人为什么需要想象一个属灵的世界？这些问题本就是哲学问题。哲学家梅洛－庞蒂曾说：

> 每当学者返回他的知识的活的源头，返回到运行于他内心的那些最遥远的文化构成的东西，他就情不自禁地在从事哲学。

梅洛－庞蒂的说法与海德格尔所谓"返回思想的伟大之源"是相通的。这说明通过神话，可以追溯到思想的源头。

再比如，"图腾神话""洪水后人类再生神话"反映的问题其实与历史学、政治学、社会学、伦理学要讨论的主要问题息息相关。在这些神话中，包含着社群关系、共祖崇拜、天神崇拜、生殖崇拜、婚姻制度、乱伦禁忌、酌量取用的分配原则等主题。这些主题与现代文明有着直接或间接的关联。在没有文字的情况下，通过口头流传，文化英雄的创造发明以及所有早期人类文化都是以"集体记忆""社会记忆"或

"文化记忆"① 的形式得到保存与传承的。因此，神话具有历史学的性质。对此，米尔恰·伊利亚德就曾说过：

> 在原始人看来，真正的历史并非这种记忆，而是神话；一切真实的历史所记载的，乃是诸神、祖先或者文化英雄在神话时代、在从前展现的原初行为。②

恩斯特·卡西尔也曾指出：

> 在神话与历史的关系中，神话证明是初始性的因素，历史是第二位的派生的因素。一个民族的神话不是由它的历史确定的，相反，它的历史是由它的神话决定的——或不如说，一个民族的神话并不决定而是这个民族从一开始就注定了的命运。③

总而言之，神话不仅记载了人类历史的起始，它本身就是人类文化的起始，而且更为重要的是，这个起始是决定性的，它是"民族从一开始就注定了的命运"。

此外，神话中包含的社群关系、共祖崇拜、天神崇拜、酌量取用的分配制度等主题与社群的扩展、社群的系统化以及劳动产品的分配关系紧密。而这些主题也是政治学、社会学的研究对象。在从氏族发展为胞族、部落、部落联盟以及国家的过程中，象征权威的神也从氏族的"图

---

① 关于"集体记忆"（Collective Memory）、"社会记忆"（Social Memory）以及"文化记忆"（Cultural Memory）的概念，分别由学者哈布瓦赫（Maurice Halbwach）、康纳德（Paul Connerton）以及扬·阿斯曼（Jan Assmann）提出。这些概念都指出了人类为了维持自身发展，以"符号"赋予世界稳定性和持续性，这种"符号"构成的系统就是文化。"文化记忆"指的是一个社会里，指导行为、经验的所有知识，它们依靠反复的社会实践和仪式代代相传。

② ［美］米尔恰·伊利亚德：《神圣的存在》，晏可佳等译，广西师范大学出版社2008年版，第376页。

③ ［德］恩斯特·卡西尔：《神话思维》，黄龙保、周振译，中国社会科学出版社1992年版，第6页。

腾"变为宗族的"祖先"以及氏族联盟的"共祖",最后,代表社会秩
序与社会公道的神则由独一无二的"天神"来充任。由此可见,神话时
代的政治权威是用神来表征的。对此,R. G. 柯林伍德就曾指出:

> 神话中的神灵可视为是人类社会的超人统治者,就此而言,神
> 话是一种"神权历史"。①

再比如,"自然释原神话"对日月星辰、山川湖海、风霜雨雪、鸟
兽虫鱼等的产生、起源进行了想象,尽管不尽合理,但也反映了初民对
这些自然现象、自然之物的一种解释。在这些解释中,蕴含着自然科学
的萌芽。

总而言之,神话是综合性的文化形态,神话蕴含着后世一切文化门
类的种子。正因为如此,一个民族的神话决定了一个民族的气质,甚至
决定了一个民族的命运。

二　社会与自然

在现代社会,只有极具破坏性、毁灭性的自然灾难可将"自然"这
一概念重新置于人的意识之中了。现代人在物质技术层面取得的进展已
经前所未有地将整个自然人化。现代人理解的"自然"是一个可以被
人全面"摆置"的"自然"。在海德格尔那里,他用了"集置"
(Ge – stell)②这个概念来表达人类对自然的全面操控。因此,对现代人
而言,在绝大多数时间里,"自然"是匍匐在"人"面前的。

---

①　[英] R. G. 柯林伍德:《历史的观念》,尹锐等译,光明日报出版社 2007 年版,第
14—15 页。
②　有译为"座架""阱架"的。海德格尔在《艺术作品的本源》一文的"附录"中
认为对"Ge – stell"从实在意义上解释为"蒙太奇""书架"都是误解。笔者取孙周兴将
"Ge – stell"译为"集置"之译,并结合海德格尔思想的内在关联,将其领会为:旨在贯彻
主体意愿而对世界的普遍强求。

与现代社会不一样的是，在神话时代，"人"恰恰匍匐在"自然"面前。如果说现代人是因为自然的全面人化而意识不到自然，那么，初民则因为自身力量的弱小而处处都受到自然的限制，因此，在神话中到处都是人与自然的冲突以及对冲突的克服。

的确，社会与自然、人性与兽性的"对立"在文化起源神话中普遍存在。可以毫不夸张地说，早期人类在文化上取得的任何一点进展都是对这种"对立"的克服。在图腾神话中，动物般的杂交被有规则的族外婚所取代，动物般的弱肉强食被酌量取用的分配原则所取代；在洪水后人类再生神话中，动物般的杂交被族外婚所取代；在死亡起源神话中，人死后尸体被弃之荒野的野蛮行径被葬礼所取代；在火起源神话中，动物般的茹毛饮血被熟食所取代；在谷种起源神话中，同类相食的劣习被种植业所提供的粮食所消灭。

人类改造自然的力量之大小，是与人类社会、人类文化提供的功能联系在一起的。正因为文化的不发达，初民只能通过极为有限的知识去认识世界。这一切反映在神话中，就使神话具有了一个普遍性的特点：在思维方式上，初民习惯用身体、社会来类比一切。

之所以用身体、社会来类比一切，这首先是由早期人类文化知识极为有限的现实状况决定的。初民应付自然的文化储备不足，那就只能用仅有的知识来解释未知的一切。而仅有的知识往往就是最先拥有的知识。毫无疑问，最初的知识就是离人最近的知识。人不可能还未熟悉自己的指掌就开始探索天地日月。而离人最近的首先是人自身。人有两种存在模式，一是个体性的存在，二是集体性的存在。个体性的存在依托于人的"身体"，集体性的存在依托于人置身其中的"社会"。因此，用身体及诸器官的关系，用社会及诸组成部分的关系来看待一切理应是初民最切近、最熟悉、最便捷的思维模式。这是神话中总是出现用身体、社会来"类比"万物这一情节的根本原因。

在此情况下，身体成了初民表情达意的工具；社会成了理解事物关系的原型。比如，"拉祜族无特别的度器，以人体自然关节为度器。如拇指和食指伸开之长度为'一掌'，两臂伸直的长度为'一拏'。"① 这句话以最直观的方式诠释了康德的论断——人为自然立法。当然，人不仅作为主体为自然立法，还直接以身体为工具（符号）为自然立法。再比如，《后汉书》卷八十六云：

> 莋都夷者，武帝所开，以为莋都县。其人皆被发左衽，言语多好譬类，居处略与汶山夷同。②

"莋都夷"即藏缅语民族中的一支。所谓"言语多好譬类"指的正是藏缅语先民在语言上喜欢用类比的现象。类比的表达方式在原始族群中极为常见，比如，云南的一个少数民族就把"蝴蝶"称为"飞花"，把"水"称为"梦游者"。③

总之，初民是用身体、社会来看待一切的。换句话说，他们最初的语言形式是"身体语言"。卢梭就曾说过："古人最生动最具活力的表达方式不是言辞而是符号。他们不是去说，而是去展示。"④ 身体语言往往通过类比的方式来展示。谢林称语言为"褪色的神话"。这里的"色"可能指的正是神话那种充满想象力的"类比性"。当然，如果是站在理性主义语言观的立场上，那么，我们就只能像马克斯·缪勒一样

----

① 《拉祜族社会历史调查》编委会：《拉祜族社会历史调查（1）》，民族出版社 2009 年版，第 73 页。

② （南朝宋）范晔：《后汉书》，中华书局 1965 年标点本，第 2854 页。

③ 参见王士元《中国的语言与民族》一文，本文初稿发表于台湾国立政治大学举办的第五届"中国语言及语言学国际研讨会"第一次会议上，英文原文刊于台湾"中央研究院"语言学研究所筹备处 1999 年出版的《中国境内语言暨语言学第五辑：语言中的互动》。

④ ［法］卢梭：《论语言的起源兼论旋律与音乐的模仿》，吴克峰、胡涛译，北京出版社 2009 年版，第 3 页。

把神话看作"语言的疾病"了。由此可见，最初的文化是身体隐喻的文化。弗里德里希·尼采就曾说"文明是身体的延伸"，其言不谬。

三　现实与理想

在前文，笔者分别从时间（过去与现在）、空间（社会与自然）两个层面对藏缅语民族的文化起源神话进行了总结。总的来说，历史、社会与自然构成了我们的"现实"，但是人的独特之处在于他不仅拥有"现实"，他还必须拥有"理想"。如果我们说正是文化赋予了人实质，那么，文化就必须包含和表达人类的"理想"。

在文化起源神话中，对理想的表达普遍存在。其实，不仅在神话时代，在任何时代都需要理想。涂尔干就曾指出：

> 一个社会如果不能创造出理想，就不能自我创建与再造。这种创造对于社会不是一种多余的行为。它的出现使社会就因之而完善自身，这是一种周期性的创造与再创造。①

涂尔干的这段话也道出了宗教仪式的理想性。在仪式上，模仿英雄的言行，诵读诸神的神圣事迹，都具有示范意义，其目的是实现对社会的再造。总之，一个社会没有理想是不行的。经济可以被垄断，生活可以被钳制，因为这是我们这个时代的命运。但是，最不可出现的情况是让全社会都沉浸在绝望之中。按维柯的话说，天神代表着人类的公道，因此，天神是对人类理想、社会公道的象征。不代表公道的天神不可能存在，这正如令人绝望的制度注定会被推翻。在中国，"大同世界"是中华民族几千年来的理想；在西方，上帝与天堂象征的至善、至真、至美是犹

---

① ［法］爱弥尔·涂尔干：《宗教生活的初级形式》，林宗锦、彭守义译，中央民族大学出版社 1999 年版，第 470 页。

太—基督教文明的理想；"理想国"是柏拉图的理想；"永久和平"是康德的理想；"共产主义"是马克思的理想。总之，理想是文明的象征。

在图腾神话中，图腾就是初民的理想，它不仅被视为祖先（生命之所出），更被视为最重要的衣食之源（物质之所出）。对于生存境况极其艰难的初民而言，丰衣足食、儿孙满堂是他们梦寐以求的。在死亡起源神话中，长生不死是初民的理想。在谷种起源神话中，人们想象出了一个粮食遍地、吃用不尽的黄金时代。在火起源神话中，初民用火来促殖，这其中寄托了他们丰收的理想。总之，在这些神话中，在每一个有欠缺的地方，都生长着初民的理想。

神话的理想性代表了人类文化的理想性。我们说文化赋予了人实质，其实，如果说是理想赋予了人实质也是成立的。涂尔干也这样认为，他说：

> 动物只能认识一个唯一的世界：这就是它通过本身经历和外界经验所发现的那个世界。只有人类才能产生理想，并将理想带入现实世界中。①

在这里，涂尔干用理想的标准将人与动物分隔开来。这意味着理想性是人类文化的特质，当然，这也是神话的特质。

综上所述，中国藏缅语民族的文化起源神话，其关注的焦点是人类文化的两大支柱——人的生产与物的生产。这些神话以其鲜明的历史性（过去）、现实性（现在）和理想性（未来）昭示着人类文化在时间上的三重性。

---

① ［法］爱弥尔·涂尔干：《宗教生活的初级形式》，林宗锦、彭守义译，中央民族大学出版社 1999 年版，第 469 页。

部分章节发表情况简目

1. 第二章第一节：《论藏缅语民族洪水后人类再生神话中的生殖观念》，发表于《四川师范大学学报》（社会科学版）2014 年第 4 期。

2. 第二章第二节：《死亡的起源——试析藏缅语民族的分寿岁神话与不死药神话》，发表于《贵州民族研究》2014 年第 9 期。

3. 第二章第三节：《羌族"毒药猫"故事的文本与情境》，发表于《民族文学研究》2014 年第 5 期。

4. 第三章第一节：《论神话对于历史的象征性表达——读羌族神话〈燃比娃取火〉》，发表于《四川大学学报》（哲学社会科学版）2015 年第 1 期。

5. 绪论第二节：《历史·结构·情境：神话研究方法论刍议》，发表于《湖南行政学院学报》2017 年第 5 期。

6. 第四章第二节：《论藏缅语民族谷种起源神话的结构与实质》，发表于《贵州民族研究》2017 年第 4 期。

参考文献

藏缅语民族资料

《阿昌族简史》编写组、《阿昌族简史》修订本编写组编：《阿昌族简史》，民族出版社 2008 年版。

《白族简史》编写组、《白族简史》修订本编写组编：《白族简史》，民族出版社 2008 年版。

《藏族简史》编写组、《藏族简史》修订本编写组编：《藏族简史》，民族出版社 2009 年版。

《独龙族简史》编写组、《独龙族简史》修订本编写组编：《独龙族简史》，民族出版社 2008 年版。

《哈尼族简史》编写组编：《哈尼族简史》，民族出版社 1985 年版。

《基诺族简史》编写组编：《基诺族简史》，民族出版社 2008 年版。

《景颇族简史》编写组编：《景颇族简史》，民族出版社 2008 年版。

《拉佑族简介》编写组编：《拉祜族简史》，民族出版社 2008 年版。

《傈僳族简史》修订本编写组编：《傈僳族简史》，民族出版社 2008 年版。

《珞巴族简史》编写组、《珞巴族简史》修订本编写组编：《珞巴族简史》，民族出版社 2009 年版。

《门巴族简史》编写组、《门巴族简史》修订本编写组编：《门巴族简史》，民族出版社 2008 年版。

《民族问题五种丛书》云南省编辑委员会、《中国少数民族社会历史调查资料丛刊》修订编辑委员会编：《阿昌族社会历史调查》，民族出版社 2009 年版。

《民族问题五种丛书》云南省编辑委员会、《中国少数民族社会历史调查资料丛刊》修订编辑委员会编：《独龙族社会历史调查（1）》，民族出版社 2009 年版。

《民族问题五种丛书》云南省编辑委员会、《中国少数民族社会历史调查资料丛刊》修订编辑委员会编：《哈尼族社会历史调查》，民族出版社 2009 年版。

《民族问题五种丛书》云南省编辑委员会、《中国少数民族社会历史调查资料丛刊》修订编辑委员会编：《基诺族普米族社会历史综合调查》，民族出版社 2009 年版。

《民族问题五种丛书》云南省编辑委员会、《中国少数民族社会历史调查资料丛刊》修订编辑委员会编：《怒族社会历史调查》，民族出版社 2009 年版。

《民族问题五种丛书》云南省编写组、《中国少数民族社会历史调查资料丛刊》修订编辑委员会编：《独龙族社会历史调查（2）》，民族出版社 2009 年版。

《纳西族简史》编写组编：《纳西族简史》，民族出版社 2008 年版。

《怒族简史》编写组编：《怒族简史》，民族出版社 2008 年版。

《普米族简史》编写组、《普米族简史》修订本编写组编：《普米族简史》，民族出版社 2009 年版。

《羌族简史》编写组编：《羌族简史》，民族出版社 2008 年版。

《土家族简史》编写组、《土家族简史》修订本编写组编：《土家族简史》，民族出版社 2009 年版。

《彝族简史》编写组编：《彝族简史》，民族出版社 2009 年版。

《中国少数民族社会历史调查资料丛刊》修订编辑委员会编：《白族社会历史调查（1）》，民族出版社 2009 年版。

《中国少数民族社会历史调查资料丛刊》修订编辑委员会编：《拉祜族社会历史调查（1）》，民族出版社 2009 年版。

《中国少数民族社会历史调查资料丛刊》修订编辑委员会编：《拉祜族社会历史调查（2）》，民族出版社 2009 年版。

《中国少数民族社会历史调查资料丛刊》修订编辑委员会编：《傈僳族社会历史调查》，民族出版社 2009 年版。

《中国少数民族社会历史调查资料丛刊》修订编辑委员会编：《羌族社会历史调查》，民族出版社 2009 年版。

《中国少数民族社会历史调查资料丛刊》修订编辑委员会编：《土家族社会历史调查》，民族出版社 2009 年版。

《中国少数民族社会历史调查资料丛刊》修订编辑委员会编：《云南少数民族社会历史调查资料汇编（3)》，民族出版社 2009 年版。

毕节彝文翻译组编：《西南彝志》，贵州民族出版社 1992 年版。

德宏州文联编：《阿昌族文学作品选》，德宏民族出版社 1983 年版。

杜玉亭：《基诺族文学简史》，云南民族出版社 1996 年版。

段胜鸥等编：《云南少数民族文学资料》，中国社会科学院云南少数民族文研所 1980 年版。

冯骥才主编：《羌族口头遗产集成：神话传说卷、史诗长诗卷、民间故事卷、民间歌谣卷》，中国文联出版社 2009 年版。

冯元蔚译：《勒俄特依》，四川民族出版社 1986 年版。

谷德明编：《中国少数民族神话》，中国民间文艺出版社1987年版。

广西壮族自治区编辑组编：《广西彝族、仡佬族、水族社会历史调查》，广西民族出版社1987年版。

归秀文编：《土家族民间故事选》，上海文艺出版社1989年版。

郭思九、陶学良整理：《查姆》，云南人民出版社2009年版。

和芳等讲述，周汝诚翻译：《超度沙劳阿包》，丽江县文化馆石印本1962年版。

拉祜族民间文学编委会编：《拉祜族民间文学集成》，中国民间文艺出版社1988年版。

李德君、陶学良编：《彝族民间故事选》，上海文艺出版社1981年版。

李坚尚、刘芳贤编：《珞巴族门巴族民间故事选》，上海文艺出版社1993年版。

李金明：《独龙族文学简史》，云南民族出版社2004年版。

李力主编：《彝族文学史》，四川民族出版社1994年版。

理县文化馆编：《理县羌族藏族民间故事集》，理县文化馆1983年版。

林忠亮、王康编：《羌族文学史》，四川民族出版社1994年版。

陆文祥编：《瑶族民间故事选》，广西人民出版社1984年版。

罗希吾戈等整理：《彝族创世史——阿赫希尼摩》，云南民族出版社1990年版。

吕大吉、何耀华总主编，和志武等分册主编：《中国各民族原始宗教资料集成：纳西族卷、羌族卷、独龙族卷、傈僳族卷、怒族卷》，中国社会科学出版社2000年版。

吕大吉、何耀华总主编，李绍明等分册主编：《中国各民族原始宗教资料集成：土家族卷、瑶族卷、壮族卷、黎族卷》，中国社会科学出版社1998年版。

吕大吉、何耀华总主编，满都尔图等分册主编：《中国各民族原始宗教资料集成：鄂伦春族卷、鄂温克族卷、赫哲族卷、达斡尔族卷、锡伯族卷、满族卷、蒙古族卷、藏族卷》，中国社会科学出版社1999年版。

吕大吉、何耀华总主编，张公谨等分册主编：《中国各民族原始宗教资料集成：傣族卷、哈尼族卷、景颇族卷、孟—高棉语族群体卷、普米族卷、珞巴族卷、阿昌族卷》，中国社会科学出版社1999年版。

吕大吉、何耀华总主编：《中国各民族原始宗教资料集成：拉祜族卷、高山族卷、畲族卷》，中国社会科学出版社2012年版。

吕大吉主编，何耀华等编：《中国各民族原始宗教资料集成：彝族卷、白族卷、基诺族卷》，中国社会科学出版社1996年版。

孟燕、归秀文、林忠亮编：《羌族民间故事选》，上海文艺出版社1994年版。

鸥鹍勃编：《景颇族民间故事选》，上海文艺出版社1991年版。

彭继宽等编：《土家族文学史》，湖南文艺出版社1989年版。

普米族民间文学编委会编：《普米族故事集成》，中国民间文艺出版社1990年版。

普米族民间文学集成编委会编：《普米族歌谣集成》，中国民间文艺出版社1990年版。

史纯武等整理：《创世纪》，云南人民出版社2009年版。

史军超：《哈尼族文学史》，云南民族出版社1998年版。

思茅地区民族事务委员会、思茅地区文化局编：《拉祜族民间故事》，云南人民出版社1990年版。

四川省编辑组、《中国少数民族社会历史调查资料丛刊》修订编辑委员会编:《四川省甘孜州藏族社会历史调查》,民族出版社2009年版。

四川省编辑组、《中国少数民族社会历史调查资料丛刊》修订编辑委员会编:《四川省纳西族社会历史调查》,民族出版社2009年版。

四川省少数民族古籍整理办公室主编:《羌族释比经典》,四川民族出版社2008年版。

苏达万编:《云南少数民族文学资料(4)》,中国社会科学院云南少数民族文研所1981年版。

索南坚赞:《西藏王统记》,刘立千译,民族出版社2000年版。

王震亚编:《普米族民间故事》,云南人民出版社1990年版。

王正芳编:《哈尼族神话传说集成》,中国民间文艺出版社1990年版。

西藏社会历史调查资料丛刊编辑组、《中国少数民族社会历史调查资料丛刊》修订编辑委员会编:《珞巴族社会历史调查(1)》,民族出版社2009年版。

西藏社会历史调查资料丛刊编辑组、《中国少数民族社会历史调查资料丛刊》修订编辑委员会编:《珞巴族社会历史调查(2)》,民族出版社2009年版。

西藏社会历史调查资料丛刊编辑组、《中国少数民族社会历史调查资料丛刊》修订编辑委员会编:《门巴族社会历史调查》,民族出版社2009年版。

西南民族学院《羌族文学简史》编写组编:《羌族民间文学资料集(一)》,1987年。

西双版纳傣族自治州民族事务委员会编:《哈尼族古歌》,云南民族出版社1992年版。

杨利先主编：《云南民族民间故事》，云南人民出版社 2009 年版。

杨明、马廷森编：《羌族思想史资料汇集》，西南民院民研所 1985 年版。

杨照辉：《普米族文学简史》，云南民族出版社 1996 年版。

翼文正编：《西藏民间故事（第六集）》，西藏人民出版社 1993 年版。

攸延春：《阿昌族文学简史》，云南民族出版社 1995 年版。

攸延春：《怒族文学简史》，云南民族出版社 2003 年版。

尤中：《僰古通纪浅述校注》，云南人民出版社 1989 年版。

于乃昌：《珞巴族文学史》，江苏教育出版社 2001 年版。

于乃昌编：《珞巴族民间文学资料》，西藏民族学院科研处 1980 年版。

云南拉祜族民间文学集成编委会编：《拉祜族民间文学集成》，中国民间文艺出版社 1988 年版。

云南省编辑组、《中国少数民族社会历史调查资料丛刊》修订编辑委员会编：《景颇族社会历史调查（1）》，民族出版社 2009 年版。

云南省编辑组、《中国少数民族社会历史调查资料丛刊》修订编辑委员会编：《景颇族社会历史调查（4）》，民族出版社 2009 年版。

云南省编辑组、《中国少数民族社会历史调查资料丛刊》修订编辑委员会编：《云南彝族社会历史调查》，民族出版社 2009 年版。

云南省民间文学大理调查队编：《白族文学史》，云南人民出版社 1959 年版。

云南省民间文学集成办公室编：《白族神话传说集成》，民间文艺出版社 1986 年版。

云南省民间文学集成编辑办公室编：《云南彝族歌谣集成》，云南民族出版社 1986 年版。

云南省民族民间文学楚雄调查队整理:《梅葛》,云南人民出版社 2009 年版。

云南省民族民间文学红河调查队搜集整理:《阿细的先基》,云南人民出版社 1959 年版。

云南省少数民族古籍整理出版规划办公室编:《尼苏夺节》,云南民族出版社 1985 年版。

云南省少数民族古籍整理出版规划办公室编:《彝族创世纪》,云南民族出版社 1990 年版。

云南省少数民族古籍整理出版规划办公室编:《云南民族口传非物质文化遗产总目提要·神话传说卷》,云南教育出版社 2008 年版。

云南省少数民族古籍整理出版规划办公室编:《云南民族口传非物质文化遗产总目提要·史诗歌谣卷》,云南教育出版社 2008 年版。

云南省石屏县志编纂委员会编:《石屏县志》,云南人民出版社 1990 年版。

张公瑾主编:《中国少数民族古籍总目提要·羌族卷》,中国大百科全书出版社 2009 年版。

张力编:《羌族民间故事选》,汶川《羌族文学》编辑部 2001 年版。

赵官禄等整理:《十二奴局》,云南人民出版社 2009 年版。

中共丽江地委宣传部编:《纳西族民间故事选》,上海文艺出版社 1981 年版。

中国作家协会昆明分会民间文学工作部编:《云南民族文学资料(第 7 集)》,1962 年。

中国作家协会云南分会编:《云南民族民间故事选》,云南人民出版社 1960 年版。

中华民族故事大系编委会编：《中华民族故事大系（16 卷）》，上海文艺出版社 1995 年版。

中央民族学院《藏族文学史》编写组编：《藏族民间故事选》，上海文艺出版社 1984 年版。

中央民族学院《藏族文学史》编写组编著：《藏族文学史》，四川民族出版社 1985 年版。

祝发清主编：《傈僳族民间故事选》，上海文艺出版社 1985 年版。

左玉堂：《傈僳族文学简史》，云南民族出版社 1999 年版。

左玉堂编：《怒族独龙族民间故事选》，上海文艺出版社 1994 年版。

左玉堂主编：《彝族文学史》，云南民族出版社 2006 年版。

汉文古籍

（汉）许慎：《说文解字》，中华书局 1963 年标点本。

（汉）许慎：《说文解字注》，（清）段玉裁注，上海古籍出版社 1988 年标点本。

（汉）赵晔：《吴越春秋》，中华书局 1985 年标点本。

（后晋）刘昫等：《旧唐书》，中华书局 1975 年标点本。

（晋）常璩撰，任乃强校注：《华阳国志校补图注》，上海古籍出版社 1987 年标点本。

（南朝）范晔：《后汉书》，中华书局 1965 年标点本。

（清）陈立：《白虎通疏证》，中华书局 1994 年标点本。

（清）刘宝楠：《论语正义》，中华书局 1990 年标点本。

（清）孙诒让：《周礼正义》，中华书局 1987 年标点本。

（清）王先慎：《韩非子集解》，中华书局 1998 标点本。

（清）朱彬：《礼记训纂》，中华书局 1996 年标点本。

（宋）李昉等：《太平广记》，中华书局 1961 年标点本。

（宋）李昉等：《太平御览》，中华书局 1960 年标点本。

（宋）欧阳修、宋祁：《新唐书》，中华书局 1975 年标点本。

（唐）樊绰：《蛮书》，向达校注，中华书局 1962 年标点本。

（唐）李延寿：《北史》，中华书局 1974 年标点本。

（唐）魏征等：《隋书》，中华书局 1973 年标点本。

（唐）徐坚：《初学记》，中华书局 1962 年标点本。

何宁：《淮南子集释》，中华书局 1998 年版。

王利器：《新语校注》，中华书局 1986 年版。

王明：《太平经合校》，中华书局 1960 年版。

许维遹：《吕氏春秋集释》，中华书局 2009 年版。

袁珂：《山海经校注》，上海古籍出版社 1980 年版。

朱谦之：《老子校释》，中华书局 1984 年版。

专著与文集

白庚胜：《东巴神话研究》，云南大学出版社 2012 年版。

白兴发：《彝族传统禁忌文化研究》，云南大学出版社 2006 年版。

岑家梧：《图腾艺术史》，学林出版社 1986 年版。

陈春勤：《羌族文化研究》，四川民族出版社 2010 年版。

陈建宪：《神祇与英雄——中国古代神话的母题》，生活·读书·新知三联书店 1994 年版。

陈文华：《农业考古》，文物出版社 2002 年版。

赤烈曲扎编：《西藏风土志》，西藏人民出版社 2006 年版。

达尔基、李茂：《阿坝通览》，四川辞书出版社 1993 年版。

戴庆厦：《藏缅语族语言研究（一——四）》，云南民族出版社 1990 年版。

丹珠昂奔：《藏族文化发展史》，甘肃教育出版社 2001 年版。

邓晓华、王士元：《中国的语言及方言的分类》，中华书局 2009 年版。

迪木拉提·奥迈尔：《阿尔泰语系诸民族萨满教研究》，新疆人民出版社 1995 年版。

丁山：《古代神话与民族》，商务印书馆 2015 年版。

段德智：《西方死亡哲学》，北京大学出版社 2006 年版。

段丽波：《中国西南氐羌民族源流史》，人民出版社 2011 年版。

夺石当主编：《景颇族研究》（第 1 辑），云南民族出版社 2008 年版。

方国瑜编：《纳西象形文字谱》，云南人民出版社 1981 年版。

富育光、王宏刚：《萨满教女神》，辽宁人民出版社 1995 年版。

高占祥主编：《中国民族节日大全》，知识出版社 1993 年版。

龚维英：《原始崇拜纲要——中华图腾文化与生殖文化》，中国民间文艺出版社 1989 年版。

顾颉刚：《古史辨》（第 1 册），上海古籍出版社 1982 年版。

何光岳：《氐羌源流史》，江西教育出版社 2000 年版。

何斯强、蒋彬：《羌族：四川汶川县阿尔村调查》，云南大学出版社 2004 年版。

何新：《诸神的起源：中国远古神话与历史》，生活·读书·新知三联书店 1986 年版。

何星亮：《图腾文化与人类诸文化的起源》，中国文联出版公司 1991 年版。

何星亮：《中国少数民族图腾崇拜》，五洲传播出版社 2007 年版。

何星亮：《中国图腾文化》，中国社会科学出版社 1992 年版。

何耀华：《中国西南历史民族学论集》，云南人民出版社 1988 年版。

季富政：《中国羌族建筑》，西南交通大学出版社 2000 年版。

贾银忠：《彝族饮食文化》，四川大学出版社 1994 年版。

蒋彬主编：《民主改革与四川羌族地区社会文化变迁研究》，民族出版社 2008 年版。

李根蟠、卢勋：《中国南方少数民族原始农业形态》，农业出版社 1987 年版。

李进增编：《古蜀王国：三星堆和金沙遗址出土文物精华录》，宁夏人民出版社 2012 年版。

李鸣：《羌族法制的历程》，中国政法大学出版社 2008 年版。

李绍明等选编：《葛维汉民族学考古学论》，巴蜀书社 2004 年版。

李玄伯：《中国古代社会新研》，开明书店 1949 年版。

李艳：《超级语系：历史比较语言学的新理论》，中国社会科学出版社 2012 年版。

李玉臻主编：《中华民俗节日风情大观》，黑龙江人民出版社 2005 年版。

李子贤：《探寻一个尚未崩溃的神话王国》，云南人民出版社 1991 年版。

廖东凡：《雪域西藏风情录》，西藏人民出版社 1998 年版。

林耀华主编：《原始社会史》，中华书局 1984 年版。

刘亚虎：《神话与诗的"演述"：南方民族叙事艺术》，北京大学出版社 2006 年版。

刘尧汉：《我在鬼神之间：一个彝族祭司的自述》，云南人民出版社

1986 年版。

刘尧汉：《彝族社会历史调查研究文集》，民族出版社 1980 年版。

刘尧汉：《中国文明源头初探》，云南人民出版社 1985 年版。

刘毓庆：《图腾神话与中国传统人生》，人民出版社 2002 年版。

马学良：《云南彝族礼俗研究文集》，四川民族出版社 1983 年版。

马长寿：《氐与羌》，上海人民出版社 1984 年版。

毛星主编：《中国少数民族文学》，湖南人民出版社 1983 年版。

茅盾：《中国神话研究初探》，上海古籍出版社 2011 年版。

孟慧英：《尘封的偶像：萨满教观念研究》，北京出版社 2000 年版。

彭适凡主编，中国百越民族史研究会编：《百越民族研究》，江西教育出版社 1990 年版。

冉光荣等：《羌族史》，四川民族出版社 1984 年版。

任乃强：《羌族源流探索》，重庆出版社 1984 年版。

芮逸夫：《中国民族及其文化论稿》，艺文出版社 1972 年版。

石硕：《青藏高原东缘的古代文明》，四川人民出版社 2011 年版。

斯琴高娃、李茂林编：《傈僳族风俗志》，中央民族大学出版社 1994 年版。

宋恩常编：《中国少数民族宗教初编》，云南人民出版社 1985 年版。

宋兆麟：《巫与巫术》，四川人民出版社 1988 年版。

孙宏开主编：《中国的语言》，商务印书馆 2007 年版。

唐楚臣：《从图腾到图案——彝族文化新论》，德宏民族出版社 1996 年版。

唐楚臣等：《彝族文化研究文集》，云南人民出版社 1985 年版。

唐祈等编：《中华民族传统节日辞典》，四川辞书出版社 1990 年版。

陶阳、牟钟秀：《中国创始神话》，上海人民出版社 2006 年版。

陶阳、钟秀编：《中国神话》，上海文艺出版社 1990 年版。

田昌五、石兴邦编：《中国原始文化论集——纪念尹达八十诞辰》，文物出版社 1989 年版。

万永林：《中国古代藏缅语民族源流研究》，云南大学出版社 1997 年版。

王大有：《上古中华文明》，中国时代经济出版社 2006 年版。

王德有、陈战国主编：《中国文化百科》，吉林人民出版社 1991 年版。

王康、李鉴踪：《神秘的白石崇拜——羌族的信仰和礼俗》，四川民族出版社 1992 年版。

王昆吾：《中国早期艺术与宗教》，东方出版中心 1998 年版。

王明珂：《羌在汉藏之间》，中华书局 2008 年版。

王明珂：《寻羌：羌乡田野杂记》，中华书局 2009 年版。

王明珂：《游牧者的抉择——面对汉帝国的北亚游牧民族》，广西师范大学出版社 2008 年版。

王宪昭：《中国各民族人类起源神话母题概览》，民族出版社 2009 年版。

王小盾：《原始信仰和中国古神》，上海古籍出版社 1989 年版。

王小盾：《中国早期思想与符号研究——关于四神的起源及其体系形成》，上海人民出版社 2008 年版。

王孝廉：《中国东北、西南族群及其创世神话》，时报出版公司 1992 年版。

王正华、和少英：《拉祜族文化史》，云南民族出版 1999 年版。

闻一多：《神话与诗》，武汉大学出版社 2009 年版。

吴宝良、马飞：《中国民间禁忌与传说》，学苑出版社 1990 年版。

吴晓东：《苗族图腾与神话》，社会科学文献出版社 2002 年版。

谢选骏：《中国神话》，浙江教育出版社 1989 年版。

徐平：《文化的适应和变迁：四川羌村调查》，上海人民出版社 2006 年版。

严汝娴、宋兆麟：《永宁纳西族的母系制》，云南人民出版社 1983 年版。

杨福泉、郑晓云：《火塘文化录》，云南人民出版社 1991 年版。

杨和森：《图腾层次论》，云南人民出版社 1987 年版。

叶舒宪：《熊图腾：中华祖先神话探源》，上海锦绣文章出版社 2007 年版。

伊藤清司：《中国古代文化与日本——伊藤清司学术论文自选集》，张正军译，云南大学出版社 1997 年版。

尤中：《中国西南的古代民族》，云南大学出版社 2009 年版。

于乐闻：《珞巴族民间文学概况》，西藏民族学院科研处 1979 年版。

喻良其：《白族舞蹈论》，云南民族出版社 2007 年版。

袁珂：《袁珂神话论集》，四川大学出版社 1996 年版。

云南社科院楚雄彝族文化研究所：《彝族文化研究文集》，云南人民出版社 1985 年版。

詹承绪等：《永宁纳西族的阿注婚姻和母系家庭》，上海人民出版社 1980 年版。

张福三、傅光宇：《原始人心目中的世界》，云南民族出版社 1986 年版。

张维黑：《中国原始社会史略》，兰州大学出版社 1994 年版。

张曦主编：《持颠扶危——羌族文化灾后重建省思》，中央民族大学出版社 2009 年版。

张旭：《大理白族史探索》，云南人民出版社 1990 年版。

张岩：《图腾制与原始文明》，上海文艺出版社 1995 年版。

赵曦：《神圣与亲和：中国羌族释比文化调查研究》，民族出版社 2010 年版。

钟敬文：《钟敬文民间文学论集》，上海文艺出版社 1982 年版。

钟敬文：《钟敬文学术论自选集》，首都师范大学出版社 1994 年版。

周锡银、望潮：《藏族原始宗教》，四川人民出版社 1999 年版。

朱狄：《原始文化研究》，生活·读书·新知三联书店 1988 年版。

朱筱新：《中国传统文化》，中国人民大学出版社 2010 年版。

汉译著作

［奥］S. 弗洛伊德：《图腾与禁忌》，赵立玮译，上海人民出版社 2005 年版。

［奥］S. 弗洛伊德：《文明及其缺憾》，傅雅芳、郝冬瑾译，安徽人民出版社 1987 年版。

［德］E. 卡西尔：《符号·神话·文化》，李小兵译，东方出版社 1988 年版。

［德］E. 卡西尔：《国家的神话》，范进等译，华夏出版社 1999 年版。

［德］E. 卡西尔：《人论》，甘阳译，上海译文出版社 1985 年版。

［德］E. 卡西尔：《神话思维》，黄龙保、周振选译，中国社会科学出版社 1992 年版。

［德］E. 卡西尔：《语言与神话》，于晓等译，生活·读书·新知三联书店 1988 年版。

［德］F. W. 尼采：《悲剧的诞生》，周国平译，生活·读书·新知

三联书店 1987 年版。

〔德〕恩格斯：《家庭、私有制和国家的起源》，人民出版社 1999 年版。

〔德〕G. W. F. 黑格尔：《精神现象学》，贺麟、王玖兴译，商务印书馆 1979 年版。

〔德〕G. W. F. 黑格尔：《历史哲学》，王造时译，上海书店出版社 2008 年版。

〔德〕G. W. F. 黑格尔：《美学》（三卷），朱光潜译，商务印书馆 1979 年版。

〔德〕G. 斯威布：《希腊的神话和传说》，楚图南译，人民文学出版社 1958 年版。

〔德〕H. 李凯尔特：《文化科学与自然科学》，涂纪亮译，商务印书馆 1986 年版。

〔德〕J. E. 利普斯：《事物的起源》，汪宁生译，贵州教育出版社 2010 年版。

《马克思恩格斯选集》第 3 卷，人民出版社 1972 年版。

《马克思恩格斯全集》第 21 卷，人民出版社 1979 年版。

《1844 年经济学哲学手稿》，人民出版社 1979 年版。

《摩尔根〈古代社会〉一书摘要》，人民出版社 1978 年版。

〔德〕M. 海德格尔：《存在与时间》，陈嘉映、王庆节合译，生活·读书·新知三联书店 2006 年版。

〔德〕M. 韦伯：《宗教社会学　宗教与世界》，康乐、简惠美译，广西师范大学出版社 2010 年版。

〔德〕O. A. G. 斯宾格勒：《西方的没落》，齐世荣等译，商务印书馆 1963 年版。

〔德〕W. 洪堡特：《论人类语言结构的差异及其对人类精神发展的影响》，姚小平译，商务印书馆1999年版。

〔德〕W. 施密特：《比较宗教史》，肖师毅、陈祥春译，辅仁书局1948年版。

〔俄〕V. 普罗普：《故事形态学》，贾放译，中华书局2006年版。

〔法〕A. 孔德：《论实证精神》，黄建华译，译林出版社2011年版。

〔法〕C. A. K. 热内普：《过渡礼仪》，张举文译，商务印书馆2012年版。

〔法〕列维－斯特劳斯：《结构人类学》，张祖建译，中国人民大学出版社2006年版。

〔法〕列维－斯特劳斯：《神话学：餐桌礼仪的起源》，周昌忠译，中国人民大学出版社2007年版。

〔法〕列维－斯特劳斯：《神话学：从蜂蜜到烟灰》，周昌忠译，中国人民大学出版社2007年版。

〔法〕列维－斯特劳斯：《神话学：裸人》，周昌忠译，中国人民大学出版社2007年版。

〔法〕列维－斯特劳斯：《神话学：生食和熟食》，周昌忠译，中国人民大学出版社2007年版。

〔法〕列维－斯特劳斯：《图腾制度》，渠敬东译，商务印书馆2012年版。

〔法〕列维－斯特劳斯：《野性的思维》，李幼蒸译，中国人民大学出版社2006年版。

〔法〕E. 涂尔干、M. 莫斯：《原始分类》，汲喆译，商务印书馆2012年版。

〔法〕E. 涂尔干：《宗教生活的基本形式》，渠东、汲喆译，商务印书馆 2011 年版。

［法］ J－J. 卢梭：《论人与人之间不平等的起因和基础》，李平沤译，商务印书馆 2011 年版。

［法］ J－J. 卢梭：《论语言的起源兼论旋律与音乐的模仿》，吴克峰、胡涛译，北京出版社 2009 年版。

［法］ L. 列维－布留尔：《原始思维》，丁由译，商务印书馆 2004 年版。

［法］ M. 倍松：《图腾主义》，胡愈之译，上海文艺出版社 1990 年版。

［法］ M. 葛兰言：《古代中国的节庆与歌谣》，赵炳祥、张宏明译，广西师范大学出版社 2005 年版。

［法］ M. 莫斯、H. 于贝尔：《巫术的一般理论　　献祭的性质与功能》，杨渝东等译，广西师范大学出版社 2007 年版。

［法］ P. 布尔迪厄：《男性统治》，刘晖译，中国人民大学出版社 2012 年版。

［法］ P. 布尔迪厄：《实践感》，蒋梓骅译，译林出版社 2009 年版。

［法］ P. 利科：《过去之谜》，綦甲福等译，山东大学出版社 2009 年版。

［法］ P. 利科：《诠释学与人文科学》，孔明安等译，中国人民大学出版社 2012 年版。

［法］ 孟德斯鸠：《论法的精神》，张雁深译，商务印书馆 1961 年版。

［芬兰］ E. A. 韦斯特马克：《人类婚姻史》（三卷），李彬等译，商务印书馆 2002 年版。

［古罗马］ 卢克莱修：《物性论》，方书春译，商务印书馆 1981 年版。

[古希腊] 荷马：《荷马史诗·奥德修纪》，杨宪益译，上海译文出版社 1979 年版。

[古印度] 毗耶娑：《摩诃婆罗多》（二），黄宝生等译，中国社会科学出版社 2005 年版。

[古印度] 蚁垤：《罗摩衍那·童年篇》，季羡林译，人民文学出版社 1980 年版。

[荷] 高罗佩：《中国古代房内考》，李零等译，上海人民出版社 1990 年版。

[美] A. 邓迪斯等：《西方神话学读本》，朝戈金等译，广西师范大学出版社 2006 年版。

[美] C. M. 特恩布尔：《森林人》，冉凡等译，民族出版社 2008 年版。

[美] C. 格尔茨：《文化的解释》，韩莉译，译林出版社 2008 年版。

[美] L. H. 摩尔根：《古代社会》，杨东莼等译，商务印书馆 1983 年版。

[美] M. 哈里斯：《文化的起源》，黄晴译，华夏出版社 1988 年版。

[美] M. 伊利亚德：《神秘主义、巫术与文化风尚》，宋立道、鲁奇译，光明日报出版社 1990 年版。

[美] M. 伊利亚德：《神圣的存在》，晏可佳等译，广西师范大学出版社 2008 年版。

[美] M. 伊利亚德：《神圣与世俗》，王建光译，华夏出版社 2002 年版。

[美] R. H. 路威：《初民社会》，吕叔湘译，《吕叔湘全集》（第 15 卷），辽宁教育出版社 2002 年版。

[美] R. 鲍曼：《作为表演的口头艺术》，杨利慧、安德明译，广

西师范大学出版社 2008 年版。

〔美〕R. 林顿：《文化树——世界文化简史》，何道宽译，重庆出版社 1989 年版。

〔美〕S. J. 派恩：《火之简史》，梅雪芹等译，生活·读书·新知三联书店 2006 年版。

〔美〕S. N. 克雷默等：《世界古代神话》，魏庆征译，华夏出版社 1989 年版。

〔美〕V. 特纳：《戏剧、场景与隐喻：人类社会的象征性行为》，刘珩、石毅译，民族出版社 2007 年版。

〔美〕V. 特纳：《象征之林》，赵玉燕等译，商务印书馆 2012 年版。

〔美〕V. 特纳：《仪式过程：结构与反结构》，黄剑波等译，中国人民大学出版社 2006 年版。

〔美〕斯特伦斯基：《二十世纪的四种神话理论》，李创同、张经纬译，生活·读书·新知三联书店 2012 年版。

〔日〕伊藤清司：《中国古代文化与日本》，张正军译，云南大学出版社 1997 年版。

〔日〕祖父江孝男等：《文化人类学事典》，乔继堂等译，陕西人民出版社 1992 年版。

〔瑞〕C. G. 荣格：《心理学与文学》，冯川、苏克译，译林出版社 2011 年版。

〔苏〕M. O. 柯斯文：《原始文化史纲》，张锡彤译，人民出版社 1955 年版。

〔苏〕Д. Е. 海通：《图腾崇拜》，何星亮译，广西师大出版社 2004 年版。

〔苏〕Ю. И. 谢苗诺夫：《婚姻和家庭的起源》，蔡俊生译，中国社会科学出版社 1983 年版。

　　［意］G. 维柯：《新科学》，朱光潜译，商务印书馆 2012 年版。

　　［英］A. R. 拉德克利夫 – 布朗：《安达曼岛人》，梁粤译，广西师范大学出版社 2005 年版。

　　［英］A. R. 拉德克里夫 – 布朗：《原始社会的结构与功能》，潘蛟等译，中央民族大学出版社 1999 年版。

　　［英］A. J. 汤因比：《历史研究》，刘北成、郭小凌译，上海人民出版社 2005 年版。

　　［英］B. 马林诺夫斯基：《两性社会学》，李安宅译，上海人民出版社 2003 年版。

　　［英］B. 马林诺夫斯基：《巫术、科学、宗教与神话》，李安宅编译，上海文艺出版社 1987 年版。

　　［英］B. 马林诺夫斯基：《西太平洋的航海者》，梁永佳、李绍明译，华夏出版社 2002 年版。

　　［英］D. 莫里斯：《裸猿》，周兴亚等译，复旦大学出版社 2010 年版。

　　［英］D. 休谟：《宗教的自然史》，徐晓宏译，上海人民出版社 2003 年版。

　　［英］E. E. 埃文思 – 普里查德：《阿德赞人的巫术、神谕和魔法》，覃俐俐译，商务印书馆 2010 年版。

　　［英］E. J. 夏普：《比较宗教学史》，吕大吉等译，上海人民出版社 1988 年版。

　　［英］F. M. 缪勒：《宗教的起源与发展》，金泽译，上海人民出版社 1989 年版。

　　［英］F. M. 缪勒：《宗教学导论》，陈观胜、李培茱译，上海人民

出版社 2010 年版。

　　［英］G. E. 史密斯：《人类史》，李申等译，中国社会科学出版社
2009 年版。

　　［英］J. E. 哈里森：《古代艺术与仪式》，刘宗迪译，生活·读书·
新知三联书店 2008 年版。

　　［英］J. G. 弗雷泽：《〈旧约〉中的民俗》，童炜钢译，复旦大学出
版社 2010 年版。

　　［英］J. G. 弗雷泽：《火起源的神话》，夏希原译，北京大学出版社
2013 年版。

　　［英］J. G. 弗雷泽：《金枝——巫术与宗教之研究》，汪培基等译，
商务印书馆 2012 年版。

　　［英］J. 托兰德：《泛神论要义》，陈启伟译，商务印书馆 1997 年版。

　　［英］M. 道格拉斯：《洁净与危险》，黄剑波等译，民族出版社
2008 年版。

　　［英］M. 克朗：《文化地理学》，杨淑华、宋慧敏译，南京大学出
版社 2005 年版。

　　［英］R. G. 柯林伍德：《历史的观念》，尹锐等译，光明日报出版
社 2007 年版。

　　［英］R. 布里吉斯：《与巫为邻：欧洲巫术的社会和文化语境》，
雷鹏、高永宏译，北京大学出版社 2005 年版。

　　［英］R. 弗思：《人文类型》，费孝通译，商务印书馆 2010 年版。

　　《古兰经》，马坚译，中国社会科学出版社 1996 年版。

　　《吉尔伽美什》，赵乐甡译，辽宁人民出版社 2015 年版。

英文著作

J. G. Frazer, *The Great Flood*, London：Macmillan and Co. Limited, 1923.

Madan Sarup, *An Introductory Guide to Post – structuralism and Post-modernism*, Georgia：Harvester Wheatsheaf, 1993.

Mircea Eliade, *Cosmos and History：The Myth of the Eternal Return*, New York：Harper & Brothers, 1959.

P. Bourdieu, *Distinction：A Social Critique of the Judgement of Taste*, London and New York：Routledge, 2010.

Steven F. Walker, *Jung and Jungians on Myth*, London and New York：Routledge, 1995.

论文

昂自明：《彝族撒尼人祭"密枝"的原始功利目的探源——对祭祀辞和仪式的诠释》，《云南民族学院学报》2001 年第 3 期。

蔡家麒：《自然·图腾·祖先——原始宗教初探》，《哲学研究》1982 年第 4 期。

曹柯平：《江西万年仙人洞遗存再研究及中国稻作农业起源新认识》，《东南文化》1998 年第 3 期。

曹柯平：《中国洪水后人类再生神话类型学研究》，博士学位论文，扬州大学，2004 年。

曹然：《"神人媒介"：浅析印度火崇拜的神话与宗教根源》，《海南师范大学学报》（社会科学版）2009 年第 3 期。

陈安强、贡波扎西：《神话、传说与故事：岷江上游的"毒药猫"文化现象探秘》（一），《阿坝师范高等专科学校学报》2006 年第 3 期。

陈安强、贡波扎西：《治疗社会恐慌的仪式：岷江上游"毒药猫"

文化现象探秘》（三），《阿坝师范高等专科学校学报》2009 年第 3 期。

陈建宪：《多维视野中的西方洪水神话研究》，《华中师范大学学报》2006 年第 2 期。

陈建宪：《洪水神话：神话学皇冠上的明珠——全球洪水神话的发现及其研究价值》，《长江大学学报》2006 年第 2 期。

陈文华：《中国原始农业的起源和发展》，《农业考古》2005 年第 1 期。

董为：《奥林匹克圣火与人类用火的起源》，《人与自然》2008 年第 2 期。

范舟游：《湘西土家族图腾祭祀习俗与农耕稻作文化初论》，《农业考古》2007 年第 3 期。

高立士：《彝族密且人的原始宗教》，《思想战线》1989 年第 1 期。

何星亮：《图腾与人类文明形成》，《中南民族大学学报》2007 年第 6 期。

何星亮：《图腾与神的起源》，《民族研究》1989 年第 4 期。

何星亮：《中国图腾文化概述》，《云南社会科学》1990 年第 2 期。

何耀华：《彝族的图腾与宗教的起源》，《思想战线》1981 年第 6 期。

胡晓靖：《从图腾崇拜到英雄崇拜——论图腾崇拜的起源、发展与衰落》，《天中学刊》2002 年第 4 期。

黄柏权：《巴人图腾信仰——兼论土家族的族源》，《贵州民族研究》1998 年第 4 期。

黄崇岳：《试论原始农业的经济地位》，《农业考古》1984 年第 1 期。

黄龙光：《试论彝族火神话与火崇拜》，《毕节学院学报》2010 年第 1 期。

朗吉：《从〈格萨尔王传〉中看远古藏族的图腾崇拜》，《西藏研究》1991 年第 4 期。

雷金流：《滇桂之交白罗罗一瞥》，《旅行杂志》1944 年第 18 卷第 6 期。

雷金流：《云南省澄江倮倮的祖先崇拜》，《边政公论》1944 年第 3 卷第 9 期。

李根蟠、卢勋：《从景颇族看原始农业的起源与发展》，《农业考古》1982 年第 1 期。

李明：《羌族神话〈燃比娃盗火〉的文化意蕴》，《文史杂志》1991 年第 1 期。

凌德祥：《关于火的起源的语义思考》，《阜阳师院学报》1990 年第 4 期。

刘辉豪、白章富：《奥色密色》，《山茶》1980 年第 3 期。

刘文华等：《新米节》，《山茶》1984 年第 4 期。

刘亚虎：《伏羲女娲、楚帛书与南方民族洪水神话》，《百色学院学报》2010 年第 6 期。

刘志群：《珞巴族原始文化》（上），《民族艺术》1997 年第 1 期。

刘宗迪：《图腾、族群和神话——涂尔干图腾理论述评》，《民族文学研究》2006 年第 4 期。

卢鹏：《原始宗教与哈尼稻作农耕》，《农业考古》2013 年第 3 期。

卢永林：《再论藏族犬图腾》，《湖南工业职业技术学院学报》2008 年第 6 期。

马学良：《宣威倮族白夷的丧葬制度》，《西南边疆》1942 年第 16 期。

孟慧英：《萨满教与萨满神话中的火神及盗火英雄》，《满族研究》

1998 年第 1 期。

缪坤和、周智生：《火的起源与人类早期的取火法》，《云南消防》2003 年第 5 期。

尚民杰：《对早期原始农业的初步探索》，《农业考古》1992 年第 3 期。

史阳：《菲律宾阿拉安－芒扬人洪水神话的象征内涵》，《东方丛刊》2009 年第 2 期。

史阳：《蜕变与再生——菲律宾洪水神话的宏观结构》，《长江大学学报》2006 年第 6 期。

宋恩常：《彝族的原始宗教》，《世界宗教研究》1981 年第 1 期。

苏海洋：《论渭河上游及毗邻地区原始农业生产结构的演变》，《农业考古》2008 年第 6 期。

孙宏开：《试论"邛笼"文化与羌语支语言》，《民族研究》1986 年第 2 期。

唐楚臣：《彝族民间文学中的虎图腾》，《民族文学研究》1988 年第 3 期。

陶云逵：《大寨黑夷之宗族与图腾制》，《边疆人文》1943 年第 1 期。

宛景森：《神话视野中的北方民族火神信仰及功能研究》，《大连民族学院学报》2012 年第 2 期。

王国祥：《论傣族和布朗族的稻作祭祀及稻谷神话》，《中央民族大学学报》2000 年第 6 期。

王昆吾：《汉藏语猴祖神话的谱系》，《中国社会科学》1997 年第 6 期。

王宪昭：《试析我国南方少数民族洪水神话的叙事艺术》，《湖北民族学院学报》（哲学社会科学版）2007 年第 1 期。

王宪昭：《中国多民族兄妹婚神话母题探析》，《理论学刊》2010 年第 9 期。

王宪昭：《中国少数民族人类再生型洪水神话探析》，《民族文学研究》2007 年第 3 期。

王宪昭：《中国早期稻作文化与种子神话》，《理论学刊》2005 年第 11 期。

王钟陵：《神话中的生死观》，《汕头大学学报》（人文社会科学版）1993 年第 2 期。

韦世平、郑仕林：《壮族尝新节》，《云南农业》2002 年第 11 期。

向柏松：《洪水神话的原型与建构》，《中南民族大学学报》2006 年第 3 期。

萧兵：《婚姻考验和谷种神话：比较神话学笔记》，《思想战线》1984 年第 3 期。

谢国先：《论中国少数民族谷种起源神话》，《民族文学研究》2006 年第 4 期。

薛晶：《社会学视角下共餐行为浅析》，《辽宁行政学院学报》2013 年第 10 期。

杨春华：《彝族创世史诗中的历史观》，《楚雄师范学院学报》2004 年第 2 期。

杨敏悦：《西南少数民族的拜火习俗和火神话》，《中央民族学院学报》1988 年第 1 期。

杨明：《试论藏族游牧部落的牦牛图腾》，《西南民族学院学报》1990 年第 5 期。

杨学政：《摩梭人和普米族》，《世界宗教研究》1982 年第 2 期。

杨玉藩：《白族尝新节》，《今日民族》2012 年第 11 期。

叶舒宪、王海龙：《从中印洪水神话的源流看文化的传播与异变》，

《学习与探索》1990 年第 5 期。

游修龄：《稻与尝新节及新年（上）》，《中国稻米》1995 年第 4 期。

袁珂：《关于神话界限的讨论》，《民间文学论坛》1984 年第 4 期。

张福三：《简论我国南方民族的兄妹婚神话》，《思想战线》1983 年第 3 期。

张强：《从图腾崇拜到自然崇拜：人与自然对话的走势》，《南京师大学报》2001 年第 4 期。

张旭：《白族的原始图腾虎与鸡》，《大理文化》1979 年第 3 期。

张振犁：《华夏族系"盗火神话"试探——东方普罗米修斯神话的发掘报告》，《河南大学学报》（哲学社会科学版）1990 年第 5 期。

章虹宇：《普米族的火祖母及生火庆典》，《中国民族博览》1999 年第 2 期。

章立明：《兄妹婚型洪水神话的误读与再解读》，《中南民族大学学报》2004 年第 2 期。

赵敦华：《图腾制是人类文明的起点》，《云南大学学报》（社会科学版）2003 年第 6 期。

赵国华：《热与光：苦行与精进——略论中印太阳和火神话及相关的宗教问题》，《南亚研究》1991 年第 4 期。

郑培庭：《基诺族的新米节》，《山茶》1986 年第 3 期。

朱炳祥：《略论洪水造人神话在初民思想史上的意义》，《中州学刊》1993 年第 3 期。

朱乃诚：《中国农作物栽培的起源和原始农业的兴起》，《农业考古》2001 年第 3 期。

朱元富：《彝族谷种神话与母体崇拜》，《楚雄师专学报》2001 年第 2 期。

后　记

我撰写这部书所用的时间不长，但准备了很久。

这部书分四章，四章的品质不同。第二章"生死起源神话"最先写好，这是写得最好的一章。接着写出的是第三章"火起源神话"和第四章"谷种起源神话"，这两章写得一般。最后写出的是第一章"图腾神话"，最差，没能把论点与论据最大限度地结合起来。虽如此，第一章论点的顺序、论证的层次以及充满想象力的推论，应该都还可取。

我衷心感谢那些在我学习、工作中给予帮助的人，他们是我的老师、亲人和朋友。感谢本书的责编郭晓鸿女士、编辑席建海先生，没有他们的悉心指点与辛勤工作，这部书是难以面世的。

沈德康

2017 年 3 月 15 日

永州零陵西山